全国高等教育自学考试指定教材
行政管理学专业(独立本科段)

公共政策学

Gonggong Zhengce Xue

(2010年版)

全国高等教育自学考试指导委员会 组编
宁 骚 主 编
林 震 副主编

高等教育出版社·北京
HIGHER EDUCATION PRESS BEIJING

图书在版编目(CIP)数据

公共政策学:2010 年版/宁骚主编.—北京:高等教育出版社,2010.9

ISBN 978-7-04-030958-4

Ⅰ.①公… Ⅱ.①宁… Ⅲ.①公共政策-理论-高等教育-自学考试-自学参考资料 Ⅳ.①D0

中国版本图书馆 CIP 数据核字(2010)第 187306 号

策划编辑 王小钢 责任编辑 丁孝强 版式设计 张 岚
责任校对 王 超

出 版 高等教育出版社 咨询电话 400—810—0598
社 址 北京市西城区德外大街4号 网 址 http://www.hep.edu.cn
邮政编码 100120 http://www.hep.com.cn

印 刷 北京市鑫霸印务有限公司

开 本 880×1230 1/32 版 次 2010年10月第1版
印 张 14.375 印 次 2017年3月第10次印刷
字 数 410 000 定 价 22.00元

自学考试教材服务网 网址: http://zkjc.neea.edu.cn

组编前言

21世纪是一个变幻莫测的世纪，是一个催人奋进的时代。科学技术飞速发展，知识更替日新月异。希望、困惑、机遇、挑战，随时随地都有可能出现在每一个社会成员的生活之中。抓住机遇，寻求发展，迎接挑战，适应变化的制胜法宝就是学习——依靠自己学习、终身学习。

作为我国高等教育组成部分的自学考试，其职责就是在高等教育这个水平上倡导自学、鼓励自学、帮助自学、推动自学，为每一个自学者铺就成才之路。组织编写供读者学习的教材就是履行这个职责的重要环节。毫无疑问，这种教材应当适合自学，应当有利于学习者掌握、了解新知识、新信息，有利于学习者增强创新意识、培养实践能力、形成自学能力，也有利于学习者学以致用、解决实际工作中所遇到的问题。具有如此特点的书，我们虽然沿用了“教材”这个概念，但它与那种仅供教师讲、学生听，教师不讲、学生不懂，以“教”为中心的教科书相比，在内容安排、编写体例、行文风格等方面都已经大不相同了。希望读者对此有所了解，以便从一开始就树立起依靠自己学习的坚定信念，不断探索适合自己的学习方法，充分利用已有的知识基础和实际工作经验，最大限度地发挥自己的潜能，达到学习的目标。

欢迎读者提出意见和建议。

祝每一位读者自学成功。

全国高等教育自学考试指导委员会

2010年7月

总目录

全国高等教育自学考试
行政管理学专业（独立本科段）

公共政策学自学考试大纲

全国高等教育自学考试委员会　制定

前　言

为了适应社会主义现代化建设事业的需要，鼓励自学成才，我国在20世纪80年代初建立了高等教育自学考试制度。高等教育自学考试是个人自学、社会助学和国家考试相结合的一种高等教育形式。应考者通过规定的专业考试课程并经思想品德鉴定达到毕业要求的，可获得毕业证书；国家承认学历并按照规定享有与普通高等教育学校毕业生同等的有关待遇。经过近30年的发展，高等教育自学考试为国家培养造就了大批专门人才。

课程自学考试大纲是国家规范自学者学习范围、要求和考试标准的文件。它是按照专业考试计划的要求，具体指导个人自学、社会助学、国家考试、编写教材、编写自学辅导书的依据。

随着经济社会的快速发展，新的法律法规不断出台，科技成果不断涌现，原大纲中有些内容过时、知识陈旧。为更新教育观念，深化教学内容方式、考试制度、质量评价制度改革，使自学考试更好地提高人才培养的质量，各专业委员会按照专业考试计划的要求，对原课程自学考试大纲组织了修订或重编。

修订后的大纲，在层次上，专科参照一般普通高校专科或高职院校水平，本科参照一般普通高校本科水平；在内容上，力图反映科学的发展变化，增补了自然科学和社会科学近年来的研究成果，对明显陈旧的内容进行了删减。

全国考委公共管理类专业委员会组织制定了《公共政策学自学考试大纲》，经教育部批准，现颁发施行。各地教育部门、考试机构应认真贯彻执行。

全国高等教育自学考试指导委员会
2010年8月

目　录

Ⅰ 课程性质与课程目标

一、课程性质

《公共政策学》是全国高等教育自学考试公共管理学类行政管理学专业(独立本科段)必考的课程,是为培养和检验自学应考者掌握公共政策学的基本知识、理论和方法以及应用能力设置的一门专业课程。

《公共政策学》是一门新兴的交叉学科,有很强的应用性和操作性,同时又是进行理论探讨的一个重要领域。公共政策是沟通理论与实践的桥梁,是公共权力机关贯彻自己的意志、改造自然和社会的基本工具。本课程在马克思主义、毛泽东思想、邓小平理论的指导下,认真研究公共政策系统及其运行过程的一般规律,总结我国党和政府在领导社会主义现代化建设的过程中制定政策与执行政策的丰富经验,提出了实行科学决策和民主决策、不断地改进公共政策系统和提高公共政策质量的途径与方法。

二、课程目标

本课程设置的目标是:使自学应考者比较全面系统地掌握公共政策学的基本理论、基本知识和基本方法,认识公共政策学的学科要素,认识公共政策的类型、功能、本质与特征,认识政策工具的类型与选择,认识公共政策系统的内部结构及其与政策客体、政策环境之间的互动和能量交换,认识政策过程的诸阶段、诸环节、诸因素的相互联系及其对政策结果的影响,了解和掌握中华人民共和国成立以来特别是党的十一届三中全会以来党和政府制定政策与执行政策的理论与方法，以及政策过程的一般特点，以提高决策水平，更好地理解和执行改革开放的总政策、基本政策和各项具体政策。

Ⅱ

考核目标

本大纲在考核目标中，按照识记（Ⅰ）、领会（Ⅱ）、简单运用（Ⅲ）和综合运用（Ⅳ）四个层次规定其应达到的能力层次要求，这四个能力层次是递进等级关系。四个能力层次的含义分别是：

识记（Ⅰ）：要求考生能够识别和记忆公共政策学的主要内容，如定义、特点、原则、规律、模型、原理等，并能做出正确的表述、判断和选择。

领会（Ⅱ）：要求考生能够全面领悟和理解公共政策学的基本概念和基本原理，能掌握和分析有关概念和原理的区别与联系，并能根据考核的不同要求，对公共政策学的基本问题做出正确的判断、解释和说明。

简单运用（Ⅲ）：要求考生能够根据已掌握的公共政策学知识，分析公共决策的基本问题，得出正确的判断或结论，并能正确地把分析过程表达出来。或者能运用本课程的个别知识点，简要分析和解决我国公共决策活动中存在的一些简单问题。

综合运用（Ⅳ）：要求考生能够综合运用公共政策学的基本概念和基本原理，分析和解决我国公共决策活动过程中存在的一些比较复杂的理论和实际问题。或者能综合运用本课程的多个知识点，综合分析和解决比较复杂的问题。

需要特别指出的是，试题的难易程度与能力层次的高低不是一个概念。试题的难易程度是指思维过程的复杂程度和分析处理的简繁、技巧。能力层次体现的是对公共政策学概念和公共决策活动规律的理解程度，以及对公共决策活动规律的综合运用能力，在各个层次中，有不同难易度的试题，切勿混淆。

Ⅲ

课程内容与考核要求

第一章　公共政策学的学科要素

一、课程内容

（一）什么是公共政策学

1．政策研究、政策分析与公共政策学

2．公共政策学的研究对象

3．公共政策学的研究方法

4．公共政策学的概念体系

（二）公共政策学的产生、发展与中国化

1．古代的政策研究

2．从产业革命到20世纪前半期西方国家的政策研究

3．学科的诞生与发展

4．公共政策学的引进及其中国化

（三）为什么学习公共政策学

二、自学要求

1．理解政策研究、政策分析和公共政策学的概念及三者间的区别与联系。

2．理解和掌握公共政策学的研究对象和研究方法。

3．理解公共政策学的概念体系。

4．了解古代中国政策研究发达的原因，了解 20 世纪前半期在西方国家公共政策学孕育的条件。

5．了解公共政策学诞生的标志和以后的发展过程。

6．理解什么是公共政策学的中国化，了解公共政策学中国化的进程与发展方向。

三、考核知识点和考核要求

（一）公共政策学的基本概念

1．识记：(1) 公共政策学；(2) 政策系统与政策过程；(3) 公共政策学的概念体系。

2．领会：政策研究、政策分析和公共政策学的概念，公共政策学的研究对象，公共政策学的研究方法。

（二）公共政策学的产生与发展

领会：(1) 古代中国政策研究；(2) 公共政策学在西方国家产生的条件、标志和发展过程。

（三）公共政策学的中国化

领会：(1) 公共政策学的引进；(2) 公共政策学中国化的进程和发展方向。

（四）学习公共政策学的目的

领会：学习公共政策学的目的。

第二章　公共政策与政策工具

一、课程内容

（一）公共政策的含义、类型与功能

1．什么是公共政策

2．公共政策的产生与发展

3．政策类型：从内容特征上划分

4．政策类型：从形式特征上划分

5．公共政策与法

6. 公共政策的基本功能

（二）公共政策的本质与基本特征

1. 政策的认识论本质：理论与实践的中间环节

2. 政策的社会本质：公共性与偏好性的对立统一

3. 公共政策的基本特征

（三）政策工具

1. 什么是政策工具

2. 政策工具的类型

二、自学要求

1. 理解公共政策、政策本质、政策功能、政策工具等基本概念，掌握公共政策、政策工具的类型划分。

2. 理解公共政策的社会本质和认识论本质。

3. 了解公共政策类型划分的形式特征，掌握当代中国公共政策类型划分的体系，掌握美国公共政策类型划分的体系。

4. 本章重点：公共政策的定义及其内涵，政策本质的定义及其内涵，政策工具的定义及其内涵；公共政策的类型划分；公共政策的基本功能；政策工具的分类。

三、考核知识点及考核要求

（一）公共政策的含义、类型与功能

1. 识记：(1) 公共政策的概念；(2) 公共政策的类型划分；(3) 公共政策的功能。

2. 领会：(1) 公共政策的产生与发展；(2) 公共政策与法的异同。

（二）公共政策的本质与基本特征

1. 识记：公共政策的认识论本质、公共政策的社会本质。

2. 领会：公共政策的基本特征。

（三）政策工具

1. 识记：政策工具的概念、政策工具的类型。

2. 简单应用：政策工具的类型划分。

第三章　政策系统与公共决策体制

一、课程内容

（一）政策行为者与政策系统

1. 政策系统与政策行为者的关系

2. 公共政策的主体与主体系统

3. 政策网络

4. 公共政策的客体与客体系统

5. 政策支持系统

6. 政策环境与政策反馈系统

7. 政策系统的运行

（二）公共权力与公共决策体制

1. 政府权力、政府职能与公共政策

2. 国家结构与公共政策

3. 政府能力、治理能力与公共政策

4. 公共决策体制

（三）非政府政策行为者与公共政策

1. 公共利益与公共政策

2. 公民与公共政策

3. 公民社会、社会团体与公共政策

4. 政党与公共政策

5. 大众传播与公共政策

二、自学要求

1. 了解政策行为者与政策系统的关系，认识政策主体与主体系统、政策客体与客体系统、政策支持系统与政策反馈系统的含义，理解政策系统的环境（一般环境、工作环境）。

2. 理解政府权力、政府职能与公共政策的关系，理解国家结构与公共政策的关系，理解政府能力、治理能力与公共政策的关系。

3. 掌握公共利益的内涵，理解非政府政策行为者与公共政策的关系。

4. 掌握决策权力及其归属、决策权力的配置、公共决策的规则，认识公共决策体制的类型。

5. 认识非政府政策行为者的一般特征，理解公民与公共政策的关系、大众传播与公共政策的关系、政党与公共政策的关系，以及公民社会、社会团体与公共政策的关系。

三、考核知识点及考核要求

（一）政策系统的构成及其环境

1. 识记：(1) 公共政策主体与主体系统；(2) 公共政策客体与客体系统；(3) 政策系统与政策客体和环境的关系。

2. 领会：(1) 政策系统的运行；(2) 政策支持系统和反馈系统。

3. 简单应用：(1) 政策系统的一般环境；(2) 政策系统的工作环境。

（二）公共权力与公共政策

1. 识记：政府能力的内涵、公共决策体制。

2. 领会：(1) 政府权力、政府职能与公共政策的关系；(2) 国家结构与公共政策的关系。

3. 简单应用：政府能力、治理能力与公共政策的关系。

（三）非政府政策行为者与公共政策

1. 识记：(1) 公共利益的内涵；(2) 作为政策客体和主体的公民。

2. 领会：非政府政策行为者与公共政策的关系。

3. 简单应用：大众传播与公共政策的关系。

（四）公共决策体制

1. 识记：(1) 决策权力及其归属；(2) 决策权力的配置。

2. 领会：公共决策体制的类型。

3. 简单应用：公共决策的规则。

第四章　政策过程及其理论模型

一、课程内容

（一）政策过程与理论模型构建

（二）基于西方经验的政策过程模型

1. 揭示认识论本质的政策过程模型

2. 揭示社会本质的政策过程模型

（三）“上下来去”——基于中国经验的政策过程模型

1. 中国经验要求构建有中国特色的政策过程模型

2. “上下来去”政策过程模型的构建

3. “上下来去”政策过程的容纳性和开放性

（四）公共决策的科学化与民主化

1. 决策过程的理性化

2. 决策过程的专业化

3. 决策过程的科学化

4. 决策过程的民主化

二、自学要求

1. 理解政策过程及其理论模型的含义，掌握政策过程模型的认识论意义以及政策分析需要借助于模型的原因。

2. 掌握一系列揭示认识论本质的政策过程理论模型和揭示社会本质的政策过程理论模型的内容及其具体运用。

3. 理解基于中国经验的政策过程模型即“上下来去”模型的内涵及其容纳性和开放性，掌握“上下来去”政策过程模型的构建方式。

4. 理解公共决策过程的科学化和民主化。

5. 本章重点：政策过程理论模型的含义及其认识论意义；理性主义模型；渐进主义模型；规范最适模型与混合扫描模型；政治系统模型；机构—制度模型；集团模型；精英模型；“上下来去”政策过程模型的构建；公共决策过程的科学化和民主化。

三、考核知识点及考核要求

(一) 政策过程与理论模型构建

1. 识记:(1) 政策过程模型的认识论意义;(2) 政策过程模型的必备条件。

2. 领会:公共政策分析需要借助于模型的原因。

(二) 基于西方经验的政策过程模型

1. 识记:(1) 理性主义模型的含义;(2) 渐进主义模型的含义;(3) 规范最适与混合扫描模型的含义;(4) 政治系统模型的含义;(5) 机构—制度模型的含义;(6) 集团模型的含义;(7) 精英模型的含义。

2. 领会:(1) 理性主义模型的具体运用;(2) 渐进主义模型的具体运用;(3) 规范最适模型与混合扫描模型的具体运用;(4) 政治系统模型的具体运用;(5) 集团模型的具体运用;(6) 精英模型的具体运用。

3. 简单应用:(1) 揭示认识论本质的政策过程理论模型的运用;(2) 揭示社会本质的政策过程理论模型的运用。

4. 综合运用:基于西方经验的政策过程理论模型适用于中国政策实践的条件。

(三)"上下来去"——基于中国经验的政策过程模型

1. 识记:"上下来去"政策过程模型的含义。

2. 领会:(1) 构建中国特色的政策过程模型的原因;(2)"上下来去"政策过程模型的构建;(3)"上下来去"政策过程的容纳性和开放性。

3. 简单应用:构建"上下来去"政策过程模型的意义。

4. 综合应用:运用"上下来去"政策过程模型对当代中国的一项重要政策进行系统考察和分析。

(四) 公共决策的科学化与民主化

1. 识记:(1) 决策过程理性化的含义;(2) 决策过程专业化的含义;(3) 决策过程科学化的含义;(4) 决策过程民主化的含义。

2．领会：公共决策的科学化与民主化。

第五章　政策问题与议程设定

一、课程内容

（一）政策问题的概念、属性与分类

1．私人问题、公共问题与政策问题

2．政策问题的基本属性

3．政策问题的分类

（二）公共问题的提出

1．政府部门

2．政治人物

3．政党组织

4．利益集团

5．大众传媒

6．专家人士及咨询机构

7．公民和社会团体

（三）问题认定与政策议程

1．问题认定的含义、方法与步骤

2．公共政策的议程设定

二、自学要求

1．了解问题、私人问题、社会问题、公共问题的含义，掌握政策问题的基本内涵、基本属性和分类。

2．了解提出公共问题者的基本种类，掌握常见的公共问题提出主体和政策网络的含义。

3．理解政策问题的含义以及问题认定的步骤，掌握问题认定的方法、政策议程的含义与类型、进入政策议程的条件与障碍、政策议程确立过程的模型。

4．本章重点：政策问题的基本内涵；政策问题的基本属性；政策问题的基本分类；公共问题提出的主体；政策网络；问题认定的含义、方法与步骤；政策议程的含义与类型；公共问题进入政策议程的条件与障碍；政策议程确立过程的模型。

三、考核知识点及考核要求

（一）政策问题的概念、属性与分类

1. 识记：(1) 政策问题的概念；(2) 公共问题的基本内涵；(3) 政策问题的分类。

2. 领会：公共问题与政策问题的关联。

（二）公共问题的提出

1. 识记：(1) 常见的公共问题提出主体；(2) 政策网络的含义。

2. 领会：(1) 政策网络与公共问题的提出；(2) 公共问题的提出对政策制定的意义。

（三）问题认定与政策议程

1. 识记：(1) 问题认定的含义；(2) 问题认定的方法；(3) 问题认定的步骤；(4) 政策议程的含义与类型；(5) 公共问题进入政策议程的条件与障碍；(6) 政策议程确立过程的模型；(7) 三源流模型的含义。

2. 领会：政策议程确立过程的模型的具体运用。

3. 简单应用：让某一问题进入政府的议事日程的具体操作方法。

4. 综合运用：西方政策议程模型与中国实际相结合后所产生的模型及其具体运用。

第六章　政策方案的规划与抉择

一、课程内容

（一）公共政策目标的确定

1. 政策目标的含义与特征

2. 政策目标的分类

3. 确定政策目标的意义与原则

（二）公共政策方案的规划

1. 政策规划与政策设计

2. 政策规划的主体

3. 政策方案的设计原则

4. 政策规划的模式与参考框架

5. 政策学习与政策移植

（三）公共政策的抉择与合法化

1. 公共政策的抉择主体

2. 公共政策的抉择原则

3. 政策论证、政策审议与政策采纳

4. 公共政策抉择的合法化

5. 常规决策与危机决策

二、自学要求

1. 掌握政策目标的含义与特征、政策目标的分类，理解确定政策目标的意义与原则。

2. 掌握政策规划与政策设计、政策规划的主体、政策方案的设计原则，理解政策规划的模式与参考框架，以及政策学习与政策移植。

3. 掌握公共政策的抉择主体和原则、政策方案的评估与择优，理解政策论证、政策探究、政策对话与政策审议，理解公共政策抉择的合法化，以及常规决策与危机决策。

4. 本章重点：公共政策的基本目标；确定政策目标的意义和原则；政策方案的设计原则；政策规划的理论分析框架；公共政策的抉择主体及原则；政策方案的评估与择优；政策论证和政策对话；公共政策抉择的合法化；常规决策与危机决策。

三、考核知识点及考核要求

（一）公共政策目标的确定

1. 识记：政策目标的含义与特征。

2. 领会：(1) 公共政策目标的分类与基本目标；(2) 确定政策目标的意义与原则。

（二）公共政策方案的规划

1. 识记：(1) 政策规划与政策设计的含义；(2) 政策规划的主体。

2. 领会：(1) 政策规划的特点；(2) 政策设计的逻辑结构；(3) 政策规划与政策设计的区别和联系；(4) 政策学习与政策移植的类型。

3. 简单应用：(1) 政策方案的设计原则；(2) 政策规划的主要模型。

（三）公共政策的抉择与合法化

1. 识记：公共政策的抉择主体。

2. 领会：公共政策抉择的合法化；政策论证、政策审议与政策采纳（政策抉择的环节或步骤）。

3. 简单应用：(1) 公共政策的抉择原则；(2) 政策论证的逻辑结构；(3) 常规决策与危机决策。

4. 综合应用：预测性评估（步骤、方法）、可行性评估。

第七章　公共政策执行

一、课程内容

（一）公共政策执行的意义、特点与模型

1. 公共政策执行的含义、特点和作用

2. 政策执行研究的发展路径

3. 基于中国经验的政策执行“上下来去”模型

4. 基于西方经验的政策执行理论模型

（二）政策执行者与政策执行力

1. 政策执行机关的特性

2. 下级行政人员的执行行为

3. 公共政策执行力

（三）影响政策执行的主要因素

1. 政策本身

2. 政策主体

3. 政策对象

4. 政策环境

(四) 公共政策执行偏差及其矫正

1. 什么是公共政策执行偏差

2. 执行偏差产生的原因

3. 公共政策执行偏差的矫正

(五) 公共政策的无效执行与有效执行

1. 政策失灵与公共政策的无效执行

2. 公共政策有效执行的原则以及机制

二、自学要求

1. 掌握公共政策执行的含义、特点和作用,掌握基于中国经验的政策执行“上下来去”模型以及基于西方经验的政策执行理论模型。

2. 掌握政策执行机关的特性、下级行政人员的执行行为,理解公共政策执行力的相关知识。

3. 掌握影响政策执行的主要因素,具体包括政策本身、政策主体、政策对象以及政策环境等方面。

4. 掌握公共政策执行偏差的含义、执行偏差产生的原因及其矫正方法。

5. 理解政策失灵与公共政策的无效执行的含义,掌握公共政策有效执行的原则以及相关机制。

6. 本章重点:公共政策执行的含义、特点以及作用;基于中国经验的政策执行“上下来去”模型的内涵;基于西方经验的政策执行理论模型;政策执行机关的特性;下级执行人员执行行为的地位以及作用;提升公共政策执行力的方法;影响公共政策执行的主要因素;公共政策执行偏差的含义、表现形式、产生原因以及矫正的对策;公共政策无效执行的具体表现;公共政策有效执行的原则以及机制。

三、考核知识点及考核要求

(一) 政策执行的意义、特点与模型

1. 识记:公共政策执行的含义、特点和作用。

2. 领会:(1) 基于中国经验的政策执行“上下来去”模型;(2) 基于西方经验的政策执行理论模型。

(二) 政策执行者与政策执行力

1. 识记:(1) 政策执行机关的特性;(2) 下级执行人员执行行为的地位以及作用;(3) 提升公共政策执行力的方法。

2. 领会:(1) 公共政策执行力的概念;(2) 公共政策执行力的影响因素。

(三) 影响政策执行的主要因素

1. 识记:(1) 政策本身对于政策执行的影响因素;(2) 政策主体对于政策执行的影响因素;(3) 政策对象对于政策执行的影响因素;(4) 政策环境对于政策执行的影响因素。

2. 领会:(1) 公共政策执行主体的概念;(2) 公共政策执行对象的特点。

(四) 公共政策执行偏差及其矫正

1. 识记:(1) 公共政策执行偏差的概念;(2) 政策执行偏差的表现形式;(3) 执行偏差产生的原因;(4) 政策执行偏差的矫正。

2. 领会:(1) 公共政策执行偏差产生的主观原因;(2) 公共政策执行偏差产生的客观原因。

(五) 公共政策的无效执行与有效执行

1. 识记:(1) 政策失灵的概念;(2) 公共政策有效执行的原则;(3) 公共政策有效执行的机制。

2. 领会:(1) 政策无效执行的概念;(2) 政策无效执行的具体表现。

第八章　公共政策的评估与监控

一、课程内容

(一) 公共政策评估的含义、作用、主体、类型和内容

1. 什么是公共政策评估

2. 公共政策评估的目的与作用

3. 公共政策评估的主体

4. 公共政策评估的类型

5. 公共政策评估的内容

（二）公共政策评估的过程、标准与影响因素

1. 公共政策评估的过程

2. 公共政策评估的标准

3. 影响公共政策评估的重要因素

（三）公共政策评估的方法

1. 以定量分析为主的评估方法

2. 以定性分析为主的评估方法

（四）公共政策监控

1. 公共政策监控的含义、类型与功能

2. 公共政策监控机制的构成

3. 公共政策监控的过程

二、自学要求

1. 了解公共政策评估的含义，公共政策评估的主体；理解公共政策评估的目的、作用和过程，以及公共政策评估的类型。

2. 理解影响政策评估的重要因素；掌握政策评估的标准。

3. 掌握政策评估的定量与定性方法。

4. 了解公共政策监控的含义；理解政策监控的内容、类型与功能；了解内部政策监控机制与外部政策监控机制的内容与运作；掌握公共政策监控的过程。

5. 本章重点：政策评估的过程；政策评估的定量与定性方法；公共政策监控的过程。

三、考核知识点及考核要求

（一）公共政策评估的含义、作用、主体、类型和内容

1. 识记：(1) 公共政策评估的含义；(2) 公共政策评估的目的；(3) 公共政策评估的主体。

2. 领会：(1) 公共政策评估的作用；(2) 公共政策评估的类型；(3) 公共政策评估的内容。

(二) 公共政策评估的过程、标准和影响因素

1. 识记：(1) 公共政策评估的过程；(2) 公共政策评估的事实标准、技术标准和价值标准的含义。

2. 领会：(1) 公共政策评估事实标准的内容；(2) 公共政策评估技术标准的内容；(3) 公共政策评估价值标准的内容。

(三) 公共政策评估的方法

1. 识记：(1) 政策指标；(2) 一元线性回归分析；(3) 实验法评估。

2. 领会：(1) 政策评估指标体系的价值取向；(2) 以定性分析为主的政策评估的程序。

(四) 公共政策监控

1. 识记：(1) 公共政策监控的含义；(2) 公共政策监控的类型；(3) 公共政策监控的内容；(4) 公共政策监控机制。

2. 领会：(1) 公共政策监控的功能；(2) 内部政策监控机制与外部政策监控机制；(3) 公共政策监控的过程。

第九章　公共政策的稳定、变动与终结

一、课程内容

(一) 公共政策的稳定和变动

1. 公共政策的稳定与维持

2. 公共政策的变动与创新

(二) 公共政策的调整与接续

1. 公共政策调整的含义和内容

2. 公共政策调整的形式、程序和原则

3. 公共政策调整的原因和作用

4. 公共政策的接续

(三) 公共政策的终结

1. 公共政策终结的含义、对象和方式

2. 公共政策终结的原因、作用和障碍

3. 公共政策终结的策略

二、自学要求

1. 掌握公共政策稳定的内涵、重要意义以及其动力因素，理解公共政策变动的含义、原因、模式，政策创新的内涵和动力。

2. 掌握公共政策调整的含义、内容、形式、程序和原则，理解公共政策调整的原因和作用，并了解公共政策的接续。

3. 掌握公共政策终结的含义、对象和方式，理解公共政策终结的原因、作用和障碍，以及公共政策终结采取的策略。

三、考核知识点及考核要求

（一）公共政策的稳定和变动

1. 识记：(1) 公共政策稳定的内涵；(2) 公共政策变动的含义；(3) 公共政策创新的内涵。

2. 领会：(1) 影响公共政策稳定的动力因素和意义；(2) 公共政策变动的原因、类型；(3) 公共政策创新的动力。

3. 简单应用：公共政策变动的模式。

（二）公共政策的调整和接续

1. 识记：(1) 公共政策调整的含义；(2) 公共政策接续的含义。

2. 领会：(1) 公共政策调整的形式和程序；(2) 公共政策调整的原因。

3. 简单应用：(1) 公共政策调整的原则；(2) 公共政策调整的作用。

（三）公共政策的终结

1. 识记：(1) 公共政策终结的含义；(2) 公共政策终结的对象。

2. 领会：(1) 公共政策终结的原因；(2) 公共政策终结的作用；(3) 公共政策终结的障碍。

3. 简单应用：公共政策终结的策略。

第十章　公共政策学知识的应用

一、课程内容

（一）政策学知识应用与政策分析

1. 知识与政策学知识

2. 政策学知识应用的主要形式——政策分析

3. 政策分析的要素和原则

4. 政策分析的过程

5. 政策分析的注意事项

（二）应用性政策研究组织与政策分析师

1. 应用性政策研究组织

2. 应用性政策研究的从业者或政策分析师

3. 应用性政策研究组织与分析师的职业伦理

二、自学要求

1. 了解知识的含义与特征；了解政策学知识与政策知识的区别和联系，掌握政策学知识应用的主要形式——政策分析的含义、要素和原则；理解政策分析的过程和注意事项。

2. 了解应用性政策研究组织的影响，掌握应用性政策研究组织的类型；理解政策分析师的角色定位和构成，了解政策分析师的素质要求；掌握应用性政策研究组织与政策分析师职业伦理的内容框架。

3. 本章重点：政策知识与政策学知识的区别和联系；政策分析的要素、原则与过程；应用性政策研究组织的作用；政策分析师的角色定位和素质要求；政策分析师的职业伦理。

三、考核知识点及考核要求

（一）政策知识与政策学知识

1. 识记：(1) 知识的含义和特征；(2) 政策学知识的应用。

2. 领会：(1) 政策分析的含义、要素和原则；(2) 政策分析的过程;(3) 政策分析的注意事项。

(二) 应用性政策研究组织与政策分析师

1. 识记:(1) 应用性政策研究组织的含义和类型;(2) 政策分析师的角色定位。

2. 领会:(1) 应用性政策研究组织的作用;(2) 应用性政策研究组织与政策分析师的素质要求和职业伦理。

Ⅳ
相关说明与实施要求

一、制定自学考试大纲的目的及其作用

本课程自学考试大纲是根据专业考试计划的要求、结合自学考试的特点制定的，旨在对个人自学、社会助学和课程考试命题给予指导。

本课程自学考试大纲明确了课程自学的内容，界定了其广度和深度，规定了课程自学考试的范围和标准，是进行自学考试命题的依据。

二、课程自学考试大纲与教材的关系

课程自学考试大纲是进行学习和考核的依据，教材是学习掌握课程知识的基本内容与范围，教材的内容是大纲所规定的课程知识和内容的扩展与发挥。课程内容在教材中可以体现一定的深度或难度，但在大纲中对考核的要求则掌握适当。

三、关于自学教材

《公共政策学》，全国高等教育自学考试指导委员会组编，宁骚主编，高等教育出版社 2010 年版。

四、关于自学要求

自学要求指明了课程的基本内容以及自学者应掌握的程度。

自学要求中的知识点构成了课程内容的主体部分，是自学考试考核的主要内容。自学要求中对内容掌握的程度的要求，是依据专业考

试计划和专业培养目标确定的，因此自学考试将依此对基本内容进行考核。

自学要求对各部分内容掌握程度的要求，由低到高分为三个层次，依次为：了解、理解、掌握。

为了有效地指导个人自学和社会助学，各章的自学要求明确了自学的重点。

本课程共4学分。

五、自学方法指导

（1）本课程对自学考试者来说有一定难度。应考者要认识到本门课程对提高自身素质，对实现我国公共决策科学化、民主化的重要性，准备付出相当的努力，克服学习中遇到的各种困难，系统地掌握这门学科的知识。

（2）处理好一般知识学习与掌握重点内容的关系。应考者应在全面阅读教科书的基础上，识记本学科的基本概念、理论和知识，并理解其内涵。阅读时，可适当做些读书笔记或在课本上做些标记，标出关键词和主要内容。在这一基础上，有目的地深入学习重点内容，力求理解和掌握。切忌在没有全面系统地学习教科书的情况下单纯孤立地去抓重点，甚至猜题押题。

（3）为了更好地理解本学科的基本概念和原理，应考者要注意从基本事实出发去思考概念和命题，重视知识形成的方法、背景和思路，注重在理解的基础上进行记忆。

（4）理论联系实际。本课程阐述的内容来源于公共决策实践。应考者在学习中要十分重视理论联系实际，把学习公共政策学理论与分析我国公共决策的实践联系起来。特别是务必更深刻地领会我国政策执行过程中实行的“上下来去”理论模型内容，提高自己分析和解决实际问题的能力。

（5）建议应考者制定出周密可行的学习计划，每天安排好适量的自学任务，定时自学，督促自己完成自学任务。

（6）适当做一些典型习题和真题，以加深对本课程内容的理解，巩固学习成果;认识公共政策学自考命题的规律。

六、应考指导

(1) 养成良好的生活习惯。首先,要坚持运动,强身健心;其次,要保持良好的饮食习惯和膳食结构;最后,要保证充足的睡眠,以保持良好的体力和精神状态。

(2) 沉着放松。考前,应考者要注意转移自己的心理焦虑,放松心情,缓解疲劳。考时,应考者要提前到考场,熟悉考场环境。可以再回顾一下所学知识点,增强自己的信心。进入考场后,应考者要沉着应考,不慌不忙,尽自己所能,发挥出自己的最佳水平。

(3) 合理安排时间,保持卷面整洁。要注意认真看题,读懂题目要考的知识点;遇到不会做的题目时不要心慌,可先做下一道题。

(4) 采用正确的答题方法和技巧。做选择题有以下三种基本方法:一是回忆法,即直接从记忆库中提取要填空的内容;二是淘汰错误法,把选择题各种选择项中错误的答案排除,余下的便是正确答案;三是猜测法,如果碰到一些拿不准或是超出能力范围的题目,猜测可以为应考者创造更多的得分机会。对于非选择题,答案的组织首先要条理清晰、重点突出、主次鲜明。其次要分条、分点回答问题。再次,每一道非选择题都有相应的采分点,要踩准这些采分点。在每个采分点中,都会有决定得分的关键词,在答题时,务必突出这些关键词。最后,简答题只要答出要点就行,不要展开论述;论述题、案例分析题既要答出要点,还要展开论述。

七、对社会助学的建议

(1) 社会助学的目的是帮助考生系统地学习本门课程,达到课程大纲所规定的各项要求。社会助学者要熟知考试大纲对本课程总的要求和各章的知识点,准确理解各知识点要求达到的认知层次和考核要求,并在辅导过程中切实有效地帮助考生掌握这些要求,引导他们防止自学中的各种偏向,切忌随意增删内容和提高或者降低要求。

(2) 引导考生着重理解和掌握公共政策学的基本概念及其应用,

培养和提高应考者认识、分析和解决实际问题的能力，从总体上提高考生的思维能力和综合素质。社会助学者不应该把自学应考者引向猜题押题，不应仅仅把通过考试作为辅导的唯一目的。

（3）社会助学辅导可依据本大纲所列的自学教材循序渐进。

八、关于命题考试的规定

（1）考试采取笔试，考试时间为150分钟，用蓝（黑）色圆珠笔或钢笔作答。

（2）本课程命题考试的范围为本大纲各章所列考核知识点规定的内容。命题注意到试题的覆盖面，并适当突出重点章节的内容，加大重点内容的覆盖密度。

（3）合理安排反映不同能力层次的试题。在一份试卷中对不同能力层次要求的分数比例约为：识记占20%，领会占30%，简单应用占30%，综合应用占20%。

（4）合理安排难度结构，做到难易适中。试题难易分为易、较易、较难、难四个等级。每份试卷中四种难易度试题的分数比例一般为：易占20%，较易占30%，较难占30%，难占20%。

（5）本课程考试采用的题型主要有：单项选择题、多项选择题、简答题、论述题、案例分析题等。

（6）本课程考试满分为100分，达到60分者为合格。及格者得4学分，获得本课程的单科合格证书。

参考样卷

一、单项选择题(本大题共20小题,每小题1分,共20分)

在每小题列出的四个备选项中只有一个是符合题目要求的,请将其代码填写在题后的括号内。错选、多选或未选均无分。

1. 以管理公共事务、提供公共服务、协调和增进公共利益为目的的组织,被称作(　　)。

A. 企业组织　　B. 非政府组织

C. 公共组织　　D. 社会组织

2. “政策科学”的创始人是(　　)。

A. 林德布洛姆　　B. 德洛尔

C. 拉斯韦尔　　D. 戴伊

3. 属于公共政策学边际概念的是(　　)。

A. 系统分析　　B. 政策替代

C. 政策宣示　　D. 政策变动

4. 奠定了公共政策学的理论和方法论基础的“三论”不包括(　　)。

A. 控制论　　B. 系统论

C. 信息论　　D. 相对论

5. 政策过程的渐进主义模型的构建者是(　　)。

A. 西蒙　　B. 林德布洛姆

C. 德洛尔　　D. 埃齐奥尼

6. 属于公共政策间接主体的是(　　)。

A. 立法机关　　B. 行政机关

C. 领袖人物　　D. 利益集团

7. 毛泽东指出:“只要有战争,就有战争的全局”中的“全局”是指(　　)。

A. 战略　　B. 战术

C. 策略　　D. 措施

8. 以政策制定时有无现成的规范和原则可将政策划分为(　　)。

A. 物质性政策与符号性政策　　B. 实质性政策与程序性政策

C. 程序性政策与非程序性政策　　D. 单目标政策与多目标政策

9. 在预测性评估方法中属于直觉预测法的是(　　)。

A. 德尔菲法　　B. 时间序列分析

C. 投入-产出分析　　D. 成本分析

10. 关于公共政策议程模式与民众参与程度的匹配,以下说法正确的是(　　)。

A. 关门模式——民众参与程度高

B. 外压模式——民众参与程度高

C. 借力模式——民众参与程度低

D. 动员模式——民众参与程度低

11. 公共权力机关进行社会资源配置和社会价值分配的手段是(　　)。

A. 现代公共政策的本质　　B. 现代公共政策的形式

C. 公共组织的本质特征　　D. 公共组织的内涵

12. 基于中国经验的政策过程理论模型是(　　)。

A. 规范最佳模型　　B. 集团模型

C. 机构—制度模型　　D. “上下来去”模型

13. 在公共政策制定过程中我们首先要考虑的是(　　)。

A. 拟订政策方案　　B. 评估政策方案

C. 选择政策方案　　D. 确定政策目标

14. 制造舆论与说服教育属于政策执行中的(　　)。

A. 政治手段　　B. 法律手段

C. 经济手段　　D. 思想引导手段

15. 随着政党的更替而变化的公共政策变动模式是(　　)。

A. 周期型模式　　B. "Z"字型模式
C. 学习型模式　　D. 渐变型模式

16. 从政策制定过程本身看，政策法制化是(　　)。
A. 政策科学化的一种形式　　B. 政策方案选择的一种形式
C. 公布政策的一种形式　　D. 政策上升为法律的过程

17. 在政策执行过程中，决定政策去向的最有效方式是(　　)。
A. 政策制定　　B. 政策宣传
C. 政策接续　　D. 政策评估

18. 公共政策评估总结阶段的主要任务之一是(　　)。
A. 确定评估对象　　B. 作出评估结论
C. 制定评估方案　　D. 准备评估条件

19. 政策调整的本质特征是(　　)。
A. 激进性的　　B. 突变性的
C. 周期性的　　D. 渐进性的

20. "公费医疗改为医疗保险"是政策终结方式中的(　　)。
A. 合并　　B. 分解
C. 替代　　D. 缩减

二、多项选择题(本大题共5小题，每小题2分，共10分)

在每小题列出的五个备选项中至少有两个是符合题目要求的，请将其代码填写在题后的括号内。错选、多选、少选或未选均无分。

21. 20世纪90年代以来，公共政策学的研究课题偏重于(　　)。
A. 伦理取向　　B. 管理取向
C. 行为主义取向　　D. 政府改革取向
E. 政府取向

22. 作为公共政策学研究对象的公共政策，可以区分为三个层次，即(　　)。
A. 具体的个别的政策　　B. 政策群和政策链
C. 政策一般　　D. 政策系统
E. 政策功能

23. 公共政策的主要功能是(　　)。

A. 管制功能　　B. 引导功能

C. 调控功能　　D. 系统功能

E. 分配功能

24. 推进我国公共政策的现代化要做到决策过程的(　　)。

A. 科学化　　B. 民主化

C. 理性化　　D. 专业化

E. 合理化

25. 公共政策的基本目标是(　　)。

A. 公平　　B. 效率

C. 自由　　D. 安全

E. 经济

三、简答题(本大题共 4 小题,每小题 5 分,共 20 分)

26. 简述元政策、基本政策、部门政策的联系与区别。

27. 简述基于中国经验的政策执行“上下来去”模型。

28. 简述公共政策方案的设计原则。

29．简述政策分析的原则。

四、论述题（本大题共 2 小题，每小题 10 分，共 20 分）

30．试述政策议程的各种构建模型。

31．结合我国实际，谈谈公共政策终结的策略。

五、案例分析题(本大题共 2 小题,每小题 15 分,共 30 分)

32. 某县卫生局于2000 年 3 月下发文件,规定各个体、私营医疗卫生机构必须向县卫生局交纳 1 000 元的医疗卫生保证金。文件下发后,引起了个体、私营医疗卫生机构的强烈不满,他们依据省卫生厅 1998 年 2 月下发的《关于禁止对医疗卫生机构乱摊派、乱收费的通知》,要求县政府根据该通知中有关禁止收取医疗卫生保证金的规定,阻止县卫生局的行为。县政府有关领导找县卫生局局长调查了解,卫生局局长答复说,县卫生局之所以收取一定数额的医疗卫生保证金,是要严把个体、私营医疗卫生机构的审批关,不是乱收费。

请运用政策执行偏差理论分析县政府应不应该阻止县卫生局的行为,并详述理由。

33. 为了改革和加强车辆管理工作,同时充分体现机动车所有人选择号牌的个性意愿,依据《公安部关于开展启用“2002”式机动车号牌试点工作的通知》(公安管[2002]85 号),北京、天津、杭州、深圳作为首批四个试点城市,于 2002 年 8 月 12 日率先启用这种新式机动车号牌。车主可以根据自己的意愿,自由选择英文字母和阿拉伯数字编排车号。个性化车牌一经推出就受到有车族的欢迎,投放头一周就发出了 7 000 多份新车牌。但由于《通知》基本上没有对车牌的编码做出限制,于是像“CHN-001”、“USA-911”、“IBM-001”等被认为颇具“创意”的号码纷纷出炉，这引起了社会上的一片争议。8月22日，北京2002式机动车号牌突然暂停发放。8月23日，其他三个城市也因“系统技术故障”暂停发放新式车牌。个性化车牌在试行10天后匆匆收场。

请回答：

(1) 什么是政策终结？

(2) 结合本案例，分析政策终结的主要原因有哪些。

参考样卷答案

高等教育自学考试全国统一命题考试
公共政策学试题答案
（课程代码 00318）

一、单项选择题（本大题共 20 小题，每小题 1 分，共 20 分）

1. C　2. C　3. A　4. D　5. B　6. D　7. A　8. C　9. A　10. B　11. A　12. D　13. D　14. D　15. A　16. D　17. D　18. B　19. D　20. C

二、多项选择题（本大题共 5 小题，每小题 2 分，共 10 分）

21. ABD　22. ABC　23. ABCE　24. ABCD　25. ABCD

三、简答题（本大题共 4 小题，每小题 5 分，共 20 分）

26. 在元政策、基本政策、部门政策之间则存在着涵盖与被涵盖、衍生与被衍生、统摄与被统摄的关系。元政策是政策体系中管总的或具有统摄性的政策，对其他各项政策起指导和规范的作用，是关于政策的政策。基本政策是针对某一社会领域或社会生活某个基本方面制定的、在该领域或方面起全局性与战略性作用的政策，它衍生自元政策，是元政策在某一领域或方面的延伸和具体化。部门政策是为在某一个特定的部门贯彻基本政策而制定的具体行动方案和行为准则，它是针对特定而具体的政策问题做出的政策规定。社会生活的各个方面都有许多具体政策，而且通常都用政府文件的形式做出具体规定。部门政策由元政策和基本政策所决定，体现和服从于元政策和基本政策。元政策、基本政策、部门政策的区分具有相对性；部门政策又可分为若干等级层次，高一层次的部门政策相对低一层次的部门政策而言，又具有统摄作用。

27. 基于中国经验的政策执行"上下来去"模型，是在结合中国实际情况的基础上构建的政策执行研究路径。这一路径认为，在当代中国的政策实践中，成功的政策执行取决于政策直接主体坚持实事求是、一切从实际出发，使政策执行过程成为"从群众中来，到群众中去"的过程、"实验—推广"的过程、"执行—总结"的过程。由于该政策过程总的来说是政策直接主体与政策客体、政策环境之间上下互动的过程，所以该研究路径被称作政策执行"上下来去"模型。

28. 紧扣政策目标；规划多重方案；方案彼此独立；方案要有创新；方案切实可行。

29. 民主化原则；系统性原则；协调性原则；多样性原则；分合原则；预测性原则。

四、论述题（本大题共2小题，每小题10分，共20分）

30. 科珀等学者根据政府在议程建立中所起的不同作用（即直接提出或间接提出政策问题）以及创始者扩散问题的程度和方向，提出三种模型：外在创始模型、动员模型和内在创始模型。（1）外在创始模型。外在创始模型属非政府团体创始政策问题的过程，通常先散布到公众议程，再介入政府议程。这一模型与科珀和埃尔德最初提出的模型相似。它适用的情境包括：创始者身处政府结构之外；表达或提出一项需求；试图将问题散布到其他社会团体，以先行进入公众议程；最终向决策者施加足够的压力，以进入政府议程。该模型通常在民主和平等的社会中比较常见。（2）动员模型。动员模型属政府直接创始政策问题并将该问题扩散到公众议程的过程。该模型下的政策问题一般都能顺利地进入正式议程，但为了以后更好地执行该项政策，政府也需要将该问题提交公众议程加以讨论。在该模型下，政府领导人及其有关机构的主要任务是考虑如何将政府正式议程中的政策问题提交到公众议程。该模型通常出现在不太民主的社会中，在那里，公共政策问题通常都是由官方首先提出，再通过一定的形式提交社会讨论。（3）内在创始模型。内在创始模型属政府因解决纯政府内部的事务而提出政策问题且不愿将该问题扩散到公众议程当中的过程。显然,该模型企图排除社会大众参与的情形,使得此类问题远离公众议程,社会大众便没有任何参与的机会和希望。在该模型下,仅限于政府内部的单位或接近于决策者的团体才能提出此类政策问题;问题最多会扩散到一些认同性团体,以争取更多力量的支持,向决策者施加足够的压力,促使决策者将此类问题列入正式议程。该模型在财富和权力高度集中的社会较为流行。具体到一个社会或国家来说,并非仅仅采用一种模型来构建其政策议程,而是会一并采用多种模型,因而在多数国家中政策议程建构模型均呈现高度的复杂性。

31. 结合我国的实际,我们认为要顺利完成终结需要注意以下几个方面:(1) 重视说服工作,消除抵触情绪。为确保政策终结的顺利进行,政策主体首先应该重视做好说服工作,消除人们的抵触情绪,提高人们的思想认识。(2) 注意因势利导,营造有利气氛。政策终结的倡导者要善于把握思想观念变迁的脉搏,抓住理念变迁的大好时机,寻求或创造新的理念框架,提供新的观念,引导人们价值观念的变更,改变对原政策的看法,形成终结的认识基础。(3) 公开评估结果,争取支持力量。政策终结支持者的态度和人数的多寡,是决定政策终结成败的关键。政策终结的倡导者必须努力争取各种支持力量,以推动政策终结的实现。(4) 废旧立新并举,缓和终结压力。为了缓和政策终结的压力,可以采用新政策出台与旧政策终结并举的方法,及时地采用新政策替代旧政策,使人们在丧失对旧政策期望的同时得到一个新的希望。(5) 通过试探试点,避免矛盾激化。对于那些不涉及国家机密的问题,可以适当扩大参与范围,实现政策制定的民主化。特别是对那些关系重大的,准备用来替换旧政策的创新性政策来说,一方面,它们所涉及的政治、经济、文化和心理等社会因素之间,存在着相互制约、相互作用的复杂关系,很难对其进行十分精确的判断和分析;另一方面,这些政策的后果影响十分深远,难以预料,作为创新性的政策,类似的政策经验又十分缺乏,需要在一定范围内对政策进行必要的试验。否则,突然宣布一项政策终结,可能会导致矛盾的激化,影响社会的稳定。(6) 终结必要的部分,减少终结代价。在政策终结阻力较为强大且持久,而政府又必须进行某种政策终结的情况下,政府将不得不接受现实的压力,放弃较高的目标期望值,以降低目标的方式来换取有限目标的实现,也就是所谓的折中妥协。妥协的一个重要方式就是缩小终结的范围,因为终结的部分越少,受终结威胁的人就越少,于是反终结联盟的力量也就越小。

五、案例分析题(本大题共2小题,每小题15分,共30分)

32.(1)县政府应该阻止县卫生局的行为。(2)这是一种典型的政策执行偏差的行为。所谓政策执行偏差是指政策执行者在实施政策过程中,由于主客观因素的作用,其行为效果偏离政策目标并产生了不良后果的政策现象。(3)主要表现为替代式政策执行,即在政策执行中,执行者用自己的一套政策替代既定的政策,符合自身利益的政策就充分利用,不符合自身利益的政策就曲解变形,对政策执行的态度取决于是否符合地方利益。(4)县卫生局的行为严重损害了上级政策的严肃性、权威性以及公共利益。

33.(1)政策终结是公共政策的决策者通过对政策进行审慎的评估后,通过采取必要的措施,以终止那些错误的、过时的、多余的或无效的政策、政策功能、政策计划或政策组织的一种行为。

(2)一般说来,导致政策终结的原因有两个:一是经过评估认为政策的目标已经实现,政策问题已得到解决,政策没有继续存在的必要,应该予以终止;二是经过评估发现政策存在的失误或局限使其无法解决所面临的问题。如果继续执行不仅浪费资源而且会带来不良后果,因此必须予以终止。

本案例中政策终结是由于:《通知》基本上没有对车牌的编码做出限制,于是像"CHN-001"、"USA-911"、"IBM-001"等被认为颇具"创意"的号码纷纷出炉,这引起了社会上的一片争议。8月23日,其他三个城市也因"系统技术故障"暂停发放新式车牌。因此属于上述的第二种原因。

对制定《公共政策学自学考试大纲》的几点说明

《公共政策学自学考试大纲》是全国高等教育自学考试委员会根据公共管理类专业考试计划组织制定的。

《公共政策学自学考试大纲》的初稿由林震（北京林业大学副教授）、高兴武（北京林业大学）、闭恩高（清华大学）具体编写，宁骚（北京大学教授）修改定稿。

2010 年 7 月，全国考委公共管理类专业委员会召开审稿会，对本大纲进行审定。参加本大纲审稿的专家有：孙亚忠（南京大学教授）、王云骏（南京大学教授）、彭向刚（吉林大学教授）。孙亚忠教授担任主审。

全国高等教育自学考试指导委员会

公共管理类专业委员会

2010 年 7 月

全国高等教育自学考试指定教材
行政管理学专业（独立本科段）

公共政策学

主编的话

根据1997年修订的全国高等教育自学考试行政管理学专业(独立本科段)考试计划的要求,我主编了《公共政策》一书。该书是行政管理专业(独立本科段)必考课程的教材,由高等教育出版社于2000年12月出版。鉴于《公共政策》这本教科书已经连续使用了10年,而在这期间公共政策学有了很大发展,许多前沿成果需要在教科书里得到反映,于是由我主编这门课程的新教材《公共政策学》,以实现新旧更替。新教材由北京林业大学人文学院林震副教授任副主编,协助我组织编写。各章执笔者分别是:

第一、二、四章	宁骚(北京大学)
第三章	宁骚、孔祥利(北京行政学院) 王庆兵(新乡学院)、杨诚虎(北京信息科技大学)
第五章	彭宗超(清华大学)、宁骚
第六章	彭宗超、任丙强(北京航空航天大学) 宁骚
第七章	宁国良(湘潭大学)
第八章	徐家良(上海交通大学)、傅广宛(华中师范大学)
第九章	林震(北京林业大学)、高兴武(北京林业大学)
第十章	林震、闭恩高(清华大学) 胡启生(安徽省合肥市政府)

在本教材编写过程中,北京大学政府管理学院博士生左广兵,北京林业大学人文学院硕士生刘一弘、伍朝斌、毕景媛、费衍慧、武欣炜、寇艺明、林铮铮、王华荣、卜洁、田露、刘月、罗约坡子、李静,在文字录入和其他方面提供了许多服务,在此谨向他们表示诚挚的感谢。

宁　骚

2010年7月

目　录

第一章

公共政策学的学科要素

公共政策学既是政治科学的一个重要分支学科，也是公共管理学的一个重要分支学科。它作为纯理论研究和纯操作性研究之间的一个过渡性研究领域，既具有重要的理论探索价值，也具有广泛的社会应用价值。因此，公共政策学现在在众多的社会科学研究的学科中是一门“显学”。

第一节　什么是公共政策学

一、政策研究、政策分析与公共政策学

公共政策是随着公共权力机关的产生而产生的。随着公共政策的产生与发展，也就开始有了人们对于公共政策的观察和思考。当这种观察和思考发展为一门独立的学科时，也就有了如何给这门学科命名的问题。在这门学科的诞生地美国，其英文名称有数个并行于世，如Policy Sciences，Public Policy Sciences，Policy Analysis，Public Policy，Public Policy Analysis，Policy Research，Policy Studies，Public Policy Research，Public Policy Studies 等。与此相对应的中文译名是：政策学或政策科学、公共政策学或公共政策科学、政策分析、公共政策、公共政策分析、政策研究、公共政策研究等。在学科发展的早期阶段，学者们倾向于认为这些学科名称是用不同的话语表达同一概念，就像同一个人可以有多个名字一样。这种认识现在仍然普遍地留存于通行的一些

教科书中。例如，张金马主编的《政策科学导论》、陈振明主编的《政策科学》、陈庆云主编的《公共政策分析》，都认为这些名称的含义是相同的。①

然而，在学科发展的现阶段，主流的认识倾向于认为政策研究（Policy Research，Policy Studies）或公共政策研究（Public Policy Research，Public Policy Studies）、政策分析（Policy Analysis）或公共政策分析（Public Policy Analysis）、政策科学或公共政策学（Policy Sciences，Public Policy Sciences）是在外延和内涵上都有明显差异的三个概念。现引述主要文献分别予以辨析。

关于政策研究或公共政策研究。"政策研究"在大众话语系统里含义是很广泛的；作为学科名称，最初的含义同样可作多种理解。而在学科发展的现阶段，就主流的认识而言，"政策研究"这一概念则不包括应用性研究的方面。例如，丘昌泰在综合英语专业文献的基础上指出：出身于学术界的教授与研究人员具有严谨的学术训练，对于公共政策的研究比较重视政策理论的建构。公共政策学者将这种研究称为"对政策本身的分析"（Analysis of Policy），或简称为"政策研究"（Policy Study）。也就是说，"政策研究主要是由学术社群所发动，其目的是希望了解公共政策过程与公共政策本身，最终目标则是建构政策理论，呈现出政策的描述性与诠释性倾向。"②吴定编著的《公共政策辞典》对政策研究（Policy Research）所做的界定是："政策研究指政策研究者应用各种正式的研究方法论，去探究各项政策问题，以预测政策结果的

---

① 张金马主编《政策科学导论》（北京：中国人民大学出版社，1992）第1页："政策科学在其发展过程中使用过许多名称：应用系统分析、公共政策、政策研究、政策分析，以及在日本等国家采用的社会工程等。名称的更迭和改用也反映了人们探索这门学科的艰苦历程。"陈振明主编《政策科学》（北京：中国人民大学出版社，1998）第1页："政策科学（政策研究或政策分析）是第二次世界大战后首先在美国兴起的一个跨学科、综合性的新研究领域。"陈庆云主编《公共政策分析》（北京：北京大学出版社，2006）没有对政策科学、政策分析、公共政策分析、政策研究等概念作专门界定，而在行文中是将它们当作同一概念使用的（见该书前言和第一章第三节）；宁骚主编《公共政策》（北京：高等教育出版社，2000）和《公共政策学》（北京：高等教育出版社，2003）也持同样的看法。

② 丘昌泰．公共政策：基础篇．台北：巨流图书有限公司，2003：13－14．

系统性知识。”其研究重点放在探究造成社会问题发生之变项与公共政策可操控之变项之间的关系上。政策研究所期望的成果，“多少是想验证如下的假设：如果政府机关实施 X 政策或方案，则将会产生 Y 的结果。”政策研究者“很少与决策人员有所关联，他们通常将自己视为学术专业领域的一分子，虽然他们也在乎研究成果会不会被决策者所引用，不过他们更关心的是，研究成果问世后，能否获得学术界同僚的肯定。”①综合上述，我们可以确定“政策研究”的如下内涵：① 研究的主体是学术取向的职业学问家。② 研究活动关注的重点和研究范围是政策内容、政策过程和政策产出，发现和验证政策与其主体和客体之间、与有关社会和自然环境诸因素之间的因果联系。因此，政策研究是一门科学。③ 研究的目的或目标是构建政策理论，创设研究方法，推动学科发展。④ 对研究成果的社会反响的期待是获得学术界同僚的肯定。

关于政策分析或公共政策分析。“政策分析”作为学术术语是由美国耶鲁大学教授林德布洛姆（Charles Lindblom）于 1956 年出版的《政策分析》一书中首先提出的。作为一门学科，其产生的标志是 20 世纪 60 年代末期由奥斯汀 · 兰尼（Austin Ranney）编辑的一次学术讨论会论文集的出版，②这次讨论会的主办者是美国社会科学研究委员会。③ 美国学者威廉 · 邓恩（William N. Dunn）从广义的和狭义的两个视角来界定“政策分析”。他认为“政策分析”从广义上来说，“是针对政策制定过程并在政策制定过程中创造知识的过程”，前者是政策制定过程本身的知识，后者是政策制定过程中的知识，二者可总括为“提供政策相关知识的过程”。他指出：“从这一广泛意义看，政策分析和人类文明一样古老，它包括多种探索形式，从神秘主义和超自然的形式到现代科学。”从狭义来说，邓恩将“政策分析”界定为“一门运用多种调查方法并通过辩论和公共讨论，进行创造、严格地评估与沟通政策相

---

① 吴定. 公共政策辞典. 台北：五南图书出版公司，2004：76-77.

② Austin Ranney. Political Science and Public Policy. Chicago: Markham, 1986.

③ 张金马. 公共政策分析：概念、过程、方法. 北京：人民出版社，2004：68.

关知识的应用性社会科学学科。”他认为，“政策分析作为一门应用科学，以描述性、价值性和规范性的多种学科为基础。它不仅借鉴了社会和行为科学的研究成果，而且也借鉴了政治科学、哲学、伦理学、系统分析和应用数学的研究成果”。他指出政策分析的主体是“政策分析者”，他们“是能够提供和转换有关价值、事实和行动方面信息的人，这三种信息以经验的、实证的和规范的三种政策分析方法联结在一起”。① 由此看来，政策分析或公共政策分析这门学科，具有突出的应用性、多学科交叉、多架构研究方法、涉及众多的研究领域等特征。这是推动这门学科兴起的时代需求的特点造成的：第一，到了20世纪60—70年代，在西方发达国家，公共政策本身和社会问题的研究突破了社会科学各门类的科际分界线，政策分析成为社会科学各学科进一步发展的一个万流归一的聚合点，它把社会科学各学科几乎所有的研究成果都整合到公共权力机关的决策实践中而得以应用；第二，众多的思想库的兴起，推动着社会科学各学科的学者走出象牙之塔，寻找和探索学术研究适合社会需求的有效途径，而政策分析则为他们提供了广阔的平台。到20世纪90年代，类似于邓恩这样对政策分析或公共政策分析这一新兴学科的界定，成为学术界的共识。② 据此，我们可以明确“政策分析”的如下内涵：① 研究的主体或者政策分析者是应用取向的政府机构和其他公共组织内部的专业人员，以及民间智库的政策研究人员。② 研究活动关注的重点或研究范围是“为了政策而分析”（Analysis for Policy），即分析是一个基于政策、政策目标之间的关系，研拟备选方案并从中选择能最大限度地实现该目标的最优方案，以及对政策结果进行科学评估，以期改进政策系统、提高政策质量的过程。因此，政策分析乃是一种科学与艺术结合的活动。就其科学性而言，有关政策分析的理论、模型、技术、方法等，“可以经由实证资料的累积而

---

① Willian N. Dunn. Public Policy Analysis: An Introduction. 2nd ed//Englewood Cliff, N. J.: Prentice Hall, 1994, p. 1, 29, 33.

② 参见：朱志宏. 公共政策. 台北：三民书局，1991：1-8，14-23；丘昌泰. 公共政策：基础篇. 台北：巨流图书有限公司，2003：15-16；吴定. 公共政策辞典. 台北：五南图书出版公司. 2004：181-182；曹俊汉. 公共政策. 台北：三民书局，1990：51-85.

形成系统性的知识”;就其艺术性而言,政策分析的成果呈现出规范性和理想性的倾向,强调的是其特别的适用性和有效性而不是普适性。“同时,在进行政策分析时,常常会受到分析者主观判断及不确定环境因素的影响。”[①]③ 政策分析的目的或目标是为了公共组织特别是公共权力机关的决策者规划解决社会现实问题的政策蓝图。④ 对研究成果的社会反响的期待是被决策者采用并达到预期的效果。

关于政策科学或公共政策学。英文 Policy Sciences 或译为“政策科学”或译为“政策学”,Public Policy Sciences 则一般译为“公共政策学”。作为一门独立的学科,政策科学或公共政策学发端于1951年拉斯韦尔和勒纳两位美国政治学家合编的《政策科学:视野与方法的近期发展》一书。[②] 在学科发展的初期,人们对其内涵的认识与“政策研究”没有多少差别。随着“政策分析”这一学科的形成与发展,现阶段人们对政策科学或公共政策学的界定是:这是一门“研究公共政策运作涉及的各种理论性、学术性、实务性的相关论题而形成的一种系统性知识”,其研究范围包括“政策研究”和“政策分析”两个领域。[③] 简而言之,政策科学或公共政策学=政策研究+政策分析。本教材采用这一界定。以这一界定为基础,我们对公共政策学的定义是:

公共政策学是这样一门学科,它尽可能地运用科学方法研究公共政策的内容、过程与产出,探索其固有规律,形成系统性知识,并运用这种知识进行政策分析,进而通过公共权力机关将研究成果转化为政策实践。

这个定义揭示了公共政策学这一学科概念的如下内涵:① 这门学科的研究对象是公共组织、尤其是公共权力机关制定和执行的公共政策,也就是公共决策。② 这门学科具有准科学的特征。“它崇尚理性又不拒绝非理性思考,它强调定量分析又要与定性分析相结合,它注重

---

① 吴定.公共政策辞典.台北:五南图书出版公司,2004:182.

② Harold D. Lasswell, Daniel Lener. Policy Sciences: Recent Developments in Scope and Method, Stanford, C. A.: Stanford University Press, 1951.

③ 吴定.公共政策辞典.台北:五南图书出版公司,2004:77.

经验的历史积累又要使用一切现代化手段。”①强调运用科学方法，强调实证研究，既强调研究发现具有逻辑一致性又强调其可检验性，是这门学科在方法论上的重要特征。③ 由于这门学科所涉及的对象范围是与人类生活有关的全部领域，政策的制定和执行涉及并需要各个学科的知识，所以在学科内容上这门学科具有跨学科或多学科交叉、渗透、综合的特征。④ 学术研究与应用研究相结合、理论与实践相结合、知识创造与权力运作相结合，是这门学科的又一显著特征。就学术研究、理论构建、知识创造而言，科学追求是公共政策学发展的根本动力，即研究活动的目的是探索公共决策的固有规律；就应用研究、政策实践、权力运作而言，这门学科的研究活动具有鲜明的功利性，以有效地控制和解决社会问题为根本诉求，十分看重研究工作对公共权力机关的功能活动所产生的作用，明确地以改进政策系统、提高政策质量为研究目的。

基于对公共政策学的界定以及对这一学科概念内涵的揭示，本教材在内容上作如下安排：第一章从总体上介绍这一学科，第二至第九章注重介绍政策研究，第十章专门介绍政策分析。

二、公共政策学的研究对象

公共政策学的学科要素有三个，即研究对象、概念体系和研究方法。在这里，首先讨论研究对象。

公共政策学的研究对象是什么？阅读如下案例。

案例 1-1

谁的决策是公共政策学的研究对象②

从 2003 年 3 月初起，传染性非典型肺炎（简称“非典”，英文简称

---

① 张金马. 发展政策科学，建立现代政策研究组织的理论意义//宁骚，等. 现代化与政府科学决策. 北京：经济科学出版社，2000：35.

② 据 2003 年 4 月 20 日至 5 月 10 日《人民日报》、《光明日报》和《北京晚报》报道。

“SARS”)开始肆虐北京。人们纷纷做出决策,防治这种传染病。

(1) 中共中央政治局两次开会专门研究北京发生的疫情和防治工作,及时做出部署,于4月20日调整了卫生部和北京市政府主要领导的工作。中共中央总书记胡锦涛多次就防治工作做出重要指示,提出了明确的要求。

(2) 国务院成立了全国防治“非典”指挥部,由国务院副总理吴仪任总指挥,并兼任卫生部部长。国务院先后派出数批“非典”防治工作督查组分赴有关省、自治区、直辖市,全面了解、掌握真实情况,协助和配合地方做好“非典”的防治工作。国务院总理温家宝从2003年4月12日到5月5日五次在北京视察,研究防治措施并做出指示。国务院新闻办公室于2003年4月20日举行记者招待会,宣布了已经采取的五项重要防治措施。

(3) 国务院各部、委、局根据中共中央、国务院做出的重大决策,纷纷就“非典”预防和控制工作发出通知:国家发展与改革委员会通知要求各级物价部门严控“非典”商品价格。教育部通知要求高校采取更为严密、严格的措施和快速的反应机制,坚决阻断“非典”在学校的传播。劳动和社会保障部通知要求积极做好参加基本医疗和保险人员的“非典”防治工作。卫生部通知要求加强对公共场所和食品生产经营单位的卫生监督,并发布了医院控制“非典”感染的指导原则。交通部制定了《北京及周边省区交通主管部门联防“非典”扩散工作方案》。公安部通知要求防治“非典”期间各级公安机关组织足够警力,加强巡逻、防范和控制,严厉打击哄抬物价、造谣惑众、借机捣乱等行为。国家旅游局通知要求各地在本地区旅游,不组织跨区域旅游,严防疫情通过旅游向农村扩散。

(4) 中共北京市委、北京市人民政府于2003年4月28日制定并发布了《关于加强北京防治“非典”工作的决定》,根据中共中央、国务院做出的重大决策,提出了10个方面的具体防治措施。在这之前,北京市政府于4月22日做出决定,在昌平区小汤山附近急征用地40.3公顷,建设“非典”定点医院。4月23日北京市政府发布通告,决定对“非典”重点疫情地区实施隔离。

(5) 北京市政府各职能局也对"非典"防控工作做出决定,如市国土房管局通知要求强化居住小区清洁卫生,预防"非典"传入社区;市场物价局决定对部分市场调节价商品和服务实行最高限价,以抑制与防治"非典"相关的商品和服务价格上涨;市地税局出台若干新规定,对防治"非典"医务工作者的工作补贴免征个人所得税,对通过市卫生局捐赠给防治"非典"工作的现金和物资,可以从应缴纳的企业所得税或个人所得税中扣除;市药监局通知要求各药店销售的预防"非典"中药,每服售价不得超过9元;市教委通知要求如发现"非典"或疑似"非典"病例在学校、幼儿园造成较大影响的,学校、幼儿园可根据实际情况决定是否停课;市交通局等五委、局联合发文规定,2003年5—7月这三个月内,鉴于本市"非典"疫情,对在企业中继续从事营运的出租汽车司机,一律减半价收取承包费。

(6) 中共北京市各区委、区人民政府都针对本区情况做出了"非典"防控工作的决定。

(7) 各区政府职能局也做出了相关决定。如朝阳区教委决定,在2003年的幼儿园入园、小学入学、小学毕业生升初中以及初中毕业生考高中的政策上,对在抗击"非典"一线工作的医护人员的子女给予优惠照顾,确保他们进入优质学校和幼儿园。

(8) 全国政协、北京市政协、北京市各区政协的一些委员积极为抗击"非典"建言献策,如全国政协副主席黄孟复提出民营企业要为防控"非典"承担起应有的社会责任。

(9) 各医疗、教育、体育和文化机构的党、政领导都做出决策,提出防、控"非典"的措施。如许多学校规定要认真做好教室、午休室和活动场所等的通风换气;每天进行晨检,及时掌握学生健康状况等。又如博物馆、展览馆和各种体育场馆原来已经安排举办的群众性文体活动,都予以取消或无限期推迟。

(10) 许多国有公用事业、企业和一些国有垄断性公司也制定了防控"非典"的措施。如市公交总公司规定在上下班高峰时间重点运营线路增加运力,以减少公交车载客人数,降低满载率,保持车厢内足够通风等。又如市供电总公司决定把防治"非典"的医院的电力供应作为工作中的重中之重。再如新华人寿保险公司特别对"非典"赔案推出三项特别服务。

(11) 像中国消费者协会这样的社会中介组织,也发出通知,要求各地消费者协会密切关注药品市场动态,警惕不法经销商打着防治"非典"的幌子向消费者兜售假冒伪劣药品。

(12) 一些民营和外资企业做出决定,捐资支持防控"非典"工作。联想集团董事会决定捐资1000万元;北京棕榈泉国际公寓(一家在北京投资的外商企业)、北京移动通信有限责任公司、内蒙古乳业股份有限公司决定各捐100万元等。

(13) 居委会和居住小区物业管理机构采取一系列措施防控"非典"。如勤打扫环境卫生,对电梯、垃圾堆放场所等采取消毒措施,对进出社区的人口实行监督等。

(14) 几乎所有的家庭都把防控"非典"放在最重要的位置,采取的措施有开窗通风,使空气流通;对餐具、门窗把手、电器开关、电话机、电脑键盘等经常消毒等。

(15) 市民大都对防控"非典"给予了特别的重视。如外出时戴上口罩,保持良好的个人卫生习惯,保持家居清洁,注意定时进行运动和足够的休息以增强身体的抵抗力,尽可能地避免到人群聚集的地方去等。

在这个案例中,至少有15个类型的决策者。那么,哪些类型的决策者的决策行为是公共政策学的研究对象呢?

第一,公共政策学研究的是组织的而非纯个人的决策行为。所谓组织,就是由两个以上的人构成、具有特定的结构和功能、按照一定的目标和形式编制起来的人群体系。在案例1-1中,(1)至(14)项中这些类型的决策者都是组织,(15)项中的决策者则是个人。个人的决策行为,只有在具备组织特征或参与组织决策过程或对组织决策行为产生显著影响的情况下,才可能成为公共政策学的研究对象。

第二,并非所有组织的决策行为都属于公共政策学的研究对象,只有公共组织的决策行为才是公共政策学的研究对象。所谓公共组织,就是以管理公共事务、提供公共服务、协调和增进公共利益为目的的组织。离开公共政策的制定和执行，公共组织就不可能实现其组织目的。在案例 1-1 中，(14)项中的决策者即以血缘联系为纽带建立起来的家庭，(12)项中的决策者即以营利为目的的企业组织，都不属于公共组织，其决策行为不在公共政策学的研究范围之内，除非这样的行为对公共组织的决策行为有显著的直接影响。

第三，在公共组织中，政府组织即公共权力组织的决策行为，是公共政策学研究对象的核心和重点。现代国家的立法机构、行政机构、司法机构以及一定类型的政治体制中的执政党领导机构等公共权力组织，合法地拥有并支配着军队、警察、监狱等暴力机器，其决策行为具有不可置疑的权威性，能够在全国范围内以其决策行为最大限度地进行人力、物力、财力的调度和分配。在案例 1-1 中，(1)至(7)项中这几类决策者的决策行为，就是本书的主要研究对象。

第四，政府组织以外的公共组织被称为非政府组织(英文简称为 NGO)。具体地说，非政府组织指的是社会团体、基层群众自治组织、各种事业单位(如学校、医院、科研机构等)。它们称为非政府公共部门(Non-governmental Public Sector)，或者介于政府与企业之间的第三部门，主要任务也是处理社会的各种公共事务，提供各类公共物品。如何界定整个第三部门的属性特征，学者们至今仍在进行深入探讨，其中美国约翰·霍布金斯大学非营利组织比较研究中心的莱斯特·萨拉蒙(L. Salomon)所做的界定，则受到比较广泛的重视。他认为，具有如下属性或特征的组织属于非政府公共部门：① 正式组织(Formal Organization)，即有正式的组织机构，有成文的章程、制度，有固定的工作人员等；② 非政府(Non-governmental)，即不隶属于政府或不受其支配；③ 非营利分配(Non-profit Distributing)，即不以营利为目的，不进行分红或利润分配；④ 自我治理(Self-governing)，即有独立的决策和执行能力，自主运营，自我管理；⑤ 志愿(Voluntary)，即成员的参加，特别是资源的集中不具有强制性，组织活动有一定比例的志愿者参加；⑥ 非政治性(Non-political)，即不是政党组织，不参加竞选等政治活动；

⑦ 非宗教性(Non-religious),即不是宗教组织,不进行宗教活动。[①] 当然,各国国情有别,并非每个国家的非政府公共部门全部具备这些属性和特征。就当代中国的情况来说,政协、共青团、工会、妇联、侨联、工商联等非政府组织,具有很强的政治性,起着准政府组织的作用。即使像各种经济仲裁委员会、消费者协会等更多地依靠市场手段而较少地依靠法律和行政手段这样的公共组织,与准政府组织也颇多相似之处。在案例1-1中,(8)和(11)就是这样的公共组织在做决策。另外,随着我国的经济体制从中央计划经济向市场经济过渡,全能政府也逐渐地转变为有限政府,政府的许多经济和社会管理职能转交给了一些国有公用事业企业(如邮电、铁路运输、城市公共交通等企业)和一些国有垄断性专业公司(如电力和煤炭统配公司、石油化工总公司等行政性公司)去行使。这一类公共组织的决策行为,也往往具有公共决策的性质。由于自20世纪80年代以来在新公共管理运动的影响下,一系列发达国家持续进行的行政改革以权力回归社会为取向,于是非政府公共部门得到了更大的扩展,非政府组织管理的作用越来越受到人们的重视,公共政策学对非政府公共组织的决策行为也给予了越来越多的关注。在案例1-1中,(10)项中的决策者的决策行为所具有的公共性,就是显而易见的。

各个层级的公立学校、医疗保障机构、研究机构、文化和科学技术机构、体育设施的管理机构等以提供公共服务为主并在一定范围内进行公共管理的公共组织,各单位的决策仅限于在本单位的范围内实施,其公共性很有限。在案例1-1中,(9)项中的决策者的行为就是如此。因此,这类公共组织的决策行为,通常不被列入公共政策学的研究对象中。

综上所述,就行为取向而言,公共政策学的研究对象主要是公共权力组织的决策行为,涉及一部分非政府公共组织的公共性强的决策行为;就结果取向而言,公共政策学的研究对象就是公共政策。因此,公

① Laster M. Salomon. The Emerging Sector. Maryland: The Johns Hopkins University Press, 1994:20.

共政策学是一门研究公共政策的学问。

公共决策行为是一种极其复杂的社会政治现象。那么,公共政策学要从哪些方面去研究这种现象呢?

(一)公共政策

概括地说,公共政策学首先要研究的是:公共政策是什么。这种研究使人们认识到公共政策学既不同于决策科学,也不同于行政决策学和立法学。具体地讲,虽然这几门学科研究的都是组织的决策活动,但是相互之间存在着重要区别:作为决策科学研究对象的决策,指的是包括企业、交通系统、军队、学校、医院、公共组织等在内的各种组织在管理中形成的决策。① 作为行政决策学研究对象的行政决策,属于管理决策的一种,主要是指国家行政机关履行政府职能,针对要解决的问题制定与选择行动方案,做出决定的活动。② 作为立法学研究对象的法律制定,指的是有关的国家机关依照法定权限和程序,制定各种有不同法律效力的规范文件的活动。它不仅包括立法机关依法制定法律的专门活动,而且包括国家行政机关和次级国家行政机构依法定权限和程序制定各种规范性文件的活动。③ 而作为公共政策学的研究对象的公共政策,指的则是公共权力机关建立起来的包括立法、行政、司法三权在内的所有国家机构,以及一定类型的政治体制内的执政党制定和实施的政策。

有的学者认为,公共政策学是研究政策的,但不是研究每项具体政策,而是把政策作为一个整体,去研究制定和执行政策的一般规律。这门学科"是研究政策制定和实施过程中特有的矛盾和规律性,即政策活动的最一般的规律的学问"。④ 这种看法有违于事物本身所具有的特殊与普遍、个别与一般的规定性。事实上,作为公共政策学研究的对象的公共政策,可以区分为以下三个层次:

---

① 李铁映.决策研究.哲学研究,1984(4).

② 许文惠,张成福,孙柏瑛.行政决策学.北京:中国人民大学出版社,1997:2.

③ 孙琬钟.立法学教程.北京:中国法制出版社,1990:9.

④ 王福生.政策学研究.成都:四川人民出版社,1991:18.

1. 具体的个别的政策

任何一项单个的公共政策都可以成为公共政策学的研究对象，正是这种单体研究才使公共政策学充满了活力。“理论是灰色的，生命之树常青”，这句话同样适用于公共政策学。这门学科的巨大的社会应用价值，是通过对一项项具体的个别的政策研究体现出来的。这门学科在学理上不断取得的进展，离开在对一项项具体的个别的政策的研究中发现和验证“政策活动的最一般规律”，是不可想象的。我们常讲“公共政策学是多学科交叉、渗透的产物”，其实正是在对一项项具体的个别的政策的研究中，才体现了多学科知识的交汇和整合。

2. 政策群和政策链

公共政策学不仅研究具体的个别的政策，而且把政策群和政策链纳入自己的研究视野。所谓政策群，是指国家、政府和一定类型的政治体制中的执政党在某一较长时间内制定和实施的内容各异但理念同源、导向相近的政策的聚合体。① 如自 1978 年党的十一届中全会以来中国实行改革开放政策，涵盖了各个阶段、各个领域、各个方面的成千上万项政策(包括党章、党的历次代表大会的报告决议、党中央历次全会的决议和公报、历次全国人大通过的政府工作报告和其他报告、宪法、法律、行政法规、规章和制度等)，中国特色社会主义理论为所有这些政策提供了共同的理念，这些政策的共同的导向是实现中国特色社会主义现代化。因此，我们就可以把所有这些政策视作“改革开放政策群”。所谓政策链，是指国家、政府和一定类型的政治体制中的执政党为解决同一政策问题而先后制定的在内容上具有一致性、在形态和功能上具有差别性的一系列政策。同一系列的决策相互衔接、相互补充，但其中一二项政策在形态上更具有完整性，在内容和功能上更具有全面性和系统性，起着统摄全系列的政策的作用，从而使得同一系列的政策环环相扣，如同一个链条。政策链这一概念源于列宁，他在 1921 年写的一篇文章中把新经济政策看作“历史事变发展的链条”，而把在国家的正确调节或指导下发展商业看作这个链条中的一个基本环节。

① 张勤. 当代中国的政策群：概念提出和特质分析. 北京行政学院学报，2000(1).

列宁要求“必须善于在每个时机找出链条上的一个特殊环节,必须全力抓住这个环节,以便抓住整个链条并稳定地过渡到下一个环节”;必须注意研究整个链条“各个环节的次序,它们的形式,它们的关联,它们之间的区别。”①

3. 政策一般

从无数项具体的个别的政策和众多的政策群、政策链中,抽象出所有的政策的共同的本质和属性,这就是政策一般。公共政策的概念、命题、理论,通常都是建立在对政策一般的认识之上的。公共政策学中的政策过程,是对政策一般的反映和摹写,是对政策制定和执行的一般规律的阐释,因此它只能是一种逻辑过程。这种逻辑过程接近于事实过程,但绝不等同于事实过程。

(二)政策系统

谁是公共政策的主体?谁是公共政策的适用对象或政策的客体?谁为公共政策的制定和执行提供建议、支持与评估?谁将公共政策的信息反馈给政策主体?他们是如何在互动中按照一定的行为结构形成一个统一的政策系统的?这个系统与其环境之间是如何持续不断地以输入—输出—反馈的形式进行信息和能量的交换的?等等。公共政策学的研究对象的第二个基本的方面就是政策系统。

对政策系统的研究,从研究者来说有四个突出的问题应予重视。

1. 直接的政策制定系统中决策者的类别差异

在当代实行代议制民主的政治体制中,直接决策者可以区分为个人、团体与组织三种类别,每一种类别各有其不同的决策路径和方法,也有其适用的时机和场所。据我国台湾学者吴琼恩教授的研究,个人决策在面临封闭的、可计划的、可计算的情境时,最佳决策路径则是理性的路径(Rational Approach);在面临开放的、不可计划的、判断的情境时,最佳决策路径是直观的路径(Intuitive Approach)。团体决策(Group Decision Making)的方法是碰头会(Face-to-face Meeting)、头脑风暴法(Brainstorming)、具名团体法(Nominal Group Technique)和德尔

① 列宁选集.第四卷.北京:人民出版社,1972:577-578.

菲法（Delphi Technique）。组织决策（Organization Decision Making）会面临四种不同的决策情境，在每种情境下要求使用特定的决策方法：第一种情境可使用理性的、分析的、计算的方法来解决，整个组织也可使用系统分析模型（Systems Analysis Model）；第二种情境可采取谈判协议的方式、建立联盟的方式和广泛参与的方式，整个组织宜使用卡内基模型（The Carnegie Model）；第三种情境宜采取经验判断或直观判断的方法、试错的方法，整个组织可采用渐进决策模型；第四种情境可使用顿悟（Inspiration）等非逻辑的方式来决策，整个组织宜采用垃圾桶模型（The Garbage Can Model）。①

2. 公共政策的直接主体系统与对象系统的地位的相对性

作为政策的直接主体系统的公共权力机关，就在这些组织里制定政策和执行政策的个人而言，经常成为某项公共政策的对象系统中的一分子。鉴于公共政策是一种权威性的资源配置和价值分配方案，这种主体系统与对象系统的相对性是需要研究者给予特别关注的。另外，公共权力机关以及供职其内的所有公务人员所拥有的直接制定政策和执行政策的全部权力，在法理上都是人民委托他们行使的权力，而人民在民主制度健全的政治体制中能够通过政治参与而成为公共政策的间接主体；但是在民主制度不健全的体制中以及在人民对政治参与持冷漠态度的情况下，他们就仅仅是政策的对象或客体。人民一方面是国家主权的拥有者，另一方面又是公共政策的对象或者客体，这一对矛盾只有在公共政策体现和维护人民的根本利益的情况下才能获得正确的解决。

3. 公共政策直接主体系统与政策支持系统的地位的相对性

公共权力机关在政策的制定和执行过程中的主体地位是确定无疑的，但是科学决策要求在这一过程中必须增加政策咨询、政策评估、政策预测等环节，而在这些环节中政策研究组织和政策分析者的主体地位也是不容置疑的，尽管在整个政策系统中后者处于辅助决策的地位。

---

① 吴琼恩．决策问题与决策者应有的思维倾向//丘昌泰．促进中国现代化之研究·管理现代化专书初稿．财团法人促进中国现代化学术研究基金会，1996：139-147.

在对重大政策的研究中，探究二者在决策过程中的互动是很有意义的。美国学者埃齐奥尼指出，政策的制定者和执行者握有权力，而政策研究组织和政策分析者创造知识，“这两种社会职能——两种专业、两种精英人物的群体，具有互补性”。因此，应当重视“权力在知识的创造者与政策制定者之间互动中所起的作用”，而“二者的结合是在知识和决策之间架设桥梁的最佳途径”。①

4. 公共政策制定系统内部的结构

在政策制定系统内部的同一层次和不同层次存在着多个决策者，这些决策者之间存在着什么样的规则的、固定的联系，对于公共政策研究来说也是应予特别重视的一个问题。政策制定系统的内部结构有以下四种类型：① 线性结构，即下层决策者直接接受某一上层决策者的决策，上下界限分明，隶属关系严格；② 职能结构，即下层决策者同时接受上层若干决策者的决策，而上层决策者每人负责某一专项问题的决策，下层决策者必须根据不同的专项问题接受不同的上层决策者的决策，也就是俗话讲的“上面千条线，下面一根针”；③ 线性—参谋结构，即下层决策者面对多个上层决策者，其中某一上层决策者是下层决策者直接的、必须服从的上级，其他上层决策者的决策对该下层决策者仅起“参谋指令”的作用；④ 矩阵结构，即下层决策者接受多个上层决策者的决策，其中某一上层决策者的决策具有经常性和主导性，其他上层决策者负责某一专项问题的决策。②

（三）政策过程

公共政策的直接主体的决策行为使政策系统的各个子系统成为一个整体，而决策行为是一个从政策问题的认定到政策目标的达成这样的一个动态过程，这个过程也就是政策系统的运行过程。公共决策行为不是简单地、一次性完成的，而是一个由一连串相互衔接的阶段、环

---

① 转引自：张金马. 发展政策科学，建立现代政策研究组织的理论意义//宁骚，等. 现代化与政府科学决策. 北京：经济科学出版社，2000：29-30.

② 李忠尚. 现代决策论——软科学与科学决策研究. 北京：中国青年出版社，1995：114-115.

节或程序组成的完整的政策过程。政策过程是一个自始至终不断地进行选择的过程。从一定意义上讲,决策就是选择。政策过程研究就是分析哪些因素是怎样影响政策主体的选择行为的,是怎样影响政策过程的各个环节的,影响的性质和程度怎样。

三、公共政策学的研究方法

研究方法是公共政策学的又一个学科要素。公共政策学是科学,决策科学化是这门学科的根本诉求。这里的“科学化”,其一是指择定的政策方案反映政策对象的运动规律和发展趋势,以及政策的执行效果与期待效果的一致;其二是指政策过程符合科学的程序与手段的要求。简言之,就是在既定的政策目标和价值体系下,以最佳途径和环节达到最佳政策效果。要实现这一根本诉求,就必须借助于一定的研究方法。公共政策学的研究方法,依据研究过程的不同阶段,可以划分为三个方面:研究程序的设计;政策研究资料的收集或者对研究对象的观察;公共政策的研究视角和路径。

(一)研究程序的设计

研究工作从哪一步骤开始,到哪一步骤结束,需要事先做规划,这就是研究程序设计。科学研究必须遵守严格的研究程序。研究社会科学方法论的著名学者波普(Karl R. Popper)指出,社会科学的实证研究在研究程序和步骤上与自然科学没有多大差别,即:观察和实验;归纳结果的通则化;假设;对假设的尝试验证;证实或证伪;知识。①

由此可以看出,研究工作可以从任何一点开始。但是,从经验观察开始和从假设开始则是研究过程两个比较常见的始点。公共政策学的研究通常以经验观察为始点,因此,可以按如下程序做出研究设计:

(1)提出拟研究的政策问题。如果这个政策问题是你第一个提出要研究的,那么提出问题的过程一定是进行经验观察的过程,而且在观察过程中已经对可能的答案有所猜测。

---

① Karl R. Popper. Conjecture and Refutations: The Growth of Scientific Knowledge. Oxford University Press,1969.

（2）确定假设。假设是你对拟研究的政策问题给出的暂时性、尝试性答案，这种预设规定着你研究的方向。假设通常是以表述某对或某些变量关系的命题的形式出现的，可以是一个命题，也可以是一组命题。

（3）收集系统资料。这是一个实验和观察的过程。观察包括从既有资料和资料库中采集信息，以及通过调查、访谈、参与等形式从政策行为者那里直接获取一手资料。观察须是系统的，获取并经过整理的资料须符合研究设计的需要，且具有可信性、精密性和精确性。

（4）资料分析。分析就是“经过思考的作用，将丰富的感觉材料加以去粗存精、去伪存真、由此及彼、由表及里的改造制作功夫，造成概念和理论的系统”。① 这是一个用系统资料对理论假设表述的因果关系进行检验的过程，是一个进行科学抽象、寻找可能的理论模式的过程。列宁指出：“一切科学的（正确的、郑重的、非瞎说的）抽象，都更深刻、更正确、更完全地反映着自然。”②

（5）做操作性研究。在你对所研究的政策问题获得规律性的认识以后，要根据需要以这种认识为依据做应用性研究：或在操作性、技术性层面上提出解决问题的对策，拟制政策方案；或在操作性、技术性层面上设定若干标准和方法，拟制政策评估、政策监控的方案。

（6）撰写研究报告。完整的政策研究报告包括两个部分：第一部分是理论层面的报告，其内容是探索和检验所研究的政策问题的因果联系、生成这种因果联系的条件与环境、这种因果联系起作用的范围和作用的大小，以及最后得出的结论性认识；第二部分是操作性层面的报告，即对策设想、评估报告或监控报告。写作不同于研究。研究是对未知世界的探索，创造（特别是原创）是研究的灵魂；写作是对研究过程和研究结果的表达，准确、清晰、缜密是写作的基本规范。但是，考虑到在实际过程中研究与写作往往交错进行，所以我们在这里把研究报告的写作视为政策研究的一个步骤。

---

① 毛泽东．毛泽东选集．第1卷．北京：人民出版社，1991：291．

② 列宁．列宁全集．第55卷．北京：人民出版社，1990：142．

阅读以下案例，我们就可以对政策研究的程序和步骤有一个实际的了解。

案例 1-2

上海学者的"超前性"建议①

2003年3月10日第十届全国人大第一次会议通过的国务院机构改革方案，决定将国家经济贸易委员会、国家计划委员会、对外经济贸易部的相关职能整合组建为商务部。3月25日，商务部挂牌成立。很少有人知道，这一改革是上海市几名学者进行政策研究并提交政策方案的结果。

国务院机构的组成在很长的时期里实行国家经贸委、国家计委和对外经济贸易部这种商务三分方案。随着经济体制改革的发展，市场经济体制逐步确立，再加上加入WTO成为日益紧迫的课题，机构设置造成的弊端日益显露。1999年初，中国商业政策研究会副会长万典武与另外27名前政府官员、学者、专家联名上书国务院总理，反映这些问题。2001年初，上海市流通经济研究所的三位研究人员和上海大学工商管理系的一位副教授组建了以汪亮为组长的国家商贸体制改革研究课题组，开始就万典武等人提出的那些已经显得很突出的问题进行研究。

课题组抓住中国即将加入WTO的大背景，对照商贸经济发达的美国和日本的政府管理体制模式，结合中国商贸体制的历史沿革和实际问题，就我国国家机构设置与商贸事务管理之间的对应关系，展开调查和研讨。课题组的基本思路是走大机构、大市场、大流通的路线，直接借鉴美国商务部和日本通产省的模式。

课题组在研究中发现，三分体制的症结是国内贸易与国外贸易分割、国内市场与国外市场分割、进出口配额分割、工贸不结合，因而在一

① 改写自：李明伟.上海学者的'超前性'建议.21世纪经济报道，2003年3月27日，第21版.

端造成机构臃肿，职能既重叠又分散，在另一端造成流通成本增高，产业链条人为切断，削弱了市场对第二产业的导向、带动、催化等功能。课题组认识到，随着市场经济体制的确立，就要求产业政策转向，即“以生产型为主的产业政策正在过去，以商贸型为主的产业政策正在走来。”生产型部委的撤销，只意味着“以市场为导向”的进一步强化，而不等于取消了工业。在新的经济体制下，应当“以市场为导向，通过商贸带动应用技术的推广和高新技术的开发。”

课题组根据自己的研究结论，提出了改革我国商贸机构管理体制的对策方案。该方案对“我国政府经贸管理体制功能再造的基本思路”，就是“解放和发展流通生产力，确立经贸产业在现代经济发展中的龙头地位”；而方案的主要建议就是内外贸合一，将国家经贸委、国家计委、外经贸部的相关职能整合组建为商务部。

2001 年 5 月课题组着手写作研究报告，完成稿以《我国政府商贸管理体制与日美模式的比较研究》为题，共有 77 页，计 39 354 字。汪亮代表课题组赶赴北京，将研究报告递交给国务院某部门负责人。该负责人认为：“这个方案很具超前性”。2002 年 10 月课题组获悉，其研究报告提出的改革方案已确定被采用，下一届政府将“内外贸合一，组建商务部”。

（二）政策研究的资料收集方法

收集资料是公共政策研究的最基本步骤。根据资料的来源不同可简单分为一手资料和二手资料。

1. 一手资料的收集

一手资料是相对于二手资料即各种既有的文字资料而言的，它是研究者采取社会调查、实验和实地观察等研究方式，直接地从研究对象那里记录下来（有时也有研究对象提供的表达自身态度和认识的简单文字材料）并加以整理的资料。它可以是定量的，也可以是定性的。定量的一手资料的收集常常采用抽样调查的方式，它是按照一定的程序从政策研究对象的全体（总体）中抽取一部分（样本）进行调查或观察，并于后续的政策研究中，运用一定的数学方法，对政策研究对象（总体）的数量特征进行描述和推断。抽样调查与全面调查相比，样本量大大减少,从而可以显著地节省人力、物力和财力。由于抽样调查只对总体中的少量个体进行调查,所以能够十分迅速地得到调查结果。根据是否利用概率原则,抽样调查方法分为概率抽样调查和非概率抽样调查两种方式。

在公共政策研究中,一手资料的收集与分析除了抽样方法以外,还有另外一大类方法。这类方法主要在于通过实地研究获得第一手的、用于定性研究的政策资料,常用的有以下几种方法:

(1) 无结构访谈法。无结构访谈法又称深度访谈法,是一种非标准化、非格式化的政策研究资料的收集方法。事先不设计问卷、表格和提问的标准程序,只给调查者一个题目,由调查者和被调查者就该问题自由交谈。调查者所提出的问题可以在访谈过程中一边访谈一边形成,随时形成随时提出;被调查者可以畅所欲言,不用考虑调查者的需要。按照访谈对象人数的不同,无结构访谈法大致可以分为个别访谈法和集体访谈法两大类。个别访谈法是由调查者同被调查者进行的一对一的访谈。这种访谈不依据问卷,只围绕访谈主题灵活地询问和交谈。集体访谈法是将若干个被访问者集中在一起进行访谈。集体访谈的常见形式是焦点团体座谈会、头脑风暴法、德尔菲函询法等。

(2) 实地观察法。实地观察法是在自然环境下对当时正在发生的事情进行观看、倾听和感受的一种政策研究手段。

(3) 非参与观察法。所谓非参与观察也称为局外观察,它不要求研究者直接进入被研究者的日常活动。观察者通常作为旁观者了解事情的发展动态。

(4) 参与观察法。参与观察法就是研究者深入到所研究对象的生活背景中,实际参与研究对象的一些与政策过程有关的生活过程进行观察。

2. 二手资料的收集

二手资料的收集与分析又称为非介入性研究或文献研究。公共政策研究中常用的二手资料的收集与分析方法可以分为内容分析法、二次分析法和现存统计资料分析法。

(1) 内容分析法。内容分析法是一种对与政策过程有关的文献内容进行客观、系统和定量描述的研究技术，主要内容是把现存的文字资料转换为数据资料，然后利用统计方法来分析政策现象。内容分析法所采用的文献主要是人们所写的文章、书籍、日记、信件，所拍的电影、电视及照片，所创作的歌曲、图画等。

抽样、编码和推理是内容分析方法中的三个关键环节。抽样——一般来说，分层随机抽样、多阶段随机抽样的方法运用得更为普遍；编码——根据事先设定的概念框架，对信息做好分类记录；推理——在量化结果的基础上，进行合理的推理，以确定对于公共政策过程的影响。

（2）二次分析法。二次分析法是对与政策过程有关的现有资料进行再次研究，即直接利用其他研究者的相关原始资料进行新的政策研究。二次分析法的主要程序是：确定新的政策研究主题；随后寻找合适的资料，包括原来的研究者所建立的某些变量、量表和指标，所使用的公式、概念和技术，只要研究需要并且没有错误，都可以直接使用；最后对资料进行再剖析和再发掘，得出新的结论。

（3）现存统计资料分析法。现存统计资料分析法又称既有统计资料分析法，是在利用各种官方统计资料的基础上进行的政策研究。其主要程序是：选择合适的资料，一般来说，官方的调查统计部门所公布的资料相对来说具有较高的代表性、可靠性和说服力；处理资料，即利用既有的统计资料去获取政策信息、发现政策规律；最后，确切地说明资料来源。

（三）公共政策的研究视角和路径

这是指选择一定的视角和路径对占有的资料进行系统的分析。公共政策研究具有学科视角和分析路径上的多样性。美国政策学家内格尔认为，“广义的政策研究可被定义为对不同公共政策的性质、原因和效果进行的研究。所有的科学知识领域、尤其是社会科学都与这一研究有关。”在他看来，政策研究应当遵循“以政治学为基础的多学科性定量化的价值导向”，除了占重要地位的政治学以外，他还列举了社会学、经济学、心理学、人类学、地理学、历史学、法学、哲学以及数学、计算机科学等各种学科对政策研究的影响。然而，任何一个社会科学家都不可能精通与政策研究有关的所有学科，每个政策分析者也不见得都会成为他所从事的社会科学的所有分支领域的专家，但有一点已经成为共识："谁要想提高政策研究工作的能力，谁就必须一般性地了解各门社会科学能起到的潜在作用和它们的弊端"，就像一个外行对医生或律师所说的话要有大概的了解一样，这种了解能够使政策研究者知道何时去求教于另一个社会科学领域中的同行或者专著。①

具体来说，政治学的视角主要关注对公共政策的政治行为进行研究，尤其是政策的政治可行性和合法化过程；经济学的理论假定、概念框架、分析方法及技术等已经广泛应用于公共政策分析的各个领域；社会学不仅在社会统计方法方面做出贡献，而且在社会问题的界定和分析方面提供了借鉴；哲学为公共政策研究的价值分析和逻辑方法提供了依据；心理学则提供了群体控制、预测与检验的案例，为公共政策评估提供了实验和行为心理学的方法；此外，医学、历史学、人类学、生物学、地理学、生态学等学科也提供了各具特色的研究方法，拓宽了公共政策研究的时空视野，也为具体领域的政策研究提供了理论依据。

公共政策研究方法的多样化只有在具体的实践活动中才能展现其价值。当然，对任何一项具体的社会科学研究都不会只使用一种方法，不仅研究者要综合使用各种方法，而且对每个学科与研究领域都需要使用更加多样和有用的分析工具。以下是公共政策研究中常用的一些方法。

1. 公共政策的系统分析方法

系统分析方法已成为公共政策研究的基础性方法。系统分析基础上的公共政策分析，可以认为是基于公共政策与政策目标之间的关系，在各种备选方案中确定一个能最大限度实现该目标的最优方案的过程。从系统分析的内容来看，对公共政策系统的分析通常包括政策系统的环境分析、目标分析和结构分析三个方面。

（1）政策系统的环境分析。环境通常是指存在于政策系统之外的物质的、经济的、信息的相关因素的总称。环境同政策系统之间存在着

① 斯图亚特·内格尔. 政策研究：整合与评估. 刘守恒，等，译. 长春：吉林人民出版社，1994：264-268.

相互依存的关系,政策系统的状态和问题往往同环境的影响有密切关系。

(2) 政策系统的目标分析。政策系统的目标定位是政策系统分析和系统设计的出发点,是政策系统所要达到的目的之具体化。

(3) 政策系统的结构分析。其目的就是要找出政策系统构成上的整体性、相关性、层次性特征,使政策系统的组成要素及其相互之间的关联在分布上达到最优结合的效果。

2. 公共政策的矛盾分析方法

矛盾分析方法作为唯物辩证法认识事物和分析问题的根本方法,在我国的政策分析和政策实践中得到广泛的应用。在运用矛盾分析方法进行公共政策分析时,要做到以下几个方面:

第一,明确矛盾普遍性和特殊性的辩证关系,在普遍性原理的指导下,具体地分析矛盾的特殊性。分析政策问题、制定和执行政策,必须坚持具体问题具体分析,反对不问具体情况的"一刀切";要遵循从特殊到普遍、再由普遍到特殊的认识规律,同时又要学会"一般号召和个别指导相结合"、"从群众中来,到群众中去"、"解剖麻雀"等科学的工作方法。

第二,明确主要矛盾与次要矛盾的辩证关系。在分析政策问题、制定和执行政策时,首先要善于抓住重点,抓住关键,集中主要力量去解决主要矛盾,同时又要统筹兼顾,恰当地处理次要矛盾,学会"弹钢琴"。既要防止不分主次,"眉毛胡子一把抓";又要防止"单打一",只抓中心,不顾其他。

第三,明确矛盾的主、次方面的辩证关系。在分析政策问题、制定和执行政策时,要善于抓住重点,分清事物的主流和支流,坚持两点论和重点论的统一。这样才能抓住事物的本质,才能辨方向、识大局。否则,主次颠倒,就会混淆事物的性质。

3. 公共政策的历史分析方法

唯物史观认为,一切事物都具有历史性。任何事物都有其产生、发展和灭亡的历史,都作为过程而存在,都是历史必然性和历史暂时性的统一。研究公共政策必须坚持历史的观点,因为任何一个政策问题都不是孤立的，而是一个复杂的系统和矛盾群体，是会不断发展变化的；每一项政策也都是一个过程，有其产生、发展和消亡的历史。因此，对公共政策的研究就不能仅限于对当前情况的分析，否则就难以把握政策变化的原因，更谈不上对政策的改进。

研究一项公共政策的历史过程，首先必须研究该政策产生的历史条件，随着政策的发展，还要研究政策实施的历史条件，以及政策变动乃至终结的历史条件。其次，要研究前后政策之间的联系，也就是说要对现行政策与过去的同类政策进行历时的比较，从中找出一些经验性的东西，为更好地贯彻落实现行政策服务。最后，要深入研究该项政策整个阶段或某个阶段的具体脉络，更多地以描述性的语言来记录政策的历史。

例如，就政策问题来说，运用历史分析法就是对政策问题进行细致的纵向分析。这是一种带着明确的目的性，从档案、报表、报刊和其他有关历史文献中收集资料，用于分析研究政策问题的方法。它注重用科学的方法收集、检验、分析历史资料，探求其背景及因果关系，判断社会问题发展的脉络和规律，进而了解历史与现实社会问题的关系。

4. 公共政策的比较分析方法

常言道："比较出智慧，比较出真知"。比较和鉴别是人类认识未知事物的基本方法。所谓比较，就是根据一定的标准把彼此之间有着某种联系的多个事物加以对照，从而确定其相同与相异之处，由此对事物作出初步的分类；在分类的基础上，人们可以认知和把握不同事物的共同和相异的表象特征和本质特征，进而达到对特定事物的理解和解释。比较研究或比较分析则是将比较方法系统地运用于科学研究，而形成的一种特定的研究活动和研究方式。在公共政策的研究当中，比较也是无处不在的，把社会问题提上政策议程要比较，拟订的政策方案要比较，执行和评估过程中也要进行前后比较，以及预期与实际效果的比较等。当然，这都是技术层面的比较，严格意义上的比较公共政策是对公共政策进行跨国的比较研究。

比较研究的种类有：宏观比较与微观比较，横向（共时）比较与纵向（历时）比较，同类比较与异类比较，定性分析比较与定量分析比较等。比较的步骤一般分为:① 确定比较研究的范围,即确定要比较的公共政策领域和作为比较对象的国家;② 进行个案研究,即具体描述各个国家所采取的政策的内容及其相关因素;③ 类型分析,即按照同一逻辑特征,把一定的政策现象分门别类地加以整理,找出若干种事物的共同特征,以及这类事物与其他事物的基本区别;④ 设定比较对象的自变量和因变量,通过对这些变量之间的关系的比较,考察它们的共同特征和各别特征,发现共同本质和各别事物的特殊属性。

5. 公共政策的个案分析方法

个案分析也叫个案研究或案例研究,是对单一的研究对象进行深入而具体研究的方法。个案研究的对象可以是个人,也可以是个别团体或机构,还可以是某个现象或问题。个案研究一般对研究对象的一些典型特征作全面、深入的考察和分析,也就是所谓"解剖麻雀"的方法。个案研究的目的是:进行诊断、探明原因和提出应对或矫正方案。

个案研究的步骤一般包括:① 明确个案研究的目的和内容;② 制定研究计划;③ 实施个案研究(如收集资料、访谈、观察、测量等);④ 整理分析材料,形成结论;⑤ 起草研究报告。个案研究的证据有六个不同的来源,即文献、档案记录、访谈、直接观察、参与观察和物理人工制品。

6. 公共政策的经济分析方法

从经济方面分析政治和政策现象是马克思主义的基本观点和重要方法之一。就政治与经济的关系来说,两者是密切联系的,一切政治活动都建立在一定的经济基础之上,反映一定经济关系的要求。政治是经济的集中表现,同时政治对经济有巨大的反作用。公共政策作为一项重要的政治活动和重要的政治产出,同样是建立在一定的经济基础之上,反映一定的经济关系。公共政策是否合理和有效,要看它是否反映了正确的经济关系,是否有利于社会经济的发展。

人类的政治活动和经济活动一样,都是人类为实现特定目标而进行的一种社会行为,不论是政治活动或经济活动,都存在着如何通过最佳途径和手段来合理选择和实现目标的问题。因此,可以使用现代经济学的理性选择理论来分析政治现象,尤其是政策现象。此外,公共政策的经济分析方法认为，政治活动也是一种社会交换活动，它同市场经济的交换活动在原理上是一致的，可以运用现代经济学中的市场分析，以及消费行为理论、市场均衡理论中的概念和模式来分析政治现象。例如，在政治市场里，人们建立起契约交换关系，一切活动都以个人的成本—收益计算为基础。作为交换行为主体的政府，同经济人一样都是理性和自私的，追求的是集团的最大利益。

7. 公共政策的制度分析方法

制度的内涵比较宽泛。广义的制度指的是一个社会为确定人们的相互关系而人为设定的一些约束规则，一般包括非正式约束和正式约束两个部分。非正式约束是人们在长期的社会交往中无意识地形成的，主要包括价值观念、伦理规范、道德观念、风俗习惯、意识形态等因素，它构成人类文化遗产的一部分并且具有持久的生命力。正式约束也称正式规则，是指人们有意识创造的一系列带有强制性的规则，包括社会规则、政治规则、经济规则等。狭义的制度指的就是正式约束及其结构化的形式，特别是组织机构及其所遵循的规则。

制度是公共政策过程得以实现的场所，它包括政治组织、法律和规则等。这些制度构成每个政治体系的核心部分，并且制约着决策者的行为。它们划分各级组织的权力和责任，并且授予个人和团体以权利。传统制度主义把公共政策看作政府机构或制度的产出，而新制度主义是传统制度主义的否定之否定，它弥补了行为主义的不足，把制度因素重新置于政策研究的中心位置。公共政策的形成不再被简单看成是无数选民偏好的聚集，而是通过一定规则制定出来的。新制度主义的"新"体现在既关注制度在政治生活中的作用，又吸收行为主义的动态、过程、定量化的研究方法。

8. 公共政策的价值分析方法

价值最初的含义是表示某物具有的交换价值，19 世纪以后价值的含义开始被延伸到社会科学的更广泛的领域。马克思主义把价值看作客体与主体需要之间的一种特定（肯定与否定）关系。价值作为人类需求与利益的现实性因素，在个人行为和社会运动的系统中，成为人们选择具体行为、形成动机和目的的基础，是指导社会利益分配的核心原则。

公共政策价值观指的是“政策制定者以及其他涉及决策过程的人共有的偏好、个人愿望和目标。价值观可能包括一个人的政治信条、个人偏好、组织目标以及政策取向。价值观关心的是一个人认为是称心的和美好的东西。”①公共政策价值观可以从不同的角度来研究。从个人的角度看，公共政策价值观是以选择、愿望或兴趣的形式来表现的；从标准的角度看，公共政策价值观则意味着对一些特定情况的判断。

公共政策的价值分析，就是考察公共政策过程中某种目的是否值得为之争取，采取的手段是否能被接受，以及改进系统的结果是否“良好”。价值分析力求回答的问题是：喜欢什么？因为什么？为了什么目的？多大风险？应当优先考虑什么？等等。

四、公共政策学的概念体系

概念是思维和分析的基本工具。具有统一的、界定明确和逻辑结构严密的概念体系，是一门学科成熟的标志。公共政策学自诞生以来的半个世纪，经过众多学者的辛勤耕耘，已经形成了本学科的概念体系，这种体系是人们观察和分析公共政策学研究对象的思考工具，从而成为这门学科的另一要素。

公共政策学的概念体系在内部构成上区分为三个层次：核心概念、次级概念和边际概念。核心概念是政策分析中不可或缺的概念。无论是决策者还是政策研究者，做政策分析都须借助概念进行思维，对问题的认识和理解都是用概念的形式来表达的。韦伯指出：“有效的判断总是以对直观的逻辑加工亦即运用概念为前提条件的”。② 前已述及，公共政策、政策系统、决策行为都不是静态的和孤立存在的，而是一个统一的动态过程。而公共政策学的核心概念就是反映这一过程的本质

---

① E. R. 克鲁斯克，B. M. 杰克逊. 公共政策词典. 唐理斌，等，译. 上海：上海远东出版社，1992：35.

② [德]马克斯·韦伯. 社会科学方法论. 韩水法，莫茜，译. 北京：中央编译出版社，1999：16.

和运动规律的概念集。应该这样来理解这一概念集的重要性，即如果其中的一个概念搞错了，那么分析、推理、判断等一系列思维就跟着发生根本性错误，并最终导致决策失误或得出错误的研究结果。

公共政策学的核心概念是由这样一些概念构成的：

第一组：公共政策学、政策科学、政策研究、政策分析；

第二组：公共政策、公共利益、公共权力、公共决策体制、政策过程、政策功能、政策工具；

第三组：政策系统、政策行为者、非政府政策行为者、政策环境、政策网络、利益相关者、政策主体、政策客体、政策社群、政策输入（投入）、政策输出（产出）、政策反馈、政策支持系统、公民参与；

第四组：政策类型、元政策、基本政策、部门政策、战略、策略、战术、立法决策、行政决策、司法决策、政策链、政策群、政策组合拳、管制性政策与自我管制性政策、分配性政策与再分配性政策；

第五组：政策过程、过程模型、理论模型建构、上来下去模型、有限理性（满意决策）模型、渐进调适（渐进主义）模型、理性广博（完全理性）模型、政治系统模型（宏观或综观路径）、规范最适模型、机构一制度模型、集团模型、精英主义模型、混合扫描（综视）模型、理性选择制度主义模型、垃圾桶模型；

第六组：政策问题、公共问题、假问题、问题认定、政策议程；

第七组：政策制定、政策倡导、决策者、公共决策、政策规划、政策对话、政策目标、政策方案、方案主办者、政策设计、政策论证、政策探究、政策审议、政策选择（方案择优）、政策学习、政策移植、政策可行性、政策采纳、政策合法化、政策宣示（政策声明、政策发布）；

第八组：政策执行、执行者（执行机构、执行主体）、政策对象（执行对象、目标人群）、自上而下政策执行、自下而上政策执行、上下来去政策执行、执行力、执行环境、政策试验、政策试点、政策偏差、执行再决策、政策结果（政策影响与政策产出）、政策执行模型；

第九组：政策稳定、政策维持、政策变动、政策创新、政策调整、政策接续、政策终结、政策周期；

第十组：政策评估、评估主办者、评估者、评估标准、预评估、方案评估、过程评估、结果评估、总结性评估、形成性评估、事后评估、正式评估、实验评估、回溯性评估、虚假评估、投入—产出评估、成本—收益比率、内外部结合评估、第一至第四代评估；

第十一组：政策监控、经费监控、时间监控、社会审计路径、社会实验路径、社会系统会计路径、社会研究与实践综合路径；

第十二组：政策知识、政策学知识、知识转换、政策研究组织、政策实务人员、政策分析师、智库、政策预测、政策咨询、演绎因果分析、统计因果分析、快速分析初步、跨学科分析、参与性观察、政策实验设计。

公共政策学的次级概念指的是核心概念的子概念或从属性概念。例如，系统议程和政府议程是政策议程的子概念；政策类型的子概念是外交政策、国防政策、经济政策、社会政策、教育政策、民族政策、能源政策、基础设施政策、科技政策、医疗卫生政策、社会保障政策、交通政策、环境政策等；政策终结的子概念是政策替代、政策合并、政策分解、政策缩减等。次级概念的形成和使用是公共政策学的研究不断深化的表现。大量的次级概念直接来源于某一位学者的某一项公共政策个案研究，往往在概括公共政策的共同本质和揭示普遍规律上具有不成熟性，因此它们在这个学科的概念体系中的地位是不稳定的。另外，还有一些研究公共政策学的学者热衷于现象的罗列和术语的制造，而不去注重于概念内涵的揭示和概念体系的逻辑结构的营造，从而在一定程度上造成了公共政策学概念体系的次级概念的庞杂与混乱。

公共政策学概念体系的边际概念指的是从其他学科引进或移植过来的概念。在公共政策学形成的过程中，一系列学科特别是政治科学、管理科学（特别是它的二级学科决策科学）、行为科学、系统科学等，为这个新兴学科提供了理论和方法论基础。公共政策学的许多概念都是直接从这些学科的概念体系中“拿过来”的。例如，与政策模型相关的一系列概念——完全理性模型、有限理性模型、垃圾桶模型等，取自管理科学和决策科学；系统分析和系统仿真决策的概念取自系统科学；有关定量方法的一系列概念都取自统计学等。之所以称这一类概念为边际概念，是因为仅凭这一类概念还不能判断公共政策学已经形成自己的概念体系。但是，这一类概念运用的效果却未必是边际性的，实际上往往对学科发展有重大推动作用。

第二节　公共政策学的产生、发展与中国化

随着公共政策的产生和发展,人们有关公共政策的知识、思想和观点也在产生与发展。当这些知识、思想和观点积累到相当宏富的程度时,一旦有人能够对它们进行整合并发现和掌握系统地观察与研究政策过程的方法,公共政策学作为一门新兴学科也就产生了。从20世纪50年代初起,公共政策学经过数十年的发展,逐步形成为一门比较成熟的学科。公共政策学引入中国以后,在概念、理论、模型和分析路径上逐渐开始具有中国特色,并将继续朝着中国化的方向发展。

一、古代的政策研究

公共政策是作为公共权力机关即国家和政府进行统治与管理的工具,或者说它是通过制定与执行政策来进行统治与管理的。因此,随着国家的产生,对政府政策的思考和研究也就开始了。不论是在古代中国还是在古代西方,我们都可以从世世代代的国家与政府的政治统治和行政管理活动中,从浩如烟海的历史文献和现实的考古发现中,收集到有关公共政策的丰富的知识、思想和观点。通常把从上古时代直到20世纪中期的政策研究,统称为"前公共政策学时期的政策研究"。①

古代中国的政策研究是十分发达的,究其原因,史官制度、策士制度、谏议制度和科举制度起了很大的作用。

(一)史官制度与古代中国的政策研究

在安阳等地出土的十多万片殷商时代的甲骨卜辞,表明"巫"、"史"作为中国有文字传世以来最早的知识人和思想者,对于国家统治

---

① Peter Deleon, E. Sam Overman. A History of Policy Sciences//J. Robin, W. B. Hildreth, G. J. Miller, etc. Handbook of Public Administration. New York: Mancel Oekker Inc., 1989.

者的决策起着至关重要的作用。在那时的宗教和统治观念中,现世国王的权威性及其决策的合法性是以国王作为天帝、先王的唯一沟通者并传达其命令这一特殊身份为依据的。但是,时王与先王、天帝的沟通,并非他一人完成的,而必须借助于"巫"、"史"。进入西周时代,"巫"、"史"的职责渐渐有了分化:生来就有神秘能力、可以通神的人是"巫"(他们中间懂得各种知识者叫做"祝");"史"则负责有关国家大典(周天子祭祀天地、祖先)的文字记载、册命起草、法令归档管理和史册撰写。中国最早的史书《尚书·周书》,就是西周史官保管下来的一部分公文。它实际上是周天子一系列重要决策的记录,其中蕴涵着珍贵的政策思想。

周王朝迁都洛邑以后,诸侯国渐渐变得比天子强大;天子地狭力弱,只能勉强维持其"天下共主"的象征意义。于是,史官纷纷离开周王室,分散到各诸侯国,对其统治者的决策也有重要作用。孔子根据各诸侯国史官的记载来作《春秋》,"其文则史,其事则齐桓晋文,其义则丘窃取之矣"(《孟子》)。于是,"政府的官史,遂变成了民间的私史"。① 《春秋》虽是个人著述,对各诸侯国统治者的政治行为,包括其政策行为,从"孔子成《春秋》而乱臣贼子惧"(《孟子》)一语来推断,影响是很大的。在中国以后的历史发展过程中,史官始终是国家和政府体制内的一项重要设置,下一个王朝为上一个王朝修史成为定制。《史记》是中国第一部所谓的"正史",此下接着还有二十四史。所有的正史,都以总结前朝以及更远的统治者施政的经验教训作为当今和以后统治者施政的借鉴为宗旨。最著名的史学著作,如司马光的《资治通鉴》,单凭书名就可以见到编著者的这一宗旨。个人编著的史书,也大都遵循这一宗旨。因此,史官制度对于中国政治的作用,就是统治者热衷于"以史为鉴"、"古为今用";治史者则热心地思考和辨析以往的统治者的为政得失,以期自身的价值通过自己的著述影响当今和以后统治者的行为而得以实现。结果,中国古代的史学著作从这个角度来看都成为政策研究著作。这一传统对现代和当代中国的政策行为和史

① 钱穆.中国史学名著.北京:三联书店,2001:17.

学研究,仍有重要影响。

（二）策士制度与古代中国的政策研究

士作为中国古代社会中一个特殊的知识人和思想者阶层,是春秋、战国时代所特有的。但是,包括清代官府中的幕僚或师爷在内的中国古代社会非特指意义上的士,则一般地视他们为古代社会的知识分子。

春秋时代,“周室微,陪臣执政”(《史记·历书》),发生了“天子失官,学在四夷”(《十三经注疏》)的重大变迁。巫、祝、卜、史等原属王宫的知识阶层下移,流散到各诸侯国;同时,由于私学的兴起,在很普遍的程度上设立了“乡校”这样的教育机构,一大批受过教育的平民获得身份的上升,“或进入诸侯大夫的机构,或独立于社会,形成一个不拥有政治权力却拥有文化权力的知识人阶层”。① 这两部分人混合在一起,就导致了士的崛起。士的构成非常复杂,分布广泛而富有能量。他们“或凭着学习到的技能,服务于君主和卿大夫身边,充当低级官吏;或以武艺韬略在军队中充当骨干;或行侠远游,求人赏识,以至为知己者死;或以文才谈辩论理,教授生徒,著书立说;或以技艺从事工商方术之事”。② 在春秋战国时代,各诸侯国君主以官、爵、禄来大力争取有才能的士,像孟尝君、信陵君那样的卿大夫则以养士、礼贤下士来扩大势力和提高声誉。在各种士中,策士对各诸侯国的生存和发展关系重大。这些人胸怀文韬武略,有经国治世的才能。所谓“得士者昌,失士者亡”,指的就是这种士。如管仲相齐,数十年间,“以区区之齐在海滨,通货积财,富国强兵”(《史记·管仲列传》),辅佐齐桓公成就了一番霸业。又如商鞅,弃魏奔秦,受到秦孝公的任用,在执政的20多年里厉行改革,除旧布新,制定和推行了一系列促进政治、经济和社会发展的政策,为秦国的强盛打下了坚实的基础。策士在受到赏识和任用之前,大都地位低下。他们的晋身之途就是向卿大夫甚至国君游说,如孔丘、墨翟、孟轲、荀况、李斯、苏秦、张仪、乐毅、吴起、范雎、蔡泽等,都曾游说自荐。要说服别人,靠的是策士的政策设计、政策分析和政策预测能力,

① 葛兆光. 中国思想史,第1卷. 上海:复旦大学出版社,1998:162.

② 韦庆远. 中国政治制度史. 北京:中国人民大学出版社,1989:74.

而雄辩仅仅是展示这种能力的手段。因此,可以说策士是中国历史上最早而且才华横溢的一批政策研究者,先秦诸子百家的论著,如《管子》、《论语》、《墨子》、《孟子》、《荀子》、《韩非子》、《吕氏春秋》、《商君书》、《国语》、《国策》等,有许多篇章堪称政策研究的杰作。李斯的《谏逐客书》,其政治思想即使在今天对于我们的人力资源政策如何因应人才的跨国流动形势,也有其参考价值。

（三）谏议制度与古代中国的政策研究

中国有史以来直到1911年辛亥革命,所有的政治体制都是君主制,决策权掌握在君主一人手中。但是君主在作决策时,常常会听取臣子的建议。臣子负有向君主反映情况、分析问题、提出对策的职责。在历朝历代林林总总的上书中,有一些是政策设计、政策分析和政策评估的杰作。如汉代贾谊的《论积贮疏》和《陈政事疏》、晁错的《论贵粟疏》和《备塞劝农疏》,唐代韩愈的《谏迎佛骨表》,宋代王安石的《本朝百年无事札子》等。在君主已作出决策的情况下,大臣们仍可表达不同意见,甚至要求收回成命,虽然这样做常常会受到申斥和各种各样的惩罚。在个别时候,君主甚至亲自主持或者要求召开专门会议,对重要政策进行辩论。例如,汉昭帝始元六年(公元前81年),在京都长安召开了由丞相田千秋主持的盐铁会议,与会者有御史大夫桑弘羊和汉昭帝在前一年下诏由地方推举上来的贤良、文学,议题是对中央政府实行的盐铁官营等政策作出评估。会上在桑弘羊与贤良、文学之间就盐铁应坚持官营还是改为民营展开了激烈的辩论,会议记录由桓宽后来编成《盐铁论》一书。另外,从秦开始,在中央集权的政治体制内建立起一套由君主直接控制的监察系统,这套系统的功能是多方面的,其中对政策制定所作的谏诤,以及对政策执行所作的监控,是有相当的成效的。如唐代贞观年间谏议大夫魏征,敢于直言极谏,先后进谏二百余事,多能切中时弊,其中不少谏诤的内容都是属于政策方面的。

（四）科举制度与古代中国的政策研究

中国古代的政治体制的政治录用机制,经历了一个复杂的演变过程。这种机制在制度安排上在上是选举,在下是求仕。不管是选举者还是求仕者,都重视政策能力:我国古代一个又一个王朝赓续相传,但在政权更迭中宗教不能为一个政权的合法性的获得与丧失提供充分解释，而孔孟之道作为主流意识形态又强烈地主张从为政得失上去解释政治合法性的获得与丧失，这就使得统治者从维护王朝统治着想去重视政策的制定与执行，重视人才的征聘并在读书人做官的入口处注重考核他们的对策和施政能力；另一方面，我国早在先秦时期就形成了“学而优则仕”的传统，到隋唐形成的科举制度又为学业优良者开辟了“朝为田舍郎，暮登天子堂”的通道。于是，一代又一代读书人怀着“修身、齐家、治国、平天下”的热切期望，踏上“读书做官”的人生历程。知识分子既然以读书为做官的准备阶段，所以很自然地就会关注政府的运作，热衷于“议政”和重视对策能力的养成。从科举制度的发展来说，隋炀帝时开始设置进士科，在做法上就是“以试策取士”；唐代科举取士，贡举有明法、明策等科目；宋代范仲淹改革科举制度，在考试内容上强调“先策论后诗赋”；王安石变法，在科举制度方面的改革是考试项目取消诗赋，专考经义和时务策；明清科举考试，乡试和会试都考三场：第一场考儒家经典的义理，第二场考论说、判语、草拟诏诰章表等，第三场考经史、诗赋等，重点显然在于考察求仕者的行政和政策能力。有些考卷，如宋代苏轼在应考时所进的“时务策”之一《教战守策》，甚至成为传世之作。

在古代环地中海地区的文明发展史上，有关政府政策的知识、思想和观点的积累不如中国古代那样丰富。到欧洲中世纪的中期和晚期，随着拥有自治权的城市的发展，开始培育出在财政、战争、法律三大领域中拥有专门知识并向统治者提供政策建议的政策分析人才。

不论是在古代中国还是在古代西方，有关政府政策的知识、思想和观点都没有发展成“公共政策学”这门相对独立的学科。这主要是因为：由于古代国家在政治体制上尚非依据“主权在民”的理念设计而成，国家权力的公共性和政府政策的公共性都还没显露出来，参与决策的人很少且决策过程纯属“黑箱”运作，因此人们有关政府政策的知识、思想和观点大多是对政策结果所做的观察和分析，而不是对政策过程所做的观察和分析。众所周知，只有当研究者能够对政策过程进行直接地或比较直接地观察和分析的情况下，才有可能产生公共政策学。

另外，古代有关政府政策的知识、思想和观点，通常是个人直观体验的产物，而且对政策的解释往往是从权威（如统治者的正统性或政治合法性）、伦理（如仁善、正义）和哲学的原则出发的。在那时，还不可能按照科学的程序和方法，从经验和定量方面研究政策。

二、从产业革命到20世纪前半期西方国家的政策研究

（一）18—19世纪西方国家的政策研究

随着现代公共政策的产生和发展，人们对政府政策的观察、研究和认识也有了长足的进步。封建主义的社会经济形态的衰落与新的生产力、生产关系的生长，要求国家的基本政策具有新的政策理念和政策选择的取向。产业革命和科学技术的急剧进步，为人们从经验和定量方面研究公共政策提供了新的条件和手段。

从产业革命前后到第一次世界大战前，有许多学者和思想家，其中佼佼者如亚当·斯密（1723—1790）、克劳塞维茨（1780—1831）、卡尔·马克思（1818—1883）和马克斯·韦伯（1864—1920）等，在经济学、军事学、政治学、社会学和一般社会科学等领域里做了大量的理论研究和方法论探索，其成果不仅对他们各自耕耘的学科领域的发展做出了突出贡献，而且也为公共政策学的形成奠定了理论和方法论的基础。

就政策研究这个领域本身的情况来说，这个时期社会政策和经济政策已在有些国家得到比较系统的研究。1873年德国经济学新历史学派施莫勒（G. Schmoller）等人为对抗英国曼彻斯特学派的经济学理论，以及为了解决德国当时的劳工问题，发起成立了德国社会政策学会，并确定"学会的性质，不是讨论主义，而是要深入问题的中心，把握目前最重要的改革事项，例如对于罢工、工会、工厂法以及劳工住宅问题，使其发生实际的效果。"①也就是说，社会政策研究以社会问题求解为旨归。什么是"社会问题"？该学会三大骨干人物之一瓦格纳认为："所谓社会问题，就是分配上的不公平。"②韦伯对社会政策研究也给予

① 曾繁正，等. 西方国家法律制度、社会政策及立法. 北京：红旗出版社，1998：165.

② 同①，第165页。

了关心，他在《社会科学认识和社会政策认识中的“客观性”》的论文中指出：“所谓最狭义的社会问题，就是现代雇佣工人阶级对现存社会秩序的关系。”①还有一批德国经济学家和社会学家在社会政策、财政政策、税收政策、农业政策、工业政策和商业政策等方面做了大量研究工作。日本受德国影响，于1897年也成立了社会政策学会，并有一批学者发表了许多有关社会政策的论著。

（二）20世纪前半期学科孕育的历史条件

公共政策学是在两次世界大战期间和二战后初期孕育而于20世纪50年代初诞生的。这门学科得以形成的历史条件，一些是其他学科的形成和发展造成的，另一些是政治、经济、科学技术的发展所导致的，主要条件有以下四个方面。

1．系统论、信息论、控制论的产生

系统论、信息论、控制论（“三论”）是三门相互联系的交叉学科。20世纪前半期产生的系统论、信息论和控制论提供了一种新型的、科学的思维方式。这种思维方式的特点是系统性、动态性和最优化。它提供的基本方法是：① 系统方法，即按照事物本身的系统性，把对象置于系统的运行过程中来加以考察的一种方法。② 信息方法，即运用信息的观点，把系统看做借助于信息的获取、传输、处理和输出以实现有目的的运动的一种研究方法。③ 反馈方法，这是在研究控制系统时运用反馈概念来分析和处理问题的一种基本方法。反馈是指将施控系统的信息作用于被控系统（对象）后产生的结果再传输给施控系统，并对信息的再输入发生影响的过程；而这种用系统活动的结果来调整系统活动，也就是根据系统作用与环境的情况来调整未来行动的方法，则被称作反馈方法。④ 功能模拟方法，这种方法是指根据模型和原型之间的某种相似关系，用模型来模拟原型，通过模型间接地研究原型的内在规律的一种实验方法。功能模拟方法与此相比在认识方法上前进了一步，它不再是用模型来模拟原型的某些形象和数量关系，而是用模型来模拟原型的某些功能和行为。

---

① 马克斯·韦伯．社会科学方法论．韩水法，莫茜，译．北京：中央编译出版社，1999：17．

“三论”的后续研究所取得的一项重大进展，就是到20世纪70年代开始形成“大系统论”。大系统论试图把“三论”组合成为统一的理论方法的体系。“在这个体系中，研究对象被看做一个可以根据其本身固有的信息予以模拟和预测的系统，并且可以根据时间主体的目标对之做出相应的行动决策。做出和实施决策的过程的有效控制被理解为管理。因此，对大系统进行预测、决策和管理的过程就是‘三论’统一的思考和实践的过程。”①

“三论”和大系统论奠定了决策科学，包括公共政策学在内的理论和方法论基础。

2. 决策科学的形成

决策科学是以现代科学手段与分析工具研究决策原理、决策程序和决策方法并认识和把握正确决策的规律的综合性新兴学科。它的研究对象是人类社会的决策活动，这种活动可区分为个人的、群体的和组织的三个层次，遍及社会生活的所有领域的每时每刻。决策科学是在20世纪前半期按照不同的理性人假设形成自己的学科体系的。美国卡内基—梅隆大学计算机科学与心理学教授赫伯特·西蒙（Herbert A. Simon）经过多年研究，于1947年正式出版了《管理行为》一书，它被认为是对管理性的组织机构的决策过程进行开创性研究的著作，也是西蒙1978年得以获得诺贝尔经济学奖的主要著作。西蒙在这本书中奠定了他的决策理论的基本论点及其基本结构。他以公共管理为主要研究对象，同时还考察了诸如军事组织、商业组织、工业组织和私人非营利性组织等各类正式组织的经验，这就使他的理论具有普遍的适用性。他在理论上的贡献有以下两个方面：其一是以“有限度的理性”和“令人满意的准则”这两个基本命题构建了影响深远的有限理性决策模型。其二是借助于心理学的研究成果，对决策过程进行了科学分析，概括出他的决策过程理论：认定问题；确定目标；寻找为达到目标可供选择的各种方案或措施；比较并评价这些备选方案的优劣；在这些方案中进行选择并作出决策；执行决定并对执行过程进行核查和控制，以

---

① 萧南槐. 大系统论——预测决策管理的方法. 广州：广东人民出版社，1986：3-4.

保证实现预定的目标。西蒙在这本书中还提出了其他一些著名论断，如“管理就是决策”、“全部决策过程也就是解决问题的过程”等。后来，西蒙和马奇(J. G. March)开展合作研究，运用运筹学、组织理论、系统分析法和电子计算机技术等，对决策行为的过程、方法、组织以及决策过程中信息的收集和处理，进行综合性研究，使其决策过程理论更加系统与完善，从而形成了决策科学。

决策科学与公共政策学之间是一般与个别的关系，前者取得的所有重要研究成果，如西蒙的有限理性决策模型和决策过程理论，以及诺依曼(J. Von Neumann)等提出的博弈论，都直接成了公共政策学的内容。

3. 行为科学的形成和行为主义政治学的进展

行为科学发端于20世纪30年代的美国，孕育于管理学领域。它是运用自然科学实验和观察的方法，研究在自然和社会环境中人的行为规律以及人与人的相互关系的学科。行为科学的宗旨，概括地说，就是解释、预测、控制人的行为，以利于达到群体和组织预期的目标。

行为科学涵盖众多的学科，其统一性在于被称为行为主义的方法论。所谓行为主义，指的是一种关于观察个人、组织或动物等有机体在既定环境中或内外刺激下的表现和反应的学说。它强调上述受观察者可观察的、可计量的、有规律的、甚至能够操纵和重复的各种行为表现的重要性，相信能够从这样的行为表现中发现事物本身固有的因果关系或某种相关性。它还认为任何研究结论都不能脱离作为记录这样的行为表现的证据而先验地推导出来。显而易见，作为方法论，行为主义与科学主义在内涵上几乎没有什么差异。

政治学被认为是与行为科学关系密切的一门学科。20世纪20年代，以芝加哥大学政治学教授梅里亚姆(C. E. Merriam)为首的一批政治学家受欧洲大陆实证主义的政治社会学和经验主义的社会研究方法的影响，要求突破美国政治学研究中制度主义、规范主义研究方法的局限，强调政治学研究的方向须是政治行为学。20世纪50年代美国政治学界爆发“行为主义革命”。采取行为主义方法的一批政治学研究成果成为“产生公共政策学的催化剂”，其中许多重要成果直接地被公共政策学所吸纳。另外，从方法论上讲，行为主义政治学对公共政策学的产生也有着重大影响，“一般认为随着政治学的‘科学化’……政治学与其他社会科学的结合已成为现实。因此可以断言，公共政策学这一跨政治、经济和社会领域的学问具有了分析研究的可能性。”①

4. 凯恩斯主义的出台与政府政策领域的扩大

在1929—1933年世界经济危机爆发前，欧美资本主义国家的政府秉持亚当·斯密主张的自由主义立场，在国家与社会、政府与市场的关系上扮演“守夜人”角色，较少干预经济和社会生活。危机的爆发暴露了市场经济体制的缺陷。②“市场失败”推动着经济学家寻找救治方案。凯恩斯主义被西方国家的政府认为是最佳的方案。凯恩斯（John M. keynss）是英国著名经济学家，他于1936年出版的《就业、利息和货币通论》一书，使他的经济学理论成为更加完善的体系。凯恩斯主义主张抛弃自由放任政策，扩大国家的经济职能，实行国家调控，干预经济体系的运行。他认为市场失败的原因是有效需求不足；只要国家采取适当政策调节经济，就可以有效增加需求，消除经济危机。凯恩斯主义风靡世界，许多国家据此由政府制定政策干预经济。凯恩斯主义的出台及其被奉为政府制定政策的依据，对公共政策学的产生有如下影响：第一，公共政策对于经济、社会生活的正面作用。古典自由主义力主国家尽可能不干预经济、社会体系的运行，对干预的负面作用给予了充分的强调，因此政府就没有必要制定调节和控制国家、经济生活的政策。而凯恩斯主义反其道而行之，同时许多国家的政府的实践也证明，公共政策是能够对经济、社会体系的健康运行产生益处的。于是，公共政策领域乘势大大扩展，通过政策履行的国家职能由政府统治的领域大张旗鼓地进入宏观管理的领域，各种各样的经济、社会、科技和文化政策一个接一个地被政府制定出来。为改进政策的制定和执行系统，提高政策的质量，公共政策学就成为一门呼之欲出的学科了。第二，尽管许多国家的政府官僚系统乘势不断扩充，但是政策的制定与执行过

---

① 药师寺泰藏. 公共政策. 张丹，译. 北京：经济日报出版社，1991：32.

② 汉森. 经济政策和充分就业. 上海：上海人民出版社，1959：18.

程中涉及的专门知识仍然大大超出他们的知识领域。解决的办法一是吸收学者参政，二是实行政策咨询。结果，政策分析、政策咨询、政策评估开始作为一种社会职业在发达国家应运而生，这也对公共政策学的诞生起到了直接的催化作用。

三、学科的诞生与发展

（一）公共政策学的诞生

1951年，由美国著名的政治学家勒纳和拉斯韦尔共同主编的《政策科学：视野与方法的近期发展》①一书面世。这本书是由卡内基基金会赞助、在斯坦福大学召开的"关于国际关系理论的革命性、发展性学术讨论会"的会议论文集。讨论会的参加者除勒纳和拉斯维尔外，还有人类学家玛格丽特·米德、社会学家罗伯特·默顿、经济学家肯尼斯·阿罗、心理学家爱德华·希尔兹等被认为是"学界泰斗"的一批学者。该书首次提出并界定了"政策科学"（Policy Sciences）这一概念，指出"政策科学是用于解决社会问题、特别是解决那些结构和关系都很复杂的社会问题的工具"。书中所收论文对公共政策的概念、政策科学的学科特点和基本范畴、科学的决策方法等，都做了比较深刻的探讨，奠定了公共政策学的学科基础。这本书被誉为"政策科学的开山之作"、"公共政策学的经典著作"，②被人们认做公共政策学诞生的标志。

公共政策学的创立者是拉斯韦尔，他也是政治行为主义学派的先驱者和重要代表人物之一。他写于1936年、被认为是行为主义学派在那个时期的一部代表性著作《政治学——谁得到什么？何时和如何得到?》，为公共政策的价值分配功能提供了最初的思路。拉斯韦尔在编入1951年论文集的他的一篇题为《政策方向》（The Policy Orientation）的文章中，第一次对政策科学的对象、性质、发展方向等学科要素做了论述：① 它是关于民主主义的学问。公共政策学是与个人选择相关联

---

① D. Lerner, H. D. Lasswell. The Policy Sciences: Recent Developments in Scope and Method. CA: Stanford University Press, 1951.

② [日]药师寺泰藏. 公共政策. 张丹，译. 北京：经济日报出版社，1991:32.

的学问，归根结底，它必须以民主的政治体制为前提。② 它的哲学基础是逻辑实证主义。公共政策学追求政策的"合乎理性"，使用数学公式和实证性"数据"，以科学的方法论作为研究、分析的工具。③ 它是一门对于时间和空间都极敏感的学问。当选择某一模型进行政策分析时，要记住政策是特定时空环境中政策问题的解决方案。④ 它具有跨学科的性质。拉斯韦尔指出政策科学不等于政治学，它融会了其他社会科学，具有新的学科体系。如果研究政治学、经济学、社会学、心理学以及其他学科的学者开展合作研究，那么就能够找到最好的解决政策问题的办法。⑤ 它是一门须和政府合作研究的学问。从公共政策学的研究对象的特殊性来说，学者们非常需要了解政府官员对政策的认识和所掌握的数据；同时，政府官员也需要了解学者们的政策研究思路和政策建议。⑥ 它是一门以社会变迁和发展为研究对象、以动态模型为核心的学问。当研究一项以社会发展为前提的政策的实施时，须重视观察它究竟给社会带来了哪些积极的变化。另外，拉斯韦尔的这篇文章开创性地提出了政策过程的阶段模型。他将政策过程分成信息（情报）、建议、制定、执行、运用、评价、终止七个阶段或步骤。他认为政策科学的研究者在政策过程中可以做出三种贡献：① 确定一项决策的目标和价值；② 收集和提供有关信息；③ 提出备选方案并比较优劣，以做出最佳选择。①

自公共政策学诞生之日起，由拉斯韦尔等人倡导的行为主义就是这个学科的主导范式。与此同时，主要由西蒙创立的、自管理科学（主要是公共管理学）领域里成长起来的决策科学、行为主义也同样是其主导范式。因此，公共政策学与决策科学一开始就形成了你中有我、我中有你的难分难解之势。公共政策学是属于政治科学的一个分支学科还是属于管理科学的一个分支学科的争论，至今没有停止。

整个 20 世纪 50 年代和 60 年代前半期，公共政策学主要在两个方面取得进展：① 在政策分析的定量方法和技术方面，尤其是在系统分

---

① D. Lernr, H. D. Lasswell, The Policy Sciences: Recent Developments in Scope and Method. CA: Stanford University Press, 1951:3-15.

析、运筹学、线性规划以及成本—收益分析等方法和技术的运用上，取得了显著的成就。公共政策学的研究成果从形式上看越来越自然科学化。② 许多政治学研究者，包括一批著名的政治学家在内，日益重视政治科学的公共政策取向，并投身于公共政策研究。

（二）公共政策学的初步发展

20 世纪 60 年代后期，美国政治学界开始酝酿着一股对行为主义方法论反叛的情绪，并随即波及公共政策学。从事政策研究的学者，以德洛尔（Yehezkel Dror）为代表，对拉斯韦尔等学者倡导的行为主义方法论做了全面的批评。从此，公共政策学的发展进入第二个阶段。

公共政策学进入第二个发展阶段的标志是德洛尔的《重新审查公共政策的制定过程》（Public Policy-making Re-examined，1968）、《政策科学探索：概念与使用》（Ventures in Policy Sciences：Concepts and Applications，1971）和《政策科学构想》（Design for Policy Sciences，1971）的出版。德洛尔是以色列耶路撒冷希伯莱大学教授，1968—1970 年受聘为美国著名的政策研究机构兰德公司的研究员，在此期间，除了出版上述三部著作外，还发表了一些高质量的公共政策学论文，从而奠定了这门学科进一步发展的理论基础。他还在加州大学洛杉矶分校和南加州大学兼任教职，讲授公共政策学课程。他与兰德公司另一位著名的政策分析专家阔德（E. S. Quade）创办了《政策科学》（Policy Sciences）杂志，从 1972 年起参加该刊编委会的工作。德洛尔被认为属于第二代公共政策学家，其学术背景是公共管理学而不是政治学。他对公共政策学作出的学术贡献主要有：① 分析了行为科学和管理科学在学科建设上存在的一些误区。② 指出了美国政策科学进入新阶段的发展方向。他在 1986 年发表的《逆境中的政策制定》一书中提出政策科学应在 14 个方面取得突破，包括加强对政策科学的哲学和智力方面的研究、增强历史和比较的视角、探讨宏观的政策创新、考察改善政策制定的途径、开发多维的方法论和技术性方法等。[①] ③ 强调公共政策学的

① Y. Dror. Policymaking Under Adversity, NewBrunswick. New Jersey: Transaction Publishers, 1986:219-240.

跨学科性质和实践性。德洛尔认为公共政策学是从各相关学科，尤其是管理科学、决策科学、行为科学、政治科学等相互交叉中发展起来的一门学问。鉴于许多政策问题靠单一学科的知识是无能为力的，因此公共政策学必须提倡跨学科研究。他强烈主张建立一种管理科学、行为科学、系统科学、政治科学、经济科学和决策科学等融为一体的新的公共政策学。德洛尔还认为，学习和研究公共政策学，缺乏感性知识是不可想象的。因此，大学里设公共政策学课程，应当聘请在公共政策的制定或执行方面有丰富实践经验的人与大学老师一起登上讲台。他主张政策研究者即使牺牲一些学术自由，也要解决贴近决策者的问题。

公共政策学在其发展的第二个阶段里，在以下四个方面取得了显著的成就：

（1）方法论的多样化。对拉斯韦尔等人的批评，改变了公共政策学领域行为主义一统天下的局面，出现了方法论的多样化。其一，行为主义虽受到批评，但是尽可能地赋予公共政策学类似自然科学那样的科学性，仍然是众多学者的追求。其二，公共选择方法论崭露头角。这是用经济学的分析途径来研究非市场决策即公共政策问题。公共选择理论假定理性人为经济人，并以此为逻辑起点去研究集体决策，其研究范围包括国家、政府、国防、警察、教育、环境保护、消防、财产权和分配等政治和政策问题。其三，博弈论也成为公共政策分析中一种重要方法论。博弈论从 20 世纪 40 年代起被引进经济学、管理科学、决策科学、国际关系理论等学科并被发展为一种颇具影响力的方法论。后行为主义时期博弈论被一些公共政策学者用来观察政策执行过程中相关参与者就政策目标的达成进行的谈判、评价与妥协的互动情形，形成政策执行的博弈理论。美国学者尤金·巴达克（Eugene Bardach）是这方面的主要代表。① 其四，个案研究受到重视。公共政策学中的个案研究法，指的是致力于探讨具体的个别的政策的特殊性并从中发现普遍性或验证某一普适性假设的研究方法。在后行为主义时期，一般论述性质的政策研究被具体的个案研究所取代，一批学者在个案研究方面

---

① Eugene Bardach. The Implementation Game. Cambridge: MIT Press, 1977.

取得了重要成果。

(2) 对政策过程研究的重点的转变。公共政策学在其发展的第一个阶段里,跟决策科学一样,把对政策过程的研究的重点放在前期阶段即政策的制定上;而在它发展的第二个阶段里,研究重点被转移到政策过程的后期阶段即政策的执行、评估和终结上。

(3) 对政策过程中的价值因素和伦理因素的作用给予了重视。所有的公共政策都包含着价值判断和伦理考量,所有的公共政策的制定和执行的过程都受到价值因素和伦理因素的影响。对此,在公共政策学发展的第二个阶段里,学者们普遍地给予了重视。

(4) 公共政策比较研究开始起步。在公共政策学发展的第一个阶段里,比较公共政策尚是一个不存在的领域。从20世纪70年代中期起,这块处女地开始得到开垦。

(三) 公共政策学的近期发展

从20世纪90年代以来,公共政策学在各主要国家里都取得了重大进展。在这门学科的发源地美国,以下三个方面取得的进展是应予特别指出的:

1. 课题选择的新取向

公共政策学跟其他学科一样,在一定时期内会形成主导性的选题方针。20世纪90年代以来,研究课题的选择偏重于伦理取向、管理取向和政府改革取向。

(1) 伦理取向。政策过程是一个不断地选择的过程:政策问题需要选择,政策目标需要选择,政策方案需要选择,政策执行的方式和手段需要选择等。而任何选择都须有一定的标准,其中价值和伦理的标准是不可或缺的。基于这一认识,一些学者对公共政策研究课题的选择以伦理和价值为取向,而且早在后行为主义时期刚刚开始的时候就已经显露出这一趋势,到20世纪90年代这一趋势得到了巩固和加强。

(2) 管理取向。政策是管理的一环,而公共政策则是另一种形式的战略管理。组织、计划、指挥、管制等管理工具的运用,对于公共政策产生预期效果是至关重要的。在20世纪80年代,一些公共政策学者在这方面已经做了基础性的研究。90年代以来,管理取向的政策研究呈现出更强的发展势头。

(3) 政府改革取向。没有一个现代化的决策系统,就没有顺应并引导潮流的高质量的公共政策。而决策系统现代化的目标,就是建立一个高效能的新型政府。20 世纪 90 年代,政府改革在发达国家成为一种潮流。政府改革对公共政策研究产生了广泛而深刻的影响。

2. 方法论的非科学趋向

自 20 世纪 80 年代起,不断有人批评主导社会科学诸学科的逻辑实证主义的科学观,批评牛顿力学所开创的决定论和机械唯物主义的研究范式,强调后现代社会是介于秩序(Order)与混沌(Chaos)之间的社会。他们批评在逻辑实证主义和实用主义这两条思想路线下所做的公共政策研究。他们倡导的是"混沌原则"、"不确定性"和诠释学观点,并据此来说明当代的政策环境已非理性的思考所能把握。

以主观的研究方法代替客观的研究方法,势必影响到以什么标准来评估和选择政策以及如何判断一项政策是好政策这样的基本问题。主观的研究方法认为,客观的研究方法过于重视以经济理性和技术理性为主体的选择理论,过于强调如何使"利益最大化、成本最小",过于强调依据决策者的偏好来排列优先顺序以及进行政策方案的评估和选择。采取主观研究方法的学者认为,没有一项政策能够被社会全体成员普遍接受为好政策。因此,确认一项好政策的比较可行的办法是主观认定的办法,即具有法律正当性的政策就是好政策。主观的研究方法对公共政策研究的影响是相当深入的。

3. 公共政策学的建制化

公共政策学经过数十年的发展,逐步形成为一门比较成熟的独立学科,建制化则是学科成熟的外在标志。建制化表现在以下三个方面:

(1) 学会的成立和专业研究刊物的问世。学会是随着研究队伍的壮大,为适应学者和其他相关专家相互交流学术信息和研究成果的需要而建立起来的组织。20 世纪 70 年代美国先后建立了三个公共政策学方面的学会:政策研究学会(The Policy Studies Organization,1971 年建立)、评估研究学会(Evaluation Research Society,1977 年建立)、政策分析与管理学会(The Association for Policy Analysis and Management,

1979 年建立）。与此同时，一系列公共政策学研究刊物相继问世，如《政策科学杂志》(Journal of Policy Sciences)、《公共政策杂志》(Journal of Public Policy)、《政策分析与管理杂志》(Journal of Policy Analysis and Management)、《政策研究评论》(Policy Studies Review)、《政策研究杂志》(Policy Studies Journal)等。这些核心期刊的问世对公共政策学的发展有极大的推动作用。

（2）专门研究机构的建立。应用性的公共政策学研究机构由于能够直接地为决策者出谋划策，所以往往被决策者视为"智囊团"、"智库"、"外脑"。一些发达国家利用政策研究组织协助政府、企业和其他机构规划政策、处理问题，开始于两次世界大战期间，而在第二次世界大战结束后越来越成为一种普遍的做法。美国著名的政策研究机构兰德公司(Rand Corporation)成立于 1918 年，地点在洛杉矶地区的圣莫尼克，经费充足，规模庞大，研究人员众多。这是一个全能的智囊团，政策研究所涉及的领域有科学技术、外交、军事、企业管理、经济和社会等。公司在 1970 年创办了兰德研究学院，培养高级的政策分析人员和决策者。美国其他的政策研究机构还有 5 000 多家，比较著名的有福特基金会、卡内基基金会、传统基金会、赫特逊政策研究所、胡佛研究所、布鲁金斯学会、普林斯顿大学国际问题研究中心和美国企业研究所等。其中，布鲁金斯学会(The Brookings Institute)、美国企业研究所(American Enterprise Institute)、传统基金会(Heritage Foundation)和胡佛研究所(Stanford Research Institute)被认为是美国四大公共政策研究机构。

（3）大学教育中专业与课程的设置。从 20 世纪 70 年代起，美国一批著名大学纷纷设立政策科学、政策分析专业。到 80 年代，公共政策学在美国的大学里已经普遍作为政治学或公共管理学的一个基本的教学领域设置了系列课程，教学计划完备，教材大量出版。同时，许多名牌大学设立了政策科学、政策分析专业博士点，培养了一批又一批专攻公共政策学的高级研究人员。另外，有些大学还实施了理论与实际相结合的 MPP(公共政策硕士学位)教学计划，对美国和来自世界许多国家的政府官员进行公共政策学系列课程的培训。

四、公共政策学的引进及其中国化

如上所述，公共政策学产生于美国，在美国和其他西方发达国家有一个连续、完整和充分的发展过程。因此，这门学科的概念、理论、模型和分析路径基本上是对西方特别是美国的公共决策实践和经验的总结、概括与抽象，是在西方历史、文化和学术资源的土壤里发育和成长起来的。公共政策学引入中国以后，要有效地解释中国的公共决策实践，要在中国土地上生根开花，必须在概念、理论、模型和分析路径上中国化，形成有中国特色的公共政策学学科体系。

(一) 公共政策学的引进

在 20 世纪 50—70 年代，公共政策学首先在美国发轫、发展起来并随后被引入其他西方国家以及一系列发展中国家和地区。由于当时的世界形势和中国国内形势，将这门学科引入中国大陆的教育和科研体系是不可想像的。

把公共政策学引入中国，台湾早于大陆。在台湾，最早引入这门学科的高等院校是中兴大学法商学院（今台北大学）、台湾大学和政治大学。1975 年台湾大学政治学系率先开设“公共政策”这一课程，任课教师朱志宏于 1978 年出版了第一本用中文编写的公共政策学教科书《公共政策概论》（台北三民书局出版）。1977 年，时任中兴大学公共行政系主任汤绚章教授在对美国哈佛大学、加州大学（伯克利分校）、普林斯顿大学、耶鲁大学、密歇根大学和宾夕法尼亚大学的公共政策学教学（主要是研究生教育）和研究状况进行调查的基础上，在校方和台湾当局有关机构的支持下，邀请时任美国得克萨斯基督教大学公共行政与公共政策研究生项目主任薛菲尔（Wendell Schaeffer）教授到台湾讲授公共政策学。为借此达到推广公共政策学之目的，在讲座开始以前，汤绚章教授邀请台湾大学、政治大学、中兴大学、东吴大学和文化大学 10 多位教授召开座谈会，商定举办校际公共政策研讨会，并成立规划委员会，在上述院校轮流举行 16 次会议。从这一年的 1 月 15 日到 6 月 11 日，会议按照预先的安排如期举行。薛菲尔在每次会议上讲授一个专题，讲题包括公共政策学的发展、公共政策的制定问题、自然科学与公共政策、社会科学与公共政策、管理科学与公共政策、公共政策研究的若干难题、公共政策研究的机构、政策制定的公民参与、教育政策、卫生及福利政策、政策制定与工商业、政策制定与农业发展、公共政策与都市生活、运输与通讯政策的制定、政策制定与环境、公共政策学教育计划。从校际公共政策研讨会开始,公共政策学作为一个新的教学和科研重要领域,迅速地在台湾省各高等院校推广开来。①

与此同时,台湾当局主管机构采取适当措施推动公共政策学的引进和推广。由台湾大学、政治大学、中兴大学四位教授组成的一个课程研修小组,向当局主管机构建议在各大学相关科系增设公共政策学课程,迅即获得采纳。应一些学者的要求,在当局的公费留学科目中从1979年起列入了“公共政策”一项,年轻学子到美国和其他西方发达国家攻读公共政策学博士学位者不绝于途,其中不少人学成后回台湾在各高等院校从事公共政策学的教学和科研工作。另外,从20世纪80年代起,公共政策学还被规定为考录公务员的专业考试科目。

从薛菲尔讲学以来,经过数十年持续引进和推广,公共政策学在台湾已成为显学,而有影响的教学和研究人员主要集中于台北大学(原中兴大学法商学院)、台湾大学和政治大学。台北大学于1977年成立了第一个以从事公共政策学专业教育和学术研究为宗旨的专门机构——公共行政暨政策研究所,1982年改称为公共政策研究所。该所从1977年9月开始招收公共政策学研究生班,至今已毕业并获得硕士学位者数百人,获得博士学位者数十人。台湾大学和政治大学虽然没有设立专门的政策研究机构,但是在这门学科领域里也拥有较强的教学和研究力量。台湾公共政策学者的主要学术成就是通过编写和出版教科书,对西方发达国家特别是美国同行的研究成果给予翻译、介绍、评述、条理化和系统化,使青年学生和普通民众能够在比较短的时间里全面、清晰地认识和把握这门学科的概貌。

总起来看,中国台湾的公共政策学这门学科的主要贡献是对美国同行的教学和研究成果给予了及时、系统和全面的引进、吸收与综合,

---

① 汤绚章. 浮云——我的回忆录. 台北:大众时代出版社,1994:184-189.

缺陷是缺乏学术上的独立思考。台湾学者编著的公共政策学著作,特别是教科书,对中国大陆改革开放以后这门学科的引进和发展起了相当大的作用。中国大陆是随着改革开放的深入而开始引进公共政策学的,而引进和发展这一学科的根本动机是推动党和国家领导部门的决策科学化和民主化进程。中国共产党十一届三中全会以后,面对改革开放的新形势,过去重大决策的严重失误必须予以重新认识和科学总结,决策体制的弊端、决策过程的无程序性以及决策手段的落后性必须尽快克服和解决,决策科学化与民主化成为全社会现代化建设的迫切要求。于是,公共政策学作为一门新兴学科在中国应运而生。1983 年孟繁森在《理论探讨》杂志第 7 期上发表文章,呼吁"建立一门研究党和国家生命的科学——政策学"①;1984 年李铁映在《哲学研究》第 4 期上发表题为《决策研究》的论文,依据辩证唯物主义认识论对决策过程作了分析,并指出决策必须由硬结构和软结构两个部分组成:前者指的是研究机构和咨询机构以及电子计算机等设备,后者指的是决策者包括形式逻辑的思维方式和辩证逻辑的思维特点在内的思维结构,还提出了做出正确的决策所需要的条件。这篇文章最后呼吁"加快决策科学化的步伐",为此"各级领导应该学习决策科学的知识",同时,"在各级干部学校、有关大学的某些系和专业应开设决策理论的选修课,系统地讲授各种决策知识和技术,培养造就未来的各级决策者。"科学决策和民主决策的问题引起了最高决策层的高度重视。在 1986 年 7 月召开的全国软科学学术会议上,国务院副总理万里明确提出了实现决策的科学化和民主化的任务,并提出了要做"政策研究"这一重大课题。②

随后,从中央到地方党和政府各级领导机关以及中共中央、国务院所属各部、委、局都建立了从事政策研究的专门机构,一批国外的决策科学和公共政策学的专著相继翻译出版。

---

① 孟繁森. 需要建立一门研究党和国家生命的科学——政策学. 理论探讨,1983(7).

② 万里. 决策民主化和科学化是政治体制改革的一个重要课题. 人民日报,1986 年 8 月 15 日.

随着越来越多的公共政策学著作被翻译、介绍到中国大陆，以及被这门学科所吸引的大陆学者越来越多地赴西方发达国家做访问研究或参加相关学术会议，大陆学者对西方发达国家公共政策学的教学和科研成果的了解越来越系统、全面和透彻。他们从中国现代化的需要出发，参照台湾学者编著的决策科学和公共政策学教科书体系，吸纳西方国家特别是美国的公共政策学研究文献和教科书的内容，撰写了一批以中国大学相关专业本科教学为对象的决策科学与公共政策教科书。

首先是在决策科学、管理决策学和行政决策学方面。由于改革开放后经济现代化建设的特殊需要和党政高层领导的大力倡导，也由于哲学、自然科学、社会科学和管理科学在这个领域的汇聚与共同耕耘，因此有关教科书和综合西方发达国家研究文献编成的著作如雨后春笋一般面世。它的基本概念、理论、模型与公共政策学是相通的。所以上述著作的出版和传播，不仅为中国大陆的学者编著公共政策学教科书提供了可资借鉴和吸纳的知识体系，而且为这门学科的发展创造了良好的社会条件和教育环境。

虽然中国大陆学者对公共政策学的研究以及编著这门学科的教科书基本上与决策科学、管理决策学同时起步，但是较为完整地吸纳和介绍西方国家特别是美国的公共政策学知识体系的教科书的编著、出版，却要晚得多和少得多。迟至20世纪90年代，这样的著作才相继问世，其中比较有代表性和有影响的是：桑玉成等著《公共政策学导论》（复旦大学出版社，1990年）、林德金等著《政策研究方法论》（延边大学出版社，1991年）、张金马主编《政策科学导论》（中国人民大学出版社，1992年）、陈庆云主编《公共政策分析》（中国经济出版社，1996年）、张国庆著《现代公共政策导论》（北京大学出版社，1997年）、陈振明主编《政策科学原理》（厦门大学出版社，1993年）与《公共政策分析》（中国人民大学出版社，2002年）、宁骚主编《公共政策》（高等教育出版社，2000年）与《公共政策学》（高等教育出版社，2003年）、胡象明著《公共部门决策的理论与方法》（高等教育出版社，2003年）、丁煌等著《政策执行阻滞机制及防治对策》（人民出版社，2002年）、宁国良著《公共利益的权威性分配——公共政策过程研究》（湖南人民出版社，2004年）、金太军著《公共政策执行梗阻与消解》(广东人民出版社,2005 年)等。

（二）公共政策学中国化的进程与方向

1. 公共政策学中国化的进程

公共政策学中国化的进程,在中国台湾和大陆有着显著的差异:在台湾,公共政策学长期处于引进、综合、吸收和应用的阶段上,至今也很难看到试图对这一学科的概念、理论、模型予以创新和重构的学术成果;在大陆,公共政策学的引进与中国化则几乎是同时开始的,甚至在初期这一学科就试图以中国化的形态即“马克思主义政策学”、“社会主义政策学”出现在中国学术界以及大学的讲台上。

从 20 世纪 80 年代初以来,公共政策学在中国大陆经历了从无到有、从很少有人涉足到成为显学的过程。现从研究和教学这两个方面将公共政策学中国化的进程勾勒如下:

现实需要是推动公共政策学中国化的强大动力。这里所说的现实需要,第一是党政领导机关决策的需要,这一需要推动着专门的公共政策研究机构的设立;第二是高等院校教学的需要,这一需要推动着一批教师走上公共政策学教学与研究的岗位,推动着他们撰写教材和学术论著。

关于公共政策研究机构。改革开放以来,体制内的公共政策研究机构越来越多,对党政领导部门的直接影响越来越大。不仅中共中央、国务院各设有政策研究室,国务院各部委大都内设以政策研究、政策规划为职守的政策法规司,而且在国务院系统还设立了不属于正式的国家机构编制、不直接拥有行政管理职能的政策研究机构,如国务院发展研究中心以及隶属于各部委的部门政策研究院或研究所(如财政部财政科学研究所、国家发展和改革委员会对外经济研究所等),县以上各级地方政府党政领导部门都内设政策研究室。此外,中国社会科学院数十家研究所以及各省、自治区、直辖市社会科学院所辖的研究所,也都有很多研究人员研究公共政策。从中共中央党校到各级地方党委的党校、国务院各部委党组的党校,从国家行政学院到各省、自治区、直辖市的行政学院,也都各有一批教师从事公共政策学的教学、研究工作。体制外的公共政策研究机构大都分布于全国各普通高等院校里。1997

年初北京大学建立公共政策研究所，宁骚教授任所长，这是全国高校系统中第一个公共政策研究机构。1999年中国科学院建立了国情研究中心，同年与清华大学联合成立了中国科学院—清华大学国情研究中心，中心的研究方向是国情调研和政策研究，胡鞍钢教授任中心主任。嗣后，中国社会科学院成立了公共政策研究中心，清华大学公共管理学院、北京师范大学分别建立了公共政策研究所。从此，体制外的公共政策研究组织越来越多地成立起来。

关于公共政策学的教学和人才培养。20世纪80年代后期，已有一批大学的政治学系开设“决策科学”课程，个别大学如复旦大学国际政治系开始开设“政策分析”课程。到90年代，北京大学、中国人民大学、厦门大学、中山大学、武汉大学等著名大学的政治学与行政管理学系率先在大学本科和硕士研究生培养方案中设置了公共政策学单科或系列课程，嗣后在党校系统、行政学院系统以及越来越多的高等院校内设立的公共管理系、行政管理系和政治学系里，也设置了相同或相似的课程。北京大学和厦门大学在1993—1994年分别在行政学硕士点中设立公共政策分析方向，着手培养研究公共政策学的专业人才，接着又有一些著名大学照此办理。全国高等教育自学考试委员会在20世纪90年代后期将行政管理学专业（独立本科段）列入全国招生目录，该专业将“公共政策”列入必考科目，以宁骚教授主编的《公共政策》（高等教育出版社，2000年）作为考试指定教材。1998年和2000年国家先后在中国人民大学、复旦大学、中山大学、北京大学等设立了行政管理学博士学位授权点，2001年同时在北京大学、清华大学、北京师范大学、复旦大学、中山大学等24所大学设立公共管理硕士学位（MPA）授权点，嗣后博士学位授权点和MPA授权点还逐年增加，至今已多达近200个。在这些学位点上，公共政策学的课程设置和教学普遍得到了加强。2002年和2003年中山大学、北京大学率先设立了公共政策学本科专业。

由于上述两个方面的现实需要，由于专门的研究和教学机构的设立以及专业的研究、教学人员的工作的开展，公共政策学中国化现已取得丰硕的成果。

第一，强调在引进、消化和吸收当代国外的公共政策学研究成果的基础上，坚持以马克思主义为指导，立足于中国的国情，紧密结合当代中国的公共决策实践，取其所需，为我所用。例如，张金马教授1988年开始组织编写的《政策科学导论》一书，是中国大陆系统引进国外公共政策学学科体系和研究成果的第一本教材，但同时作者也在这门学科的中国化方面做出了努力。作者说，这本书的大部分资料“采自西方学者的著作”，特别是叶海卡·德洛尔和斯图亚特·内格尔的论著，但他们还是本着“洋为中用的原则”，在“吸收借鉴的选择性”上做了“不少工作”。①

第二，吸收国外公共政策学的概念、理论、模型、分析路径和研究方法，在马克思主义的指导下，对当代中国的公共政策问题进行实证研究，研究成果通常是研究报告，但也有进行学理探讨的学术论文、学术专著和教科书。如：刘斌主编《中国宏观经济政策》（中国经济出版社，1989年）、王绍光等著《中国国家能力报告》（辽宁人民出版社，1993年）、杨胜群等主编《共和国重大决策的来龙去脉》（江苏人民出版社，1994年）、胡象明著《地方政策分析——体制、文化与过程》（武汉大学出版社，1994年）、马德普等著《变革中的中国公共政策》（中国经济出版社，1998年）、朱崇实等著《公共政策——转轨时期我国社会经济政策研究》（中国人民大学出版社，1999年）、刘伯龙等著《当代中国公共政策》（复旦大学出版社，2000年）、宁骚等主编《现代化与政府科学决策》（经济科学出版社，2000年）、陈耀著《国家中西部发展政策研究》（经济管理出版社，2001年）、中国社会科学院公共政策研究中心等编《中国公共政策分析》（中国社会科学出版社，2001年及以后历年）、胡鞍钢主编《影响决策的国情报告》（清华大学出版社，2002年）、薛澜等编著《危机管理——转型期中国面临的挑战》（清华大学出版社，2003年）、彭宗超等著《听证制度——透明决策与公共治理》（清华大学出版社，2004年）等。在这些研究成果中，那些对政府重大决策所做的论证报告和提交的备选政策方案、对政府某些重要政策（如人口政策、环境

---

① 张金马. 政策科学导论. 北京：中国人民大学出版社，1992：Ⅳ.

保护政策）的执行结果所做的阶段性评估或最终评估报告，大都成为公共决策部门的决策依据和参考。党政各级领导部门体制内和半体制内的政策研究机构的研究报告更是数量庞大，而且对直接决策者的决策起着更为重要的作用。

第三，通过考察和总结当代中国公共决策实践，试图在马克思主义决策和政策理论的指导下，对公共政策学的概念、理论、模型和分析路径进行重构和创新。如胡象明教授构建的地方政策分析的理论模型“一体化民主决策论”①、中国社会科学院公共政策研究中心概括出来的辩证唯物主义决策模型和集体决策模型②、宁骚教授构建的“上下来去”政策过程模型③等。

构建中国特色的公共政策学学科体系的进程虽然已经持续了近30年，但仍存在突出的问题，如：对公共政策学的理论和方法论所做的开创性研究，还十分少见；注重中国政治体制、结构和政策过程的经验性研究课题的成果、使用符合中国政策研究特点的定量分析方法的成果、扎扎实实地进行学科范式的本土化研究的成果，也为数不多。这些方面都是中国的公共政策学研究今后要大力加强的。

2. 坚持公共政策学中国化的发展方向

公共政策学中国化，构建有中国特色的公共政策学学科体系，是这门从国外引进的新学科的发展方向，今后需要更加鲜明、更加坚定地保持这一方向。为此，要在以下几个方面做出更多的努力：

第一，强化研究者的主体意识。研究者的主体意识指的是研究者的自主性、主动性和自律性。研究者要明确我是谁，我生活其中的历史和社会环境是什么，这种历史和社会环境对我的研究工作有什么特别的影响，我的研究有什么社会意义和价值等。如果研究者不知道独立思考，只知道背诵和重复一门学科既有的概念、命题、模型、理论，视既

---

① 胡象明. 地方政策分析——体制、文化与过程. 武汉：武汉大学出版社，1994.

② 中国社会科学院公共政策研究中心. 中国公共政策分析（2001 年卷）. 北京：中国社会科学出版社，2001：8-9.

③ 宁骚. 公共政策. 北京：高等教育出版社，2000：93-97.

有文献为圣经，不敢越雷池一步，那么他就失去了主体意识。强化公共政策学研究者的主体意识，就是要求从事公共政策学研究的学者，以中国人的视角、价值观和分析方法，观察和思考当代中国的公共决策实践，寻求解决社会转型和现代化过程中重大问题的可行的、有效的政策和措施，并立足于中国国情构建对中国政策实践有较强的解释能力的公共政策学概念、理论、模型和分析路径。对国外公共政策学研究成果，既要认真研究，大胆引进和吸收，又要避免简单照搬，食洋不化，削足适履，以外来的概念、理论、模型硬套中国的公共决策实践。

第二，重视对政策哲学的研究。公共政策学的理论与实践只有上升到哲学的层次上才能获得更深刻、更本质的认识。公共政策学是科学，科学所包含的命题一般是可证实或可证伪的；但是科学命题的精确化及其界限和内涵的确定，则需要有哲学来说明或诠释。与公共政策学直接相关的哲学问题，最突出的首先是价值论的问题，其次是认识论的问题。在价值论方面，众所周知，政策方案的择定取决于决策者的偏好，而这种偏好则是由决策者的价值观决定的。两个敌对的决策集团针对同一个政策问题所做的决策，往往是针锋相对的，双方各自的偏好显然只能从其价值观的相互对立上去解释。因此，资本主义国家的公共决策，决策者的偏好是由占主导地位的价值观即资本主义价值观所决定的；而当代中国的决策，决策者的偏好则是由占主导地位的价值观即社会主义核心价值体系决定的。在这个意义上，如果不重视价值论的研究，就不可能真正把握公共决策的实质。在认识论方面，众所周知，公共决策是人类如何认识世界和改造世界的一种社会活动，自始至终存在着政策主体认识、把握和运用客观世界的运动规律的问题。因此，按照什么样的认识论路线去观察、分析、评判公共决策的思维逻辑和社会实践，是公共政策学学科体系构建的一个基本问题。在美国形成和发展起来的公共政策学，在认识论上基本上走的是逻辑实证主义的路线，20 世纪 70 年代以来也有个别学者尝试走后现代主义、后实证主义的路线。而公共政策学的中国化，在认识论上则必须走辩证唯物主义的路线。

第三，重视本土资源。构建中国特色公共政策学学科体系，必须重视对本土资源的发掘。中国有数千年政府决策的丰富实践和闪耀着理性光辉的决策思想，这些实践和思想一定会对我们重构和创新公共政策学的概念、理论、模型和分析路径给予宝贵的启迪。

第四，重视当代中国公共决策实践，大力开展实证研究，从中抽象和构建公共政策学新的概念、范畴、理论与模型。

公共政策学中国化，构建有中国特色的公共政策学学科体系，是一个长期、艰辛的历史过程。只要坚持不懈地朝着这一方向努力，公共政策学中国化的目标就一定能达到。

第三节　为什么学习公共政策学

公共政策学是一门具有很强的社会应用性的学科，同时它也是一个需要进行广泛而深入的理论探讨的领域。我们学习和研究公共政策学，其必要性或者基本的意义有以下几个方面：

第一，是为了改进政策系统，提高政策质量。公共政策的制定和执行是公共权力机关的基本活动，这种活动的出发点和归宿应当是人民群众的根本利益。但是，这一根本的价值取向只有通过科学决策和民主决策才有可能变成现实。学习和研究公共政策学，可以使我们认识到，一项好的政策的制定并取得令人满意的政策结果，单凭良好的主观愿望是不够的，而是需要进行科学的政策分析，并通过分析得以洞察有哪些因素影响政策制定和执行的方向，是怎样影响的，影响的深度和广度如何，在政策系统内部做出什么样的改进就可以使政策的制定和执行获得更好的结果；同时还可以洞察一项政策的实施会对政策对象产生什么作用，对作为政策环境的事物有什么作用，在产生积极的、好的作用的同时会不会产生消极的、负面的作用，所产生的长期作用会不会与近期作用对于人类的生存和发展来说具有正相反的意义，等等。这样，公共政策的制定和执行就可以成为遵循客观规律办事的自觉行动，人们就可以通过政策的制定和执行来有效地改造自然与社会。美国学者安德森指出，公共政策研究的宗旨是保证政府采取正确的政策以实现合理的目标，“尽管社会上对什么是‘正确的’政策和‘合理的’政策目标存在着很大的分歧,他们仍希望按照人们愿意的方式提高公共政策的正确性”。①

第二,是为了教育群众理解公共政策,运用政策争取和保护自身的和公共的利益,以适当的方式向公共组织特别是公共权力组织提出政策建议。学习和研究公共政策学是群众进行政策教育的一种基础性的、行之有效的方式。通过掌握有关公共政策学的知识、理论和研究方法,人们一方面可以破除对公共政策的神秘感、无力感,了解政策的制定过程和执行过程、元政策和基本政策的政策目标以及实现目标而进行的资源配置,了解随着一项政策的实施会带来什么样的利益和价值的重新分配以及这种分配对个人的生活和社会结构产生什么样的影响,从而可以更好地运用政策去争取和保护自身的和公共的利益;另一方面还可以通过对公共政策的类型划分以及政策过程的诸阶段、诸环节的了解,更加理性地决定通过什么样的渠道、以什么样的方式向政府提出自己的政策建议,使公共政策的制定和执行能够更全面、更真实地体现人民群众的根本利益,以避免盲目式的政治参与。

第三,是为了推动社会科学和自然科学各学科的研究工作具有公共政策研究的取向。虽然推动社会科学和自然科学各学科研究的根本宗旨和动力都是认识世界和改造世界,但是通过公共政策学的学习和研究,人们才能更加自觉地认识到,公共政策是联结认识世界和改造世界这二者的至关重要的桥梁。因此,社会科学和自然科学各学科的研究工作都有必要从公共政策学这个视角去思考自身的研究工作的意义和价值。当然,这种思考不应是形而上学的和绝对化、片面化的,而应当实事求是地进行全面衡量。

---

① 詹姆斯·安德森.公共政策.唐亮,译.北京:华夏出版社,1990:10.

第二章

公共政策与政策工具

公共权力机关通过制定和实施公共政策来实现国家职能，制定政策和实施政策是政府存在的基础。由于现代国家的政府在横向结构和纵向结构上权力配置的形式的差异，公共政策的形式特征也就有所不同。由于政策作用于对象的广度和深度、时间与空间、方式与方法上的差异，公共政策在内容特征上也就有许多类型。公共政策有其认识论本质和社会本质，而后者则是由公共政策的利益分配功能决定的。“徒法不能自行”。只有同时配置和调动一系列政策工具，公共政策才能从一种行动纲领转化成社会现实。

第一节　公共政策的含义、类型与功能

一、什么是公共政策

公共政策，英文作 Public Policy。在公共政策学发轫和发展的历史上，公共政策学者对如何界定它，做了很多探讨。按照概念界定的侧重点的不同，这些定义可分为不同的类别：

(1) 侧重于政策主体。例如，艾斯顿（ Rober Eyestone）的定义认为：“从广义上说，公共政策就是政府机构和周围环境之间的关系。”①

---

① Robert Eyestone. The Threads of Public Policy: A Study in Policy Leadership. Indianapolis, 1971: 18.

戴伊的界定是:“公共政策是一个政府选择要做的任何事,或者它选择不去做的任何事。”他解释说,这个定义“既包括了政府的行为,也包括了政府不行为。政府无力行为正如其行为,可能同样对社会产生重大的影响。”①这一定义强调了政府无为所具有的政策意义和作用,对于政策研究和政策制定很有启发。安德森将政策与公共政策做了正确的区分,把公共政策界定为“由政府机关和政府官员所制定的政策”。他说,公共政策的特点,就在于它是由戴维·伊斯顿称之为政治系统中的“权威人士”制定的,而政治系统中的绝大部分成员认为自己对他们处理着的政治系统中的日常事务负有责任,并承认这些活动对自己的约束力。② 彼得斯(B. Guy Peters)认为,公共政策是“政府活动的总和,无论行为是直接的还是通过代理,因为其行为对公民的生活产生影响”。③ 林恩的“公共政策”定义是:“公共政策可以被描述为不同个体所构成的扩散过程的产出,这些个体在一个正式组织占主导地位的小群体中相互作用。这些组织在一个由政治制度、各种规定和措施组成的体系中运行,它们都处于社会和文化的影响之下。”④休斯指出该定义的关键特征是:第一,公共政策是政府的“输出信号”;第二,输出信号的过程被描述成扩散的过程;第三,公共政策的制定不是在真空中产生的,它受到组织、机构、利益集团的限制,甚至会受到社会和文化的影响。⑤ 这三点对于我们更全面地认识公共政策是很有帮助的。邓恩认为:“公共政策是一系列由政府机关和官员制定的多少相关联的选择(包括不起作用的决定)。”⑥

(2) 侧重于政策方案。如:拉斯韦尔(Harold D. Lasswell)和卡普

---

① Thomas R. Dye. Understanding Public Policy, 9th ed. New Jersey: Prentice Hall, 1998: 2-4.

② 詹姆斯·安德森. 公共决策. 唐亮,译. 北京:华夏出版社,1990:4.

③ B. Guy Peters. American Public: Promise and Performance. 3d ed. New Jersey: Chatham House, 1993: 3.

④ Laurence Lynn. Managing Public Policy. Boston: Little Brown, 1987: 239.

⑤ 欧文·休斯. 公共管理导论. 彭和平,等,译. 北京:中国人民大学出版社,2002:154.

⑥ 威廉·邓恩. 公共政策分析导论. 2版. 谢明,等,译. 北京:中国人民大学出版社,2002:79.

兰(A. Caplan)的定义是:公共政策是“一种含有目标、价值与策略的大型计划”。[①] 这一定义强调了公共政策是一种以特定目标和价值为取向的行动计划。后现代主义者福克斯(Charles J. Fox)等对“理性客观分析主义政策分析”持批评态度,认为“公共政策不是纯粹理性发现客观真理,然后由政府从真理中推导出相应的、正确的解决方案的结果”,主张“最好把公共政策的形成、实施和管理理解成能量场,它是形成围绕着‘下一步我们该做什么’这一问题而松散地组织在一起的人类意向性的交叉点。”[②]

(3) 侧重于政策结果。如:伊斯顿于 1951 年出版的《政治体系——政治学状况研究》一书,把公共政策界定为“对一个社会进行的权威性价值分配”。他解释说:“一项政策的实质在于通过那项政策不让一部分人享有某些东西而允许另一部分人占有它们。换句话说,……一项政策包含着一系列分配价值的决定和行动。”[③]在西方学者给公共政策下的定义中,伊斯顿所做的界定产生了广泛而持久的影响。格斯顿从政策的主体与客体之间的互动的视角,将公共政策定义为:由那些掌握或影响政府正式职能的人们所作的基本决策、承担的义务和他们的行为的结合。在多数情况下,这些组合由那些要求变化者、决策者和受到该政策影响的人们之间的互动而产生。[④] 这个定义注意到了政策过程是多种政策行为者互动的过程,而互动的结果是“社会因政府的活动而受益或受损”、“社会的一部分以其另一部分的牺牲为代价而受益”。

(4) 倾向于综合。如:克鲁斯克等给公共政策下的定义是:“政治系统的产出,通常以条例、规章、法律、法令、法庭裁决、行政决议以及其他形式出现。”他们接着揭示了这个定义的内涵:公共政策是一个动态

---

① H. D. Lasswell, A. Kaplan. Power and Society, NH: Yale University Press, 1970:71.

② 查尔斯·福克斯·休·米勒.后现代公共行政.楚艳红,等,译.北京:中国人民大学出版社,2002:108-109.

③ 戴维·伊斯顿.政治体系——政治学状况研究.马清槐,译.北京:商务印书馆,1993:123.

④ 拉雷·格斯顿.公共政策的制定.朱子文,译.重庆:重庆出版社,2001:5.

的过程，它不仅仅是一项决议，而是包括目的、计划、规划以及付诸实施的程序；公共政策包括政府的实际作为，它们可能产生积极或消极影响，成为对部分人的奖赏或剥夺；公共政策可以对一个国家或一个小团体的资源实行管理、分配或再分配；公共政策建立在法律和权威的基础上，因而通常被认为具有合法性，也是可以执行的。①

西方学者有关公共政策学的研究成果被引进中国以后，中国学者综合这些学术文献中对公共政策所做的界定，提出了能够全面地揭示公共政策概念内涵的定义。例如，张世贤教授认为："公共政策乃政府为解决公共问题，达成公共目标，经由政治过程，所产出的策略。"他说，对公共政策的界定，似可归纳为以下三个不同角度：① 以目标取向(Goal-Oriented)来界定：公共政策是达到公共目标所采用的策略；② 以问题取向(Problem-Oriented)来界定：公共政策是政府解决公共问题的策略；③ 以过程取向(Process-Oriented)来界定：公共政策是政治过程的产出。② 吴定教授的定义是："综合而言，公共政策指政府机关为解决某项公共问题或满足公众需求，决定作为或不作为，以及如何作为的相关活动。"他接着揭示了定义包含的四项要点：① 公共政策主要是由政府机关所制定的；② 公共政策包含政府机关对某项问题或需求，决定作为或不作为的所有相关活动；③ 制定公共政策的主要目的在解决公共问题或满足公众需求；④ 政府机关如决定作为，即以各种活动表示公共政策的内涵，诸如法律、行政命令、规章、方案、计划、细则、服务、产品等。③ 张金马教授给公共政策下的定义是"党和政府用以规范、引导有关机构、团体和个人行动的准则或指南。其表达形式有法律规章、行政命令、政府首脑的书面或口头声明和指示以及行动计划与策略等。"④

综合上述各种界定，我们对公共政策给出如下定义：公共政策是公

① E. R. 克鲁斯克，B. M. 杰克逊. 公共政策词典. 唐理斌，等，译. 上海：上海远东出版社，1992：31-32.

② 张世贤. 公共政策析论. 台北：五南图书出版公司，1986：181-182.

③ 吴定. 公共政策辞典. 2 版. 台北：五南图书出版公司. 2003：85-86

④ 张金马. 政策科学导论. 北京：中国人民大学出版社，1993：17.

共权力机关经由政治过程所选择和制定的为解决公共问题、达成公共目标、以实现公共利益的方案。① 这个定义所揭示的公共政策的内涵有如下几点：

第一，公共政策是决定、决策、对策、政策的一种特殊形态，它具有决定、决策、对策、政策的一般特征。

第二，公共政策是公共权力机关的基本的活动方式或活动过程，是公共权力机关的权力意志的表现——它表征公共权力机关想干什么、为什么干、怎样干、不想干什么、为什么不想干。所以，公共政策具有权威性和强制性。当今世界各国的决策体制各有不同，公共权力机关的构成及其各个组成部分之间的权力配置各有不同，因此，公共政策的制定方式和过程也就各有不同。

第三，公共政策是经由政治过程而进行方案的初拟、优化和择定的结果，主导这一过程的基轴是公共权力机关与公民的关系，是前者能不能够以及可以在多大程度上聚合公民的愿望、意向和利益。

第四，公共问题、公共目标和公共利益是公共政策的三大要素。公共问题的提出来自政治系统的环境的挑战以及政治系统自身的维持和存续的需要，而解决公共问题轻重缓急的次序的认定则取决于公共权力机关经由政治过程所作的考量；公共目标的设定既可能是公共权力机关理性选择的结果，也有可能是非理性活动的产物。不管怎样，公共目标的设定标志着公共政策是一种有明确方向的活动。谋求公共利益的实现是公共政策的灵魂和目的，虽然事实上几乎每一项政策实施的结果总是一部分公民受益而另一部分公民受损。

第五，公共政策是一种权威性的价值分配方案。它通过规范、引导机关、团体和公民个人的社会行为，有效地分配自然的和社会的各种稀有资源。对某一项具体政策而言，价值分配则在与该政策直接相关的群体和个体范围内进行。

第六，“公共政策在形式上可以是积极的，也可以是消极的。积极

---

① 宁骚．试论公共决策的现代化．//现代化进程中的政治与行政（下册）．北京：北京大学出版社，1997：722．

形式的政策，包括政府为解决某一特定的问题而公然采取的行动。消极形式的公共政策则包括，政府官员就人们要求政府介入某一事务，作出的不采取任何行动、不做任何事情的决定。换句话说，就是政府在总体上或某一特定的范围内遵循一种放任主义或不干涉主义的政策。这种无为政策可能对社会或社会中的某些团体具有头等重要意义。”①

二、公共政策的产生与发展

（一）公共政策的产生

公共政策的产生须有三个初始条件，或者说须具备三个核心要素：① 公共问题的形成。随着人类社会的形成，在一定的人群中就会形成共同的利益要求和基于这种要求的公共问题。因此，在人类的原始社会，这一政策要素就已经产生。② 公共决策机关的产生。如果公共问题由当事人自身共同制定行为规则和行动方案予以解决，还不能够形成公共政策，因为这种规则和方案不能成为其他人解决同类问题时必须照办的规则和方案。在原始社会里，一切争端和纠纷，都由当事人的全体即氏族或部落来解决，或者是各个氏族相互解决，因此，那时还不存在公共政策。到了原始社会末期，随着私有制的产生和社会分裂为两大对立的阶级，就必然产生以维护法律为职责的机关——公共权力，即国家。国家以及履行国家职能的专门组织即政府，作为凌驾于社会之上的“和人民大众分离的公共权力”，②为解决公共问题而制定的行为规范和行动方案，对社会全体成员来说具有普遍适用性。③ 公共强制机构的出现。公共权力机关不仅是公共政策的制定者，而且是公共政策的执行者。而作为公共政策的执行者，须拥有迫使社会全体成员接受政策的手段，特别是暴力手段。也就是说，公共政策的有效性有赖于公共权力的强制性，政策执行须有“一种特殊等级的人”从统治阶级中分化出来“管理他人并为了管理而系统地一贯地掌握着某种强制机

① 詹姆斯·安德森. 公共决策. 唐亮，译. 北京：华夏出版社，1990：5.

② 马克思恩格斯选集. 第 4 卷. 北京：人民出版社，1972：114.

构即暴力机构”①为后盾。总而言之，公共政策是随着国家的产生而产生的，是作为统治阶级治理国家与社会、实现其阶级意志的工具而产生的。

（二）公共政策的发展

公共政策是一种国家和政府行为，它随着生产力和生产关系、经济基础与上层建筑的矛盾运动的演进、社会形态和国家形态的变迁而不断发展。在奴隶制社会和封建制社会，社会生产力虽有进步，但是社会经济在总体上则是自然经济；国家形态虽日趋发达，但是基本的政治体制是君主制，统治者的理念是“家天下”、“朕即国家”，国家和政府的政策不以公共利益而完全以统治阶级乃至某一统治集团的利益为根本诉求。

近代以来，特别是产业革命以来，科学技术日新月异，生产力不断地获得解放，社会生活越来越丰富多彩，国家形态和政府体制发生了天翻地覆的变化。所有这些，都推动着公共政策在内容和形式上转变成现代公共政策，主要表现在四个方面：① 在公共问题的形成过程中，公民参与所起的作用越来越大。在现代国家里，公民能够通过众多而有效的渠道，表达自己的利益要求，凝集共识，形成舆论，使国家和政府认识到哪些问题是公共问题，并且应该列入政策议程。② 现代国家和政府制度的基本理念是主权在民。公共政策的制定者和执行者在法理上是人民主权的受委托者，因此公共政策的形成在内容上须以人民群众的根本利益为唯一诉求，在形式上须履行合法化的程序，即人民代表机构的直接批准或授权批准。③ 现代国家和政府，自罗斯福“新政”、北欧国家实行“福利国家”政策、特别是自第二次世界大战结束以来，越来越注重于执行社会管理的职能，而其目的不仅是维护和巩固政治统治，而且是推动经济和社会自身的发展。因此，现代公共政策在内容上日益丰富：不仅有大量的政治政策，而且有关于农业、工业、商业、房地产、金融、税收等涉及各个经济领域的经济政策，还有关于社会安全、公共交通、社会保障、环境保护、国民教育、科技发展等大量的社会、文化

---

① 列宁全集. 第4卷. 北京：人民出版社，1995：28.

政策。④ 传统的公共政策的质量,取决于少数统治者个人甚至最高统治者一个人的品格、魄力、智慧、学识和视野等因素;现代公共政策的质量,特别是自第二次世界大战结束以来,世界主要国家的政府和人民越来越清楚地认识到取决于政策过程的科学化和民主化。于是,有关公共政策的科学研究越来越与实际的政策过程相结合。

三、政策类型:从内容特征上划分

从各个具体的政策来说,公共政策千姿百态。按照一定的标准把它们划分成若干类型,有助于把看起来复杂纷乱的事物整理成有序、简单的状态,使政策之间的异同之处明朗化,并在这个基础上对政策进行概括和分析。为达此目的,第一,进行分类的标准须尽可能的明确、精当,能抓住政策某一方面的显著特征;第二,须坚持对所有作为研究对象的政策使用同一标准进行分类,也就是说,分类须具有逻辑上的一贯性和彻底性。本书在这里从内容特征和形式特征这两个基本方面对公共政策进行类型划分。

公共政策的内容特征指的是具有不同的政策效力的各项公共政策构成一个统一的、相互作用的政策体系。在这里,政策效力的差异指的是政策作用于对象的广度与深度、时间与空间、方式与方法上的不同。这种差异是决策者或政策分析者的主观认定,而主要不是指政策的实际效果的不同。可以从不同的角度来认识公共政策的内容特征,这里着重介绍三种,而对其他几种只作简单介绍。

(一)元政策、基本政策、部门政策

以同一政策体系内的各项政策相互间是否存在着涵盖与衍生的关系为标准,公共政策可以划分为元政策、基本政策和部门政策。在中国共产党和当代中国政府发布的各种政治文件里,"路线"、"方针"、"政策"经常在同一含义上得到广泛使用。"它们在内涵上没有本质的区别,在表述上也比较接近,基本上是一个意思。""在一般情况下,可以把路线、方针和政策统称为政策。"①由此可见,如果不做特别的界定,

① 王福生.政策学研究.成都:四川人民出版社,1991:28-29.

在方针、路线和政策之间是不存在涵盖与衍生的关系的。

在元政策、基本政策、部门政策之间则存在着涵盖与被涵盖、衍生与被衍生、统摄与被统摄的关系。

1. 元政策

元政策，或者叫做总政策（总路线、总方针），是政策体系中管总的或具有统摄性的政策，对其他各项政策起指导和规范的作用，是其他各项政策的出发点和基本依据，是政策主体用以指导一定历史时期全局性行动的高度原则性的指针。元政策的基本功用在于保障其他各项政策遵循同一套政策理念、谋求实现统一的政策目标。因此，它是关于政策的政策。认识到元政策或总政策的这一功用，对于中国革命和建设取得胜利是至关重要的。毛泽东指出："我党规定了中国革命的总路线和总政策，又规定了各项具体的工作路线和各项具体的政策。但是许多同志往往记住了我党的具体的个别的工作路线和政策，忘记了我党的总路线和总政策。而如果真正忘记了我党的总路线和总政策，我们就将是一个盲目的不完全的不清醒的革命者，在我们执行具体工作路线和具体政策的时候，就会迷失方向，就会左摇右摆，就会贻误我们的工作。"①

2. 基本政策

针对某一社会领域或社会生活某个基本方面制定的、在该领域或方面起全局性与战略性作用的政策，就是基本政策，又被称做基本国策、方针性政策、纲领性政策、根本政策。基本政策衍生自元政策，是元政策在某一领域或方面的延伸和具体化；同时它又是该领域或方面的元政策，对该领域或方面的具体政策起管总的、统摄的、统帅的作用。"基本政策是总政策的具体化，是具体政策的原则化，是联结总政策和具体政策的中间环节。"②基本政策一般反映统治阶级的价值观和政治信仰，其中包括政策制定者的价值观和政治信仰。

3. 部门政策

---

① 毛泽东选集. 第4卷. 北京：人民出版社，2版. 1991：1316.

② 王福生. 政策学研究：成都：四川人民出版社，1991：48.

为在某一个特定的部门贯彻基本政策而制定的具体行动方案和行为准则，被称做部门政策，也被称做具体政策或方面政策。它是针对特定而具体的政策问题做出的政策规定。社会生活的各个方面都有许多具体政策，而且通常都用政府文件的形式做出具体规定。部门政策由元政策和基本政策所决定，体现和服从于元政策和基本政策。社会生活越具体，就越变动不居、千姿百态，因此作为人们行为规范的政策既需要细致入微、具有可操作性，又需要留有余地、具有适度的灵活性。从分类的角度说，元政策和基本政策之外的所有政策都可以视为部门政策。①

元政策、基本政策、部门政策的区分具有相对性；部门政策又可分为若干等级层次，高一层次的部门政策相对低一层次的部门政策而言，又具有统摄作用。

（二）战略、策略、战术

属于同一政策体系的各项政策，就时间效力而言，可以划分为即时的、短期的、中期的、长期的政策；就空间效力而言，可以划分为全局的与局部的政策。将时间与空间这两个向度结合起来，公共政策就有了战略、策略和战术的区分。

显而易见，战略、策略、战术这些术语是从军事学引入政治学、管理学和政策科学的。在人类历史上，军事决策一向就对政治决策、政府决策有着极大的影响，现时代仍然如此。在公共政策学里，所谓战略就是政策主体在一个较长的时间阶段上所要达到的主导全局的根本目标以及为目标的实现所作的资源配置和行动步骤的设想，也就是邓小平经常讲到的“大政策”。战略也被称做“宏观决策”。没有好的战略规划，政府的科学决策就失去了总的依据。所谓战略规划，就是政策主体为实施既定的战略目标而对于各种战略要素所进行的全面组织、协调和统一调度，它一般包括战略目标、战略重点、战略要求、战略布局、实现战略的途径和条件等要素。战略规划关注的主要是总体性、宏观性的决策，古人说的“运筹于帷幄之中，决胜于千里之外”就反映了战略规

① 张国庆．现代公共政策导论．北京：北京大学出版社，1997：24.

划的这一本质特征。战略规划是决定全局的,是领导活动的纲领和准则。邓小平指出,如果领导活动“没有明确的战略方针,好多事情都不好办。”①战略规划的好坏,直接决定着事业的成败,所谓“一言兴邦,一言丧邦”就是对战略规划所起的这种作用的很好表达。由于全局与局部、长期与短期具有相对性,所以一项政策的战略性是相对的。毛泽东指出:“只要有战争,就有战争的全局。世界可以是战争的一全局,一国可以是战争的一全局,一个独立的游击区、一个大的独立的作战方面,也可以是战争的一全局。凡属带有要照顾各方面和各阶段性质的,都是战争的全局。研究带全局性的战争指导规律,是战略学的任务。”②虽然毛泽东讲的是军事决策,但是完全适用于一般的公共决策。

策略是政策主体对某一特定形势制定的具体的行动路线。斯大林认为策略是政策主体针对运动的来潮与退潮而采取的行动路线。他说:“策略就是规定无产阶级在运动的来潮或退潮、革命的高涨或低落这个较短时期内的行动路线,就是通过以新的斗争形式和组织形式代替旧的斗争形式和组织形式,以新的口号代替旧的口号,通过把这些形式配合起来等等来为实现这条路线而斗争。”关于策略与战略的关系,他指出:“策略是战略的一部分,是服从于战略的,是服务于战略的。”③毛泽东也指出,战略不能脱离策略和战术而存在,因为“全局性的东西,不能脱离局部而独立,全局是由它的一切局部构成的。”④周恩来在更广泛的意义上指出:“要根据形势来决定策略。策略是根据形势的变动而变动的,但策略又是为着实现基本方针的。”⑤策略又被称做“中观决策”。

战术,在军事学上被诠释为“进行战斗的原则和方法”。对于公共政策学来说,战术的含义是:为达到一定的战略目的,在一定的方向上和一定的时间内解决某一局部问题的行动方案。毛泽东说:“打仗只

---

① 邓小平文选.第1卷.北京:人民出版社,1993:72.

② 毛泽东选集.第1卷.北京:人民出版社,1991:175.

③ 斯大林选集.上卷.北京:人民出版社,1979.248.

④ 毛泽东选集.第1卷.北京:人民出版社,1991:175.

⑤ 周恩来选集.上卷.北京:人民出版社,1989:129.

能一仗一仗地打，敌人只能一部分一部分地消灭。工厂只能一个一个地盖，农民犁田只能一块一块地犁，就是吃饭也是如此。”①他用如此生动的语言告诉人们，所谓战术，就是按照总的战略规划或战略部署，针对“一个一个的具体问题”制定的行动方案。因此，战术又被称做“微观决策”。

（三）依政策内容的社会领域的不同进行的分类

每项政策都是针对特定的社会领域、为解决特定的社会问题制定的，因此每项政策都有其特定的社会内容。依政策内容的社会领域不同，公共政策可划分成如下的基本类型：

1. 政治政策

政治政策是指一定的政策主体在政治生活领域里为达到一定的政治目标而针对相关对象制定的行为准则与规范。它是政治体系（国家、政府、政党等）得以存续、维持和发展的根本举措。获取、巩固与增益国家权力和维护统治阶级的利益是政治政策的核心价值。政治政策包括民权政策、外交政策、国防政策、国家安全政策、公共安全政策、人力资源政策、阶级政策、民族政策、政党政策等。

2. 经济政策

政策主体在经济领域里为达到一定的经济、政治与社会目标而制定的调整人们的经济关系、经济活动的准则与规范，被称做经济政策。宏观调控与微观管理是经济政策的两个基本的层次，其基轴是国家与社会、政府与市场的关系问题，即国家和政府要不要干预社会经济生活、朝着什么方向干预、干预到什么程度为宜、采取什么方式和手段干预为好。获取最佳社会经济效益是经济政策的核心价值。经济政策包括产权与经营权政策、农业政策、工业政策、企业政策、交通政策、能源政策、基础建设政策、金融政策、财政政策、预算政策、福利政策、贸易政策、房地产政策、住宅政策、区域发展政策等。

3. 社会政策

社会政策英文通译为 Social Policy，为德国新历史学派的经济学家

---

① 毛泽东选集．第5卷．北京：人民出版社，1977：500.

于1873年首创，当时他们为解决德国的劳动问题而成立了“德国社会政策学会”，从此“社会政策”这一术语开始流行。早期的社会政策主要是有关劳动关系和社会分配方面的，因此德国社会政策学会的骨干分子瓦格纳于1891年对社会政策的界定是：所谓“社会政策，就是要把分配过程范围内的各种弊害，采取立法及行政手段，以争取公平为目的而加以清除的国家政策。”[①]20世纪初经济学家瓦帅拉普将社会政策分为广义与狭义两种。他认为广义的社会政策，涉及国民福利及文化、教育、人口、健康与国民经济，并且和精神的、伦理的、宗教的生活有关；狭义的社会政策，则以救助劳动阶级及贫苦民众的生活为目的。[②]当代美国学者综合西方学者对社会政策所做的界定，归纳出有关社会政策概念的几个原则：社会政策必须注重劳动政策；社会政策不能离开经济政策；社会政策必须是解决民生问题或预防社会病态的国家政策；社会政策必须是寻求全体人民的社会安全与机会平等的国家政策；社会政策的概念是可能随时代背景不同而有所变更的。他们据此将社会政策定义为：社会政策是以解决社会问题，促进社会安全，改善社会环境，增进社会福利为目的，经由国家立法与行政的手段，促进社会各阶层均衡发展的一种途径。[③]我们现在也采用这一定义。社会正义、社会公正、社会协调和社会稳定是社会政策的核心价值。因此，社会政策的制定，第一要遵循如下程序：从调查研究入手，运用科学方法去了解社会问题的真相；发动民众参与，让民众的利益要求充分表达出来；在决策、立法阶段，邀请有关专家和利益群体的代表出席听证，以免偏差。第二要依社会心理学的原理进行政策设计，以求收到多目标效果。第三要注意通盘调理，面面兼顾，使该项社会政策与其他社会政策以及经济政策、财税政策、教育政策、科学与文化政策相辅相成。社会政策主要包括劳动政策、医疗卫生政策、社会保障政策、公共救助（社会救济）政策、弱势群体优惠政策、人口政策、环境政策、宗教政策、移民政策等。

---

① 曾繁正，等. 西方国家法律制度、社会政策及立法. 北京：红旗出版社，1998：166-167.

② 同上。

③ 同上。

4. 教育、科技、文化政策

教育、科技、文化政策指的是政策主体在教育、科技、文化领域里为达到一定的目标而制定的发展规划、指导原则和行为规范。思想自由和国家财政的支持力度是教育、科技、文化政策的根本要素。教育政策包括国民义务教育政策、高等教育政策、职业教育政策、继续教育政策、社会教育政策等；科技政策包括科技管理政策、高新技术开发政策、知识产权保护政策、科技成果转化政策，等；文化政策包括大众传播（新闻、出版、广播、电视）政策、网络管理政策、文学艺术政策、体育政策等。

（四）政策内容特征的其他分类方法

公共政策的内容是极其复杂和丰富多彩的。因此，对公共政策进行多层次、多角度的观察和类型学研究，有助于更加深入地揭示公共政策的内容构成及其各自具有的特殊性质和功能，从而有利于政策主体针对各不相同的政策问题做出正确的决策。

人们几乎可以从任一角度、根据任一标准对公共政策的内容进行类型划分，但是类型学研究的目的是要更充分地揭示事物本质、更有助于揭示事物发展的规律。因此，真正有意义的类型划分，除了前面谈到的外，还有以下几种：

1. 单目标政策与多目标政策

这是以一项政策谋求达到的目标的数量为标准所做的类型划分。政策主体在谋求一个政策问题的解决时，在一个特定的阶段上只确定一个要实现的目标，这种政策就是单目标政策；政策主体在谋求一个政策问题的解决时，在一个特定的阶段上确定多个同时要实现的目标，这种政策就是多目标政策。

2. 程序性政策与非程序性政策

这是以政策主体在制定一项政策时有无现成的规范和原则可遵循为标准所做的类型划分。程序性政策也叫做“例行政策”、“常规政策”、“重复性政策”，指的是在大政方针确定之后，政策主体在既有的规范和原则的指导下制定的政策；非程序性政策是指政策主体为解决全新的、复杂的或者突发的政策问题，在无现成的规范和原则可遵循的情况下制定的政策。

3. 实质性政策与程序性政策

这是美国学者詹姆斯·安德森以政策是否改变客观对象为标准所做的类型划分。实质性政策与政府准备采取的行动有关,如福利的支出或高速公路的决定修建。程序性政策涉及由谁采取行动与怎样采取行动。安德森认为:“程序性政策可能会有重要的实质性效果,怎么行动或谁采取行动有助于实际后果的出现。人们经常利用程序性的问题去推迟或阻止实质性的决定与政策的通过。某一行政管理机构可能因不妥当的程序遭到诘难,而实际受抵制的却是行动的实质内容。”①这一类型划分显然是实体法与程序法的划分自法学向公共政策学的引进。

4. 物质性(或实质性)政策与符号性(或象征性)政策

安德森以政策效果为标准,将公共政策划分为物质性政策和符号性政策。② 将有形资源或实质性权力提供给一些人而同时将真正不利的条件加于另一些人的政策,就是物质性政策。分配的有利条件或不利条件很少对人们产生实际效果且不交付表面上承诺的东西的政策,就是符号性政策。帕顿和沙维奇将这两种类型的公共政策分别叫做实质性的政策和符号性的政策。他们解释说,实质性政策决定国家资源的配置和利益的分配:国家政策的制定和付诸实施,需创造一种机制来配置足够的国家资源(包括物力和人力),政策的结果则是利益在政策对象中的不均衡分配。象征性政策通常不需要花费很多的财力与物力,也不能在政策对象中造成直接的利益分配。“象征性公共政策是指那些创造情感忠诚的政府行为(爱国主义、忠诚、服从、民族自豪感)或把社会地位赋予社会精英(如授予称号或勋章)。”“世界各国政府都精心支持和培养国家统一的象征。创造并推广制度象征是为了给老百姓一些他们可以认同的东西。政府还经常用某种道德象征(如学习雷

① 詹姆斯·安德森,公共决策.唐亮,译.北京:华夏出版社,1990:159-161.

② 同上。

锋)来营造一种氛围以支持国家制度。”①

5. 分配性政策、调节性政策、自我调节性政策和再分配性政策

这是安德森以政策协调社会生活的方式为标准所做的类型划分。② 分配性政策指的是向人们提供利益分配的政策,政策结果只会产生获利者,如免费公共学校教育政策。调节性政策指的是对个人或团体之间冲突的调节,如国家关于黄河流域有关省份在某段时间内如何使用河水的规定。自我调节性政策涉及对某一事物或社会群体的限制或控制。再分配性政策涉及政府在社会各阶级或社会群体中进行有意识的财富、收入、财产或权利的转移性支配。

6. 分配性政策、限制性政策和再分配性政策

这是美国学者西奥多·J·洛维为分析纽约市人事任免而做的一种类型划分。③ 分配性政策是指政府围绕着权利、利益的个别分配而做的决策,如税额的减免、军工企业获得政府的订单等。这些政策都是由单个决策积累而成的,由于各项决策是分别做出的,所以利益的分配缺乏总体性的协调,但是也不会产生总体性的利益冲突。限制性政策是指会给某一社会群体带来利益而同时给其他社会群体造成损失的政策,因此,获利与有可能获利的群体与受损和有可能受损的群体之间通常会围绕政策的出台出现公开的对立和发生直接的冲突。再分配性政策指的是政府制定的社会福利政策。这类政策的制定在政府内部会引发负责控制预算的财政部和负责制定该政策的部门之间的对立,在社会上引发无产者和资产者的对立。

7. 零和博弈政策与非零和博弈政策

这是以政策的结果是双赢还是一方所得为他方所失为标准所做的类型划分。在某一特定的赛局中,胜者全得,败者全输,前者所得来自后者所失,具有这种结果的政策就是零和博弈政策(Zero-Sum Game

① 卡尔·帕顿,大卫·沙维奇.公共政策分析和规划的初步方法.孙兰芝,胡启生,译.宁骚,校.北京:华夏出版社,2002.

② 詹姆斯·安德森.公共决策.唐亮,译.北京:华夏出版社,1990:159-161.

③ Theodore J. Lowi. American Business and Public Policy:Case Studies in Political Theory. New York:Free Press,1964.

Policies)。这种类型的政策常常会导致丧失利益的一方产生失落感和挫折感，甚至会进行激烈的反对。管制性政策和再分配性政策就属于零和博弈政策。与这种类型相对的是非零和博弈政策(Non-Zero-Sum Game Policies)，它指的是政策不以一方所得及他方所失为基础，政策的结果是有关各方各有所得、各有所失。自我管制性政策和分配性政策就属于非零和博弈政策。

8. 初始政策和反馈政策

这是以同一项政策的始创或调整为标准所做的类型划分。政策主体在着手开展某项工作或解决某个问题时所制定的最初的并且具有总体性的政策，就是初始政策；政策主体在初始政策执行的过程中，根据反馈信息对现行政策进行的重要修正和调整，就是反馈政策。

9. 确定型政策与不确定型政策、风险型政策与竞争型政策

这是以政策结果的可预测性，也就是以假设的政策结果与实际的政策结果相吻合的程度为标准，所做的类型划分。如果假设的政策结果与实际的政策结果接近于完全吻合，那就是确定型政策。如 1977 年中共中央和中国政府决定废止大学招生实行的免试推荐制度而改行全国统一考试的制度，就属于这个类型的政策。如果难以预测二者吻合的概率，那就是不确定型政策。风险型政策指的是有一个确定的政策目标而面临多个可能的政策结果的政策，如邓小平关于在中国建立股票市场的决策，在初始阶段就属于风险型政策。竞争型政策指的是政策主体在面对利益竞争、纵横捭阖的对手为达到自身的目标所制定的政策，如当今国际舞台上各国政府制定的外交政策。

10. 鼓励性(扩大性)政策与限制性政策

这是以政策主体所希望的人们行为选择的范围为标准所做的类型划分。鼓励性(扩大性)政策指的是以奖励手段(含精神鼓励与物质鼓励)扩大人们行为选择的范围，激励人们向着政策主体希望的方向努力的政策。限制性政策指的是以惩罚或者声称要进行惩罚的手段限制人们行为选择的范围，制止政策主体不希望的行为发生的政策。

11. 积极型政策与消极型政策

这是以政策主体是否行为为标准所做的类型划分。政策主体通过

采取一定的行为以达到所希望的目标,这样的政策就是积极型政策。但是在很多情况下,无为就是有为,政府不采取行动就是最好的决策。例如,在我国改革开放的过程中,党和政府对城乡私人企业的重建和发展在相当长的时间里就是采取这种政策。这种通过不行为而达到所希望的目标的政策,就是消极型政策。

12. 能动型政策与被动型政策

政策主体根据对客观情势的发展趋势所做的预测,面向未来而主动采取某种行动方案,就是能动型政策。政策主体以解决既存问题为根本目的而采取的行动方案,就是被动型政策。

四、政策类型:从形式特征上划分

(一) 从形式特征上对公共政策进行类型划分的必要性

从形式特征上对公共政策做类型划分是很有必要的。形式特征易于识别,而且公共权力的运行规则通常对这些特征都有明确的界定。所谓公共政策的形式特征,指的是一项政策是由谁制定、它的合法化经过什么样的程序、它的目标群体是谁、它的适用范围和生效时间怎样、它的执行者是谁、主要的执行手段是什么等在政策文本上有正式规定的特征。一个国家的政策的各种表现形式都有一个统一的规格和标准,都须符合规范化的要求,即:① 不同层级的规范性文件只能由不同的特定国家机关来制定;② 不同层级的规范性文件的法律地位、效力和相互关系必须是明确的;③ 各级规范性文件必须有自己专有的名称,以标志该文件的制定者、法律地位和效力;④ 各级规范性文件在表达方式上必须有统一的规格。不难发现,政策的这些规范化表现形式,使人们可以轻而易举地识别各项具体政策的特征并对它们进行分类。

公共政策的形式特征是由公共权力机关的权力划分和权力配置决定的。由于当代世界各国的政治体制存在着很大的差别,所以公共政策的形式特征也就因国而异。就一般的情况来说,现代国家的政府在横向结构上是由立法、行政和司法三个子系统构成的,因此公共政策在横向结构上是由立法决策、行政决策和司法决策这三种形式构成的;现代国家的政府在纵向结构上是由中央政府(全国政府)、地方政府、基层政府这三个层次构成的，因此公共政策在纵向结构上是由中央政策（国家政策）、地方政策、基层政策构成的。就当代主要国家来说，公共政策的横向形式构成主要有三大差别：① 是否有元首决策存在？② 是否有司法决策存在？③ 执政党的政策是否可直接成为公共政策？

（二）依横向形式特征划分的政策类型

公共政策的横向形式构成是由当代世界各国的政治体制决定的。当代世界主要国家的政治体制可以划分为六种类型：以中国为代表的人民代表大会制，以美国为代表的总统制，以英国为代表的议会制，以法国为代表的半总统、半议会制，以俄罗斯为代表的超级总统制，以瑞士为代表的委员会制。公共政策的形式特征因这些政治体制的国家机构和权力配置方式的异同而互有异同。依横向的形式特征进行划分，公共政策可划分为立法决策、国家元首决策、行政决策、司法决策和执政党政策五个基本类型。

1. 立法决策

立法决策是以上六种政治体制中公共政策共有的一种形式，这是现代国家都以主权属于人民为根本理念并且都实行代议制民主的一种体现。由于各种类型、各个国家的立法机关的立法决策的程序、类别、称谓都各有特色，很难进行概括，这里只介绍中国的人大决策和美国的国会决策。

（1）中国的人大决策。全国人民代表大会（简称“人大”）与其他国家机关不是处于平等的地位，而是高于人民政府、人民法院和人民检察院。人大在立法上享有最高权限，其立法权限的行使不受任何制约。立法是人大的首要职权。列宁认为：“法律是一种政治措施，是一种政策。”①人大决策主要采取如下几种形式：① 宪法。在我国，宪法被认为是党的主张和人民意志的统一和融合，它一方面集中体现了全国各族人民的意志和利益，另一方面又是党的路线和总政策被赋予法的形态。根据现行的1982年宪法规定，全国人大有权修改宪法，监督宪法

---

① 列宁全集. 第23卷. 北京：人民出版社，1990：40-41.

的实施;全国人大常务委员会有权解释宪法,监督宪法的实施。对宪法的每一次修改和解释都意味着我国公共政策的重大变动。② 基本法律。全国人大有权制定和修改刑事、民事、国家机构和其他方面的基本法律。③ 其他法律。全国人大常委会有权制定不属于基本法律的其他法律。“其他法律”涉及外交、社会治安、环境保护、统计、土地管理、工商行政管理、专利等各个领域的各个方面。全国人大常委会还有权解释法律。“立法解释是立法工作的延伸,解释内容与被解释的法律一样,具有法律约束力”①④ 人大决定。人大有四大职权,即立法权、决定权、任免权和监督权。作为人大决定权行使的结果,就是决议、决定、命令、条例等的制定和颁行。

就政策科学而言,不仅命令、条例等都属于决定的范畴,而且决议、决定的区别也不具有实质意义。我们不妨把它们都称做“决定”,即认定政策问题并择定解决问题的行动方案和界定人们的行为规范。在一定意义上,人大行使决定权、任免权、监督权,都属于做决定。

(2) 美国的国会决策。美国公共政策的基本形式是国会立法。美国著名政治学家查尔斯·林德布洛姆指出:“在基本原理上,人们熟悉立法者(即国会议员——引者)的决策作用。在美国政府中,所有政策必须通过立法规定,除了授权给行政部门的决策以及法院的专门决策。”②

美国国会的权力分为立法权和非立法权两类。从公共政策学的视角来看,立法权属于直接制定公共政策的权力,非立法权属于间接制定公共政策的权力。

立法权是美国国会的首要权力。宪法规定,全部立法权属于国会。国会的立法权大多作为授予权利,列举于宪法第一条第八款中,其中最重要的是:财政权、战争权、商业管理权。除“授予权力”(或称“列举权力”)外,宪法第一条第八款使国会能够以任何方式制定与宪法其他条

---

① 孙琬钟.立法学教程.北京:中国法制出版社,1990:80.

② 查尔斯·林德布洛姆.决策过程.竺乾威,胡君芳,译.上海:上海译文出版社,1998:118.

款不相冲突的法案，这种引申出来的权力被称为“默示权力”。“国会必须在‘授予权力’和‘默示权力’的限度内行使其立法权。”①随着一项议案提出后经过重重关卡，最终获得通过而成为法律，也就是一项政策完成了制定过程而正式出台。

美国国会的非立法权主要是指国会对行政部门和司法部门的监督权。国会的行政监督权包括批准预算、立法监督、调查权和立法否决，国会在这些方面做出的决策，同样具有公共政策的性质。例如，国会对政府预算的批准，属于财政决策；参议院对总统人事任免的批准，属于人事决策；总统对外宣战须经国会通过，总统与外国签订的条约须经参议院不少于三分之二的多数议员批准，总统提名的大使、公使须经参议院多数同意，这三项都属于立法机关所做的外交决策，等等。

2. 国家元首决策

前述六种政治体制中的每一个国家，一般都设有国家元首（或称国王，或称总统，或称主席等）。然而只有属于总统制、半总统半议会制、超级总统制这三种类型的国家，才存在国家元首决策。在半总统半议会制、超级总统制国家里，总统决策与行政决策的界限是清晰可辨的；而在总统制国家里，由于总统既是国家元首又是行政首脑，所以国家元首决策与行政决策间的界限是模糊不清的。现在我们介绍一下美国的总统决策。

美国总统是强有力的直接决策者。据林德布洛姆所做的观察和分析，由于总统的宪法权威因受国会的合法授予而得到了极大的扩张，由于总统被授予法律外的权威，因而总统间接运用他的权威来干预他直接权威外的政策事项，“结果是他参与了立法决策和行政决策的全过程。他没有什么进不去的决策领域或阶段。”②总统须在政府面临的一系列政策问题上做出决定。他的决定是通过如下途径做出的：其一是他在内阁决策中的独断权。宪法把行政权力仅仅授予总统而不像许多

---

① 李道揆.美国政府和美国政治.北京：中国社会科学出版社，1990：364.

② 查尔斯·林德布洛姆.决策过程.竺乾威.胡君芳，译.上海：上海译文出版社，1998：166-118.

议会内阁制政府那样授予一个委员会。据说亚伯拉罕·林肯在全体内阁成员投票反对他之后宣布:"七票反对,一票赞成,赞成的占多数。"①这个典故最好不过地表明了总统在行政决策中的地位。其二是政府各部提出的政策倡议源源不断地汇集到白宫这个行政系统的末端,总统则在这个末端建立起制定政策的总统直辖机构。总统决策包括这样几种类型:① 总统每年向国会提出国情咨文、预算咨文和经济咨文,并就国防、科技、能源、环保、民权、福利等问题提出专门咨文。这些咨文虽然不是政策制定的完成形态,但是它们作为立法建议,实际上决定了国会的主要议事日程并最终成为国会的重大立法。② 立法否决。国会通过的立法须经总统签署方可成为法律。如果总统不同意国会通过的一项议案,他可以用否决文书或者搁置的办法行使立法否决权。搁置否决的议案,国会不能推翻;以否决文书否决的议案,虽有被国会推翻的可能但实际上被推翻的比例极低。否决就意味着不做决策,而决定不采取行动也就是制定政策。③ 委托立法。国会依法把立法权委托给总统,这种做法可追溯到美国建国初期。在当代美国,国会授予总统的"委托立法权"涉及的范围十分广泛。在对外事务方面和在紧急时期,总统行使委托立法权尤为突出。在总统行使立法权的情况下,行政决策无须履行国会的立法程序而直接成为公共政策的完成形态。④ 外交决策。总统在外交事务方面处于支配地位,对外决策不仅可以行使宪法列举的权力和默示的权力,而且可以行使主权国家的"固有权力"。总统拥有外交承认权,这一权力常被用做推行外交政策的手段。提出谈判和签订条约的权力属于总统,这使总统能够不经过国会而采取重大外交决策。总统有权同国外缔结行政协定而无须参议院批准,行政协定与条约具有同样的法律效力,同为美国最高法律。⑤ 防务政策。总统作为武装力量总司令,有权为"保卫国家"而采取一切必要的行动,有权在世界任何地区部署军队,有权命令军队作战。这些权力的行使意味着总统要做出一系列重大的防务决策。

3. 行政决策

---

① 史蒂文·凯尔曼. 制定公共政策. 商正,译. 北京:商务印书馆,1990:68.

在前述六种类型的政治体制中，行政决策是其公共政策的一种共有的形式；除了美国联邦政府的行政决策与国家元首决策的界限含糊不清之外，其他类型的国家的行政决策都是具有鲜明的自身形式特征的。现在将中国的行政决策与美国的行政决策分别介绍如下：

(1) 中国的行政决策。行政决策是当代中国公共政策的一个基本的组成部分。所谓行政决策，是指国家行政机关在法定的权力和职能范围内，按一定程序和方法做出的决定。行政决策的主体是被赋予国家行政权力的组织与个人；国家行政权力管辖的所有个人、组织、集团和机构，包括国家行政机构和成员本身，都是行政决策的对象或客体。行政决策是国家行政机关的职能的表现，其内容随国家职能的扩大而扩大。

当代中国的行政决策主要包括如下几种形式：① 行政法规。现行宪法规定国务院有权“根据宪法和法律，规定行政措施，制定行政法规，发布决定和命令。”另外，国务院还可根据全国人大授权制定行政法规。行政法规以总理令的形式发布。② 行政措施、决定和命令。从国务院立法的情况来看，行政法规和行政措施、决定和命令在实质构成要件上尚未做出明确规定，而在其形式上则做了区分，即行政措施、决定和命令以国务院文件或国务院办公厅文件的形式发布。①和②被统称作“国家政令”，具有相同的法律效力。但是，中共中央和国务院共同发布的文件则被认为是政策性文件，而不是法规。[①] ③ 部门规章。现行宪法规定国务院各部、委有权“根据法律和国务院的行政法规、决定、命令，在本部门的权限内，发布命令、指示和规章”。这些命令、指示和规章是行政决策的基本组成部分，其中部门规章具有较强的规范性，外部形式也与法律和行政法规相似，是法律和行政法规的进一步具体化。部门规章大都以部长令的形式发布，并须报国务院备案，国务院有权予以改变或者撤销（国务院也有权改变或撤销各部、委发布的不适当的命令、指示，但在实际工作中命令、指示可不报备）。在立法实践中，主管各项专门业务的国务院直属机构也行使国务院各部、委发布

① 孙琬钟. 立法学教程. 北京：中国法制出版社，1990：92.

命令、指示和规章的类似权力。

（2）美国的行政决策。总统决策大多是行政决策。除此之外，总统领导下的行政机构（the Bureaucracy）的基本职能是执行国会立法和总统决策，而在执行的过程中也制定政策。在这里只介绍这一部分行政决策。

总统领导下的行政机构可分为四类：第一类是内阁部（也称行政部），第二类是独立管制机构，第三类是其他独立机构，第四类是政府公司。

美国联邦行政机构的决策有以下几种：① 对国会立法和总统决策的解释。“法律和政策在实施过程中，要由行政官员根据具体情况进行解释，以决定如何执行。行政官员对法律和政策的解释，事实上起到制定政策的作用。”①② 制定规章条例。国会“常常授予政府机构以正式权力去做出具有法律效力的选择。例如，在通过清洁空气法案时，国会并不确切规定空气中所允许的有害物质（如二氧化碳、苯或烃）的浓度，而是授予环境保护局以正式权力去做出那些规定。”这样，由行政部门制定的规章、条例、细则等，成为公共政策的重要组成部分。独立管制机构制定的规章条例涉及国民经济和人民生活的各个方面。③ 行政裁决。根据国会立法，联邦行政机构有做出行政裁决的权力。“在个人之间，社团之间，个人与企业之间，个人、企业、社会同政府之间发生纠纷时，行政机构常受理申诉做出裁决……行政机构在做出行政裁决时，也是制定政策。”②

4. 司法决策

司法决策也是前述六种政治体制中公共政策共有的一种形式。由于国家司法机关在这些政治体制中的权力地位各不相同，所以司法决策涉及社会、政治生活的广度和深度也就有相当大的差别。下面分别介绍一下中国的司法决策和美国的司法决策。

（1）中国的司法决策。在当代中国，人民法院和人民检察院作为司法机关也是国家政权的重要组成部分。我国的司法机关是政策执行

---

①② 李道揆. 美国政府和美国政治. 北京：中国社会科学出版社，1990：457.

和政策监控的重要主体；而作为政策制定的主体，其作用是不大显著的。原因何在呢？

第一，现行宪法规定人民法院、人民检察院“独立行使”司法权，“不受行政机关、社会团体和个人干涉。”这是我国司法机关进行审判活动所必须遵循的一条基本原则。但是，这一原则根本不同于三权分立体制中的司法独立原则。最重要的区别就在于我国的司法机关跟三权分立体制中的司法机关与立法部门、行政部门同处平行地位的情况不同，它在国家机关中是由人大产生的机构，受人大的监督，并对人大负责。而从共产党与国家机关的关系来看，司法部门同样要在党的统一领导下进行检察和审判工作。

第二，我国司法机关参与立法过程的情况是：最高人民法院可负责起草与司法审判以及司法审判组织有关的法律草案，最高人民检察院负责起草与检察工作和检察的组织有关的法律草案。鉴于现行法律对法律草案的起草人未做规定，实践中通常由法律议案的提案人所属部门或工作机关起草，因此，司法机关在立法过程的基础阶段所起的作用是一般性的。接着进入立法过程的第二个阶段，即提出法律议案。法律规定最高人民法院、最高人民检察院有权向全国人大及其常委会提出与自身工作和自身组织有关的法律议案。而当立法过程进入实质性阶段之后，司法机关就不再具有主体地位了。

第三，我国司法机关在法律实施过程中做出的适用法律的决定，如判决、裁决等，是把一般法律规范适用于具体的、个别的情况，形成的正式的书面文件是适用法律的结果，不具有普遍的约束力，不能作为以后适用法律的基础，是一种非规范性的法律文件。即这种决定不具有公共政策文件的一般特征。

第四，法律解释是在法律实施过程中具体地揭示法律内容的一种特殊的活动。在三权分立的体制中，法律解释是司法决策的重要途径和形式。而在当代中国，对宪法和法律的解释权归全国人大常委会；对不属于审判和检察工作中的其他法律、法规规章的具体应用问题的解释权归国务院及主管部门；凡属地方性法规条文本身需要进一步明确或做出补充规定的，由制定法规的省、自治区、直辖市人大常委会进行解释或做出规定；凡属于地方性规章如何具体应用的问题，由制定规章的省、自治区、直辖市人民政府进行解释。司法机关虽然也有法律解释权，但是这种权力仅限于：凡属于法院审判工作中具体应用法律的问题，由最高人民法院进行解释；凡属于检察院在检察工作中具体应用法律的问题，由最高人民检察院进行解释。司法工作中凡涉及对宪法和法律本身的解释，或者最高人民法院和最高人民检察院对法律应用的解释出现原则性分歧，则须报请全国人大常委会解释或决定。同时，"人民法院认为地方人民政府制定、发布的规章与国务院部、委制定、发布的规章不一致的，以及国务院部、委制定、发布的规章之间不一致的，由最高人民法院送请国务院作出解释或者裁决"（《行政诉讼法》第五十三条）。

中国的司法决策产生于国家最高司法机关的司法解释中。根据法律规定，我国的司法解释是指国家最高司法机关在适用法律的过程中对具体应用法律问题所作的解释，这类解释分为审判解释和检察解释两种，解释权分别归全国最高人民法院和最高人民检察院。这类解释是指导性的，对各级司法机关具有普遍的约束力，是办案的依据。全国最高人民法院和最高人民检察院对如何具体应用法律问题，也常常采取联合解释的形式，共同发布法律文件。司法解释的形式是多种多样的，如批复、解答、规定、通知等。司法解释不能任意改变法律的规定，不得与宪法和法律相违背。

（2）美国的司法决策。美国最高法院是公共政策的直接制定者。美国最高法院法官本杰明·卡多索指出，事实上，"法官也制定政策"。如果作一个比较的话，"法官制定的政策比立法决策更尊重先例"。①我国学者李道揆指出："法院，最后是美国最高法院解释宪法和法律。通过这种解释，法院扩大现行法律的适用范围，或宣布它违宪使之无效；提出纠正的措施。这样法院就在制定政策。美国最高法院的判决

① 查尔斯·林德布洛姆．决策过程．竺乾威，胡君芳，译．上海：上海译文出版社，1998：127－128．

是国家的法律，各级政府和下级法院必须执行。”①司法决策的主要形式有：

第一，司法审查。美国最高法院有司法复审权。这种正式权力使最高法院能够裁决国会已经通过的某项法律不符合宪法，这项法律从而也就无效。最高法院不仅能够依宪法裁定阻止制定某项政策，而且也能够裁定需要采取某项政策。

第二，推翻先前的裁决。司法裁决的一个非正式规则是维持先前判例的效力。美国最高法院在判案时，通常是遵循先例的。但是，“许多法学文献力图展示法官作为政策分析者的作用，这一政策分析者至少在原则上能发现一种适合当前问题的科学的或理性的政策。”②这种发现推动着他们依据时代的变化，抛弃先例即推翻原先的裁决，做出新的裁决。

第三，司法命令。法院在审理案件时，可以发出司法命令以规定纠正不公正情况的办法。司法命令是以宪法或法律为依据的，其适用范围广大，跟其他形式的公共政策一样对美国社会、经济、政治、文化产生重大影响。

5. 执政党政策

在前述六种政治体制中，执政党的政策均对公共政策的形成产生极大的影响，但是除了以中国为代表的政治体制外，其他体制中的执政党的政策，不能直接成为公共政策，而要成为公共政策，需经历一个复杂的转化过程。

当代中国现行的政治体制是中国共产党领导的议行合一制，这种体制赋予决策过程两大特征：其一是从宪法规范的权力关系来看，全国人民代表大会是国家最高权力机关，在整个国家机构系统中占有首要的、全权的、不受其他权力制约的地位，是一切政府权力的唯一来源和归宿；由全国人民代表大会派生出来的各种政府机构——中华人民共

① 李道揆. 美国政府和美国政治. 北京：中国社会科学出版社，1990：526.

② 查尔斯·林德布洛姆. 决策过程. 竺乾威，胡君芳，译. 上海：上海译文出版社，1998：129.

和国主席、国务院、中央军事委员会、最高人民法院、最高人民检察院，都须服从其领导和监督，对它负责并向它报告工作；所有这些机构的领导职务的任免都取决于全国人民代表大会。其二是从这种议行合一的政府系统与中国共产党的关系上来看，中国共产党则是中国政府系统的领导核心，主导着政府过程的运行。

就组织的结构和功能而言，当代中国的共产党组织与其说接近于一般意义上的政党，不如说更接近于一般意义上的政府。也就是说，共产党组织事实上成为一种社会公共权力，而且是各种社会公共权力的组织机构的领导核心。因此，公共政策的制定与执行的过程，“是指以中国共产党组织为首的所有履行当代中国社会公共权力的组织机构的决策与执行的过程。”①

中国共产党制定的政策是它在一定的历史时期为实现一定的任务而规定的调整国家之间和国家内部各社会群体之间的行为的依据和准则。毛泽东强调指出：“政策是革命政党一切实际行动的出发点，并且表现于行动的过程和归宿。一个革命政党的任何行动都是实行政策。”②在当代中国的现行政治体制中，党的政策以两种形式成为公共政策：① 直接的形式。党的历次代表大会和中央全会通过的政策性文件，如党的十一届三中全会公报（1978 年 12 月 22 日通过），以及党的主要领导人发表的一些重要讲话，如邓小平视察南方重要讲话（1992 年 1 月 18 日—2 月 21 日），都是直接采取政府行为而贯彻于社会生活各个领域之中的。② 间接的形式。从党的十三大开始，开始强调“党的领导是政治领导，即政治原则、政治方向、重大决策的领导和向国家政权推荐重要干部。党对国家事务实行政治领导的主要方式是：使党的主张通过法定程序，变成国家意志。”③

将党的政策变成国家意志的法定程序有三种类型：第一，中共中央

---

① 胡伟．政府过程．杭州：浙江人民出版社，1998：17．

② 毛泽东．关于工商业政策//毛泽东选集．第 4 卷．2 版．北京：人民出版社，1991：1286．

③ 中国共产党第十三次全国代表大会文件汇编．北京：人民出版社，1987：36．

与国家机构联名发布政策。政策宣示的这种方式在中国政治生活中是司空见惯的。第二,中共中央提出政策创议,国家机构据此制定具体的政策方案,并按照法定程序通过。第三,政府决策以党提出的政策原则为依据。总起来讲,赋予党的政策以国家政策、政府政策的形式,使之定型化、规范化、法制化,是党更有效地实现其对国家和政府各机构的领导以及在社会生活各领域贯彻其主张的基本途径。

(三) 依纵向形式特征划分的政策类型

从纵向形式特征上看,公共政策的类型差异取决于国家结构,同时也取决于各个层级的公共权力机关法定权力的大小和它拥有的实际能力的强弱。所谓国家结构,是指国家整体与部分之间、中央政府与地方政府之间正式的、稳定的关系。当今世界各国的国家结构可划分为两个基本的类型:单一制与联邦制。在单一制国家,国家结构只划分为中央政府与地方政府两个基本的层级,中央政府统一行使制定国策的权力,因此地方政策以及在地方政策体系中处于最低层级的基层政策,对中央政策是一种直接的上下级的服从与被服从的关系,是中央政策在全国范围内执行过程中的再决策。也就是说,中央政策对地方政策起一种直接规范和限制的作用,地方政府对中央政策只有因地制宜地加以贯彻和执行的责任,而不得另行制定政策和修改现行政策。当代中国的公共政策的纵向结构属于这一类型。在联邦制国家,国家结构被划分为联邦政府或中央政府、州(或邦,或加盟共和国)政府、地方政府三个层级,前两个层级都可以在宪法规定的或默示的权力范围内单独地制定政策;州(或邦,或加盟共和国)的结构一般实行单一制,地方政策与州(或邦,或加盟共和国)政策是一种直接的服从与被服从的关系,中央政策(或称国家政策)对地方政策起指导作用而一般不直接起干预作用。美国的公共政策的纵向结构属于这一类型。

以决策者即公共权力机关的层级或纵向结构为标准,从纵向形式特征上看,公共政策可划分成中央政策(国家政策)、地方政策和基层政策等类型。地方政策和基层政策是地方政权与地方政权体系中处于最低一个层级的国家政权即基层政权所做的决策。各个层级的地方政权以及基层政权都只能在其各自管辖的特定范围内行使权力,地方政策、基层政策是地方政权、基层政权行使权力的基本表现形式。因而,地域性是地方政策、基层政策与中央政策(国家政策)的一个根本区别。这里的地域性指的是这种政策的有效性只能在制定这种政策的地方政权、基层政权所管辖的特定地域范围内有效,一旦越出这一空间范围就完全失去效力。

下面是分别对中、美两国依纵向形式特征划分的公共政策各类型的具体情况:

1. 中国的纵向政策类型

第一,根据现行宪法,当代中国作为单一制国家,基本政策的制定权属于中央,地方政策的制定必须在中央政策的指导下进行,其目标、方向和行为规范为中央政策所决定,所以地方政策只是中央政策的具体化。这是当代中国中央政策与地方政策关系的一个根本特点。

第二,从形式上看,当代中国地方政府有两个、三个、四个层级:① 直辖市→区(地级);② 直辖市→区(县)→乡(镇);③ 省(自治区)→县(市)→乡(镇);④ 省(自治区)→市(地级或副省级)、自治州(地级)→县(市、区、自治县)→乡(镇)。但是,从地方政府权力体系的实际运行情况来看,在直辖市可视作三级制,而在省、自治区均可视作四级制。

与地方政府的层级相一致,地方政策可划分为省政策、市政策、县政策、乡政策。鉴于处于最低层级的乡政府不具有政策制定的功能,或者说决策功能不完全,而基本上是执行政策,所以我们将乡政策从地方政策中划出,另称为"基层政策"。所谓基层政策,就是乡级政权在执行决策的过程中针对本辖区的具体情况所做的决策。这样,我国的地方政策在更确切的含义上指的是省级、市(地)级、县(市)级这三级政权分别制定的政策。三级地方政策的制定都须以中央政策为指导。同时它们之间又存在着阶梯式的等级关系:省级政策决定着市级政策,市级政策又决定着县级政策。"我们可以把这种关系称之为'政策链。'"①不同层级的地方政策的制定本质上是一个结合本地实际情况

---

① 胡象明. 地方政策分析——体制、文化与过程. 武汉:武汉大学出版社,1994:20-21.

因地制宜地贯彻落实中央政策的过程，是对中央政策予以执行的过程。地方政策是中央政策与地方实际情况相结合的产物。因此，地方政府贯彻和执行中央政策的过程，同时也就是地方政策的形成和实施的过程。“如果地方政策的制定者对中央政策的理解有偏颇，就有可能造成地方政策与中央政策之间存在某种偏差；如果地方政策的制定者对本地实际情况的了解不深入，就有可能造成对中央政策的‘机械执行’。”①

2. 美国的纵向政策类型

美国作为联邦制国家，虽然宪法规定联邦地位高于各州，联邦政府制定的诸项政策在各州须得以实施，但是中央政策与州政策之间却不是决定与被决定、服从与被服从的关系。这是因为：第一，从法理上说，联邦政府和州政府的权力都来自人民，各自拥有联邦宪法授予的权力，州的权力不像单一制国家那样来自中央政府。州和州政府不是由联邦政府建立的，州长和州议会由州的选民选举产生；州政府的机构设置，官员的任免，州的预算和财政，联邦政府都不得干预。第二，联邦宪法对国家权力做了明确的划分：联邦政府行使联邦宪法授予的权力、默示的权力以及美国作为主权国家的“固有权力”；州政府行使联邦宪法保留给州的权力。两级政府各自在权力所及的领域制定政策。联邦宪法还规定了禁止联邦行使的权力和禁止州行使的权力。既然联邦政府拥有的权力在多数情况下州政府不拥有，两级政府在各自权限范围内制定政策，所以也就不存在两级政策之间决定与被决定、服从与被服从的关系。

美国有近 83 000 个地方单位，其中有 3 041 个县、19 083 个市、16 748 个乡、15 043 个学区、28 733 个特别区。州与地方的关系具有单一制的性质。根据各州宪法，一切权力归州所有，地方政府仅仅作为州的代理机构而存在，并行使由各该州政府授予它们的权力。“由于地方政府是州议会设立的，因此地方政府不是根据宪法享有其自身的权力的。”州政府官员参与地方管理的程度比联邦政府官员参与州政

① 胡象明. 地方政策分析——体制、文化与过程. 武汉：武汉大学出版社，1994：26.

治的程度要大得多。“州以种种方式给予州官员以不同程度的控制权来监督其他地方政府的活动。”①显而易见，州政策与地方政策之间存在着决定与被决定、服从与被服从的关系。市政策在地方政策体系中占有最重要的地位。全美国约 2 万个城市，在规模上有很大差别，“有些城市的人口多达数百万，有些则少到只有几百人。”尽管如此，“根据法律，一个城市就是一个城市自治体。”②每个城市都有两大职能：在市界以内进行治理；作为实现州的职能的工具。市政权的体制各有不同，主要有四种类型：强市长——议会制、弱市长——议会制、市议会——经理制、委员会制。体制虽然对政策的制定有重要影响，但是“一些学者发现，在决定某个州或市采取的政策方面，经济体制、阶级结构、生活方式这些因素比这个州或市所实行的政府结构更为重要。显然，一个城市的经济状况和目标影响着要讨论的内容，并经常影响要做的决定。”③

在美国，县的主要职能是作为州的行政管理单位，因此县政策更强调是对州政策的执行。县政权一般实行委员会制。美国各地都有县的建制，但是县的规模各不相同。“例如，得克萨斯州拉温县的居民还不到 200 人，而加利福尼亚州洛杉矶县的居民则多达 700 万左右。”④县分成两大类型：约 1 000 个都市县和 2 400 个农村县。总的说来，县政府是一个由一些相对独立的机构组成的庞大集合体，他们以县的名义实施州的法律、征税、拨款、发行债券、签订合同，并行使州法律和宪法给他们规定的一切职责。大多数县拥有的立法权很小，这意味着县政权制定政策的权力也很小。

在美国多数州，县以下不设乡，有的虽设乡但其职能已消失殆尽。

---

① 詹姆斯·M.伯恩斯，等.美国式民主.谭君久，等，译.北京：中国社会科学出版社，1993：1016.

② 同①，第 1017 页。

③ 同①，第 876 页。

④ 同①，第 1035 页。

因此，事实上并不存在乡政策。在新英格兰，①镇是一种包括可能有的任何村庄和旷野在内的行政区域，它行使别处县的大多数职能。“有些镇至今仍然每年举行一次全镇选民均可参加并自己做出决定的市镇会议。在美国，这种市镇会议普遍被人引证为直接民主的范例。在这种市镇会议上选民直接参与制定规则，通过新的法律，决定征税和拨款。”②由此可见，以直接民主的方式制定的镇政策，在美国新英格兰地区的地方政策体系中具有特殊的意义。从以上情况来看，美国的县政策与其说和我国的地方政策相似，还不如说和我国的基层政策即乡（镇）政策更相似。而新英格兰地区的市镇政策与其说和我国的乡（镇）政策相似，还不如说和我国的乡村自治体村委会的政策更相似。

五、公共政策与法

公共政策与法具有共同的形式特征。成文的法和成文的政策往往是同一文本。这样说来，法与政策是不是同一事物？显然又不是。那么，二者有哪些区别和联系呢？

（一）政策与法之同

在法治国家，公共政策的制定须经过合法化这一环节，从而使政策获得法的形态，这就是政策与法常常具有同一文本和共同的形式特征的基本原因。在当代中国，狭义的法指的是全国人大和全国人大常委会制定的法律；在公共政策学的视野里，这个含义上的法就是“人大决策”或称“立法决策”。广义的法指的是法律整体，它包括作为根本法的宪法、全国人大及其常委会制定的法律、国务院制定的行政法规、某些层级的地方国家机关制定的地方性法规等；在公共政策学的视野里，前两项即宪法和法律就是立法决策，第三项即行政法规就是行政决策，第四项即地方性法规就是地方政策。

---

① 新英格兰指的是美国东北部的缅因州、新罕布什尔州、佛蒙特州、马萨诸塞州、康涅狄格州、罗得州这六个州的总称。

② 詹姆斯·M.伯恩斯，等.美国式民主.谭君久，等，译.北京：中国社会科学出版社，1993：1039.

在法治国家,公共政策的制定和执行主体与法的制定和执行主体是相同的,即都是公共权力机关。换言之,政策与法都是由国家制定、认可并保证其执行的。同样的,政策与法都是国家意志(在本质上是统治阶级的意志)的表现;它们的权威性都源于国家合法地拥有强制力。

法和政策都是调整人的行为亦即调整社会关系的准则、标准。其规范作用都可分为指引(包括通过一个具体的指示就具体的人和情况的指引,以及通过一般的规则就同类的人或情况的指引;确定的指引和有选择的指引)、评价(根据既定的规范来判断人们的行为是否正当)、教育(通过规范的实施而对一般人今后的行为发生影响)、预测(根据既定的规范推测出当事者相互间将如何行为)、强制(对违反既定的规范的行为进行制裁、惩罚)这样五种作用。法和政策的社会作用都在于它们是国家进行政治统治和社会管理的工具。

在法治国家,法和政策的制定可以具有相同的程序:狭义的法即立法决策的制定都要有方案的提出、审议、通过、公布等必经的环节;这种程序大体上也适用于行政法规(即行政决策)和地方性法规(即地方政策)的制定过程。在我国,全国人大常委会于 1987 年 11 月 24 日通过的《全国人大常委会议事规则》和国务院办公厅 1987 年 4 月 21 日发布的《行政法规制定程序暂行条例》所规定的法的制定程序,我们同样可以视之为被称做"法律"和"行政法规"的这些公共政策的制定程序。

(二) 政策与法之异

可以把公共政策分成两部分;① 获得法的形态者;② 未获得法的形态者。对于获得法的形态者来说,法与政策具有同一文本,但是各自强调的重点不同,这种不同体现于文本付诸实行的过程中:第一,政策注重于"要做什么,怎样做";法则注重于"不能做什么,做了给予什么惩罚"。换言之,政策注重于按规则进行价值分配和资源配置;法则注重于纠察、校正价值分配和资源配置中有关各方违背既定规则的行为。再换一个角度来看,政策强调可行为性;法则强调对不可行之行为的可诉讼性。因此,政策的执行者主要是政府即国家行政机关;法的执行者主要是国家司法机关。第二,法的执行过程除刑事诉讼和违宪审查外,司法机关一般不主动地加以干预,即实行“不告不理”或“民不告,官不究”的原则,而且法庭的判决一般实行“判给的不多于原告所请求的”的原则。但是,恰恰是在司法机关不主动行为的这个领域里,政府却主动地进行政策实施,政策对象是否要求或反对实施政策,政策对象是否请求给予以及请求多少,都不是影响政府行为的根本因素。例如,20世纪80年代前半期我国政府在农村推行家庭联产承包制,不管各个农户是否要求承包以及承包多少,承包政策都是要实施于他们之中的。第三,法规定了人们的权利和义务,是权利和义务的统一体;政策,就各项具体的政策而言,政策对象的权利和义务往往是不对称的,即一些群体有义务而无权利,而另一些群体则有权利而无义务。例如,一项政策规定提高某一社会群体的所得税,将这项税收用于解决另一社会群体的社会保障问题。这种价值分配和资源配置模式,对于公共政策来说是屡见不鲜的。第四,法的适用必须力求统一,因此对法律适用来说,法律明文优于法律精神、不得偏离法律的明文成为公认的原则;政策执行则强调精神优于条文、实质重于形式。第五,虽然政策和法都具有强制性,但是政策执行是以国家强制力为后盾,如果没有法律依据一般不直接动用强制力;法是由国家来保证其执行的最低限度的行为规范,如果越限国家就要依法惩处。不仅法由国家强制力保证实施,而且往往直接动用国家强制力来执法。第六,政策和法都要求具有稳定性(即变动不能过于频繁)和连续性(即效力不能随意中断),但是二者相比较,政策更为灵活,能更快地应对客观形势的变动。尤其在当代法治国家里,政策(特别是没有获得法的形态的那一部分政策)会随着政党轮换而受很大影响。第七,法和政策对社会、政治、经济、文化各领域都有广泛的干预。但是二者相比较,政策干预的范围更大、更深入。例如,国家公务员的录用和升迁,政策可以深入到对象的伦理道德、人际关系、性格特征和工作能力等方面,而法对这些方面则无能为力。

政策的第二部分——未获得法的形态者,是政策构成中更活跃、数量更庞大、内容更丰富、与社会现实联系更密切的一部分。这一部分具有上述政策的全部特质和规定性,但是其文本不具有法的特质和规定性。

（三）政策与法的相互关系

政策是法的来源和动力，并且对法的制定和执行具有方向性的指导作用；法为政策提供保障，定型化为法律的政策具有更强的稳定性和连续性。

六、公共政策的基本功能

制定政策是公共权力机关实现其职能的基本手段，而公共权利机关在使用这一手段时也就对它的功能做了设定，这种设定有可能在政策的执行过程中实现预期，也有可能有违预期。案例2-1向我们展示了公共权利机关在政策制定中如何设定政策功能，以及政策结果与功能设定之间的复杂关系。

案例2-1

"组合拳"出手，政策结果有违功能预期

2004年是中国房价飞涨的一年。房地产市场投机炒作之风日盛，严重的房产投机，使得房价越来越背离其实际价值和普通百姓的实际承受能力。炒房的方式基本是贷款买房，转手获利。另外，房地产市场的供应结构不合理，商品住宅供应中，中低价位住宅比例偏低。全国经济适用房投资同比出现负增长，因而带动房价上涨。

面对这种形势，政府必须出台一系列措施，对房地产市场进行宏观调控，政策目标是：遏制投机性需求，控制投资性需求，鼓励普通商品住房和经济适用房建设，合理引导住房消费。自2004年10月29日银行加息、2005年3月16日国家提高住房贷款利率以来，政策接连出台，到2005年5月出台的各项政策形成了一套遏制房价飞涨的"组合拳"：2005年3月26日，国务院下发《国务院办公厅关于切实稳定住房价格的通知》（简称"国八条"），明确了调控房价的责任在地方政府。2005年4月27日，温家宝总理主持召开国务院常务会议，分析当前房地产市场形势，进一步对加强房地产市场宏观调控提出了八项措施，其中前四条都紧紧扣住中低价住房、经济适用房、廉租住房等普通百姓最

为关注的住房大事，后四条则从严格土地管理、加强金融监管和市场监测、整顿和规范市场等方面强化了对房地产市场投机行为的管制。2005年5月11日，国务院七部委联合出台《关于做好稳定住房价格工作意见》(简称“新国八条”)，出台的稳定住房价格的措施更加细化，更具可操作性。政策制定者对政策“组合拳”的功能有颇高的期待，认为已出台的这一系列政策很有力度，而且涉及面很广，直接深入到土地、税收、金融等楼市核心问题。它不单纯是调控房价，从中可以看出中央调控房地产市场、在短时间内将房地产驱入市场正轨的坚定决心。同时，一系列政策也传达了另一条重要信息——政府将在加强楼市舆论引导、增强楼市交易和政策透明度等方面强化力度，强化法制和加强监管。具体来说，政策制定者政策“组合拳”的出手可望产生以下三方面的作用：

其一，政策“组合拳”的相关硬性条款能够对炒房者的投资行为产生直接的抑制作用。如果政策“组合拳”能够让试图暴富的炒房者却步，它就达到了预期的目标。

其二，购房者的理性将直接促使开发商理性投资、理性开发、理性营销。产品供应结构也会发生相应改变而趋于合理。

其三，政策“组合拳”能够为百姓购房创造一个透明有序的房地产市场，使中低收入家庭有更多的选择来改善目前的居住条件。

然而，遏制房地产过热的政策“组合拳”接连出手以后，实施效果至少在以下三个方面有违功能预期：

第一，抑制房价“组合拳”出手，房价波澜不惊。无论是全国还是北京市，房价的涨势都没有被撼动。一些地区的房价虽有稍许下降，但是下降的主要动力来自住房转让环节营业税的征收，而不是住房供应结构的调整，因而具有很大的不确定性。由于土地供需实际、利润推动机制、城市化加速、股市低迷和拆迁冲动伴生的各种房屋需求等非政策的客观因素，以及与房价高度相关的钢材等产品价格高涨，今后房价仍会继续增长。

第二，政策“组合拳”的功能设定是增加普通商品住房、经济适用房和严格控制高档住房，保证中低价位、中小型住房的有效供应。但是，政策实施的效果不彰。究其原因，主要体现在：其一，住房供应结构调整低效缘于缺乏与之适应的土地供应。由于此次宏观调控以来的紧缩政策没有区别于不同类型的住宅结构，而具有“一刀切”的性质，使包括普通商品住宅和经济适用房的用地也增长放慢或大幅下降。

第三，从实际效果来看，“组合拳”出手不但没有让普通购房人看到房价下跌的现实，反而让他们正常的消费需求受到抑制。在不到半年的时间里，银行两度调整房贷利率，虽然旨在打击投机炒房行为，但是，由于银行加息所包括的范围较广、打击面较大，因此伤及“无辜”人群，即一部分需要依靠银行贷款购房的自住型购房人群的购房成本增加了，这样就“在一个公平的政策下产生了一个不公平的结果”。

政策分析者认为，政府抑制房价的政策组合拳实施后之所以政策效果有违政策预期，主要在于已采取的政策措施没有能够做到对症下药。他们建议稳定房价需解决多方制约因素：

其一，在对银根和地根的调控不足以达到稳定房地产市场的情况下，政府可考虑更多地动用税收手段，尤其是对房产的持有环节征税。

其二，政府一方面鼓励经济适用房通过节约开发成本等提高利润，增强开发投资的市场动力；另一方面要通过收入分配政策调整等，适当降低高档住宅的利润，抑制其开发投资的利益冲动。

其三，政府除了通过对房地产市场的宏观调控打压房产炒作、抑制整体房价上升外，还应合理引导百姓房产消费，大力发展二手房市场和房屋租赁市场，从政策上扶持二、三级市场的发展，使房地产一、二、三级市场的梯级消费呈现良性循环，互动起来，最终实现房地产市场的健康有序发展。

公共政策的基本功能有四种：

（一）管制功能

政策问题的解决，可以通过政策对象不做什么来达成政策目标。政策主体要制约、禁止政策对象不做什么，或者说要使政策对象不发生政策主体不愿见的行为，就须使政策对政策对象的行为具有管制功能。这种功能是通过政策的条文规定表现出来的。通常采取两种办法来设定政策的管制功能：① 条文规定使政策对象不能、不愿、不敢超出规范擅自行为，这是政策的积极性管制功能。譬如一些国家和地区的公务员制度条例规定高薪养廉，使公务员认识到奉公守法、忠于职守可以享有很好的待遇并有一个美好的前程，而贪污腐败、玩忽职守必定使这一切化为泡影。这样就在政策的条文规定上使政策主体禁止的行为在政策对象那里不发生。② 条文规定使政策对象发生违反规范的行为时，受到相应的惩罚，这是政策的消极性管制功能。用于法庭审判的法律条文，一般都具有这种功能。在国际贸易关系中，有的国家践踏双边、多边协议或国际惯例，由此受到损害的国家在交涉无效的情况下便采取贸易报复措施，也是政策的这种功能的一种应用。

（二）引导功能

为了解决某个政策问题，政府依据特定的目标，通过政策对人们的行为和事物的发展加以引导，使得政策具有导向性。也就是说，政策给社会的发展、人们的行动确定了方向，使整个社会生活由复杂的、多面的、相互冲突的、漫无目的的行为，能有效地纳入统一的明确的目标上来，使之按既定目标有序前进。引导功能是政策的积极功能。这项功能表明政策不仅要告诉人们什么是该做的，什么是不该做的，而且还要使人们认识到为什么要这样做而不那样做，怎样才能做得更好。事实证明，制定正确的政策，合理调整人们的利益关系，保障人民群众的根本利益和公民权利，引导人们为实现国民经济和社会发展的预期目标努力奋斗，是能够激发千百万人的创业热忱和创造精神的。公共政策的引导是行为的引导，也是观念的引导。从作用结果看，公共政策的引导功能有正向引导功能，也有负向引导功能。正导向是政策对事物发展方向的正确引导，体现了人们对事物发展规律所表现出的正确认识。不正确的公共政策，违背绝大多数人利益的政策，固然具有负导向功能；而那些基本正确的政策，因其具有不可克服的负效应，也会产生负导向功能。人们既要充分发挥公共政策的正导向功能，又要清醒地认识到它的负导向功能，克服它的消极影响。

（三）调控功能

公共权力机关的治理是通过政策来实现的；或者说，政策是公共权力机关实行治理的手段、工具、杠杆。而所谓治理，就是对各种社会关系加以调节和控制。而政策的调控功能,指的就是政府运用政策,在对社会公共事务所出现的各种社会矛盾进行调节和控制的过程中所起的作用。它主要体现在调控社会各种利益关系,尤为重要的是物质利益关系上。政策的调控功能有直接和间接两种形式,并且常常表现出特有的倾斜性。因为政府目标在不同时期有不同的侧重点,政策要围绕政府目标的侧重点,鲜明地倾向于政府工作的某一方面。和公共政策的引导功能一样,它的调控功能也有正向和负向、积极和消极之分。

(四) 分配功能

从公共政策的界定中就可以看出,它具有价值或利益的分配功能。这种功能需要回答三个方面的问题:将那些满足社会需求的价值或利益向谁分配?如何分配?什么是好的乃至最佳的分配?在通常情况下公共政策容易把价值或利益分配给与政府主观偏好一致或基本一致者、最能代表社会生产力发展方向者及普遍获益的社会多数者。

第二节 公共政策的本质与基本特征

一、政策的认识论本质:理论与实践的中间环节

从认识论的角度看,政策的本质被界定为理论与实践的中间环节,因而政策兼具理论与实践的二重特征。"任何理论指导实践都要借助于一系列中间环节。自然科学中的物理、化学、数学等的基本原理在用于指导实践时,要借助于诸如工程技术、工艺学、应用数学等中间环节。马克思主义的理论和社会科学的基本原理在指导实际工作时,也要借助于一系列中间环节,即路线、方针、政策。"①从政党实现其理念追求和政府实现治理的途径来看,理论指导实践是通过政策来实现的,同时实践基本上也是通过政策而上升为理论的。也就是说,政策是联结理论与实践的中介或桥梁。

(一) 政策与理论

① 王福生,政策学研究.成都:四川人民出版社,1991:34.

政策与理论的基本关系可以用两句话来概括：理论是政策的理念依据，政策是理论的具体化。

理论是政策的理念依据或指导思想，有以下两个方面的含义：

（1）理论的内容影响和决定决策的内容，理论依据的不同造成政策的基本差别。理论在不同的抽象层次上揭示事物的规律性。抽象层次越高的理论，影响和决定各种不同类型的政策的面就越广，但是影响和决定每种政策的具体内容的深度就越小。抽象层次最高的理论是哲学，它揭示事物的最高本质。辩证唯物主义和历史唯物主义的基本理论影响和决定着当代中国的各项基本政策乃至部门政策，不过很少涉及哪项政策的具体条款。新保守主义影响和决定着美国小布什政府的对外政策，但是新保守主义的精神导师利奥·斯特劳斯却不曾对外交政策有任何论述。

案例 2-2

利奥·斯特劳斯：美国好战派的导师①

美国的盟友和敌人现在都感到困惑。美国到底怎么了？谁在制定外交政策？他们想达到什么目标？经济决定论和文明冲突论都不能令人信服地做出解释。

原来，由于发生了“9·11”事件，世界上唯一超级大国的外交政策现在是由一个小集团控制，它既不代表美国公众的意见，也不代表主流外交政策权威人士的意见。现在大权在握的这个核心集团是由新保守派的防务专家组成的。在政府内部，这些防务专家的领军人物是国防部副部长保罗·沃尔福威茨，他是布什政府内部的国防问题决策人。这些专家还包括五角大楼中的第三号人物道格·费思，切尼的办公厅

---

① 据英国《新政治家》周刊 2003 年 4 月 7 日一期载迈克尔·林德文章《支持布什发动战争的一群不可思议的人》、英国《星期日泰晤士报》2003 年 5 月 11 日载萨拉·巴克斯特文章《真相大白：美国好战派的导师》、李强《美国新帝国主义全球战略的政治哲学解读》（未发表文稿）改写而成。

主任、沃尔福威茨的门生刘易斯·莉比，五角大楼特殊计划办公室负责人舒尔斯基，国务院中制衡鲍威尔的右翼分子约翰·博尔顿，最近被任命负责国家安全委员会中东政策的埃里奥特·艾布拉姆斯，国防部政策顾问理查德·珀尔。外围的还有前中央情报局局长詹姆斯·伍尔西。这些专家中的大多数人从来没有在军中服役，但是现在国防部的办公室成了他们的总部。媒介大亨鲁珀特·默多克通过他的福克斯电视台进行宣传。默多克旗下由威廉·克里斯托尔担任主编的《旗帜周刊》就是珀尔、沃尔福威茨、费思和伍尔西这些防务专家的传声筒。克里斯托尔还担任"美国世纪"协会主席，他是共和党的智囊、理论家。这个小集团的另一家主要杂志是《新共和》。同时，他们还在《华尔街日报》、《纽约时报》、《华盛顿邮报》等著名报纸任专栏作家。现在，美国大部分重要的智囊机构，尤其是在外交政策方面，新保守主义是主流。这个由新保守主义者组成的小集团，是小布什政府美国新帝国主义全球战略的筹划者。在他们的推动下，2003 年 3 月 17 日布什政府向伊拉克发出最后通牒，三天后抛开联合国，发动了占领伊拉克的战争。

新保守主义者的外交政策是在利奥·斯特劳斯的政治哲学理论的指导下形成的。主导美国外交政策的这个小集团的骨干人物都曾经直接或间接地受业于这位颇具影响力的政治学教授。沃尔福威茨在康奈尔大学曾受业于斯特劳斯的大弟子艾伦·布鲁姆(20 世纪 80 年代发表了《走向封闭的美国精神》一书)，他和舒尔斯基后来都是在斯特劳斯的指导下获得博士学位的。珀尔则曾在哈佛大学政治学系师从斯特劳斯的另一个弟子曼斯费尔德教授。

利奥·斯特劳斯(1899 — 1973)是德国犹太人，希特勒上台后，因担心受迫害而移居英国；1938 年移居美国，先后在纽约市社会研究新学院(1938 — 1949)、芝加哥大学(1949 — 1980)、克莱尔蒙特人文学院(1968 —1969)任政治学教授，讲授政治哲学。他承袭德国法学和政治哲学家卡尔·施密特的衣钵，在其代表性著作《自然权利与历史》、《什么是政治哲学》和《政治哲学史》中，号召回到古希腊，寻求美好生活。他认为美好生活只有一种，这就是符合自然权利(Natural Right)的生活。在他看来,有一些事情自然就是正当的,另一些事情自然就是不正当的。施密特的政治哲学是把政治化简为敌我的冲突,而斯特劳斯进而将敌我的区分与自然正当联系在一起。斯特劳斯认为,要追求自然正当,可以超越道德和法律,包括国内法和国际法。斯特劳斯确信,"要想使世界不对西方民主构成威胁,必须使整个世界——每个国家和每个民族,都实行民主"。新保守主义对这种哲学的解读是:在这个世界上,"我们和他们的区别"是"正义和邪恶的区别";"我们掌握了自然权利,是自由民主国家,他们是独裁国家,因此,我们对他们的一切不人道行为都是神圣的,因而都是自然合法的"。新保守主义的政策主张迎合了美国称霸世界的需要。

换言之,美国当代的新保守主义者从斯特劳斯那里获得一种信念,就是不惜采取任何手段,包括诉诸武力,向全世界输出"民主",建立新帝国。他们相信,这个新帝国既能体现人类美德,又能让全世界的人都过上一种"美好"的社会生活。

层次稍低一些的理论是对社会生活的某一个大的领域的现象进行概括、抽象的理论,如政治学、经济学、社会学、法学、管理学的基本理论,它们一般来说只影响和决定着各个特定领域的政策的内容。如法学基本理论对宪法、行政法、刑法、民法、经济法、国际法的内容产生影响,这种影响要比哲学原理对这些法的影响具体得多。

层次再低一些的理论是对社会生活的各个更具体的领域的现象的概括和抽象,这些理论只对相应领域的具体政策产生影响,而不能对别的政策产生影响。如刑法学理论对刑法的内容有具体而深刻的影响,但是不能影响和决定社会保障政策的内容。

不同的国家、政府、政党在制定政策特别是基本政策时依据的理论是不同的,因此针对同一个或同一类社会问题提出的政策方案有着重大的区别,甚至根本对立。例如依据斯密的古典自由主义理论制定的经济政策和社会政策,以及依据凯恩斯主义和福利国家理论制定的经济和社会政策,二者在方向上是有很大区别的。至于以马克思主义理论为依据制定的政策和以其他理论为依据制定的政策,差异之大更是人所共知的。

（2）理论的正确与否，决定政策的成败。理论的正确与否在于它是否真实地揭示了客观事物规律性，揭示了事物固有的因果联系。因而，正确的理论具有科学的预见性，可以指明事物发展变化的方向和路线，以它为依据制定出来的政策就有可能取得成功的结果；错误的理论则不具有这样的品质与功能，以它为指导制定出来的政策注定要失败。"进一步说，理论是否完善，是否彻底，即理论反映客观的程度如何，直接影响着政策的明确性和稳定性。"①

（二）政策与实践

政策与实践的基本关系同样可以用两句话来概括：政策是实践经验的原则化并在实践中得以完善和发展，实践须以政策为出发点并贯穿其整个过程。

理论和政策同属观念形态，其存在和发展依赖于社会实践。但是，政策比理论更接近于实践，对实践的依赖更直接，与实践衔接更紧密。政策的理论依据是理论，政策的事实依据是客观事物，而认识客观事物的根本途径是社会实践。正确的、成功的政策必须是对实践经验的科学总结。

政策只有通过实践才能实现目标和功能。政策被制定出来以后，不管它看起来多么完美无缺，若不认真地付诸社会实践，就只能是空中楼阁，没有任何实际意义。政策实践就是政策执行或者政策实施，其重要性足以和政策制定本身相比，甚至比政策制定更为重要。具体来讲：第一，政策实施是运用公共政策解决社会问题的最直接环节；第二，政策实施决定着政策目标能够实现与否以及实现的程度和范围；第三，政策正确与否，在主观认识范围内无法得到解决，只能由实践去检验。政策实施是检验政策正确与否的重要途径；第四，政策实施是完善、发展公共政策和制定新政策的重要依据。

二、政策的社会本质：公共性与偏好性的对立统一

现代公共政策具有多种规定性，而在这些规定性中起决定性作用

① 孙奎贞.论政策的双重品格.北京行政学院学报，1999(1)：17.

的则是:公共政策是公共权力机关为着一定的目标而进行的社会资源的配置和社会价值的分配。

所谓一定的目标,首先是据有公共权力的个人和群体从他们理解的公共利益出发所界定的目标;其次是这些个人和群体的社会性即他们在一定的生产关系和社会关系中所处的地位,决定他们代表一定的社会阶级。代表者不完全等同于被代表者。作为被代表者的那个阶级,对公共利益和公共目标有其特殊的界定;再次是公共权力的形式上的委托人即公民的利益、愿望和要求输入到政治体系中之后,聚合成为公共利益并进而形成公共目标。因此,由公共权力机关所确定的政策目标,往往是自利性、阶级性和公共性的混合物:越是政纪松弛、政风败坏,政策目标就越具有自利性;主要社会阶级之间的关系越紧张、越显得不可调和,政策目标就越具有鲜明的阶级性;政策主体的自律、自控能力越强,对政策主体的社会监督越有效,政策目标的公共性就越名副其实。

所谓社会资源的配置,指的是政策主体为一定的政策目标的实现而进行的人力、物力、财力资源的调配与组合。这种配置,也就是政策执行手段的配置,是政策由方案转化为现实这一过程中的成本投入。政策主体制定什么样的政策、确定什么样的政策目标,既取决于其主观认识,也取决于它们能够配置的资源。例如,在改革开放初期,我国党和政府即使认识到开发西部很重要,也不可能制定出像今天这样的开发西部的配套政策,因为那时党和政府能够调配的社会资源极其有限。

所谓社会价值的分配,指的是作为政策成本的社会资源投入后,随着政策目标的实现而获取的政策收益在不同的社会群体间的分布。这里的社会价值,指的是生产资料、生活资料、权力、财富、荣誉、地位等被统称作“价值”的那些东西。没有重点就没有政策。任何政策实施的结果,都有直接的受益者和间接的受益者,有即刻受益者和以后受益者,有受益多者和受益少者,甚至有受益者、非受益者和受损害者。社会价值分配的不均衡,是由政策制定者在生产关系、社会关系以及政治体系中的地位决定的。现代政策科学的始作俑者、美国著名的政治科学家拉斯韦尔(H. D. Lasswell)在他写于1936年的一本代表作中指出:

“权势人物是在可以取得的价值中获取最多的那些人们。可望获取的价值可以分为尊重、收入、安全等类，取得价值最多的人是精英；其余的人是群众。”他还根据各种精英人物在技能、阶级、人格和态度等方面的不同特点，阐述了公共政策如何在不同的社会群体间进行价值分配。①

作为公共权力的占有者，政府把价值分配给谁，不是任意的、无的放矢的。政府总是选择那些与其价值取向一致的社会群体作为价值分配的重点对象。在西方资本主义国家，公共政策将大部分社会价值给予了占人口极少数的资本拥有者；同时，政府又根据社会力量对比等情况，通过不同的税收政策、财政政策、产业政策等，使价值分配在不同的资本拥有者中又各有侧重。另外，政府的税收政策、社会福利政策等，还对“按资分配”的利益关系进行某种调整，满足劳动者的一部分利益需求，以形成和稳定有利于统治者的总体利益格局。西方国家的一些政策科学家从这些政策实践出发，把政策看做是政治系统做出的权威性价值分配，这种认识在一定程度上反映了公共政策作为社会利益关系具体体现的内在本质。

公共政策的社会本质在于它是公共性与偏好性的矛盾体，这一本质蕴含于公共权力机关为着具有公共性、阶级性或自利性的政策目标而进行社会资源的配置和社会价值的分配的行为中。

关于公共政策的公共性。公共政策是被组织于一定体制内的政府机构和政府官员制定的权威性行动方案。它是用来满足被感知的国家需求的，是政府为了达到某一公共目标而采取的一系列活动。公共政策是公共权力机关为解决公共问题实现公共利益而制定的，这就是公共政策的公共性。所谓“公共性”（Publicness），指的是公共政策具有的一种属性、特性或特质。在西方，自哈贝马斯（Habermas）的《公共领域的结构变迁：对市民社会的一个范畴的研究》一书1989年从德文译为英文以来，公共领域、公共事务、公共性成为哲学和社会科学研究中

① 哈罗德·拉斯韦尔. 政治学——谁得到什么？何时和如何得到？. 杨昌裕，译. 北京：商务印书馆，1992：77-136.

的一个热点。公共性是怎样内含于公共政策的呢？第一，这种公共性产生于公共权力机关的公共性。公共政策的主体是公共权力机关，而公共权力机关的权力来源于由民众结成的社会，来源于人民的同意和授权，其合法性在于政府满足民众需求、实现公共利益的程度。第二，公共政策的公共性来自它处理的问题是大多数民众的问题，即以民众问题为取向。换言之，由于公共政策处理的是公共事务，是和每个公民的利益密切相关的事务，所以它具有公共性。当代的政策分析家对此十分强调，如林德布洛姆认为研究公共政策有两个基本课题：其一为公共政策的制定是否符合人民的要求，解决人民需要解决的公共问题；其二为政府制定公共政策，是否有能力解决人民的公共问题，满足人民的需要。① 第三，公共政策须以谋求公共利益为目的，因此，公共政策符合公共利益的程度是衡量公共政策的正当性的根本标准。英国近代思想家边沁（Jeremy Benthan）主张立法（政策制定）要从整体人民的观点出发，谋求"最大多数人的最大幸福"。② 那么，什么是公共利益？美国学者克鲁斯克等认为："公共利益表示构成一个政治共同体的大多数人的共同利益，它基于这样一种思想，即公共政策应该最终提高大家的福利而不是几个人的福利。"他们特别指出，公共利益是指社会或国家"占绝对地位的集体利益而不是某个狭隘或专门行业的利益"。这个概念从根本上回答了"是否值得为既定的政策目标实现而努力"这个问题。③

关于公共政策的偏好性。政策过程对政策主体来说始终是一个选择的过程：政策问题的认定、政策方案的择定、政策工具的配置、政策的实施以及怎样进行政策评估等，所有的环节和功能活动的安排都是政策主体选择的结果。而每个选择都体现着政策主体的偏好。这种偏好性是公共政策的根本属性之一。"政策选择和制定政策是与国家的

---

① Charles E. Lindbloom. The Policy-Making Process. 2nd ed. New Jersey: Prentice Hall, 1984:2.

② 边沁. 政府片论. 沈叔平，等，译. 北京：商务印书馆，1995:29.

③ E. R. 克鲁斯克，B. M. 杰克逊. 公共政策词典. 唐理斌，等，译. 上海：上海远东出版社，1992:30-31.

广泛目标相一致的。由于资源总是有限的，因此必须确定一个价值的优先次序。决策者在制定公共政策时必须面对这种选择。”①这种选择是政府对社会的各个阶级、阶层、部门、地方、职业等的个人和群体提出的利益诉求进行的选择、综合及排序。政府会选择那些与社会整体利益一致的方面。然而，由于这是一个各种社会力量博弈的过程，强势社会群体和弱势社会群体在利益诉求上通常是前者强，后者弱，所以政府的选择也就会比较充分地反映强势社会群体的偏好，甚至这种偏好直接地转化为政府的偏好。另外，任何一项具体的政策都必须预设重点，没有重点就没有政策；而重点就意味着不同的个人和社会群体从这项政策的实施中或受益或不受益甚至受损、或受益大或受益小、或直接受益或间接受益、或近期受益或将来受益。显而易见，政策重点的预设体现的就是政府的偏好性。

公共权力机关在政策过程中所做的选择，也会发生政府的偏好受政府自利性影响的问题。政府传统上被设定为公共机关，代表并谋求社会公共利益，不具有自身的特殊利益即自利性。但是理性选择学派从“经济人假设”出发研究政府与人民的关系，发现政府具有自利性并谋求自身利益的最大化。这就有一个政府利益与社会公共利益的关系问题。所谓政府利益，是指政府系统自身需求的满足，如政府的权力与权威，政府的业绩、信誉与形象，政府工作条件与公务人员的收入和福利等。政府系统的各个部门和不同层级也各自有自己的特殊利益。既然这样，政府系统及其子系统就会有谋求自身特殊利益实现的自利性。政府制定和实施政策的过程，是一个政府综合地平衡各种利益诉求者之间的利益关系的过程，或者说是一个从利益诉求者具体的、特殊的利益中分离出抽象的、社会的共同利益的过程。而政府自利性可能对这个过程产生如下的不同影响：① 完全从谋求政府自身利益最大化出发来界定与认定公共利益，显然，这是一种虚假的公共利益。② 由于存在着国家对政府的一系列有效的制度约束（如法制、意识形态、权力的

① 帕顿·沙维奇．政策分析和规划的初步方法．孙兰芝，胡启生，等，译．宁骚，校．北京：华夏出版社，2001．

相互监督等)，存在着社会对政府的有力的制约与监督，政府在正确地界定与认定社会公共利益的过程中，其自利性在合理的范围内得到实现，即政府自身的正当需求通过正规的途径获得满足。③ 政府自利性被视作与政府公共性完全对立的一种特性，政府利益被视作不应有的利益诉求。由此导致的结果是：政府缺乏正确地界定、认定与实现社会公共利益的动力机制，不利于增强政府能力，最终也不利于增进社会化公共利益。案例 2-3 展示了一个参与决策的人大官员抵御公共权力机关的扩权冲动的情况。

案例 2-3

"立法容易，不立法难"——一位人大官员谈"部门利益法律化"①

在重庆市原人大法制委员会(下简称人大法制委)主任俞荣根 5 年的任职生涯里，他自认为值得骄傲的不是立了多少部法律，而是成功地阻止了一部法律的出台。

俞荣根是 21 世纪初众多进入人大法制委员会的法律学者之一，曾任西南政法大学副校长。他于 2003 年当选重庆市第二届人大代表、人大常委会委员(驻会)以及人大法制委主任委员，面临的迫切问题就是应对各部门的立法冲动。

按照中国法律，公民可以建议，人大代表、一府两院、人大常委会的各专业委员会都可以提法律案。俞荣根的思路是：对于私权部分，凡是有利民生和国家长远发展的，在不违背上位法的情况下，可以在地方立法上寻求突破；对于公权部分，上位法未授权就绝不能扩权。然而，恰恰是公权部门，常有借着立法而扩权的冲动，令地方人大难以抗拒。

人大法制委主任大部分是学者出身，他们常常面临对法律的信仰与现实的利益平衡的冲突。当党委和政府关于立法的倾向性意见与法治相违背时，考验法制委主任的时候就到了。

---

① 据《南方周末》2010 年 2 月 25 日本报记者黄秀丽发自重庆的同名报道改写。

2005年,地方各级人民代表大会和地方各级人民政府组织法提上修订议程,各地《乡镇人大工作条例》也面临修改。

乡镇作为一级政府设有人民代表大会主席团,闭会时由其协调工作。进入21世纪后,中国的城乡一体化进程加快,相当多的乡镇撤销变为街道。乡镇撤了,主席团却撤不了,变为"街道人大办公室"。重庆市人大常委会修订《乡镇人大工作条例》时,将"设立街道人大办公室"写入了法律条文。全国各地人大在地方党委的支持下,大都开展了相应的立法工作。

"当时市人大常委会主任的意见是不管有没有可能,先挂上。"俞荣根回忆,他感到很为难。"街道是区级政府的派出机构,不是一级政府,设立人大办公室,意味着人大给自己建'脚脚爪爪',破坏了法制统一。"他的意见是"不搞"。

俞荣根拖了几天,决定给两位有决定权的领导写信,阐明不搞的原因,认为设立街道人大办公室上位法没有授权。如果要设,要先请示全国人大,这次最好不要上。显然,俞荣根的信影响到了关键人物,最后重庆市人大常委会开会取消了这个条例。

公共权力机关在政策过程中的选择行为具有的偏好性,是由掌握公共权力的统治集团的社会阶级属性以及在社会经济结构中居于支配地位的那个阶级决定的。这种偏好性最终导致公共政策不是体现社会全体成员的共同意志和共同利益,而是体现在政治上、经济上居于统治地位的那个阶级的意志和利益。一定的政策总是要为一定的统治阶级的利益服务的。政策的确立和改变,必然根据统治阶级的政治天秤的权衡来决定。

关于利益相关者。公共政策的公共性与偏好性的对立统一运动是由利益关系网中各种力量之间的互动推动的。而利益关系的主体与客体以及直接或间接、有形或无形地受相关政策影响的个人和群体,都被称做"利益相关者"(Stakeholder)或"政策利益相关者"(Policy Stakeholder)。利益关系的主体与客体各自形成利益圈,政策的主要受益者和政策的目标群体处于利益圈的核心,而其他的受影响者则处于利益圈的边缘。"利益相关者"一词原来是一个公司财务概念,泛指包括股东、债权人、收税方、雇员、消费者在内的所有相关主体和客体，而股东、债权人处于利益圈的核心，其余的角色处于利益圈的边缘。

在当代中国，中国共产党及国家政权是工人阶级和人民群众根本利益的代表者与维护者，党和政府制定的各项方针政策代表和反映了广大人民群众的根本利益，赢得了人民群众的拥护和支持。党和政府的政策也承担着调节社会利益的任务，也需要通过各种公共政策不断理顺社会各种利益群体之间的关系，不断调动人民群众和社会各个方面的积极性，促进社会生产力的发展。例如，我国实行的以“按劳分配”为主体的分配政策，保障了广大劳动群众的利益。

同时，在改革开放的形势下，又实行了让一部分地区、一部分人先富起来并逐步达到共同富裕的政策，反映了为促进经济发展而对一部分社会利益关系进行的调整。在建立和发展社会主义市场经济体制的过程中，各地区、各部门、各利益群体之间的利益不平衡有扩大的趋势，社会利益调整的任务更加艰巨。价值规律的作用，使利益需求的特点在各项社会经济活动中表现得十分突出。在这种情况下，过去传统计划经济体制主要依靠行政命令手段来实现政策目标的方式被逐渐摒弃，政府的宏观调控政策主要运用经济手段，即通过调整经济利益和利益关系来实现对社会经济的宏观管理。例如，如果国家希望扩大社会投资规模，提高经济发展速度，就可以实行比较宽松的财政政策和货币政策；如果希望缩小社会投资规模，调低经济发展速度，就可以实行适度从紧的财政政策和货币政策。在不同的政策下，广大企业的生产经营条件及带来的经济利益会出现各自不同的变化，企业就会从自身的经济利益出发，自觉或不自觉地在政策引导的轨道上运行。这表明在市场经济条件下，政策作为人们利益关系具体体现的性质将表现得更加突出。满足利益需求和调整利益关系不仅成为政策的目标，而且成为实现政策目标的重要手段，并得到广泛的运用。

政策分配和调整利益关系主要采取两种形式：一是直接对社会利益进行分配和调整的政策，如社会分配政策、税收政策、财政政策、价格政策、区域发展政策等。二是间接对社会利益进行分配和调整的政策。具有这样作用的政策很多，如现在很多国家制定和实施的推动高新科技发展的各种政策，直接的受益者是从事高科技产品的研究、开发、生产、销售的研究机构、企业和人员，实际上是要通过这些高科技的发展及其在社会生产中的应用，促进生产率的提高，从而给整个社会带来经济和其他方面的利益。

三、公共政策的基本特征

公共政策的本质决定了它的基本特征。这里说的“基本特征”，是指从“公共政策独有”和“公共政策须有”这两个角度提出的一些特征。

（一）政治性、权威性与强制性

公共政策是由政治性组织制定的，是国家、政府、政党为实现其政治目的而制定的行动方案和行为准则。因此，公共政策具有鲜明的政治性。戴维·伊斯顿指出制定和执行社会政策的过程，构成政治体系。“当我们的活动以某种方式涉及为了一个社会而制定和执行政策时，我们据说就是在参与政治生活。”①他通过确认公共政策的政治性而在政治学与公共政策学之间架起了一座桥梁，指出：“为了便于实际研究，有必要把政治学描绘成探讨人们如何为一个社会进行权威性价值分配的问题。”②阿尔蒙德等承袭了伊斯顿的思路，他们给“政治体系”下的定义是：“依靠合法的强制力连续作出决策和实施决策的过程。”③R·M·克朗（Robert M. Krone）把“政治”界定为“决定分配的理性”，它是“决定什么人、在什么时候、怎么样得到、得到什么的过程”。④ 显然，它同时是一个政策过程。在当代中国，执政党、国家权力机关、国家行政机关都制定政策，这些各有不同功能的政策都是一种政治措施，是对作为个人与群体的社会成员进行资源配置与价值分配的政治措施。政治性是公共政策的灵魂。

---

① 戴维·伊斯顿．政治体系——政治学状况研究．马清槐，译．北京：商务印书馆，1992：122-123．

② 同①。

③ 阿尔蒙德，等．比较政治学：体系过程和政策．曹沛霖，等，译．上海：上海译文出版社，1987：75．

④ R. M·克朗．系统分析和政策科学．北京：商务印书馆，1985：39．

公共政策是社会关系的调节器,它的运行和有效性有赖于它的权威性。公共政策的权威性是和它的政治性紧密联系在一起的。公共政策的主体是社会公共权威,主体的权威性赋予了政策的权威性。所谓公共政策的权威性,是指政治系统的输出在一定的范围内成为起支配作用的意志,他人愿意服从或者不得不服从。

公共政策的权威性是由它的强制性决定的。公共政策的主体是国家和政府。国家是产生于社会而又在表面上凌驾于社会之上的"特殊的公共权力,"①它在本质上将公众的权力变成了支配公众的权力。国家权力通过制定公共政策来履行其政治统治和社会管理职能,因此公共政策在总体上是国家意志的体现。国家和政府是通过强制机关或者以强制机关为后盾来贯彻其意志的。

(二)公共性与偏好性的对立统一

国家权力是社会公共利益的正式代表,而这种资格的获得则是社会事务分裂为公共领域(公域)和私人领域(私域)、社会公共职能独立化、共同体内部分裂成治理者和被治理者的结果。因此,公共政策作为国家意志的体现,它所表达和实现的利益,从应然层面来看具有公共性,从实然层面来看则具有偏好性。关于这一特征,已在前面加以申论。

(三)应然与实然的统一

公共政策的公共性与偏好性的统一,是公共政策在社会属性的层面体现出来的应然与实然的统一;而这里所说的应然与实然的统一,指的是在认识论上公共政策所具有的基本特征。

任何政策都是为解决政治、经济、社会、文化领域的现实问题而制定的,因此问题的解决就是政策的目的。但是,问题朝着什么方向解决、解决到什么程度,则需要通过政策目标的设定来确定。公共政策内含的这种目标取向,使它必须至少具有两个时间维度,即从现在出发,对未来做安排。这两个维度,就赋予了公共政策在认识论上具有应然与实然的统一这一基本特征。

---

① 马克思恩格斯选集.第4卷.北京:人民出版社,1972:171.

从现在出发，就是从客观存在的现实问题出发。而对现实问题的认识，基本的要求就是弄清楚现实问题本身的情况：它的起因是什么，经历了怎样的发展过程，哪些因素的加入加大了它的严重性或重要性，它已经造成了什么结果，它具有什么样的发展趋势等。要获得这种认识，必须具有科学的态度和方法，做出的基本判断反映客观事实、反映事物的规律性。一句话，公共政策在这个维度上具有实然性。

对未来做安排，就是基于对现实问题的发展趋势而做出应对方案或制定行为准则。"凡事预则立，不预则废"。这一古训对于公共政策的制定具有永远适用的价值。制订方案和选优过程中，离开决策者的预见是不可想象的。从程序上讲，预测是决策的前提、基础，决策者是根据预测结果来设计方案的。"预测是创造性思维在科学决策中的具体应用，主要表现为设想、假说、想象等思维形式，是在思维中塑造未来的'艺术'。它使我们看到有可能产生的后果。"①事实上，任何决策都是以一定的预测为前提的，只不过一些预测是以事物的客观规律为依据的，而另一些预测则完全或大多是主观臆想。同时，对未来做安排，是一个从数个应对方案中选择一个的过程，具有鲜明的价值取向。也就是说，政策主体的意识形态、利益观、价值观和行为目的性等，在选择的过程中会集中地体现出来。从以上两方面来看，公共政策在这个维度上具有应然性。

还应当注意到，公共政策事实上是一个过程，是一个从实然（政策问题的客观实在性）到应然（政策规划、方案择优和政策合法化），再到实然（通过政策执行，政策转化为现实）的过程。因此，从过程的角度看，公共政策也具有应然与实然的统一这一基本特征。

（四）回应性与普遍性的统一

任何一项公共政策，都是公共权力机关对某一社会现实问题做出的回应。这种回应与非政策性回应的基本区别，就在于后者只具有个别性，而前者则既具有个别性又具有普遍性。公共权力机关应当对面临的所有社会现实问题都有感知，但是没有必要、也不可能对它们一一

---

① 李铁映．决策研究．哲学研究，1984(4)．

做出回应;在公共权力机关做出的回应中,只有很少一部分属于公共政策。公共政策须对特定的社会现实问题具有回应性,同时它须具有适用于同一类别的所有社会现实问题的普遍性。例如,当非典型肺炎的传播在2003年春、夏之交成为严重的社会现实问题时,中央政策首先要认定"非典"是一种传染病,接着以1989年生效的《传染病防治法》为依据来处置这一问题。《传染病防治法》对疫情报告和公布制度,对隐瞒、谎报疫情行为的处罚都有明确规定:"从事传染病的医疗保健、卫生防疫、监督管理的人员和政府有关主管人员玩忽职守,造成传染病传播或者流行的,给予行政处分;情节严重、构成犯罪的,依照《刑法》第一百八十七条的规定追究刑事责任。"中央政府有关抗击"非典"的一系列决定,都是依据这些规定做出的。这是以普遍性应对个别性。另一方面,中央政府制定的抗击"非典"的所有政策,包括其中上升为法律的那一部分,具有更加广泛的普遍适用性。这是对社会现实问题的个别性回应中内含的普遍性。总之,国家、政府、政党针对个别人物、个别事件所采取的个别行动,可以成为处理同类情况的一种参照,但不能成为一种规范,因此不能称其为政策。政策由于产生于对具体的社会现实问题的回应,所以具有对个别的适用性,但它更重要的规定性在于它是要求人们普遍遵循的行为规范,必须给人们在一定的情况下应当如何行为提供标准、设定限度,这种标准和限度对全社会所有成员的行为具有普遍的规范作用与约束力,在政策主体所框定范围内不因各种各样的个别特点而失效,这就是公共政策的普遍性。

公共政策的普遍性使它具有相对的稳定性,而公共政策的回应性则使它具有变动性。公共政策须以特定的客观情势及其发展变化为依据,也就是我国古代思想家所说的"世异则事异,事异则备变"(《韩非子》)。政策的变动性是绝对的。政策系统是一个开放的系统,作为系统环境的诸因素处在经常的发展变化之中,系统随着与环境之间能量交换的变化而变化,作为系统输出的公共政策应当与时俱进。

第三节 政策工具

政策工具不仅对于政策执行的结果具有至关重要的意义和作用，而且在政策设计、政策抉择和政策合法化的过程中也是要注重考量的因素。早在土地革命战争时期毛泽东就指出，作为领导者、组织者，“不但要提出任务，而且要解决完成任务的方法问题。我们的任务是过河，但是没有桥或没有船就不能过。不解决桥或船的问题，过河就是一句空话。”①确定政策目标就是明确任务，而政策工具就是与政策目标的实现联结起来的“桥”或“船”。没有政策工具，政策就是“一句空话”。

一、什么是政策工具

人类自从产生公共决策活动那一天起，就开始思考政策工具也就是与政策目标配套的措施、手段、方法等对于政策执行和政策结果的意义。然而，政策工具成为一个学术概念和公共政策学研究的重要论题，则是20世纪80年代开始的。英国学者胡德1983年出版的《政府工具》一书，②彼得斯和尼斯潘1998年出版的学术论文集《公共政策工具》，③比较全面和突出地反映了当时政策工具研究的进展。在中国，台湾对政策工具的研究早于大陆。1995年出版的朱志宏、丘昌泰著《政策规划》一书对政策工具有专章论述；1997年出版的张世贤、陈恒钧著《公共政策：政府与市场的观点》一书用五章的篇幅系统地介绍了美国学者韦默和维宁提出的“五种政策工具”；④1999年出版的林水波

① 毛泽东.关心群众生活，注意工作方法//毛泽东选集.第一卷.2版.北京：人民出版社，1991：139.

② Christopher C. Hood. The Tools of Government. London：Macmillian，1983.

③ B. Guy Peters，Frans K. M. van Nispen，etc.. Public Policy Instruments. Cheltenhan：Edwar Elgar，1998.

④ David L. Weimer，A. R. Vining. Policy Analysis：Concepts and Practice. New Jersey：Prentice Hall，1992.

著《公共政策新论》一书对政策工具的研究成果有更深入的介绍和分析。大陆学界对政策工具的研究则基本上是在进入21世纪以后开始的。

政策工具(Policy Instruments or Tools)或被称为"政府的工具"(Tools of Government)、"治理工具"(Governing Instruments)。公共政策学者从不同的视角来界定政策工具。关于政策工具的定义,主要有这样几类:

(1) 侧重于从因果关系上去界定。例如,英格拉汉将政策工具界定为系统性地探讨问题症结与解决方案的因果关系的过程。① 这个定义突出了政策方案(含政策工具)解决政策问题的有效性,但是政策工具本身的特性则隐而不彰。

(2) 侧重于从可规划性上去界定。史耐德和英格拉姆的定义比较有代表性。其定义是政策工具是有目的行动的蓝图。换言之,政策工具是目的导向的,而这种导向是在政策规划中就被确定下来的。② 这个定义突出了政策工具的目的取向,但是忽略了政策工具的其他重要特征。

(3) 侧重于从手段与目标实现的关系上去界定。由于前两种定义具有明显的片面性,所以绝大多数公共政策学者都倾向于从手段与目标实现的关系上去界定政策工具。如:胡德认为"行政工具"(Administrative Tool)亦即政策工具就是把政策目标转化为具体政策行动的机制,包括节点(nodality,指社会网络或信息交互运作的中心)、权威(指官方的命令、要求、禁止、保证或裁判)、财政、组织等工具。③ 郝赖特等将政策工具界定为"政府执行公共政策目标时可以使用的技术";④艾尔莫尔则将政策工具界定为"一种为达到目的而对手段所做的权威性

---

① Patricia W. Ingraham. Toward More Systematic Consideration of Policy Design. Policy Studies Journal,1987,15(4),611-628.

② Anne Schneider, Helen Ingram. Policy Design: Elements, Premise and Strategies//Stuart Nagel. Policy Theory and Policy Evaluation. NY:Greenwood Press,1990.

③ Christopher C. Hood. The Tools of Government. London:Macmillian,1983:7.

④ Howlett, Michael, M. Ramesh. Patterns of Policy Istrument Choice: Policy Styles , Policy learning and the Privatization Experience. Policy Studies Review,1993,12(1):3-24.

选择”；[①]萨拉蒙和龙德认为政策工具是“政府为追求目标所使用的方法”；[②]林德尔和彼得斯指出，基本上，每一种政策工具都含有达到政策目标的不同机制；[③]吴定把政策工具定义为“政府机关为执行政策以达成政策目标，可以自由选择应用之多种技术的总称，也可以说是将政策目标转化成具体政策行动所使用的工具或机制”；[④]余致力认为：“政策工具系指有效完成工作目标、解决政策问题的手段、作为或行动”；[⑤]陈振明主编的《政策科学》中对政策工具的定义是：“人们为解决某一社会问题或达成一定的政策目标而采用的具体手段和方式”；[⑥]陈庆云主编的《公共政策分析》认为“政策工具是实现政策目标的手段”。[⑦]

综上所述，侧重于从手段与目标实现的关系上去界定政策工具，在公共政策学界几成共识。因此，我们也从这一视角去界定政策工具：所谓政策工具，指的是被设定为旨在实现一定政策目标的各种措施、策略、方法、技术、机制、行动、作为以及配置的人力、资金、设备、资源等手段。这里的“被设定”，既包括在政策制定阶段决策者针对政策目标配置的政策手段，也包括在政策执行阶段执行者采取的超出政策方案的政策手段；它的基本含义是政策的制定者和执行者在主观上认定这些工具要起的作用，而这些工具所起到的实际作用未必与主观认定相一致。

二、政策工具的类型

就已有的研究文献来说，政策工具的类型学研究成果最丰富。公

---

① Elmore, Richard F. Instruments and Strategy in Public Policy. Policy Studies Review, 1987, 7(1): 174-186.

② Salamon, Lester, Michael Lund. The Tools Approach: Basic Analytics//L. Salamon, ed. Beyond Privatization: The Tools of Government Action. Washington, D. C.: The Urban Institute Press, 1989: 30.

③ Linder, Stephen H., B. Guy Peters. Instrument of Government: Perceptions and Contexts. Journal of Public Policy, 1989, 9(1): 35-38.

④ 吴定. 公共政策辞典. 2版. 台北：五南图书出版公司. 2003: 189.

⑤ 余致力. 民意与公共政策. 台北：五南图书出版公司, 2002: 21.

⑥ 陈振明. 政策科学. 2版. 北京：中国人民大学出版社, 2003: 170.

⑦ 陈庆云. 公共政策分析. 北京：北京大学出版社, 2006: 81.

共政策学者各有不同的分类目的和标准,因此区分出了许多不同的类型。现将主要的分类介绍如下:

(一) 两分法

日常习惯性的分类是"非此即彼"。在政策工具的类型学研究中,采用两分法的有:美国政治学家罗威、达尔和林德布洛姆区分出了规制性工具和非规制性工具两类;公共政策学者萨拉蒙和龙德(Salamon & Lund)根据传递系统的结构(Structure of the Delivery System)的差异划分了政府部门直接提供与非政府部门(私人部门和非营利组织)提供两类;还有一些学者划分出诱导性工具与规制性工具两类;等等。

(二) 三分法

公共政策学者狄龙(Vander Doelen)把政策工具划分为法律工具、经济工具和交流工具三类;另一种分类是将政策工具划分为管制性工具、财政激励工具和信息传播工具三类。陈振明主编的《政策科学》中将政策工具划分为市场化工具、工商管理技术工具和社会化手段三类。[①] 最受我国学者青睐的三分法是加拿大学者郝赖特和腊梅什采取"政策工具光谱"(Spectrum of Policy Instruments)法所进行的类型划分,他们将10种政策工具依强制的有无、强弱划分成自愿性(或非强制性)工具、混合性工具、强制性工具三类,见图2-1。

丘昌泰著《公共政策:基础篇》(台北:巨流图书公司,2003年)、全国MPA专业学位教育指导委员会组织编写的课程教学大纲《公共政策分析》(北京:中国人民大学出版社,2002年)、陈庆云主编的《公共政策分析》等,都接受和详细介绍了这一分类。

(三) 四分法

哈内孔把政策工具划分成立法、委托服务、征税、说服四类形态。[②] 艾尔莫尔把政策工具划分成命令性、激励性、能力构建、系统变迁四类,并对每个类型的基本假设、预期效果、成本、收益、政策结果分别进行了

---

① 陈振明.政策科学.2版.北京:中国人民大学出版社,2003:172.

② Hanekom S X. Public Policy. New York:International Thomson Publishing Ltd. 1984:59-60.

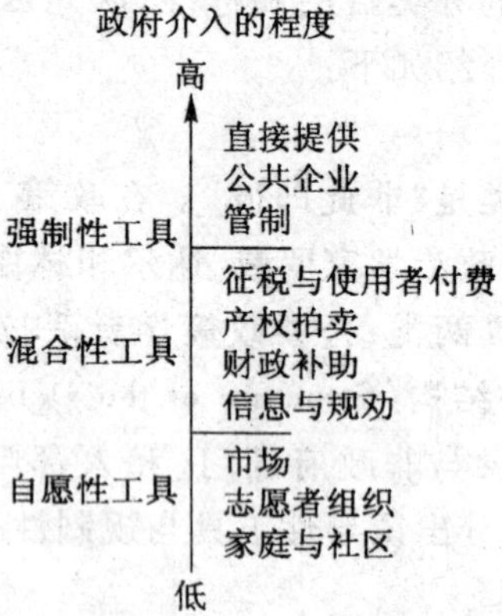

图 2-1　政策工具光谱图

资料来源：M. Howlett, M. Ramesh. Studying Public Policy: Policy Cycles and Policy Subsystems. Oxford University Press, 1995: 82.

探讨，见表 2-1。

表 2-1　政策工具的假定与结果

类型 / 方面	命令性工具	激励性工具	能力构建工具	系统变迁工具
基本假设	(1) 法规本身是好的，没有法规就没有所期待的行动 (2) 不论有无能力或能力高低，都须依法行事	(1) 缺乏额外的资源(经费)，不会产生期待的结果(价值) (2) 个人、机关的生产能力有差异，但金钱能诱发绩效	(1) 知识、能力和技巧是产生价值所必需的 (2) 能力的培养本身是有益的或对其他目的的实现有工具性价值	(1) 现行制度和诱因机制无法产生所要的结果 (2) 权威分配的改变可以变更产出的内容
预期效果	服从	价值的产生，短期报酬	技巧和能力的增强，长期报酬	公共传递系统的形成

续表

方面＼类型	命令性工具	激励性工具	能力构建工具	系统变迁工具
成本	(1)执行者:执行成本 (2)执行对象:不服从的成本	(1)执行者:生产、监督、替代的成本 (2)生产者:经常性成本、配合或规避成本	政府承担短期的投资成本	既存系统的传递者丧失权威
收益	对个人有特殊利益,对社会有普遍性利益	(1)执行者:增加预算权力 (2)服务对象:取得价值	对执行机关有短期利益;对社会有普遍性利益	新系统的传递者取得权威
政策结果	(1)创造一致性,降低歧异 (2)政策含有服从所必要的信息 (3)执行者与对象间的对立关系 (4)最低标准的要求	(1)能力已存在,需要用经费来动员 (2)当可容忍的差异缩小时,监督成本会增加 (3)只要有能力,就可发生效用	(1)能力不存在,需用投资去培养和动员 (2)目前有形的资源是为今后无形的利益铺路 (3)未来的报酬大多是不确定的、无形的或不可衡量的	(1)制度因素可以刺激行动,也会引起防御性反应 (2)新制度创造新的法规,诱因及能力的问题

资料来源:Elmore, R. F. Instruments and Strategy in Public Policy. Policy Studies Review, 1987, 7(1): 176–177.

休斯认为政府干预大多采取经济手段,并从经济方面把政策工具区分为供应、补贴、生产、管制四类。① 丘昌泰回顾了英文文献中四分法的各种分类,把政策工具归纳成以下四类:

(1) 管制类工具:诸如命令、管制、执照核发等强制性工具;

(2) 财务类工具:诸如财政补贴、奖励等具有经济激励性质的工具;

(3) 沟通类工具:诸如相互交换知识或信息等工具;

(4) 组织类工具。②

(四) 五分法

美国政治学家达尔和林德布洛姆以工具所有权、政府影响、政府控制、工具所属成员、工具执行组织的自主性等事项各自的本质作为五项指标,将政策工具划分成五种连续体,如 2-2 表所示。

表 2-2 政策工具连续体

连续体 1	政府机关—半政府机关—政府机关与私人机关联合—私人机关
连续体 2	强制—专断—调和—安抚—提供信息
连续体 3	国有化—核发执照—课税/补贴—宏观管理
连续体 4	联邦—州—强制性的成员组织—私人俱乐部
连续体 5	官僚组织—半自主性组织—自主性组织

资料来源:R. A. Dahl, C. E. Lindblom. Politics, Economics and Welfare. New Brunswick: Transaction, 1992.

对中国学者影响较大的五分法是以下两种:

第一种是史耐德和英格拉姆在 1990 年发表的一篇论文中的分类。绝大多数公共政策学者在对政策工具进行类型划分时,都没有论及各类政策工具所蕴含的行为假定,这样就无法对决策者提供有关在不同背景下针对不同对象人群使用何种政策工具的信息。史耐德和英格拉姆的政策工具分类则解决了这个问题(前面介绍的艾尔莫尔的分类也

① 欧文 · E. 休斯. 公共管理导论. 2 版. 北京:中国人民大学出版社,2001:98.

② 丘昌泰. 公共政策:基础篇. 台北:巨流图书公司,2003:377.

解决了这个问题)，他们将政策工具划分为权威式、刺激式(包括激励、收费、制裁、强制)、能力构建式、符号和劝告式、学习式等五种，对每种工具的假定动机、适用情景、预期效果、成本与收益等都详加考察。例如指出刺激式政策工具假定目标群体是古典经济学模型中的理性人，即个人是效用最大化者，且具有理性计算能力，否则政策效果会大大背离预期。① 林水波在《公共政策新论》中接受了这一分类并对此详加介绍。②

第二种是韦默和维宁的五分法。这两位美国学者在其共著的《政策分析:概念与实践》一书中把政府机关可以使用的政策工具归纳为以下五个类型:① 市场自由化(包括解除规制、合法化、民营化)、便利化(包括由政府分配既有物资和创造新的市场化物资)和模拟化(包括以拍卖方式提供物资);② 使用财政补贴和课税的方式改变诱因;③ 建立规章制度;④ 经由市场机制提供物资;⑤ 提供保险与社会保障。③ 吴定和张世贤等都接受了这一分类并对此详加介绍或阐释。④

(五) 七分法

林德和彼得斯将政策工具划分为七大类型:① 命令条款;② 财政补助;③ 管制;④ 课税;⑤ 劝告;⑥ 权威;⑦ 契约。⑤

(六) 八分法

英国学者胡德使用信息、财政、权威、组织四种基本资源可以达到监督社会、改变行为两项目的，以目的为导向进行划分，各有两类政策工具属于上述某一基本资源，这样就把政策工具划分成八种类型，见表2-3。

---

① Schneider, Anne L., Helen Ingram. The Behavioral Assumption of Policy Tools. Journal of Politics, 1990, 52(2): 510-529.

② 林水波. 公共政策新论. 台北: 智胜文化公司, 2001: 225-231.

③ Weimer, D. L., A. R. Vining. Policy Analysis: Concepts and Practice. New Jersey: Prentice Hall, 1992.

④ 吴定:《公共政策词典》，台北:五南图书出版公司，2004: 189-190.

⑤ Linder, S. H., B. Guy Peters. The Design of Instruments for Public Policy. //Nagel s. s. Policy Theory and Policy Evaluation. New York: Greenwood Press, 1989.

表 2-3　胡德的政策工具类型

目的导向 \ 资源类型	信息	财政	权威	组织
影响者	建议	补贴、贷款	法律	服务、传递
监测者	调查	顾问	注册	统计

资料来源：Hood C. C.. The Tools of Government. New Jersey：Chatham House，1986：95.

美国公共政策学者奥哈雷的政策工具八分法也是一种简洁、完整和有系统的分类，见表 2-4。

表 2-4　奥哈雷的政策工具类型

政府行动的类别 \ 政府介入方式	直接介入	间接介入
向目标群体提供经费、物资或服务	制造、购买	课税、补贴
要求或期待目标群体改变行为	禁止、强制	告知、呼吁

资料来源：O'Hare M. A Typology of Governmental Action. Journal of Policy Analysis and Management，1989，8(4)：670-712.

余致力在其所著的《民意与公共政策》一书中接受了这一分类并做了一些补充和结合一个案例详加阐释。

（七）更多的划分

中、外都有学者尝试将政策工具划分成更多的类型。例如：张成福等按政府介入的程度划分了 10 类政策工具：① 政府部门直接提供财货与服务；② 政府部门委托其他部门提供；③ 签约外包；④ 补助或补贴；⑤ 抵用券；⑥ 经营特许权；⑦ 政府贩售特定服务；⑧ 自我协助；⑨ 志愿服务；⑩ 市场运作。[①] 李允杰、丘昌泰从政策工具由非强制性

① 张成福，党秀云. 公共管理学. 北京：中国人民大学出版社，2001：26.

到强制性的光谱上，划分出 12 种类型的政策工具：① 市场经济的诱因（污染权、抵消政策、贷款等）；② 保险计划；③ 自我管制；④ 收费与课税；⑤ 教育、信息公开和运用传媒；⑥ 定期报告服从的状况；⑦ 执照核发；⑧ 许可制度；⑨ 标准设定；⑩ 处罚；⑪ 检查；⑫ 裁决。[①] 迄今对政策工具划分出最多类型的是荷兰经济学家科臣（E. S. Kirschen），据说他为寻求执行经济政策的最优工具，整理出了 64 种一般的政策工具。

通过介绍政策工具的类型学研究的主要成果，现在可以对政策工具的类型学研究的意义、既有分类的缺陷以及如何进一步推动政策工具的类型学研究做一个总结和讨论。

（1）政策工具的类型学研究的根本意义，在于政策工具的分类是政策工具的比较、选择和配置的基础。没有科学的类型划分，就不能准确地把握各种政策工具的特性，也就不能对症下药地对政策工具做出恰当的选择和合理的配置，在政策的执行中就不能有效地促成政策目标的实现。

（2）既有的政策工具分类的主要缺陷是：① 这些分类大多只适用于公共权力机关的经济和社会政策所使用的政策工具，而对政治政策（如国防政策、外交政策、民族政策、国家统一政策、公共安全政策等）、文化政策、教育政策、科技政策、传播政策等使用的政策工具，则缺乏考察和分类。② 既有的政策工具分类过于重视正式的、有形的（硬的）、静态的政策工具，而看轻甚至无视非正式的、无形的（软的）、动态的政策工具，因此无法比较明确地推断出一定类型的政策工具与政策目标的实现之间的因果关系。③ 有些分类过于简括或过于庞杂，有些分类则纯属主观臆想。这样的分类不管是在学术上还是在政策实践上都没有实际价值。例如有些学者把政策工具划分成“两代”：第一代为传统的政策工具，强调的是层级节制或由上而下的关系；第二代为当代的政策工具，强调的是多元互动或由下而上的关系。[②] 其实这种分类纯属文字游戏，因为所有的公共政策学者关注的都是当代公共政策的工具

① 李允杰，丘昌泰．政治执行与评估．台北：元照出版公司，2003：126-132．

② 丘昌泰．公共政策：基础篇．台北：巨流图书有限公司，2003：377．

配置问题，焦点是政策工具与政策目标实现的因果关系，根本不存在两代之别。

（3）那么，如何进一步推动政策工具的类型学研究呢？第一，重视政策工具箱的建设。把各个国家、各个层级的公共权力机关在政策实践中创制、使用的所有政策工具，都尽可能地收集起来，认真地进行整理，对各种工具的构成、特性、投入的力度、产生的效力都条分缕析地梳理出来，使工具箱不断地得到充实。第二，坚持从个别到一般的认识路线。首先是分别对政治、经济、社会、文化、科技、传媒等各个领域的政策工具进行系统的调查、分类，然后概括出适用于各个领域的政策工具的分类标准，并按照这些标准进行统一的类型划分。第三，要像艾尔莫尔以及史耐德和英格拉姆已经做的那样，在对政策进行类型划分时，要认真考察每一类型的政策工具的基本假设、预期效果、成本与收益以及政策结果，这样就使政策工具与政策目标实现之间的因果关系明确化、明朗化，为政策工具的选择和配置奠定基础。

第三章 政策系统与公共决策体制

公共政策是政策系统输出的公共产品。政策系统不仅是政策运行的载体,也是政策过程展开的基础,因而构成公共政策学研究的一项重要内容。政策系统的核心是公共权力,政策系统的运行就是公共权力的运行。围绕公共权力,作为政策系统的构成要素的政策行为者以不同方式持续不断地互动,并形成了关于公共决策权力配置的制度、程序、规则与方式,即公共决策体制。

第一节 政策行为者与政策系统

一、政策系统与政策行为者的关系

系统(System)是指由相互联系、相互作用的若干要素或部分结合在一起并具有特定功能的有机整体。它是一个相对的概念,任何系统都有其边界与环境。为了维持自身的生存及其与环境的平衡,系统内外通常都会发生物质、能量和信息的交换。政策系统(Policy System)是指一个由政策主体和其他利益相关者,以及将他们与政策客体、政策环境联系起来的政策支持系统、政策反馈系统等所组成的有机整体。对政策系统的考察通常是在两个层次上展开的:第一层次分析政策系统内部的结构要素及其互动的规律性,为优化政策系统、提高政策效力提供依据;第二层次分析政策系统与政策客体、政策环境的关系,以揭示公共政策问题的前因后果、公共决策的条件和情势,并对政策效果进行评估。

政策系统的组成单位或者子系统是由政策行为者(Policy Actors)构成的。政策行为者也称为“政策参与者”①,既指直接参与和影响政策制定的组织和个人,如立法和行政机关、政党和利益集团、大众传媒和舆论领袖、智库以及参与政策制定和评估的政策分析人员等,也指受政策影响、反过来又影响政策制定和执行的个人和组织,如公民个人、各种社会群体和组织等。由此可见,政策行为者既是政策主体和政策客体的组成部分,也是政策支持系统和政策反馈系统的构成部分,以及形形色色的利益相关者和由他们组成的政策网络。政策系统与政策行为者的关系主要有以下两个方面:

一方面,作为政策系统的基本构成要素,任何政策的制定、执行和反馈,都是相关政策行为者频繁互动的结果。也就是说,在政策系统内,不同政策行为者围绕特定的政策议题,为着各自的利益讨价还价、互相作用和博弈,使公共政策最终得以制定和执行。

另一方面,政策系统又为政策行为者的存在和作用的发挥设置了框架和平台。政策系统的运行过程虽然是该系统的各个子系统或政策行为者的功能活动相互作用的产物,但是政策系统的作用总是大于组成该系统的各个行为者个体作用的简单相加。各政策行为者的角色与行为必定受制于政策系统的结构,政策系统既有的制度规则,也直接影响着各行为者谋求利益的方式和意愿以及他们努力的成功程度。因此,必须准确界定政策系统与政策行为者之间的关系,弄清楚各政策子系统或政策行为者的性质、特征和功能,以及它们彼此之间、它们与政策系统总体之间的联系方式,以达到进一步优化政策系统、提高政策质量之目的。

政策系统是三大子系统即主体系统、支持系统、反馈系统构成的巨系统,并与其客体系统和环境有着频繁的互动和能量交换。

---

① 吴定.公共政策辞典.台北:五南图书出版公司,2003:256.

二、公共政策的主体与主体系统

公共政策主体是相对于政策客体而言的。它是指那些在特定政策环境中直接或间接地参与公共政策制定、实施、评估、监控的行为者。美国公共政策学者安德森认为，在西方，政府立法机关、行政机关、行政管理机构、法院，以及利益团体、政党、作为个人的公民都是公共决策过程的参与者，前四个是“官方的政策制定者”，后三个是“非官方的参与者”。[①] 查尔斯·琼斯（Charles O. Joness）和马瑟斯（Dieter Mathes）在《政策形成》一文中则根据政府提案的来源，将公共政策主体划分为政府内部和政府外部两大类，前者包括行政长官（总统、州长、市长等）、官僚、咨询者、研究机构、议员及其助手，后者包括利益团体和协会、委托人团体、公民团体、政治党派和传播媒介。[②] 国内学者有的将公共政策主体分为国家公共法权主体、社会政治法权主体以及社会非法权主体，[③]有的或区分出个体主体与群体主体，或区分出政策规划主体、政策制定主体、政策执行主体、政策评估主体。[④]

事实上，公共政策主体的差异主要在于这些政策行为者在政策系统中所处的地位、行为的方式以及影响力的大小。据此，我们可以将公共政策主体分为直接主体和间接主体两大类。

（一）直接主体

公共政策的直接主体，即公共政策的法定生产者，也就是那些获得宪法和法律授权，掌握公共权力，能够对社会价值进行权威性分配，从而主导政策过程的个人、团体或组织。直接主体包括国家的代议机关、行政机关、司法机关以及某些政治体制内的政党和军队领导人。

1. 代议机关

代议机关行使国家的立法权，在议行合一体制中属于国家最高权

---

① 詹姆斯·安德森. 公共决策. 唐亮，译. 北京：华夏出版社，1990：44-48.

② S.S. 那格尔. 政策研究百科全书. 林明，等，译. 北京：科学技术文献出版社，1990.

③ 张国庆. 现代公共政策导论. 北京：北京大学出版社，1997：34-39.

④ 严强，王强. 公共政策学. 南京：南京大学出版社，2002：101-107.

力机关。其基本职能是制定法律，也就是或直接把国民意志提升为法律，或把那些具有稳定性、普遍性特征的政策上升为法的形态。立法是代议机关制定公共政策的基本形式。

2. 行政机关

行政机关行使国家的行政管理权力。传统行政学坚持政治与行政"二分法"，即政策制定是国家意志的表达，而政策执行则是国家意志的执行。然而，人们已经越来越明确地意识到政策制定与政策执行密不可分。行政部门不仅对代议机关的决策能够产生巨大影响，而且它本身也在制定政策。因此，在一定意义上说，公共决策受行政机关及其人员的支配。

3. 司法机关

司法机关在一定类型的政治体制中属于公共政策的直接主体。其中，以美国为典型，它的法院经常通过行使审判权、司法审查权和法令解释权对公共政策的内容产生巨大影响。不过在另外一些国家，由于其政治体制不实行美国式的"三权分立"，司法机关不具有公共决策的功能，因此司法行为对公共政策的影响很小。

4. 其他直接主体

在当代世界的一部分国家里，在政治体制内处于领导地位的执政党，或者主导政治体制的军人执政机构，也是公共政策的直接主体。

(二) 间接主体

公共政策的间接主体，即那些虽不拥有合法强制力，但能够通过压力、舆论、私人接触等方式，参与、介入到政策过程中，并产生一定影响的个人、团体、组织、社群或社会关系网络等。间接主体大致可以分为三类：第一类是次国家政策行为者，如地方政府、政党①、利益集团（压力集团）、非政府组织、公共舆论、社会政治运动、公民等。第二类是跨国政策行为者，如跨国公司、多国公司、欧洲联盟、美洲国家组织、阿拉

---

① 当代许多国家的政党，无论是执政党还是在野党，虽然都能对公共决策产生很大影响，但其政策都不能直接成为公共政策。因此，在这样的政治体制里，即使执政党也只是公共政策的间接主体。

伯联盟、非洲统一组织、石油输出国组织、东南亚国家联盟等。第三类是全球性政策行为者，包括全球性政府间组织，如联合国、世贸组织、世界银行、国际货币基金组织、世界卫生组织等；以及全球性非政府组织，如国际奥委会、国际红十字会、绿色和平组织、国际港口协会等。

（三）主体系统

政策主体系统是由各类政策主体相互作用所构成的系统。这一系统又包括三个子系统，即政策制定系统、政策执行系统、间接主体系统。

1. 政策制定系统

该系统居于整个政策系统的核心地位，由拥有法定决策权的高层组织或个人组成，组织和领导整个决策过程。政策制定系统的基本功能是：① 认定政策问题；② 确认政策目标；③ 组织政策方案的设计；④ 主持审议备选方案并最终进行政策抉择；⑤ 完成政策合法化程序并正式发布政策。

2. 政策执行系统

该系统是将观念形态的政策内容转化为现实形态的政策结果的系统，一般由组织及其人员，特别是行政机关和政府公务人员组成。政策执行系统的基本功能是：① 为政策方案的实施做好准备；② 有效实施政策方案；③ 分析和总结执行情况。

3. 间接主体系统

前两种政策子系统是由政策的直接主体构成的，而这第三种政策子系统则是由政策的间接主体构成的。间接主体系统的基本功能是：① 利益表达与利益综合；② 提出公共问题；③ 影响公共政策制定；④ 影响并改变政策环境；⑤ 填补政策直接主体所无法达到的空间。

三、政策网络

随着社会的持续发展和公民社会的兴起，当代国家尤其是西方发达国家政策制定的结构发生了很大变化。政策过程的复杂性使得原来拥有正式制度地位的那些参与者反倒可能被撇在一边。人们发现，用“政策网络”一词可以更好地把握现实的政策过程。

所谓政策网络是指在公共政策制定和执行过程中，政府和其他行为者围绕共同的、实际上是不断协商的信念和利益而结成的正式的（制度性的）和非正式的联系。这些行为者相互依赖，而政策就是从它们的互动中产生出来的。[①] 在这个概念中，政策网络内的行为者包括行政人员、国会议员、学者专家、利益团体等与该政策有利益关系的个人或团体，这些个别行动者或团体因为法定权威、资金、信息、专业技术与知识等资源的相互依赖，而结合成行动联盟或者利益共同体。从系统论的视角来看，政策网络是政策系统的子系统。

政策网络的兴起源于政策环境的快速变化。随着信息技术革命、全球化程度的提高，价值多元化趋势日益显著，公共政策的环境变得更为复杂和动荡，主要表现为：不确定性——其主要特征是无法对未来或将要发生的事情作出预测，极端的例子是各类危机事件或紧急状态的出现；关联性——表现为政策问题所属的领域难以清晰地区分，公共组织与环境之间信息、知识的交流也难以清晰划界，国家与社会、政府与市场之间的界限也开始变得模糊；模糊性——指的是多元政策主体在同一问题上立场、认知、利益的差异；动态性——一方面说明政策问题变化速度快，另一方面表明政策问题具有非线性的因果关系，且带有开放系统的特征。[②] 这种环境反映的是后现代社会政治主体日益多元化、决策范围日益扩大化、决策过程日益社会化的趋势和现实。从公共管理的角度来说，政府失灵的现象频频出现，单纯依靠传统的官僚体制无法有效解决复杂的公共问题，而是需要多主体、多组织直接或间接参与到政策过程中来。因此人们有必要重新审视国家与社会的关系，超越传统的国家与社会二分的观念，把政策过程看成是国家与社会互动的过程。

从决策参与主体的相互依赖来说，政策网络形成的原因主要有以下几个方面：[③]

---

① R. A. W. Rhodes. Policy Network Analysis//M. Moran, M. Rein, R. E. Goodin. The Oxford Handbook of Public Policy. Oxford: Oxford University Press, 2006.

② 诸大建，等. 政策分析新模式. 上海：同济大学出版社，2007：31-33.

③ C. M. Weible & P. A. Sabatier. Comparing policy network: Marine protected areas in California. The Policy Studies Journal, 2005, 33(2):181-201.

(1) 交流信息和意见的需要。利益相关者围绕特定的实质性政策议题或政治效能交流相关信息或者建议。这种情况往往发生在一些重要事件的过程之中。

(2) 交换资源的需要。参与各方交换各种资源,包括资金、人员和服务。

(3) 结盟的需要。参与主体为了寻求拥有共同利益者并结成利益同盟。

(4) 追逐权力的需要。网络主体寻求与有影响的主体建立关系,从而控制关键资源,建立权力网络,扩大自己的影响。

(5) 协调的需要。相关主体试图通过结成网络来协调彼此间的观念、利益等方面的分歧,在政策过程中采取一致行动。

从宽泛的角度来看,政策网络是考察政府与其他国家和社会行为者之间相互联系和相互依赖关系的一组概念的集合,它曾经以不同的名称面世,诸如议题网络(Issue Networks)、铁三角(Iron Triangles)、政策子系统或亚政府(Sub-Governments,又译次级政府)、政策社群(Policy Communities,又译政策共同体)等。但现在学者们倾向于把它们看做是与政策网络一脉相承的,或者就是政策网络的不同类型。

尽管所用的概念不同,但综合来看,作为客观存在的政策网络的主要特征有:

(1) 政策网络是现代民主社会里,由公共部门、私人部门和第三部门等多元、异质的参与主体组成的,包括政府官员、行政人员、国会议员、专家学者、利益团体、大众媒体等与某项特定政策有关的利益相关者,他们围绕政策过程进行互动而形成一种组织结构,这种结构的紧密程度并不一致,从松散的议题网络到关系密切的政策社群,形成一个广泛的类型谱系。

(2) 政策网络的多元主体之间在资源等方面相互依赖,在特定的政策领域进行合作,以协调利益,实现共赢。政策网络是由各种具有一定资源和不同的利益与目标的主体为实现自己的利益和目标相互影响、相互作用的动态过程。正是在这个意义上,可以说资源的相互依赖和交换是政策网络本质的特征所在。

(3) 政策网络的规模和边界并不是由正式的制度决定的，而是政策行为者对功能和结构认知的结果。政策网络是围绕着某个政策问题和某个政策项目而形成的，因此识别一个具体的网络就必须首先划定某个政策问题或项目，从而也就决定了网络的边界。由于利益相关性有强有弱，网络结构有松有紧，因此政策网络有时会表现为很强的包容性，如松散的议题网络；有时也会形成类似铁三角一样的政策社群。从这个意义上说，网络的规模是具有弹性的，其成员是可以流动的，它的边界也会随着成员的增减而变动。此外，政策网络主体的行为不仅受到各种社会制度的影响，而且它们在相互作用和互动过程中形成的行动准则，会反过来制约和影响它们之间的互动行为。

四、公共政策的客体与客体系统

公共政策客体是相对于主体而言的，是指政策发挥作用时所指向的对象，或者说，政策主体就哪些问题、针对哪些人制定政策。公共政策是针对特定的事件、问题或社会群体而制定的行为准则。因此，可以从“事”(政策所要处理的公共问题)和“人”(政策发生作用的对象，即社会成员)两个角度来认识公共政策的客体。

(一) 公共政策问题

从“事”的角度看，公共政策客体就是政策问题。任何时代、任何社会都会存在各种各样需要解决的社会或公共问题。但是，并非所有的社会或公共问题都必须通过公共政策来解决。有些问题可能过于复杂，超出了公共政策的功能范围；而有些问题，通过公民和公民社会的联合行动就能处理。只有那些被列入政府议事日程，涉及相当多社会成员利益的社会或公共问题，才能成为公共政策的客体。

(二) 目标人群

从“人”的角度看，公共政策的客体是目标人群。所谓目标人群，就是公共政策直接作用与影响的公众群体或那些受公共政策规范、管制、调节和制约的社会成员。人们在社会生产和生活中所处的地位不同，社会分工不同，必然会产生各种不同性质、不同层次的利益和需求。这些利益和需求相互影响、碰撞、摩擦，从而产生了各种现实的矛盾，它可能发生在个人之间、个人与群体之间、群体与群体之间，甚至政府与群体之间。公共政策所要调整和规范的对象就是这些具有不同性质和类型的利益要求的社会成员间的关系。

应当指出的是，公共政策主体与客体之间并不是截然对立的。一方面，政策主体解决政策问题的目标和努力规定着政策客体的范围和性质；另一方面，政策客体也不是消极被动的，它对政策主体起着限制和约束作用。特别是随着现代民主政治的发展和“主权在民”理念的日渐深入人心，公共权力机关、国家公职人员和公民的主客体身份是经常相互转化的。一方面，公共权力机关、国家公职人员所拥有的直接制定和执行政策的全部权力，在法理上都是人民委托他们行使的权力，只有在执行公务、直接参与制定或执行某项具体政策时，才能作为政策主体而存在；当他们不执行公务时，则是作为政策客体而存在的。而且，即使在执行公务时，也须受某类和某些政策的规范、管制、调节和制约。另一方面，尽管国家主权的行使者只能是公共权力机关和任职其中的政治精英，但公民在法理上是国家主权的拥有者，在民主制度健全的情况下，他们也能够通过政治参与而成为公共政策的间接主体。

（三）客体系统

由公共政策的客体组成的系统就是政策客体系统。客体系统存在于政策系统之外。当有关客体系统的信息输入到政策系统之内，而且政策主体系统经过对这些信息进行加工、整理，最后决定针对客体系统制定政策时，客体系统才被内化为政策对象。而在被内化以前，客体系统作为一种客观存在，则是政策系统的环境构成的一部分。

五、政策支持系统

随着科学技术的进步以及社会的急剧变迁，政策问题在数量上不断增大，涉及的领域越来越多，而且演变成联系日益密切的“问题丛”。这是政策制定或执行主体有限的知识和技术存量所无法应对的。为此，需要设立能够快速、灵活地帮助决策者进行决策活动的辅助系统，即政策支持系统（Policy Support System，简称“PSS”）。根据我国台湾学者叶堂宇的观点，政策支持系统是指“整合了公共政策、群体支援系统、指标管理系统、策略规划系统、专家系统、人工智慧及系统模拟诸领域所发展出来一套可以支援公共政策之规划、制定、执行、评估、模拟等功用的一套系统”。① 其中,叶堂宇具体分析了群体支援系统在政策制定过程中的模拟与监控作用;探讨了政策信息系统作为一种公共政策制定方法及工具,如何应用于政策规划与分析;以及专家咨询系统的重要作用。从中国大陆的政策实践来看,我们认为政策支持系统一般由信息传播系统、政策咨询系统、政策监控系统、政策评估系统四个子系统构成。健全和完善政策支持系统是决策科学化、民主化的重要环节。

（一）信息传播系统

信息传播系统是政策系统的“神经”系统。它是一个有组织、有规程、相互协调的有机协作系统,包括情报部门、统计部门、档案部门、系统数据库、图书资料部门以及政策信息的咨询、监督、反馈部门。信息传播系统的任务是根据政策主体系统的需要,向其提供准确、全面、快速、可靠的政策信息。其基本功能是:① 信息的收集与整理;② 信息的加工与储存;③ 信息的传递。随着计算机技术、通信技术、网络技术的迅猛发展,信息传播系统的功能将进一步扩大。

（二）政策咨询系统

政策咨询系统也称“思想库”、“智囊”(Think Tank)或“外脑”,通常由政策研究机构、政府与这些机构的关系、咨询活动构成。它以改进政策制定为目标,综合运用现代科学理论和先进的技术手段,相对独立地进行政策研究、政策规划和政策咨询,并向政策主体系统提供新思想、诊断新问题、提供备选政策方案、评估政策实施结果。

（三）政策监控系统

政策监控系统是政策系统的一个特殊子系统,由直接决策者和执行者以外从事政策监督和控制的个人、团体或组织构成。政策监控系统的任务是保证政策系统的良性运行和政策目标的实现,减少决策失误,避免政策执行中发生变形。其基本功能是:① 建立政策监控标准;② 监测政策绩效;③ 发现和纠正政策执行偏差。

---

① 叶堂宇.政策支援系统.台北:商鼎文化出版社,1997.

（四）政策评估系统

政策评估系统是政策系统的一个基础子系统，由政策评估主体、评估对象、评估目的、评估标准和评估方法五大要素构成。该系统的基本功能是为政策的优劣、存废以及政策资源的合理配置提供事实和价值依据。

六、政策环境与政策反馈系统

（一）政策环境

公共政策是环境的产物。离开了政策得以产生的外部环境，就不可能对其进行分析和研究。公共政策学对政策环境的考察一般是从两个角度展开的：一方面，把政策系统视为一个因变量，研究政策环境对决策行为、政策过程的影响；另一方面，把政策系统视为一个自变量，探求政策系统的产品——公共政策对环境的作用和影响。

从一定意义上说，公共政策就是政策主体系统为解决自身与既定环境的矛盾而采取的行动。而对于具体的政策主体系统来说，存在两种不同的政策环境：一种是政策系统所处的一般环境（客观事实环境），即系统的生态环境；另一种是政策系统运行的具体环境（主体认知环境），即系统的工作环境。

1. 政策系统的一般环境

政策系统的一般环境，也就是作用和影响公共政策的所有外部条件的总和，包括地理自然环境、经济环境、政治法治环境、社会文化环境、国际环境等。分析政策一般环境的目的是为理解政策系统提供宏观、总体的框架和背景。

（1）地理自然环境。地理自然环境是一个国家生存和发展的物质基础，具体是指政策系统所处的地理位置和自然状况，包括国土面积、地形地貌、气候、自然资源等。地理自然环境与公共政策有着紧密的联系，对政策系统和政策内容有着巨大、持久的影响。

（2）经济环境。经济环境是指对政策系统的生存、发展与运行具有重要影响的各种经济因素的总和，包括生产力的性质与结构、生产资料所有制的形式、经济结构、经济制度、经济体制、经济总量等。经济环境对公共政策具有决定性的影响。无论何种性质的政策主体，其决策体制、政策目标、政策工具、政策行动等都要受到经济环境的制约。这种制约和影响表现为：① 经济环境是制定和执行公共政策的基本出发点；② 经济环境提供政策系统运行所必需的工具和资源；③ 经济环境影响政策系统的经济目标取向；④ 不同的经济形态对政策系统提出不同的要求，间接地影响政策导向、政策调整的范围、政策运作的方式以及政策质量。[①]

（3）政治法治环境。政治法治环境是指对政策系统的生存、发展与运行产生重要影响的所有实际或潜在的政治状态与法治状态，前者包括政治制度、政治体制、政治结构、政治关系、国家与社会的关系状况等，后者包括法律体系、法律机构、执法状况、社会治安等。政治法治环境对政策系统的主要影响是：影响政策系统的性质；影响政策系统的民主化程度；影响政策系统的合法化程度。

（4）社会文化环境。社会文化环境就是对政策系统生存、发展与运行产生重要影响的社会状况与文化状况。它主要包括民族、宗教、人口、社会结构、伦理道德、风俗习惯、文学艺术、政治文化等过去和现在的情况。

（5）国际环境。国际环境既包括全球范围内的政治、经济、文化发展演变的共同趋势，国际格局、全球秩序及相应的规则，也包括对政策系统生存、发展和运行产生重要影响的民族国家间、跨国组织间的竞争、合作与冲突。国际环境直接影响政策系统的政策选择、参照系选择和政策实施。随着全球化、市场化、信息化趋势的加快，它甚至还能改变政策系统的范围和功能，影响政策系统的性质。

政策系统的一般环境是政策系统存续、运行的基础性环境，它对政策系统的产生、发展与运行产生广泛的影响，其中的某些因素甚至从根本上决定政策系统的组织特性和功能。

2. 政策系统的工作环境

政策系统的现实特征、功能与运行更多地取决于政策系统所处的

① 刘斌，王春福，等. 政策科学研究. 北京：人民出版社，2002：127.

工作环境。

政策系统的工作环境是政策一般环境中的不同部分在特定时间点上的聚合,因而具有多样性、变动性、主观性和人为性等特点。所谓工作环境,是指政策系统在制定和实施某项公共政策的过程中直接地对政策系统的运行产生影响的政策环境。一国的现实国情是政策的工作环境,它对科学地制定公共政策,尤其是总政策与基本政策具有极为重要的意义和深远的影响。公共政策主体只有以科学的态度、求实的精神,深入实际调查研究,系统地了解和把握经济、政治、文化、历史、自然、社会条件和国际环境等方面的基本情况及特点,特别是政治系统在特定时期的社会性质、社会生产力发展状况、主要矛盾等情况,才能明确地认识政策系统的工作环境。

(二) 政策反馈系统

政策反馈系统是将政策的主体系统与客体系统、政策系统与政策环境连接起来的一个特殊子系统。多层次、多网络是政策反馈系统的突出特点。反馈首先来自对象系统。公共政策的对象或客体是发生于政策系统的环境中的社会问题;而公共政策作为相关社会问题的解决方案在实施过程中以及在该过程结束之后,对对象系统必然有某种改变或者做出某种反应,并通过一定的机制和渠道将这些信息传递给政策的直接主体系统。此外,反馈也来自与对象系统有某种关联的政策系统的一般环境,以及政策支持系统。

七、政策系统的运行

政策系统的各个子系统在内部关系上是相互联系、相互依存、相互作用的,同时政策系统与对象系统和外部环境也在持续不断地进行互动,因此政策系统的生存始终表现为动态的运行过程。其中,政策系统与环境、主体与客体之间的矛盾构成政策运行的动力源泉。由此,它的运行也表现为不断地输入、转换、输出的系统过程。在输入过程中,政策环境把种种要求和支持传输给政策主体;在转换过程中,这些要求和支持变成政策方案;在输出过程中,政策方案作用于环境,引起环境变化,产生新的要求;而这种新的要求反馈到政策系统,进一步导致政策输出。这种周期性的运转使政策系统的运行得以持续。

政策系统的运行分为如下步骤：

第一步：利益输入。政策系统的运行以政策问题的形成为起点。政策问题的提出实质上就是民众或相关利益群体反映和表达自身利益诉求和愿望，并将其输入政策系统的过程。政策输入分为两种：一种是内输入，即由处于政策系统内部的公共权力机关或公职人员主动进行利益诉求的认定和利益符号的输入；另一种是外输入，则指由处于政策制定系统外部的社会组织或个体，通过与公共权力机关的某种互动，将利益诉求表达出来并使其进入政策系统的过程。① 利益输入的两条路径构成民众和利益相关者利益表达的两条渠道，即体制内表达和体制外表达。

第二步：利益综合。公共政策是人们为了解决特定的公共问题以获取共同利益而表明的行动意图或如何行动的计划。② 应该说，各社会成员在通过政策系统来实现其利益要求这点上，有着一致的利害关系。然而，他们经过各种渠道输进政策系统的利益诉求却是纷繁复杂，甚至相互冲突的。因此，在政策系统制定政策时，除了考虑到社会的整体利益之外，还须充分考量社会成员之间利益的一致性和互补性。政策系统对各种利益关系的充分考量和综合平衡，即为利益综合。

第三步：政策形成。政策系统各子系统在利益综合的基础上，运用各种有效的方法、工具和手段，获取和分析政策相关信息，拟制备选的政策方案；直接决策者经过对各备选方案的审议，在全局与局部、民主与科学、公平与效率、完美性与可行性之间进行考量和权衡，最终做出政策抉择。

第四步：政策发布。在政策决定最终做出之后，通过一定的法定的或约定俗成的方式，比如，举行信息发布会、发布文件或白皮书等，由政策系统正式向公众予以政策宣示。

第五步：政策执行。公共政策的利益分配功能最终是通过政策执

① 张小明．内部输入：解读当代中国公共政策的输入机制．宁夏社会科学，2000(5)．

② 张德信，李兆光．现代行政学．北京：红旗出版社，1993：68-69．

行来实现的。在政策执行过程中,要充分考量并适当调整各政策行为者之间的利益关系。这主要因为,在政策实施的过程中,当部分群众感到自身利益受到损害时,便会抵制政策执行,或者要求改变、调整政策中不利于自己利益的那些部分,因而影响政策执行效果。

第六步:政策反馈。在政策系统运行过程中,反馈系统随时将政策执行情况反馈给直接主体系统,而间接主体系统则试图在每一个环节上影响公共政策,从而使政策系统的运行过程更为复杂化。

就一项具体的公共政策的政策过程而言,政策系统的运行开始于利益要求的输入,结束于政策的终结。但是,任何政策系统都不会是只处理一项政策,而是同时处理成千上万项政策。因此,政策系统的运行犹如大河奔流,而滔滔的河水则是由一项又一项公共政策的政策过程的小溪汇集而成的。

第二节　公共权力与公共决策体制

公共政策是政策系统输出的产品,公共政策的质量取决于政策系统的整体效能。要进一步分析公共政策,就必须深入到政策系统内部进行深入细致的考察。政策系统的核心是公共权力。所谓公共权力就是基于特定政治共同体成员的同意或授权,为支配、管理、调控该政治共同体内部和对外的公共事务,而物化于法定公共组织及其各组成部分的职权关系中的一种公共权威力量。其中,围绕公共决策权力,各种政策行为者以不同方式持续不断地互动,从而形成了关于决策权力分配与配置的制度。而公共决策活动的程序、规则与方式,就是公共决策体制。

一、政府权力、政府职能与公共政策

公共权力的中心是国家权力,国家权力的行使过程就是作为国家权力的代理者——政府制定和执行公共政策的过程。政府行使公共权力,履行公共职能,制定和实施公共政策,以解决社会或公共问题。政府权力的性质和大小,政府职能的结构和多寡直接影响公共政策的性

质、类型与数量。

（一）政府权力、政府职能的二重性决定了公共政策的二重性

作为从社会中产生又自居于社会之上的特殊政治组织，政府从其产生之日起就担负着政治统治和社会管理两种基本的职能。政治统治职能是政府阶级属性的反映，社会管理职能则是政府社会属性的反映。政府职能的这二重属性决定了公共政策的“二重性”：公共政策不仅是政府推行政治统治的重要工具，也是政府对社会实施社会管理的重要手段。

1. 公共政策是政府推行政治统治的基本工具

所谓“政治统治”，就是在经济上占统治地位的阶级及其政治代表，为了维护、巩固和加强其经济利益和政治统治地位，而对国民采取的支配、控制与统辖。作为统治阶级与被统治阶级之间的一种政治关系，政治统治不是这两大阶级之间不同个体之间的关系，而是整体性的统治与被统治、压迫与被压迫的关系。公共政策常常被用来表达和维护统治阶级总体的、长远的、根本性利益。政府权力还以国家暴力机器为后盾，来加强政策的权威性和强制性。

2. 公共政策是政府实施社会管理的重要手段

政府权力通过关注民生和促进经济的繁荣，扩大其合法性基础。这样，政府就需要以公共政策为手段，对社会资源进行总体动员和配置，组织社会经济活动，发展教育、科技、文化事业，推动社会经济文化发展。另外，政府权力还通过公共政策，对各种经济关系进行协调，对各种利益关系进行调整，对民众的政治行为以及各种权利和权利关系进行规范，并对各种社会政治组织进行监督。

（二）政府权力、政府职能决定政策的性质、类型与数量

政府“政策”之所以被称为“公共政策”，不仅在于政府是为公共利益而制定政策的主体①，也在于公共政策的形式和内容都发生了巨大

① 日本学者药师寺泰藏在界定公共政策时指出，“‘公共政策’的意思与其字面意思相同，即为‘公共’而制定的政策。”这里的“公共”实质上就是“公共性”。参阅：药师寺泰藏. 公共政策. 张丹，译. 北京：经济日报出版社，1991：3.

变化。最为突出的是有关政治统治的政策数量相对稳定，而有关社会公共事务管理的政策数量则日益增多，其中的原因在于政府权力、政府职能发生了历史性转型。政治统治与社会管理这两种政府职能，是随着经济、社会的发展变化而不断发展变化的。现在，政治统治职能有逐渐弱化的趋势，而社会管理职能越来越得到重视和加强。政府权力也经历了一个从“专制性权力”向“基础结构性权力”的历史性转变。①政府有关进行社会管理的政策大量地增加，而且类型繁多。

二、国家结构与公共政策

任何政策都是在一定的政治制度所提供的总体框架内运行的。

政治制度是有关国家权力配置的正式规范，而有关国家结构形式的政治制度，则是对国家的中央权力机关与地方权力机关、整体与局部之间的关系的规范，对公共政策的制定和实施产生重大影响。国家结构形式主要分为单一制和联邦制两种。它们以地域为基础，实现了国家权力在不同层级上的划分，进而规定了决策权在地理空间上的分布形态，也影响到公共政策的效力与范围。

（一）单一制与公共政策

单一制按照地域划分出普通行政区域（或自治区域）作为国家的组成单位。在单一制政权中，决策权力和权威合法地集中于中央机构，地方政府在中央政府的领导和监督下，在宪法和法律规定的权限范围内行使其决策权，因而其决策权的范围和效力是较为有限的。从法理上说，单一制政权的一切公共决策权属于中央，地方政府决策权是由中央政府授予的，而且是可以被撤销的。地方政府为了维护自身利益，有时会采取一定的灵活措施延滞政策执行。而单一制则可以利用其权力一元化所建构起来的权威性和强制性，敦促地方政府切实保证政策执

---

① Michael Mann, States War, Capitalism. Oxford: Blackwell, 1988: 5-9。迈克尔·曼区分了两种不同类型的权力，专制权力（Despotic Power）与基础结构性权力（Infrastructural Power）。前者是指国家精英不必在与市民社会各集团进行例行化、制度化讨价还价的前提下自行行动的能力；后者是指国家的政治精英能够渗入市民社会，在其统治的领域内有效贯彻其公共政策的能力。

行在全国范围内统一组织、统一指挥、统一行动。单一制政府又可分为“中央集权型”和“地方分权型”。法国是中央集权型单一制的典型。在法国,地方政府的决策权力高度集中于地方行政首长,他兼具中央官员和地方官员双重身份,一方面代表中央执行中央政府的决策,对内政部负责,另一方面则作为地方官员管理地方一切行政事务。英国则是地方分权型单一制的典型。在英国,地方依法组织地方政府机关,并在中央政府的监督下依法自主行使决策权,中央不得干涉其具体事务。

（二）联邦制与公共政策

联邦制是复合制政府结构的主要形式,是由若干个联合起来的邦（或者州、省、加盟共和国）组成的联盟国家。联邦制国家的整体与部分之间的关系不是中央与地方的关系,而是决策权限不同的中央之间的关系。从法理上说,各联邦单位拥有的决策权不是联邦政府授予的,而是联邦宪法赋予的;中央与各联邦单位在联邦宪法规定的范围内享有最高决策权,可以并直接行使于公民,相互间不得进行干涉。因此,联邦制决策权力在总体上说是分散的、多元的。这种决策体制对于政策运行的促进作用主要有三:一是联邦制通过公共决策权和政治权力下放,允许地方政府采取不同的政策,有助于政策更能满足地方发展的需要;二是有助于扩大民众的政策参与。政府层次越多,投票的次数越多,公民直接或间接参与政策制定的机会越多。无法在某一层级政府施加影响的个人或群体,很有可能会让另一层级的政府听到他们的声音。例如,20 世纪 50、60 年代的美国民权倡导者在反对种族融合的南方州面临强烈反对,但是他们为种族平等而进行的努力在联邦政府中获得支持。三是联邦制也为民众批评和反对政府的某些政策或行动提供了舞台。他们无须顾忌在联邦的政策失败,一个在联邦失去权力的政党或利益集团依旧可能赢得州一级政府的支持。不过,在现实中,联邦制既可能是真实的联邦制,也可能是象征性的联邦制。前者如美国、加拿大、德国等,后者如巴西、墨西哥等,关键在于政府决策权力在不同层级政府之间的分配。

由此可见,结合本国国情,合理选择国家结构形式,不断完善政府权力组织形式,对公共政策系统的正常运行有重要作用。

三、政府能力、治理能力与公共政策

政府能否在其职责范围内正确地制定并有效实施公共政策,是判断政府能力强弱的根本标准。从案例3-1来看,“红头文件摊派烟草指标”是一起不当行使公权力的事件。尽管地方政府以“引导消费”为名,强令干部抽本地烟,看似为地方税收做贡献,但实质上破坏了市场经济的公平性,丢掉了政府维护市场秩序的基本职能,最终导致了政策失败和被废止。

案例3-1

红头文件摊派烟草指标①

2009年3月4日,湖北公安县政府下发本年度第三号文件。该文件要求全县所有行政机关和事业单位的公务用烟一律实行政府集中采购,还附了一份全县102家县直部门和单位公务用烟指导性计划表。按计划,这些部门和单位当年需抽2.3万多条卷烟。这份“抽烟计划”还制定了详细的考核办法,根据完成情况实行奖惩,甚至规定“连续两个月未完成公务用烟指导性计划任务的县直部门和单位,由县财政部门按公务用烟可供品牌均价,直接相应扣减公用经费。”

文件下发后,公安县卷烟市场整顿工作领导小组牵头,县政府督办室、县监察局、县烟草局和县政府采购办等单位组成联合督办检查组,对全县一季度各乡镇政府机关及部分县直单位干部职工消费用烟情况进行了一次督办检查,主要手段是突击查烟头。

从该项工作督办情况通报可见,2009年第一季度,该县26家单位因存在干部职工消费非正规渠道卷烟被扣减工作经费,总额达6万多元。

---

① 张先国,田建军.湖北公安县废止“抽烟红头文件”县委县政府反思,新华网,2009年5月6日。笔者进行了改写。

据透露，通过烟头检查出的所谓非正规渠道卷烟实际上主要是湖南生产的卷烟。公安县专卖局一位负责人介绍说，湖南产的卷烟因不在湖北省烟草专卖部门提供的许可销售品种之列，在湖北境内是不能销售的，属“非正规渠道”卷烟。由于公安县与“卷烟大省”湖南接壤，周边烟草厂家较多，“非正规渠道”销售卷烟的现象屡禁不止，造成了公安县税收流失。第三号文件下达后，由于加大查处力度，公安县对“非正规渠道”购进烟的整顿工作取得了一定的效果。

对公安县政府以红头文件摊派烟草指标的做法，国内各大媒体和主要门户网站进行了报道，在社会上引起了强烈反响。5月4日，在舆论压力和上级政府的干预下，公安县政府发布了撤销该文件的决定，废止了这一“抽烟文件”。

决定公共政策质量的关键性要素是政府能力。自政府产生以来，政府能力一直就是判定政策优劣的重要标准。

(一)政府能力界定

在政治学文献中，对“政府能力”(Governmental Capacity)概念主要是从三个不同的角度来界定的。第一，从政策主体的角度出发，将政府能力界定为政府“将自己的偏好(Preference)和目标(Goal)转化为现实的能力”。第二，从政策客体或政策环境的角度界定政府能力。比如，阿尔蒙德认为，政府能力是指政府能否成功地适应环境挑战的能力，就是建立政治行政领导部门和政府行政机构，并使他们拥有制定政策和在社会中执行政策，特别是维持公共秩序和维护合法性的能力。① 第三，从政府职能的角度界定政府能力。比如，世界银行认为，政府能力是政府在实现自己职能时具有的能量和力量，是“有效地采取并促进集体性行动的能力”。②

从公共政策学的角度出发，可以把“政府能力”界定为政府在其职

① 阿尔蒙德，小G.宾厄姆·鲍威尔.比较政治学：体系、过程和政策.曹沛霖，等，译.上海：上海译文出版社，1987：433.

② 世界银行.1997年世界发展报告——变革世界中的政府.蔡秋生，等，译.北京：中国财政经济出版社，1997：38.

责范围内，运用公共权力，正确地制定并有效地实施公共政策的能力。这个定义的内涵包括如下两点：

（1）政府能力与政府权力、政府职能密切相关。这是因为：第一，政府能力总是与履行特定政府职能的政府行为紧密联系在一起，政府职能框定了政府能力的范围和取向。第二，政府职能与政策主体、政策目标、政策工具、政策绩效等都具有较强的关联性，从而增强了政府能力概念的统摄性和解释力。

（2）政府能力包括政策制定和政策执行两个层次的能力。判断政府能力的强弱在于政府能否在其职责范围内正确地制定并有效实施公共政策。

（二）市场、政府能力与公共政策

作为社会资源配置的基本手段，公共政策与市场的目的均在于满足社会需求。政府与市场关系的历史表明，人们对政府干预的需求在很大程度上是由市场失败所引致的。所谓“市场失败”，就是由于市场机制本身的缺陷，如市场竞争的不完全性、市场无法消除外部性、无法满足社会对公共物品的需求等，以及外部环境的限制，从而使资源配置达不到“帕累托最优化”。市场失败就需要政府介入。但政府介入并不意味着由政府完全替代市场，而是运用“看得见的手”的力量，遏制或限制“看不见的手”所产生的功能性缺陷。公共政策是政府意志的集中体现，是政府干预经济社会发展的重要手段。公共政策对政府能力的影响是双重的：倘使政府正确地制定并有效地实施了公共政策，而且该政策有效地克服了市场缺陷，促进了经济社会的发展，那么公共政策就提高了政府能力。相反，如果公共政策实施后，非但没有解决市场缺陷，反而加剧了市场主体与政府之间的矛盾，造成了社会资源的浪费，那么就意味着政府失败或政策失败，则有害于政府能力的提升。

（三）治理、治理能力与公共政策

现代治理理论作为一种新的政治理念还缺乏明确统一的界定。按照斯托克的看法，治理意味着一系列来自政府但又不限于政府的社会公共机构和行为者；意味着在为社会经济问题寻求解决方案的过程中存在着界限和责任方面的模糊性；意味着在涉及集体行动的各个社会公共机构之间存在着权力依赖；意味着参与者最终将形成一个自主的网络，这一自主的网络在某个特定的领域中拥有发号施令的权威，它与政府在特定的领域中进行合作，分担政府的行政管理责任；意味着办好事情的能力并不限于政府的权力，政府的能力和责任在于运用公共事务管理中的新方法和新技术。[①] 总之，治理不同于传统的“统治”（Government）即以政府权威为基础、自上而下单向度的公共权力运行，也不同于强调以私人部门的管理经验和市场化为特征的“新公共管理”，而是强调权威的多元化、权力的分散化以及国家与社会、政府与市场的双向互动。

在现代治理的视角下，政府能力就是“治理能力”（Governability），即在治理需要与能力之间合理、有效地调整过程中对善治的体现。[②] 换句话说，治理能力是指政府在一个以全球化、市场化、信息化为特征的社会里，运用公共权威，协调各类主体（包括公共部门、私人部门和“第三部门”），维持公共秩序，满足公共需要，增进公共利益的能力。公共政策则成为政府组织、社会团体以及个体公民之间互动与合作的方式，成为提高治理能力，臻于“善治”[③]的重要手段。

（1）治理理论重新厘定了政府的角色，强调政府的调控能力。认为政府应当回到“掌舵”即制定政策的位置上来，作为合作者、催化剂和促进者，通过有效的公共政策，支持市场运作，向私人部门施加各种可行的和有力的影响，让其“划桨”即执行政策、提供公共服务，从而实现政府与市场的最优功能组合。

（2）治理理论强调公共政策直接主体的多元化。认为无论是公共行为者还是私人行动者，都没有解决复杂多变的社会问题所必需的知

---

① 格里·斯托克.作为理论的治理：五个论点.国际社会科学杂志.中文版.1999(2).

② 詹·库伊曼.治理和治理能力：利用复杂性、动态性和多样性//俞可平.治理与善治.北京：社会科学文献出版社，2000：231.

③ “善治”有6个基本要素，即合法性（Legitimacy）、透明性（Transparency）、责任性（Accountability）、法治（Ruleoflaw）、回应（Responsiveness）、有效（Effectiveness）。参阅：俞可平.治理与善治.北京：社会科学文献出版社，2000：9-10.

识、信息和能力①,因此,有必要突破政府为唯一的公共政策直接主体的思路,借助其他主体的能力和资源,实现政府的职能目标。

(3) 治理理论强调公共决策权力运行的双向性。认为传统的公共政策管理过程是公共权力自上而下的运行过程,这一过程是通过发号施令,制定和实施政策,对社会公共事务实行单一向度的管理。治理则是一个上下互动的管理过程,政策管理机制主要不依靠政府的权威,而是依靠合作网络的权威。

(4) 治理理论强调政府的政治责任。现代国家的政府正在把原先由它独自承担的责任转移给公民社会,即各种私人部门和社会团体。这使国家与社会之间、公营部门与私人部门之间的界限和责任日益模糊,也使政府在社会中的特殊性受到了削弱。但这并不构成政府规避或减轻责任的理由。民主政府是责任政府,政府的责任就是履行公共职责、行使公共权力、制定和实施公共政策,并对其政策行为和政策后果负责。

四、公共决策体制

(一) 公共决策权及其归属

政策过程从本质上说就是政治过程,政治过程必然涉及公共决策权。权力是决策的基础,决策是权力的体现。"政治过程这个概念,本来一端应该是政策过程模型,另一端应该是权力过程模型。这里,权力过程被定义为:某个特定的行为者使用各种争论、政策为手段,维持和扩张自己的权力、影响力的过程。换句话说,某个政治过程,既可以看做(作为特定政策展开过程的)政策过程,又可以看做(特定行为者间的)权力过程。"②

公共决策权通常可以理解为在决策过程中根据自己的目的,将个人意志施加于他人意志之上,通过各种途径影响他人行为的能力。在

① 罗伯特·罗茨.新的治理//俞可平.治理与善治.北京:社会科学文献出版社,2000:92-93.

② 大岳秀夫.政策过程.傅禄永,译.北京:经济日报出版社,1992:124-125.

政策主体系统中,公共决策权的基础既来自于正式的职务权力、法定权力,也来自于非正式的人格权威、技术权力,而更多的则是二者的结合。

公共决策权的使用和运行是一个动态的过程。最高决策权的构成及其归属决定了决策体制的性质和类型。

（二）公共决策权的配置

正如罗伯特·达尔所说,决策权力并非一团硬块①,而是可分立的、可授予的、可分享的。为有效地行使最高决策权力,就需要按照一定的原则对其进行配置。决策权的配置有不同的类型。根据最高决策权所属人数的多少,可以分为首长制和委员会制;根据决策权限的集中与分散程度,可以分为集权制和分权制;根据上级决策机关对下级的指挥控制方式,可以分为完整制和分离制;根据决策系统中各部门的职责权限和范围,可以分为层级制和职能制。前两者主要是从决策权占有的角度进行划分,后两者主要是从决策权使用的角度进行划分。由于公共决策权的配置主要涉及的是决策权的占有问题,因此,这里选择前两种类型进行重点介绍。

1. 首长制与委员会制

首长制也称"一长制"、"独任制",即最高决策权为某人所独掌,并由其承担全部决策责任的组织体制。首长制的特点在于,政府最高首脑可以就政策问题向政府其他组成人员征求意见,但拥有最终决定权,并对这种决策负实际责任。它的优点是:决断及时迅速、果断有效,有利于使政府责任明确化、具体化,从而使政府的行政效能得到充分发挥。而其缺点是:容易导致权力滥用、压制民主、独断专行,从而使公共决策的科学化、民主化受到影响。

委员会制又称"合议制"、"会议制",即最高决策权配置给由两个以上的人组成的委员会,政策方案的最终择定由委员会集体根据少数服从多数原则进行。委员会制的优点在于,能够集思广益、吸纳多方面的意见、协调一致制定政策,有利于决策的民主化,也有利于激发委员们的主动性。其缺点是:决策迟缓,责任分散,易于导致争功诿过,增加

---

① 罗伯特·达尔.现代政治分析.王沪宁,陈峰,译.上海:上海译文出版社,1987:32.

决策成本。

2. 集权制与分权制

集权制,即决策事务与决策权均集中于上级决策机关,下级机关只能依上级机关的意志和决策指令行事。集权制的优点是:公共决策能够做到统筹兼顾、政令统一。其缺点是:政策适应性差,不利于因地制宜,并易于导致上级决策机关的独断专行以及政策上的"一刀切",压制地方积极性。

分权制,即各级决策机关在各自的管辖范围内拥有相对独立的决策权,上级机关无权干预下级机关的决策活动。分权制的优点是,各级决策机构由于情况比较明了,获得信息较为准确,能够因地制宜地进行决策,因而政策的针对性强。其缺点是:由于各级决策机关从各自的利益出发分散决策,加大了政策协调的难度。

(三) 公共决策的规则

现代政治是程序政治,程序就是一系列规则。公共决策不仅涉及公共决策权的配置,也要制定和遵循一定的决策规则。所谓决策规则,就是决策主体择定最终政策方案的程序和方法。"决策规则划定了一个范围,政治竞争者必须在此范围内制定其战略和策略,并开展政治斗争。"①不同的决策规则对最终的选择具有非常重要的影响,决策规则的改变很可能导致决策结果的变化。政策制定主体采纳的基本决策规则主要有两种:一是全体一致规则,二是多数规则。②

1. 全体一致规则

全体一致规则(Unanimity Rule)又称"一票否决制",即所有拥有投票权的直接决策者都对某项政策方案投赞同票,或者至少没有任何一票反对的情况下,政策方案才能转化为正式的公共政策。全体一致规则有两个基本特征:第一,决策主体在形式上都能绝对平等地分享决策权,任何一个否决行动都会对政策方案的通过产生决定性的影响。

---

① 加布里埃尔·A.阿尔蒙德,小G.宾厄姆·鲍威尔.比较政治学:体系、过程和政策.曹沛霖,等,译.上海:上海译文出版社,1987:275.

② 丹尼斯·缪勒.公共选择理论.杨春学,等,译.北京:中国社会科学出版社,1999.

第二,决策结果达到了“帕累托最优”,即所有决策主体都能因最终的方案选择而获得一定的收益,或者说,没有人因此而受损。

在现实中很难见到全体一致规则的运用。这主要是因为其中存在着“讨价还价”的难题。尽管从理论上说,决策者共同受益获得双赢、共赢的结局是可能的,但从现实的角度看,要达成一个决策者均满意、利益互不损害的“最优”方案是非常困难的。决策者不得不多次讨价还价,为某一政策方案的通过而付出的时间、精力、物质消耗等决策成本可能远远超过由此得到的收益,因此就会导致许多“无奈的选择”或决策中的“策略性行为”。也正因为如此,全体一致规则适应的对象是对某些重大政策问题的决策。

2. 多数规则

既然全体一致规则因决策成本过高,在很多情况下难以实施,那么就只能退而求其次,采取多数规则以最大限度地照顾多数的利益。所谓多数规则(Majority Rule),就是采取少数服从多数的原则,以得票最多的政策方案作为正式采纳的公共政策的择案规则。多数规则采取两种基本形式:

(1) 简单多数规则。多数规则最普通的形式是简单多数规则。所谓“简单多数”,就是在多种政策方案的择优中,哪一项方案得到的赞成票最多,则该方案就成为正式的公共政策,而不必超过半数。因此,简单多数规则也称“相对多数规则”,它是现代决策中应用最广泛、程序最简单、最易于为人接受的一种决策方法。一般而言,简单多数规则要求决策群体的成员数量为奇数。比如,一个由9人组成的决策群体对政策方案A、B、C进行选择。其中,4人选择A方案,3人选择B方案,2人选择C方案,那么A方案就成为正式的公共政策,虽然5人实际上并未选择A方案。

(2) 绝对多数规则。要反映“大多数”人的意愿,则需要对投赞成票的具体比例做出明确规定,如要求达到1/2或2/3或3/4等多数票。因此,绝对多数规则也称“过半数规则”、“比例多数制”。在实际中,如果第一轮投票中没有任何一个政策方案超过绝对多数的相关规定,通行做法是就两个得票最多的备选方案进行第二轮投票,票数领先者成为正式的公共政策。这是绝对多数规则的修正方法。

绝对多数规则的基本特点是:第一,决策过程中无须每个决策者都投赞同票,只要有超过半数的赞同票,决策方案就能够转化为正式的公共政策,因而决策成本较低。第二,采用该规则择定的公共政策对全体决策者都具有约束力和强制性,也就是说,居于少数的反对者必须服从占多数的支持者所做出的决策。

多数规则虽然大幅度地降低了决策成本,却可能出现"周期多数"或"投票悖论"现象,即决策结果随投票次序的不同而变化。最终择定的公共政策并不是优于其他政策方案,而是由于抉择次序所致。这说明过半数规则还存在一些缺陷。为此,人们提出一些改进方法,比如,占多数规则、淘汰投票、赞成投票、需求显示法则、投否决票规则等。

在我国,民主集中制是公共决策的基本规则。长期的历史实践证明,这种决策体制符合我国的国情,而且在理论上优于西方代议制民主决策规则。

(四) 公共决策体制的类型

公共决策体制不是自然生成的,而是人为设计的产物。这种设计并不完全是最高决策者的主观意志所能决定的,它要受到特定历史条件的制约,要受到经济基础、政治结构、政治传统等因素的制约。因此,公共决策体制既具有人为选择的特征,又受到历史、经济、政治、文化等客观因素的影响和塑造。

在人类历史发展的不同时代,出现过各种不同类型的公共决策体制。以最高决策权的最终归属为标准,这些决策体制可划分为原始民主制、神权制、君权制、议会制、人民代表大会制、法西斯制和军人独裁制等。① 而当今世界各主要国家的公共决策体制,则可区分为以下几种类型:

(1) 总统制。从国家最高决策权来说,美国的公共决策体制属于典型的总统制。在美国以及其他实行美国式的总统制国家里,立法机关、行政机关、司法机关的决策权各自分立、互不隶属而又相互制衡;既

---

① 伍启元. 公共政策. 香港:香港商务印书馆,1989:217.

是国家元首又是政府首脑的总统拥有的决策权之大,使他在“三权分立”的体制中鹤立鸡群:他领导的政府不对议会负责但他却可以对议会通过的法案行使否决权,他不能干预司法却有权任命国家最高法院的大法官;在他的内阁里实行首长制即由他独掌最终决策权。

(2) 议会制。从国家最高决策权来说,英国的公共决策体制属于议会制。在英国以及其他实行英国式的议会制即“威斯特敏斯特体制”的国家里,议会的决策对政府的决策有决定性的作用,或者说政府的决策最终取决于议会的决策。因此,议会多数的支持是这种公共决策体制得以运行的关键。而无论是在议会还是内阁,决策的基本规则都是多数规则。国家元首(君主、总统、主席等)是虚位的,不拥有实质意义的决策权。

(3) 半总统半议会制,又称双首长制。这种公共决策体制同时兼具总统制和议会制这两种体制的特点,首创而且至今仍在实行这一体制的是法国。在法国以及其他实行法国式的双首长制国家里,既是国家元首又拥有行政决策权的总统,其决策实行首长制且不对议会负责;以总理为首的内阁,其决策权的行使则有赖于议会多数的支持。

(4) 超级总统制。这种公共决策体制,在组织结构上与法国式的半总统半议会制或美国式的总统制颇为相像,但在各结构之间的权力关系上却与此二者大不相同。俄罗斯被认为是实行超级总统制的典型国家。在俄罗斯,议会的真正决策权仅限于立法;总统任命总理和组织政府,获得议会多数席位的政党无权组阁;总统有权解散议会、决定议会选举和全民公决。因此,总统的决策权远较法国式双首长制和美国式总统制的决策权为大。

(5) 委员会制。这种公共决策体制虽然在次国家级政府机构以及非政府公共组织里广为实行,但是国家最高决策权的行使采取这种体制的国家,却只有瑞士。在这一决策体制里,决策权不为单一领袖所拥有,而是主要由议会按照多数规则行使;政府是由议会选举产生的一个委员会,该委员会实行集体领导,其主席对内主持会议,对外履行国家元首的礼仪性职责;政府从属于议会,基本职能是执行议会决策,其自身决策权的行使仅限于操作层面。

(6) 人民代表大会制。当代中国实行的公共决策体制是由中国共产党领导的人民代表大会制。这一决策体制的主要特点是：全国人大是国家最高权力机关，不仅行使立法权，而且国家行政机关、审判机关、检察机关都由它产生，对它负责，受它监督；民主集中制既是人大制度的组织原则，也是人大及其常委会行使决策权必须遵循的原则，即实行集体决策，组成人员充分审议、集思广益，在基本形成共识的基础上进行表决，按多数规则作出决定；中国共产党的执政地位通过其对人大的领导来实现，即党的主张通过国家权力机关，变成国家的法律和政策，变成国家意志。

(7) 军人独裁制。这是通过发动政变而夺得国家政权的军队领导人实行的一种决策体制。近代以来，在欧洲和拉丁美洲很多国家里，都曾出现过军人独裁制。20 世纪后半期，在一系列刚刚获得独立的亚非国家里，军人独裁制度一度十分流行。这种决策体制主要有两个类型：第一是以军人决策取代政府决策。在政变成功以后的第一个阶段，宪法被废止，议会被解散，政府被夺权，由政变领导人和军人委员会行使国家权力，军人决策成为公共决策。第二是在军人主导下形成的政府决策。进入第二个阶段，军队退回到军营，政变领导人变成正式的国家和政府领导人，如总统、总理、部长、议长等，于是公共决策从形式上看趋于正常化，而实际上仍是军人独裁。

第三节　非政府政策行为者与公共政策

上一节论述了政府作为政策行为者与公共政策的联系和关系，在这一节里则集中论述公民、社会团体、政党、大众传媒等非政府政策行为者(Non-govermengtal Policy Actors)对公共政策的作用和影响。我们提出和使用“非政府政策行为者”来概括公共权力机关以外的各种政策行为者，这一概念在本节将是一个重要的分析工具。

一、公共利益与公共政策

谋求和增进公共利益是一切政策的出发点，也是公共政策的灵魂和归宿，是公共政策获得合法性的基础。但是，公共利益必须通过公共政策的制定和实施而得以实现。

（一）公共利益的内涵

许多公共政策学者都关注公共利益问题。① 加拿大学者莱斯利·雅各布在《民主视野》一书中总结了关于公共利益的四种具有代表性的定义：① 公共利益是仅仅关系到一个国家中所有公民共同享有的那类个人利益。② 坚持认为在国家之中总是存在区别于特定公民利益的东西，即从具体的个人中抽象出来的，并反过来反映由“公众”的观念本身所揭示的共同享有的公共所有物。③ 公共利益是那些代表一个社会里大多数公民的最好的利益或最大的好处的东西。④ 公共利益是关系到个人作为社会成员所共同拥有的那些东西。② 第一种定义虽然清晰明了，但是在一个高度异质性、文化多样性的现代社会里，可能并不存在一切公民所拥有或认可的共同利益。第二种定义的不足在于，它没有指出根本不存在脱离个体利益的公共利益。第四种定义的问题是以公民权来解释公共利益，但实际上公民的个人利益可能各不相同。第三种定义较为可取，它从功利主义的伦理观出发，强调政府的所作所为是为了大多数人的利益，从而为决策的民主化奠定了基石。但其不足在于，在强调最大多数人利益的同时，却可能使少数人的利益边缘化，即完全忽视了少数公民的利益。

事实上，公共利益有两个层次：首先是利益获得者的群体范围，其次才是利益实现的程度。公共利益是最大多数公民的利益，而非最大多数公民利益的最大化。③

（二）公共利益的确定

---

① 部分西方学者，如公共选择学派的代表人物詹姆斯·布坎南、肯尼斯·阿罗，根本否认公共利益的存在，认为“公共利益是一种神话”。

② 莱斯特·雅各布. 民主视野. 吴增定，等，译. 北京：中国广播电视出版社，2000：36-37.

③ 这是因为，在一个多元化社会里，人类可以预见的只是实现其利益的社会成员的范围尽可能大，至于个别社会成员的利益能够实现到何种程度则是一种可能性。在资源既定的情况下，一方获利多，则意味着另一方必然会获利少。

遵循什么样的政策理念、政策标准，有效地吸纳、平衡各种利益诉求，并在利益聚合、利益综合的基础上形成公共利益，就成为公共决策者面临的首要问题。在此过程中，决策者对公共利益的考量主要有以下三个视角。①

(1) 直接利益与间接利益。除少数具有明显的可识别特征的宏观公共政策外，多数公共政策都处在与环境的矛盾冲突中，表现为各种利益相关者围绕既定的政策问题提出各种不同的政策主张，并试图通过各种方式使之成为政府政策。虽然最终的政策决定常常较多地反映了特定利益相关者的直接利益，并被冠之以"公共利益"，但问题在于，该政策是否伤害了非对立方的社会公众的利益。如果一项具体政策在较多地反映了一定利益相关者直接利益的同时，也为其他公民带来了间接利益，那么这种利益聚合与综合是成功的。反之，则是失败的。

(2) 现实利益与未来利益。某些公共政策在特定时间段可能会给某一社会群体带来一定的利益损害，但在更长的时间段内却可以给社会公众，包括受损害者带来新的利益，而且受损害者可能是新利益的首先获得者，那么，这种利益聚合与综合是理性的。

(3) 形式利益与内容利益。在一些公共政策问题上，社会公众感兴趣的与其说是政策内容及其与自身的利害关系，不如说是在政策形成过程中其权利是否受到了应有的尊重，是否因为公共政策而确定了一定的社会生活准则。建立起合理的、开放的政策制定和执行程序，不仅在政策内容上反映公众的利益，而且在形式上体现公众的利益，对于有效地平衡公民利益需求，使尽可能多的社会公众认同和拥护政府是非常重要的。

(三) 公共利益与公共代价②

从政策的性质和功能上说，公共政策的利益与代价既可以广为分布，也可以分布狭窄。从政策的社会效果来看，利益与代价的对应关系

① 张国庆. 现代公共政策导论. 北京：北京大学出版社，1997：43-46.

② 詹姆斯·E. 安德森. 公共决策. 北京：北京大学出版社，1997：211-216.

存在四种基本类型：

(1) 利益范围宽、代价范围宽。即某些公共政策(如社会保障、警察消防、国防政策、公共教育)的利益惠顾与代价付出同样广泛，均是全体社会成员。

(2) 利益范围广、代价范围窄。即某些公共政策(如环保政策、反垄断政策)向众多的社会成员提供了福利，而所付出的代价却要落在社会上相当明确而且可以识别的团体身上(如相关企业)。

(3) 利益范围窄、代价范围宽。即某些公共政策只对特定的社会团体(如对残疾人的政策)有益，而所付出的代价却要全体社会成员来承担。

(4) 利益范围窄、代价范围窄。即某些公共政策(如最低工资保护政策、强制医疗保险政策)向特定社会群体提供利益，而为其付费的却是另一部分社会群体。

需要指出的是，以上四种关于利益与代价的分布类型，只是从二者的直接关系这一角度做出的静态划分。如果将公共政策视为一个连续不断的过程，那么公共政策利益与代价的分布类型则要复杂得多。此外，公共政策利益与代价的四种分布类型并不存在孰优孰劣问题，关键在于某一项政策所引起的利益与代价之比是否可以在一个平衡的过程中最终获得各利益相关者的同意或认可。

二、公民与公共政策

公共政策过程的基轴是公共权力与公民的关系。政府作为公共权力的正式代表，在法理上被设定为全体公民委托管理国家公共事务的组织。因此，政府的政策须以公民为服务对象并对全体公民负责。在现代代议制民主政治体制中，公民既是公共权力的本源，也是被统治、被管理的对象。公民同时作为政策主体与政策客体双重角色的矛盾只有在公民充分参与政策过程且政策结果体现和维护公民利益时才能获得正确解决。案例 3-2 中北大五学者的上书建言很好地体现了这一点。

案例 3-2

北大五学者上书　建议修改拆迁条例①

关于强制拆迁的典型案例早已引起社会的广泛关注。2009 年 12 月 7 日，北京大学法学院五位学者关于《城市房屋拆迁条例》涉嫌违宪，建议全国人大常委会修改建议书的发出，一石激起千层浪，把公众的目光聚焦到了法律制度建设的基本面。国务院法制办、全国人大法工委对此高度重视。12 月 16 日，国务院法制办邀请这五位学者参加了修改《城市房屋拆迁管理条例》的研讨会。12 月 26 日，全国人大常委会法制工作委员会表示，在北大五位学者提出修改《城市房屋拆迁管理条例》建议之前，全国人大常委会有关部门已着手积极推动该条例的修改；建议提出之后，全国人大常委会有关部门加紧了这方面的工作。

（一）作为政策客体的公民

一般而言，公民总是作为消极、被动的政策遵从者而存在的。特别是在精英决策模型中，公民常常被视为一群冷漠、无知、自私的“乌合之众”，他们没有严密的组织，缺乏政治上的自觉，不能表达自己的利益和要求。因而，公共政策反映的只能是精英集团的价值观，而非公民的利益，整个决策过程的模式是“自上而下”的。② 那些认为公民更多地应作为政策客体而存在的理由是：

第一，公民的真正意愿很难确定。作为个体的公民一般没有足够的时间、精力、兴趣和经济实力去关注政策问题，即使拥有足够的时间、精力和兴趣的公民，却未必有足够的专业知识去理解政策问题。

---

① 人民网：《北大五学者就拆迁条例向全国人大建议书全文公布》，http://news.ifeng.com/mainland/200912/1210_17_1469753.shtml。笔者对建议书中具体阐述部分作了删减。

② 托马斯·戴伊．自上而下的政策制定．鞠方安，吴忧，译．北京：中国人民大学出版社，2002.

第二，公民的意见多属短视。普通公民急功近利，目光短浅，只求眼前的狭隘利益，而忽略社会全局性的发展。他们做出的政策选择未必符合自身的根本利益。

第三，公民参与成本过高，效率低下。公民决策耗时费力，不仅超出了政府的承受能力，而且使政府部门的专业、行政人才难以发挥其知识经验之长。

第四，公民参与会导致社会不稳定。公民的政治期望随着物质生活的改善而不断膨胀，常常会提出过高的不切实际的要求。而当这些要求没有能够被满足时，其内心就会滋生不满，对政府产生不信任，从而导致社会不稳定。

（二）作为政策主体的公民

公民虽然常常作为政策作用的对象而存在，但无论是民主体制还是专制体制，普通公民的利益和愿望对公共政策仍有相当大的影响。现代民主社会的政策过程不仅强调公民参与，甚至将其视为公共政策的基石。这是因为：第一，整个政策运行过程都以公民为基础。第二，公民参与政策过程，不但可以加深其对政策意义的理解，而且会使他们知道政策何以如此，从而增加他们配合政策运行的自觉性，提高政策的效力。另一方面，公共政策的直接主体只有充分考虑到公民的利益诉求，才能够制定出最符合社会需要、最能为公众所接受的政策。第三，政策过程的民主化、法制化要求公民参与。第四，随着信息网络技术和大众传媒的发展，以及公共政策学知识的普及，政策信息的获取将变得十分便捷。同时，随着教育水平的提高和资讯的发达，公民的素质不断提高，消除了公民参与政策过程所遇到的障碍，提高了公民参与的效率。

公民参与并影响公共政策的途径主要有以下7种：

（1）以国家主权者的身份，采取全民公决的方式，决定某些重大的政策问题，直接行使个人权利。

（2）通过直接投票或代议的形式，选择公共政策的直接主体；或推举代表参与政策过程，使政策发生实质性变化，间接行使个人权利。

(3) 使用各种威胁和抗拒的方式或者反对某项政策的出台,迫使政府修改或废止这一政策;或表达制定新政策的要求,迫使政府将问题提上决策议程。

(4) 通过参加政治党派或利益集团,借助团体的力量影响政策过程。

(5) 通过制造社会舆论或多方游说等手段,提出政策诉求,影响政策制定。

(6) 采取消极抵抗或不合作的态度,使政策过程扭曲,以此影响政策结果。

(7) 以个人的知识活动为政策制定提供实证依据或理论指导;或以个人的社会活动对政策产生实质性影响。

三、公民社会、社会团体与公共政策

作为个体的公民,其影响政策的能力和水平在总体上仍是比较低的。这是因为,第一,普通公民在参与过程中往往有一种无力感;第二,利益关联程度低;第三,个体公民缺乏参与政策过程所需要的信息。要防止政府以普遍的"公共利益"为借口而制定和实施背离公共目标的政策,就需要个体公民联合起来,依靠组织的力量,形成肯定自我和借以抵御政府权力的自由社会空间以及独立于政府权力之外的社会政治实体,这就是公民社会和社会团体。

(一) 公民社会及其主体要素——社会团体

作为一种观念形态或思想传统,公民社会(Civil Society)在西方是一个源远流长但内涵又变动不居的概念。[①] 20 世纪 80 年代以来,对

---

① "Civil Society"最初是指古希腊的城邦社会;文艺复兴和启蒙时代,被用以反映与"自然状态"相对的社会状态;启蒙时代以后,"Civil Society"则被用来指称与宗教社会相区别的世俗公共生活;17—18 世纪,"Civil Society"获得了现代含义,用以指政治社会的公共领域,从而相对于经济的、私人的社会活动领域。与当代"公民社会"思想有最直接传承关系的应属法国思想家托克维尔,他认为民主政治的维系仅靠政治体制的分权制衡是不够的,自治的、多元的、社会的、开放的社团组织的大量存在,是抗衡专制、监督权力的一只"独立之眼"。

"Civil Society"①的界定主要有两条路径:一是基于"国家/社会"二分法基础上的公民社会,即独立于国家但又受到法律保护的社会生活领域及与之相关联的一系列社会价值或原则;二是基于"国家/经济/公民社会"三分法基础上的公民社会,即介于国家和家庭或个人之间的一个社会相互作用的领域及与之相关的价值或原则。20 世纪 90 年代以来,以三分法为基础的公民社会的定义逐渐为大多数人所接受,主要是指介于市场和国家之间的一个中介性社团领域或空间。②

公民社会不是一种组织,而是作为一个"领域"或空间,"嵌入"其中的是与国家相分离的社会团体或社会组织,③主要包括非政府组织、公民的自愿性社团、协会、社区组织、利益集团(这些组织通常被称为公民社会组织(Civil Society Organization),或第三部门(Third Sector),以及公民自发组织起来的社会运动。④ 其中,非政府组织(Non Government Organization,简称"NGO")也称非营利组织(Non Profit Organization),它们分别对应的是政府和营利机构,通常只是第三部门的一个方面。

---

① "Civil Society"一词在中国主要有三种不同的译名,即"公民社会"、"市民社会"、"民间社会"。这三种不同的中文译名之间存在一些微妙的差别。"市民社会"是最为流行的术语,也是对"Civil Society"的经典译名,来源于马克思经典著作的中文译名。但这一术语在实际使用中或多或少带有一定的贬义色彩,传统上被等同于资产阶级社会。"民间社会"是台湾学者对"Civil Society"的翻译,为历史学家所喜欢,在研究中国近代的民间组织时这一称谓被广为运用。这是一个比较中性的称谓,但在不少学者特别是政府官员眼中,它具有边缘化的色彩。"公民社会"是改革开放后引入的对"Civil Society"的新译名,这是一个褒义的称谓,它强调"Civil Society"的政治学意义,即对公民的政治参与和对国家权力的制约,越来越多的年轻学者喜欢使用这一新译名。参阅:俞可平. 治理与善治. 北京:社会科学文献出版社,2000:326-327.

② 何增科. 公民社会与第三部门. 北京:社会科学文献出版社,2000:3.

③ 一般认为,公民社会包括四个结构性要素,即私人领域(由"市场机制"和"个人私域"组成)、志愿性社团、公共领域、社会运动,还包括与之互为表里、相互支持的基本价值或原则,即个人主义、多元主义、公开性和开放性、参与性、法治原则。参阅:何增科. 公民社会与第三部门. 北京:社会科学文献出版社,2000:4-5.

④ 俞可平. 治理与善治. 北京:社会科学文献出版社,2000:327-328.

（二）社会团体、公民社会与公共政策①

社会团体是公民社会的主体，也是公民社会利益的载体，具有非官方性、自在性、自愿性等特点。社会团体、公民社会对公共政策来说，有以下四个方面的作用：

1. 政策信息沟通

信息原则是重要的政治资源，也是公共政策规划必须遵循的基本原则之一。能否及时、准确、足量地收集来自公民社会的信息是衡量政策制定系统效能的重要标准。社会团体的信息沟通包括“上行”、“下行”、“平行”三个方向。上行沟通，即对产生于公民社会的各种信息进行采集、整理、加工，并输送给决策系统的过程，同时将公民对政策的反应反馈给决策系统；下行沟通，即对来自决策系统的信息进行接受，并传播给公民社会的过程；平行沟通，即在公民社会内部进行信息传播。这样，社会团体的政策信息沟通便形成了完整的闭路系统，周而复始，循环往复，源源不断地在决策系统和公民社会之间以及公民社会内部传输信息。

2. 影响并制约公共决策

社会团体是通过利益聚合、利益表达、政策传递、政策监督四大环节对公共政策发生影响。社会团体能够有效地将个体公民的意见转化为明确的、一致的组织意见，从而形成可以向决策系统输入的明确的利益信息。各种不同类型的社会团体为了自己的利益而展开的竞争与辩论，使有关政策问题的信息和分析被充分地挖掘出来，并被传输给决策系统。这就是社会团体的利益聚合和利益表达功能。政策传递，即通过社会团体的宣传活动，将政策下达给组织成员。政策监督，即在传递政策后，监督政府政策的贯彻执行。在这四大环节上，社会团体将个体公民所拥有的分散的政策资源，利用组织目标、组织纪律和组织行动的凝聚力，合并、转化为统一的力量，形成外在于政府的力量中心，从而制约公共决策的有效性，推动公共决策的公开化、民主化。

---

① 赵成根. 民主与公共决策. 第4部分“利益集团在政府决策过程中的地位和作用”. 哈尔滨：黑龙江人民出版社，2000.

3．稳定公共政策秩序

公共政策是对社会价值进行的权威性分配。这种权威性分配也可能出现失误、不当或不公，从而引起国家与社会、公民与政府的矛盾和冲突。社会团体作为中介结构，一方联结的是个体公民，另一方联结的是政府。它能够通过保持这种经常联系、对话与沟通，调节政策失误对社会的冲击力，也可以延缓社会冲突对政策秩序所造成的破坏力量及其扩展的速度，从而形成一道缓冲屏障，起到“安全阀”作用。也正是因为这种缓冲功能，许多公共政策学者将社会团体视为民主决策过程不可缺少的部分。此外，社会团体还担当了“政治社会化”的组织角色，成为公民获致合理的政策角色、提高政策参与能力、培养秩序与合作精神的场所，从而提高公共政策的效能。

4．角色替代

政府可以将一部分公共权力让渡给社会团体，形成社会团体自我管理和自主的权力，这样，使其能够有效地动员公民社会的资源，依靠自身的力量解决一部分地方性公共政策问题，一方面有利于解决那些政府管不了、管不好、无力管也不应该管的社会公共事务；另一方面也节省了政策资源。

当然，在肯定社会团体的正面功能的同时，也应当看到在一定条件下社会团体对公共政策的消极影响：

（1）社会团体关心管辖权限胜于关心正义。为了影响和控制公共决策，他们往往采取各种隐蔽的非法手段，收买和腐蚀政府，使政府道德败坏，成为政策过程中政治腐败的一个重要来源。

（2）社会团体发展到一定规模时，必然采取排他性策略，漠视公共利益，成为曼库尔·奥尔森所说的“分利集团”，侵蚀、消解政府权威，甚至替代政府决策。

（3）加剧新的不平等并使之固定下来。有组织的成员较无组织的成员、强势社会团体较弱势社会团体、社会团体内部领导者较普通成员，对公共政策的影响都更大，从而使公共政策的利益、代价分布具有一定的倾向性，并导致政治、社会不平等状况进一步加剧。

四、政党与公共政策

政党是一种特殊的社会团体,它不同于一般社会团体之处在于,政党关注的政策范围较一般社会团体更为宽广;政党所反映和代表的是公民社会多个群体多方面的利益;政党有机会执掌国家政权,并在执政过程中贯彻其政纲,直接实现其所代表的利益;政党能够将公民社会的各种利益诉求转化为一系列政策供选民选择,从而成为一种建构秩序的力量。因此,政党对公共政策制定的影响也更大。

现代国家的一个突出特征就是实行政党政治。但是,不同类型的政党在利益聚合的方式上有所不同。在实行两党制的国家中,如美国,各政党总是希望获取更多选民的支持,因而在他们的"一揽子"政策纲领中体现多数选民的需求,并尽力避免与强势社会团体发生直接的利益冲突。在实行多党制的国家中,如法国、德国,各政党代表的利益范围相对狭窄,其利益聚合的功能相对要小一些,他们更多的是作为特定利益的经纪人而非倡导者的角色出现的。① 在实行一党制的国家中,政党是公共决策的主导性力量,公共政策在很大程度上可以被视为执政党的政策。

在实行竞争性政党制度的国家中,政党首先与公共权力而非政策联系在一起。执政党是公共政策制定最重要的倡导者和政策理念的提供者。在野党也能够对公共政策制定产生重要影响。所谓"在野党",就是那些在大选中败北,现时没有执掌或没有参与执掌国家行政权力的政党。在野党的合法存在本身就是一种制约和监督力量,还可以通过在议会中的合法活动,如提出议案、促成议案通过、对政策投信任票或不信任票,参与公共政策的制定。

我国实行的是中国共产党领导的多党合作制度。作为唯一合法的执政党以及全国人民根本利益和意志的集中体现者,中国共产党在政策制定的各个环节上都发挥主导作用。各民主党派不是在野党,而是参政党,它们通过政治协商制度参与国家重大事情的讨论与决定。

---

① 詹姆斯·安德森.公共决策.唐亮,译.北京:华夏出版社,1990:27.

五、大众传播与公共政策

大众传播(Mass Communication)是指特定社会集团利用报纸、杂志、书籍、广播、电影、电视等大众媒介向社会成员传送信息、知识的过程。传统意义上的大众传播包括纸质媒体和电子媒体两种。随着互联网的兴起,作为“新电子媒体”的网络逐渐成为一种新的、普受欢迎的大众传播形式。作为现代社会最为普遍的信息集约者、传播者和沟通者,大众传播影响到民众政治、经济、文化生活的方方面面,以至于马克思早在19世纪50年代就将其视为与立法权、行政权、司法权并列的“第四种权力”。

(一)大众传播与政策制定

大众传播对公共政策来说,有以下三个方面的作用:

1. 提出公共问题并推动问题认定

政策问题是公共决策的逻辑起点。大众传播可以凭借其强大的信息收集功能和舆论制造功能,提出公共问题,影响政策系统对特定问题认知,使政府重新考虑问题的优先次序,进而推动相关政策问题的形成。

(1)监测环境变化,及时发现和提出公共问题。许多社会或公共问题都是首先被大众传播发现,经报道以后才引起社会的广泛关注和政府的注意。随着信息社会的发展和大众传播能力的日渐增强,特别是在媒体竞争日渐激烈的今天,各大众传媒为了扩大市场份额和自身的影响力,在承担社会责任之时,也有了越来越强的监测环境、及时发现社会热点问题的内在动力。

(2)促进信息交流,释放社会多元诉求。大众传播是一个相对开放的政策参与平台。无论是哪个政策行为者,都可以借助大众传播这个平台全面而广泛地展示自己的信念、观点和利益诉求,参与政策讨论。与此同时,大众传播传递信息的直接性和迅速性可以弥补体制内参与层级太多、单向度信息传递的弊端;而长期信息传递经验的积累和专业化的传播方式则可以使民众讨论的问题表达得更加明确、清晰。

(3)制造“焦点效应”,催生热点公共问题。大众传播可以通过媒体的信息扩散和反复报道，以及利益群体和专业研究人员的大肆渲染，使特定的问题在范围和强度上最大限度地为政策系统和普通民众所认知，并在一定时机促使该政策问题进入政策议程。在此基础上，广泛的信息传播也可以扩大政策诉求群体，从而争取更大范围的公众支持。

2. 有效影响政策议程的设置

大众传播能够使政府重新考虑问题的优先次序，因而充当政策议程设置的引领者的角色。

（1）推动公众议程尽快转化为政策议程。托马斯·戴伊就曾指出，“在政策制定过程中，媒体的权力体现在‘制造’，并将这些问题进行装扮，使之变成‘危机’问题，使人们开始关注并谈论这些问题，最终迫使政府官员不得不采取措施解决这些问题。”大众传播主动发现和提出问题，推动公共议程转化为政策议程，主要有两条途径：一是通过报纸、广播、电视、网络等各种媒介的报道和评论，大量地使用网络等新型信息传递工具，为民意表达提供尽可能大的空间；二是围绕特定的社会或公共问题发表意见，着力吸引民众参与、评论和支持，给决策者施压，从而推动公众议程上升为政策议程。

（2）价值取向和利益导向的引领者。无论在何种环境下，大众传播所传递的信息都是对采集来的信息进行选择、整理、淘汰和处理的结果。这种层层加工和筛选的过程，对公众而言往往会起一种价值取向和利益导向的“引导者”的作用。

（3）构建“第二现实”。所谓“第二现实”，即指大众传播利用自己“敏锐的嗅觉”，通过频频报道和讨论某个问题，影响受众对该问题的内容及其性质的认知和态度，进而影响政策议程的建立。大众传媒对特别问题的关注，通过构建第二现实，促使该问题进入政策制定者的视野，一直是社会或公共问题进入政策议程的重要途径。

3. 影响公共政策的抉择

大众传播作为公民参与的重要平台，具有贴近普通民众、非集权化的优势，能够在政府与民众之间架设一道有效沟通的桥梁，帮助政府及时了解公众的支持或反对情况，进而影响政府政策抉择。

大众传播对政策抉择的影响力因所处体制环境的差异而有所不

同。在政府控制相对严格的体制下,作为政府执政工具,大众传播更多地承担着传递政府政策意图的任务,对政策抉择的影响力有限。在政府控制相对宽松的体制下,大众传播的作用就不限于发布“政策气球”和其他“政策信号”,常成为影响政策抉择的意见领袖:或通过公开政策制定的程序来监督政策制定的合法性,或通过收集、传达公众意见而提出多种政策方案,或通过专题评论和焦点效应施加舆论压力,最终对政策抉择产生重要影响。

(二)大众传播与政策执行和监控

大众传播对于民众了解和接受政策、营造良好的舆论环境以及监督政策的有效实施,具有重要作用。

1. 为政策执行提供良好的舆论支持

大众传播能够通过及时、有效的报道和解读,使政策内容迅速而准确地抵达政策对象,提高公众对决策的知晓度和认同感,保证政策的有效执行。首先,主要是通过如实介绍政策的内容和背景,宣传政策的意义、目标、原则、方法和步骤等,使政策为民众所认知。其次,大众传播在政策宣传中还经常充当“意见领袖”的作用,或以典型报道、评论等形式充当政府代言人,为政策宣传造势;或通过邀请专家、民意调查、实例讲解等形式,劝告或说服公众接受特定的政策目标。第三,通过持续的政策宣传,引领和规范公众的观念和行动,间接地推动政策目标的实现。

2. 监督和控制政策执行过程

在政策执行过程中,大众传播不仅充当着政策对象和公众意见收集者的角色,还能充当监测者和裁判者的角色,对政策效果和质量实施有效监控。对于因人为因素引起的偏差,通过焦点曝光、道德谴责、社会劝诫和舆论制约等方式,将其全方位地呈现在公众面前,以保障政策的正常执行;对于因客观因素引起的偏差,大众传播则将建议传递给政策执行者,以改进和完善政策。

(三)大众传播与政策评估和调整

大众传播能利用其特殊的信息网较快地获取各种信息,传播事件的真相和内幕,影响政府或公民对特定政策的总体性或局部性评估。

1. 及时收集和反馈公众对政策的意见

政策效果如何,政策对象和一般公众的评价很重要。大众传播一方面能将政策制定者、政策执行者、政策对象及其他政策行为者的真实状态、想法和要求等及时地传递出去,将政策的每一个环节、每一种声音包括每个异常情况都如实地反映出来,进而为民众从多个角度评价公共政策提供参考。另一方面,它也能为民众发表对特定政策及其结果的意见、看法提供平台。这种意见的收集和反馈涉及对政策过程的总体评价和民众对政府能力的认同,构成政策评估及决定政策下一步走向的重要依据。

2. 以自己特有的方式进行政策评估

大众传播能够通过对特定事件做深入报道以及发表有倾向性的评论,对政策效果特别是政策的不良后果做出评估,影响民众和政府对有关政策进行重新审视。随着信息技术的发展以及大众传播感召力的进一步凸显,大众传播的政策评估功能正为越来越多的公共决策者所重视。

3. 推动公共政策的及时调整

政策调整依赖于真实而完整的政策绩效信息。大众传播在政策调整过程中发挥着积极的作用:首先,大众传播传递信息没有中间环节,直接达到与政策相关的个体和组织,并将其认知和意见在第一时间反馈给政策制定者,非常快捷。其次,大众传播的接触范围广,政党、社团、企业和个人都可以参与并发表意见和建议,收集反馈的信息相当快捷和全面。再次,理性的大众媒介视真实为自己基本的职业道德操守,能够客观、准确地记录政策现象、反映政策对象及其他政策行为者的意见和观点,所获得的信息比较真实。此外,强大的影响力也有助于这些政策反馈信息及时地被政府所关注。事实证明,很多政策都是在大众传播的作用和影响下调整的。

综上所述,大众传播对于扩大公民的政策参与、提升政策的公共性具有重要作用。但是,由于受市场因素的冲击、大众传媒自身发育不健全和自利取向等因素的影响,大众传播在影响政策的过程中也面临着“公共性缺失”的问题,而缺失公共性的大众传播对政策的公共利益取向势必产生负面的作用和影响。

本节对公民、社会团体、政党、大众传播等主要的非政府政策行为者怎样影响公共利益和公共政策分别进行了分析和论述。现在做一概括和总结,可以对"非政府政策行为者"做如下界定:① 在公共决策过程中,非政府政策行为者基本上是利益相关者,而且是积极、主动地影响决策的利益相关者;② 非政府政策行为者影响决策的行为,有利于直接决策者更全面、更系统、更深入地获取政策相关信息,但其行为本身既可能推动直接决策者制定体现和实现公共利益的公共政策,也可能完全相反;③ 由非政府政策行为者与直接决策者形成的政策社群和政策网络,既可能有助于公共决策的科学化、民主化、法制化,也可能造成少数精英和强势群体垄断公共决策、漠视公共利益。

第四章

政策过程及其理论模型

公共政策是一个动态的过程。由于政策过程与政治过程具有同构性，所以各国政治体制的差异造成各国的公共政策过程各具特点。另外，各国的特殊经验、历史文化传统、主流意识形态也对其公共政策过程产生深刻的影响。因此，作为公共政策过程在观念形态上的反映，就会形成不同的政策过程分析模型。就公共政策学中具有广泛影响的那些公共政策过程分析模型来说，都是基于西方国家的经验和理论资源概括总结出来的；而能够全面、系统地分析当代中国公共政策过程的理论模型，则是基于中国自身的经验和理论资源概括总结出来的"上下来去"模型。

第一节　政策过程与理论模型构建

什么是模型？模型的认识论意义在哪里？

简单地讲，模型就是对原型的抽象与模拟（仿真）。它是认识主体为着一定的认识目的，依据相似性原则而构造出来的一种理念系统，以代表作为研究对象的真实系统即实际存在的事物。模型有实物模型（如地球仪）和理论模型之分。公共政策分析中运用的模型一般是理论模型。所谓理论模型或者概念模型，指的是一组概念或命题按照其相互间的本质联系被组织在一起，从而形成的一个逻辑结构严整的网络或框架。对此日本学者药师寺泰藏指出："'模型'一词的含意是对研究者的分析方法及其理论的概括总结。”①理论模型是在合理假设的基础上，经过删减真实系统或实在系统的非本质性因素并凸显其本质性因素，抽象而成的一种逻辑系统。

模型的认识论意义如下：第一，由于模型与原型具有相似性，也就是说，模型的性能须尽可能准确地表示原型，而且原则上须对应于原型的某些特征，所以就有可能通过解释模型而认识原型的某种本质规定性，对所构模型事物的运行结果和发展趋势做出有效预测。第二，模型是进行科学抽象的重要工具。由于模型的特征是只反映客观现实世界中某一局部问题，由与该问题有关的主要因素构成，表示各种因素之间的逻辑关系和定量关系，因此模型能够使人们从某一特定的视角窥视到万象纷繁的现实事物的奥秘并发现其运动规律，从而使研究对象的本质特征得以凸显，形成抽象认识。正是在这个意义上，模型被比喻为探照灯或者从不同角度拍摄的照片。第三，模型是研究过程中资料搜集和经验观察的指南。模型具有指引人们进行经验观察、资料检索和资料搜集的作用，这是因为模型一般只强调某种因素或某些因素，而将其他因素置于次要地位甚至忽略不计，这样就向研究者指出了研究工作的重点和优先顺序，从而能够使研究者有效地避免“眉毛胡子一把抓”。

关于公共政策学模型必备的条件，德洛尔列举了以下几点：第一，必须明确把握社会发展方向；第二，必须与宏观政策密切相关，即具备包容各项微观、具体政策的宏观特性；第三，必须建立在注重人文特点的行为科学与注重科学程序和方法的管理科学二者相互交融的基础上；第四，必须对宗教、意识形态等大量非理性因素持客观态度；第五，必须对时间非常敏感，并且具有历史色彩，即具有历时观察的功能。②

为什么在进行公共政策分析时需要借助于模型呢？除了前面谈到的模型的认识论意义以外，还有必要指出以下两点：第一，公共政策学研究的对象是具体的，具有客观实在性，因此这门学科具有突出的实证

---

① 药师寺泰藏. 公共政策. 张丹，译. 北京：经济日报出版社，1991：51.

② 叶海卡·德洛尔. 逆境中的政策制定. 上海：上海远东出版社，1996：51.

性;同时整个研究过程又十分强调从个别到一般、从特殊到普遍、从具体到抽象,强调从中发现有关因素之间的因果关系或一定的相关性,发现事物运动的规律。这就要求"必须在政策分析之前预先制定出推理程序和前提条件,选择好变量",为此分析者必须设想一个特定的模型。"假如没有一个模型,那么就将无法考虑变量的选择以及推理的前提条件等问题"。① 第二,决策程序是根据模型的特征,人为地编制出的政策制定与执行的步骤顺序。模型对于政策研究和实际决策的意义,就在于通过它就可以把决策理论、方法与实践结合起来,形成一个可实施的决策流程图,即格式化、标准化、工程化的决策程序,使决策有统一的语言、符号、规格,"以此限制和缩小决策者主观随意性的自由度,减少决策失误,保证决策的科学性,保证决策的实施的速度和质量"。②

第二节 基于西方经验的政策过程模型

公共政策学是首先在西方历史传统和现实的社会、政治、经济、文化环境中形成与发展起来的一门学科,这一点就决定了它的概念、理论、方法和学科体系都是西方文明之树上结出的果实。现在公共政策学中广为传播并被普遍接受的有关公共政策过程的理论模型,都是西方学者(主要是美国学者)基于西方(特别是美国)的经验进行总结和概括而成的;与这些模型存在着对应的相似性关系的原型存在于西方。指出这一点不是主张不加分析地排斥这些模型,而是主张在掌握和应用这些理论模型的过程中要注意它们所依据的特定的事实和经验。在这些理论模型中,有一部分主要是在管理学的二级学科决策科学中建构起来的,注重反映和解释政策过程的认识论本质;另一部分则和政治科学有着极密切的联系,注重反映和解释政策过程的社会本质。

---

① 药师寺泰藏.公共政策.张丹,译.北京:经济日报出版社,1991:77 -78.

② 李铁映.决策研究.哲学研究,1984(4).

一、揭示认识论本质的政策过程模型

政策制定者是全智全能的还是在主客观条件的限制下认识外部世界,对事物的客观规律的认识是一次完成的还是一个渐进的从相对真理到绝对真理的过程,从认识论上揭示政策过程的实质,基本上是围绕着这样一条主线展开的,由此形成了一系列理论分析的框架或者理论模型。

(一)理性主义模型

决策者依据完整而综合的信息做出理性的决策,即他遵循以最小的投入获得最大的产出的原则,选择最优方案,使用最佳、最适当的手段,达到最大值的政策结果。由这样一组假设构成的一个分析途径,就被叫做理性决策模型或者决策的理性主义模型。

这个模型假定决策者是"理性人",而理性人则被赋予以下特征:

(1)当面对多种选择时,他会做出一个决定。

(2)他会依据其价值偏好,在各种可能的选择中排列出优先次序。

(3)他的价值偏好会随着时空变化而转移。

(4)他通常从所有的方案中,择定偏好等级最高者。

(5)面对同样的选择他会做出同样的决定。①

理性化是近代资产阶级革命以来对人的观念现代化提出的一种基本要求。所谓理性化,从方法论上看,是指为着要达到一定的目的、为着要解决一定的问题或为着要应对一定的事物,人们使用冷静的、头脑清醒的、客观的和准确的计算,利用可能收集到的信息和统计数字,对目的与手段加以分析,以求得到最佳、最适当的手段或解决办法,有效率地或者有效地达成设定的目标。② 显而易见,没有理性化就谈不上科学决策。可是,理性化被推向极致,产生了理性主义分析方法,而这种方法由于过于强调工具理性而导致所谓"理性虐政"。③ 在这里,理

---

① A. Downs. An economic Theory of Democracy. New York:Harper & Brothers,1957:6.

② 伍启元.公共政策.香港:香港商务印书馆,1989:332.

③ 同②,第373页。

性主义被赋予了工具理性的本质，其内涵包括：抽象还原、定量计算的标准化逻辑；预测和控制外部对象的基本旨趣；追求最佳方案、最佳手段、最佳效率的有效思维；人类物质需求相对于其他需求的绝对优先性。

理性主义分析方法在公共政策学领域中的应用，就形成了理性决策模型或者决策的理性主义模型。这个模型在把决策者假定为理性人之后，还假定了决策者如何将其理性主义的决策活动贯穿于整个政策过程中：

（1）决策者面临的是一个既定的问题。这一问题可以同其他问题相区别，或至少与其他问题相比显得更重要。

（2）引导决策者做出决策的各种目的、价值或目标是明确的，而且可以按其重要性不同而依次排列。

（3）解决问题的各种可供选择的方案都为决策者一一权衡。

（4）决策者对可供选择的方案可能出现的结果（代价与收益）都进行了调查研究。

（5）每一个选择方案及其可能出现的结果都与其他选择方案具有可比性。

（6）决策者最后采用的那个方案，是所有可供选择的方案中能够最大限度地实现其目的、价值或目标的方案。

这一过程的结果是做出一项理性的决策，这一决策经过实施将最有效地达到既定的目标。①

理性主义模型受到了激烈的批评。批评者认为：第一，这个模型设定决策者为理性人，这个设定是缺乏经验支持的。第二，这个模型假定决策者是公正的、客观的、理智的，而在实践中决策者的公正、客观和理智却常常是极为有限的。第三，这个模型过高地估计了逻辑推理和数学模型作为政策分析工具所起的作用，因为在实践中这两种分析工具面对社会性、政治性、文化性公共政策问题时却往往束手无策。第四，这个模型假定决策者全智全能，但是在实践中决策者拥有的知识、获得

① 詹姆斯·安德森．公共决策．唐亮，译．北京：华夏出版社，1990：13.

的信息都是有限的，不可能预先对投入—产出、成本—收益的比例做出精确的计算。在所有的批评者中，经济学家和管理科学学家 H. A. 西蒙和政治学家 C. E. 林德布洛姆是最具权威性和代表性的。他们不是完全抛弃这个模型，而是认为如果对它做适当的改进，它就可以成为基本的、现实可行的政策分析方法。

西蒙提出了决策者有限理性（Bounded Rationality）命题。他认为："理性指的是一种行为方式，是指在给定条件和约束的程度内适于达到给定目标的行为方式。"①由于这些条件和约束，而使得：第一，按照理性主义的要求，行为主体应具备关于每种抉择的后果的完备知识和预见。而事实上，对后果的了解总是零碎的。第二，由于后果产生于未来，在给它们赋以价值时，就必须凭想象来弥补其时所缺少的体验。然而，对价值的预见不可能是完整的。第三，按照理性的要求，行为主体要在全部备选行为中进行选择。但对真实行为而言，人们只能想得到全部可能行为方案中很少的几个。② 因此，西蒙认为决策者在管理决策中是不可能达到最佳程度的，而只能是追求一种近似的优化途径，即"寻求满意"的管理决策和结果。最佳决策的前提是决策者的行为完全理性化，而满意决策的前提是决策者的行为有限理性化，后者才是现实的。因此，"理性就是要用评价行为后果的某个价值体系，去选择令人满意的备选行为方案"，③而不是去追求最优、最大值的所谓客观理性（Object Rationality）。进一步说，客观理性是存在的，但是对它的追求不是一次完成的，而是一步步地向它逼近，永远不能使这个过程完成。

经过对理性主义模型进行批评和改进，形成了能够被人们普遍接受的理性优化模型。它主要包括两部分内容：一是政策制定的科学程序。这个程序包括确定政策目标、拟定政策方案、方案评估预选优、政

① H. A. 西蒙. 现代决策理论的基石. 杨砾，徐立，译. 北京：北京经济学院出版社，1991：45.

② H. A. 西蒙. 管理行为. 杨砾，韩春立，徐立，译. 北京：北京经济学院出版社，1991：79.

③ 同②，第 74 页。

策执行。二是努力运用各种现代调查技术、预测技术、决策技术、环境分析、可行性分析、可靠性分析以及计算机等手段与方法，依靠信息、评估、咨询、监控和反馈等各个政策子系统的决策支持，进行科学决策。

（二）渐进主义模型

渐进主义模型是由美国学者林德布洛姆（C. E. Lindblom）构建的。他的渐进主义（Incrementalism）思想始于 1953 年，而于 1959 年发表于《公共行政评论》春季号上的一篇论文中提出了“渐进调适的科学”（Science of Muddling Through）这一概念。林德布洛姆是在批评理性主义模型的过程中建构新模型的。他认为理性化无疑应当成为公共政策追求的目标，但是基于“完全理性”（Comprehensive Rationality）的理性主义模型在实践中则具有不可行性。他“主张援用‘民主智慧寓于社会互动之中’的市场运作的原理，另行开辟一种分析和制定政策的途径，其要旨不在于专家做出周详完备的全知分析，而在于广泛地参与主体了解彼此的价值偏好，透过妥协调适、良性互动进而实现政策的动态均衡（Dynamic Equilibrium）。这种动态的均衡最大限度地反映了西方工业文明及其与之相一致的西方政治民主的实质和政治制度的特征。”①由此形成的渐进主义模型包含两组命题：

（1）公共政策实际上只是过去政府活动的持续，只是根据过去的经验而对现行的政策做出的局部的、边际性的调适。调适的成功与否取决于有关政策的社会趋同程度，也就是能否在一种渐进演变的过程中逐步寻求并获得既定政策的共同看法。②

（2）决策者把决策看做一个典型的一步接着一步、永远没有完结的过程。在这一过程中，一点一点地啃代替了一口吞下。他不仅会按第二步的预测，而且会按第三步、第四步以至无数步的预测来设计政策。他看到了不断地修正政策和目标的可能性。他把决策看做在所有方面都是不固定的。他与采纳这一决策方式并把决策看做一个连续的或系列的过程的任何政治体系，建立一种高度的灵活性、恢复力和持久

① 张国庆．现代公共政策导论．北京：北京大学出版社，1997：242．

② C. E. Lindblom. Policy Analysis. American Economic Review, 1958, 48: 300 -301.

性，以提高其为复杂问题制定好的政策的能力。“这样，尽管或许没有一个政策措施是壮举，但接连而来的小进展却可能是社会发生迅速的变化。”①

简单地讲，这个模型把直接决策者设定为“按部就班、修修补补的渐进主义者或安于现状者”，同时他又是一个头脑清醒、与决策中庞大无比的各种社会政治力量“进行勇敢的角逐的足智多谋的问题解决者”；②把政治体制设定为实行多元民主体制、各种社会政治权力主体交互影响和制衡的美国式的政治体系；把政策目标设定为只是进行局部的、有限的，属于既有政策的持续和边际性变革这样的改进；把决策过程设定为公共权力运行过程中公民、政党、利益集团领袖和直接决策者各自行使权力，互相影响和互相作用的动态均衡过程；将直接决策者的决策战略设定为“只专注于政策的逐步或微小改变”，其政策分析“集中于熟悉的、较为人知的经验上”，“大大减少所探索的不同政策的数目”，“大大减少必须分析的因素及复杂性”；③把政策结果设定为看上去似乎行动缓慢，但积小变为大变，其实际速度要大于一次大的变革。

渐进主义模型所对应的原型，显然是西方国家特别是美国。事实上，林德布洛姆构建渐进主义模型所依据的经验事实完全取自美国。这个模型较之基于完全理性的理性主义模型，至少在美国具有更大的可行性；用它来研究西方国家特别是美国的公共政策也具有更强的解释力。对渐进主义模型的批评归结为一点，就是认为它具有显而易见的保守性：朝着保守的方向来阐释人的主观能动性和有限理性，只注重看起来微不足道的政策目标的制定及其实现，压制政策创新和具有根本意义的社会变革。

（三）规范最适模型与混合扫描模型

在克服理性主义模型和渐进主义模型的局限性的过程中，以色列

① C.E.林德布洛姆.决策过程.竺乾威，胡君芳，译.上海：上海译文出版社，1988:40.
② 同上，第43页。
③ 同上，第42页。

学者德洛尔和美国学者埃齐奥尼分别提出了综合这两种模型的新的决策模型。德洛尔提出的综合模型叫做规范最适模型(Normative Optimum Model)。这个模型以四项假设为基础,即最适宜的决策是一个认同理性、增加理性的过程;这种过程对于在复杂的问题上形成最适宜的决策所起的作用是至关重要的;可通过多种途径和方法使认同理性、增加理性的过程得以实现;现代政府同时面对要求稳定的政策诉求与要求变革的政策诉求,而在一定时期内则以其中的一种诉求为主。① 规范最适模型把政策过程划分为三大阶段和 17 个小阶段:

第一阶段:决策前。内含:① 处理价值问题:确认重要的政策目的、决策标准和基本的价值判断标准;② 认识现实环境;③ 认识问题;④ 调查、处理与开发资源;⑤ 设计、评估与重新设计决策系统:切实改进政策制定系统,包括提高政策人员的个人素质与整体素质,优化组织结构,加强实践感受力等;⑥ 分配问题、价值与资源;⑦ 确定决策战略:决策者可首先应用渐进主义模型检验现行政策,再应用多种相关的知识、理论和分析技术检验现行政策的可能后果,并确定主要的政策期望,然后决定是否有必要制定新的政策。

第二阶段:决策中。内含:① 细分资源;② 建立配合优先顺序的动作目标;③ 建立一套配合优先顺序的其他重大价值;④ 准备一套主要的政策方案(包括好的与坏的):积极探讨解决问题的政策方案,尤其要探讨具有创新意义的新方案;⑤ 对于各种不同方案设计的利益与成本进行可靠的预测:预先审视各种政策选择方案的政策期望与代价,在充分比较的基础上再选择风险最小、效果最佳的政策方案;⑥ 在比较预测的成果后,建立各种不同方案所可能得到的利益需要的成本,并择定最佳方案;⑦ 估定最适宜方案的成本与收益。

第三阶段:决策后。内含:① 激励政策的执行;② 执行政策;③ 政

① Y. Dror, "Muddling Through 'Science' or Inertia?" Public Administration Review, V. 24 No. 3 (September 1964), p. p. 155 -156.

策执行后的评估。①

德洛尔的这个模型具有很强烈的开放性和包容性，它指出判定政策是否最适宜的有效方法，在于不同的分析者在整个分析过程中经由坦诚、自由的讨论而取得协商一致的意见；决策者在决定对一项政策进行完全理性的分析之前，首先需要论证这样做是不是值得；本模型不拒绝采用任何有益的分析方法，而不同的方法如何综合则取决于政策问题的特质以及方法本身的可行性和兼容性。②

埃齐奥尼（A. Etzioni）提出的综合模型叫做混合扫描模型（Mixed-Scanning Model），它在试图保留理性主义模型和渐进主义模型各自的优势并弥补其缺陷这一点上，与德洛尔的模型所抱初衷是相同的。混合模型在概念上希冀截取理性主义模型的政策视野以充分考虑政策选择、激发政策创意并深入政策核心问题；同时截取渐进主义模型的政策落点，把政策关注力集中在经过选择的政策方案及其评估上，形成政策焦点，以有效地解决政策问题。③ 他说："混合扫描则因运用了两种摄像机而包括了上述两种方法的基本内容。第一种是多角度摄像机，它能观察全部空间，只是观察不了细节；第二种摄像机对空间做深入、细微的观察，但不观察已为多角度摄像机所观察的地区。"④混合扫描模型要求决策者将这"两种摄像机"结合起来使用：在某些情况下渐进主义模型是适用的；在另一种情况下则需要采用理性主义模型。决策者扫描的范围越广、越深入和具体，决策也就越有效。

以上两种综合模型所受到的批评，归结为一点就是：它们试图调和理性主义模型和渐进主义模型在思维方式和操作方法上的矛盾，就难免在价值取向上显得模棱两可。

---

① Y. Dror. Public Policymaking Reexamined. New York：Chandler Publishing Co.，1968：163-164.

② Y. Dror. Muddling Through "Science" or Inertia?. New York：Chandler Publishing Co，1968：156.

③ A. E. Etzioni. The mixed Scanning：A third Approach to Decision Making. Public Administration Review，1964，27(4)：389.

④ 同③。

（四）政治系统模型

贝塔朗菲的一般系统论，以及依据这一理论发展而成的系统科学、系统方法、系统工程在决策科学中得到了广泛的应用，同样也被应用于公共政策分析。公共政策的主体是指政治系统（或据英文译作“政治体系”）；政治系统具有一般系统的全部特征，同时又有其特殊性。美国学者戴维·伊斯顿1957年在《世界政治》（World Politics）杂志第9期上发表《政治系统的分析方法》（An Approach to the Analysis of Political Systems），1965年出版《政治分析的框架》（A Framework for Political Analysis）和《政治生活的系统分析》（A System Analysis of Political Life）两书，提出、阐释和完善了政治系统分析。这一分析框架适用于全部政治生活，而当它被应用于公共政策学时就被称做决策的政治系统模型（Political System Model）。这个模型把决策主体假定为政治系统，它由一个社会中那些可以识别同时又是相互关联的机构和活动组成。政治系统做出对社会具有约束力的权威决定，这就是公共政策，一项政策包含着一系列分配价值的决定和行动。接着，这个模型把政策过程假定为输入—决策—输出—反馈这一系统运行过程。输入指的是政治系统边界以外的环境对政治系统的要求（需求）和支持：政治系统的环境由系统以外的自然界、社会政治、经济和文化等各种事物所构成；要求是指构成环境的个人和团体为获取一定的利益或实现一定的价值追求而向政治系统提出的政策倡议或政策主张；支持是指构成环境的个人和团体服从法律，遵守制度，纳税并接受政治系统做出的决定和采取的行动。由结构、程序、决策者构成的政治系统对要求和支持做出反应，进行加工，形成政策。由于政治系统的内部运行过程一般不为外界所知，所以政治系统模型设定它是一个“黑箱”（Black Box）。政策形成后由政治系统进行政策宣示和政策执行。这个模型将此称做输出。具体地讲，输出是指将政策贯彻到环境中去以此回应输入，影响环境改变环境。最后，政策结果再反映到政治系统中去，这就是反馈。“反馈这一概念意味着政策输出可能改变环境，改变由环境提出的要求,以及改变政治系统自身的特点。"①反馈是现政策过程的终点,又是新政策过程的始点。输入—决策—输出—反馈是政治系统运行的周期过程。"在这种循环往复中,公共政策便源源不断地产生。"②

政治系统模型是公共政策分析中最具有解释力,并且最具有普适性的一个模型。这个模型的缺陷是与它的优长之处同时产生的,即它是一个适于宏观分析的模型,优长之处是视野开阔而宏大,不足之处是只能给人们提供一个轮廓,不能够指明所分析的政策的具体特性。

二、揭示社会本质的政策过程模型

一些学者试图从公共政策与一定的社会因素,如制度、集团、精英等的联系上,去构建揭示政策过程的社会本质的理论模型。

(一) 机构—制度模型

这是在公共政策分析中应用最广泛而又最缺乏理论色彩的一个决策模型。人们常常将一项政策的有无、好坏与一定的政府机构—制度联系起来,自觉或不自觉地在二者之间建立某种因果联系或相关性。机构—制度模型就是建立在这种习惯性的思维模式之上的一种分析模型。这个模型设定无论何种政策体系,政府权力机构(立法机构、行政机构、司法机构、执政党领导机构等)都是公共政策的制定者和执行者;而那些规范着公共权力机构组织与个人的行为的各种制度,都必然影响着公共政策的制定方式和执行方式,影响着政策选择、政策内容和政策结果。美国政治学家戴伊(T. R. Dye)认为公共权力机构赋予公共政策三个显著的特性,即合法性、普遍性和强制性。③

(二) 集团模型

政治学研究中的集团理论是美国政治学家戴维·杜鲁门(D. Truman)于1951年出版的《政府过程》(The Governmental Process)一书中使之更加系统化的。后来,另一位美国政治学研究者莱瑟姆(Earl

---

① 詹姆斯·E.安德森.公共决策.唐亮,译.北京:华夏出版社,1990:21.

② 同①。

③ T. R. Dye. Understanding Public Policy. New Jersey: Prentice-Hall, Inc. 1975:18.

Latham)从集团理论这一视角去分析政府在政策形成中的作用,形成了政策分析的集团模型。莱瑟姆对公共政策的界定是:“所谓公共政策,是指某一特定时间集团间的争斗所达到的平衡,它体现了那些一直试图获取优势的并相互竞争着的派系或团体之间出现的均势。”①这个定义实际上就是集团模型的核心命题。集团模型假定:现代政治实际上是各个利益集团为影响公共政策而展开的一系列活动。政府的作用只在于制定各利益集团竞争的规则,平衡各利益集团之间相互冲突的利益;公共政策是各利益集团之间争斗和力量对比的结果。这个假定可以分解成如下一组命题:① 制定政策是政治过程的决定性阶段,而政治过程则是各集团争取影响公共政策的行为过程。这里的“集团”指的是:个人基于共同的态度或利益而形成某种集合。集合在一起的人们向其他群体或组织提出要求,并为这种要求得以实现而采取一致性行动,这就形成了利益集团。“当一个集团通过任何一个政府机构或直接向任何一个政府机构提出某种要求时”,②它就成了政治利益集团。② 公共政策的制定过程是相互竞争着的集团之间达成力量平衡的过程,因为一项政策被提交审议和获得同意的过程就是调节集团间利益冲突的过程,这就意味着每一项政策都是集团间妥协的产物。③ 在现代政治生活中,集团间获取公共政策资源的竞争是不可避免的。因此,问题不在于回避或克服这种竞争,而在于要由公共权力机构制定合理的、法制化的竞争规则。④ “在任何时候,公共政策都反映占支配地位的集团的利益,随着各集团的力量和影响的消长,公共政策将变得有利于其影响增加的那些团体的利益,而不利于其影响下降的那些团体的利益。”③

集团模型给我们提供了一个特殊的视角,使我们能够窥视在多元政治体制里如何在集团竞争中使相互对立的利益得以聚合、整合和综合为统一的公共利益,并据以制定公共政策。在这个意义上,它具有很

---

① Earl Latham. The Group Basis of Politics. New York:Octagon Books,1965:36.

② David Truman. The Governmental Process. New York:Knopf,1951:37.

③ 詹姆斯·E.安德森.公共决策.唐亮,译.北京:华夏出版社,1990:22-23.

强的洞察力和解释力。这个模型所受到的批评有这样几点:第一,它把注意力集中于政策形成过程中那些重要的能动因素的同时,看来是过分夸大了集团的重要性而低估了公共权力机构自身"所起的独立的又富有创造性的作用";①第二,"人类在政府与政治过程上的许多问题,集团决策模型无法解释",②因为它忽略了政治生活中其他许多重要因素对公共政策形成的影响;第三,它对于多元主义政治体制以外的那些政治体制内的决策过程,缺乏解释力。

(三)精英模型

现代精英政治理论肇始于意大利学者莫斯卡(Gaetano Mosca,1858—1941)和帕累托(Vifredo Pareto,1848—1923),以及德国学者米歇尔斯(Robert Michels,1876—1936),经由美籍奥地利人、著名经济学家熊彼特(Joseph Alois Schumpeter,1883—1950)和美国政治学家拉斯韦尔进行民主的改造,到第二次世界大战以后逐步地成为西方国家特别是美国政治学研究中的一个重要的分析途径。1970 年美国政治学家托马斯·戴伊和哈蒙·齐格勒(L. H. Zeigler)合著并出版了《民主的嘲讽》,2001 年独著并出版了《自上而下的政策制定》,都从这一视角对美国政治和政策过程进行了考察。戴伊和齐格勒通过对前辈学者的精英理论的梳理,概括、总结出如下一组命题:

(1)社会分为有权的少数和无权的多数。负责社会收益分配的只是少数人;国家政策不是由民众决定的。

(2)统治人的少数不代表被统治者的多数。精英大多出自社会经济的上等阶层。

(3)为了保持稳定避免发生革命,非精英上升到精英地位的过程必须缓慢而又不间断。非精英只有接受精英的基本观点,才能进入统治集团。

(4)精英们在社会制度的基本准则和保持现代社会制度不变等方

---

① 詹姆斯·E. 安德森. 公共决策. 唐亮,译. 北京:华夏出版社,1990:24.

② D. G. Smith. Pragmatism and The Group Theory of Politics. American Political Science Review,1964,58(3):610.

面意见一致,只是在很少一些问题上有分歧。

(5) 国家政策并不反映民众的要求,而只反映盛行于精英中的价值观。国家政策的改变是缓慢的,而不是革命性的。

(6) 相对说来,行动积极的精英受态度冷漠的民众的直接影响很少。精英对民众的影响多于民众对精英的影响。”①

由这样一组命题形成的一个理论框架,在用于公共政策分析时就被称做决策的精英模型(Elite Model)。精英决策模型揭示了现代民主国家的根本理念“主权属于人民”(人民当家作主)与实际的政治过程和政策过程中总是由直接掌管政权的少数人来主导这一难以克服的悖论。从这一视角所做的政策分析可以使人们清醒地认识到公共政策在本质上总是统治阶级的政策。这个模型受到的批评,归结为一点就是认为它忽视了现代民主国家里公民参与政治的要求和能力,以及这种参与对政策形成的影响。

第三节 “上下来去”——基于中国经验的政策过程模型

一、中国经验要求构建有中国特色的政策过程模型

改革开放以来,中国实现了现代化进程的成功启动和顺利发展。尽管30多年来仍然走了一些弯路,遭遇一些挫折,甚至做了不少错事、蠢事,而且现在仍面临着许多困难和问题,但是中国的现代化事业有了突飞猛进的发展,取得了举世瞩目的成就,这一点是很少有人予以否认的。中国为什么能够获得成功?很多人都在思考这个问题。答案主要有这样几种:① 港、澳、台因素论;② 华人经济圈论;③ 儒家文化圈论;④ 伟大人物论;⑤ 政府功能论;⑥ 国际形势论;⑦ 政策决定论等。在人们所做的这些严肃认真的或主观随想式的因果关系分析中,值得我们特别重视的是“政策决定论”,也就是从党的十一届三中全会以来,

① 托马斯·戴伊,哈蒙·齐格勒.民主的嘲讽.孙占平,等,译.北京:世界知识出版社,1991:6-7.

党和政府制定和实施的一系列重大决策是正确的,正确的政策产生了巨大的效果,使中国发生了惊人的变化。而其他因素固然不可忽视,但都是伴随着这些政策的出台而发生作用、产生影响的。

可是,“政策决定论”所做的变量分析,是浅层次的。对于我们来说,问题并不在于通过政策效果的观察和评估,认识到这些政策是正确的或者基本上是正确的,而在于这些政策为什么会是正确的。也就是说,中国共产党和中国政府在最近30多年一系列重大决策过程中,依据什么决策理论、遵循什么决策路线、参照什么决策模型,从而使得制定的政策产生了预期的效果。

中国的公共政策学是在改革开放的进程中,特别是在党的十三届六中全会决定中强调“建立和健全民主的、科学的决策和执行程序”之后建立和发展起来的;其概念体系、理论框架基本上是从西方引进的;在这一学科的教科书中介绍的决策模型都是西方特别是美国学者建构的;这些概念、理论和模型所依据的是西方特别是美国的公共决策的经验事实,用以整理事实的分析工具渗透着西方特别是美国的价值观念。因此,用这样的概念、理论和模型分析中国最近30多年公共政策的决策过程,不能有效地说明在实际过程中政策主体依据什么决策理论、遵循什么决策路线、参照什么决策模型去制定和执行政策。为了有效地描述和说明中国共产党和中国政府的伟大决策实践,就需要依据中国公共决策的经验事实来构建有中国特色的公共政策过程模型。毛泽东在延安整风期间曾发出感叹:“中国的斗争如此丰富,却不出理论家!”中华民族有数千年的历史,有丰富的决策实践和决策思想遗产。中国共产党在领导中国新民主主义革命和社会主义建设过程中在决策上成功地实现了马克思主义普遍真理与中国的具体实践相结合。因此,对于中国的公共政策学研究者来说,有责任发掘本土资源,构建有中国特色的政策过程模型。毛泽东指出:“中国的特点要保存。应该是在中国的基础上面,吸取外国的东西。”著名的公共政策学家叶海卡·德洛尔构建的宏观公共政策分析框架中有这样一条:“对公共政策模型的考虑。政策模型在政策分析中没有受到应有的重视,许多分析家往往把美国的模型照搬到其他国家。宏观公共政策分析就根据当地的实际情况和现实要求选用恰当的政策模型。”①有解释力、吸引力的模型是以获得巨大成功的原型为依据的。在这样的原型已经存在的情况下，如果我们不妄自菲薄，就能够构建有中国特色的公共政策过程的理论模型。在这一点上取得成功，我们就有可能逐步地赋予我国的公共政策学中国化、民族化的特色。当然，中国化、民族化须与国际化、科学化相统一。

二、“上下来去”政策过程模型的构建

公共政策过程模型须借助于两种资源：第一是理论，特别是认识论和历史理论；第二是公共政策的经验认识。在中国共产党领导中国新民主主义革命和社会主义建设的过程中，这两种资源往往能够以主观与客观、理论与实践、知与行的统一获得某种一致性。这样，我们就可以考虑做出这样的尝试，即通过整理毛泽东思想关于认识论、思想方法论、工作方法论的思想资料，构建一个新的政策过程模型。鉴于政策制定过程在认识论上是一个从“形而下”到“形而上”的过程，政策执行过程在认识论上是一个从“形而上”到“形而下”的过程，与此同时整个政策过程在政策主体与政策客体的关系上则是“从群众中来，到群众中去”的过程，所以我们从总体上称之为“上下来去”政策过程模型（见表4-1）。这里构建的“上下来去”政策过程是一个逻辑过程。在政策过程的不同阶段使用虚线隔开，表示划分是相对的。政策过程是主体认识世界、改造世界的过程。公共政策的主体是执政党和公共权力机关，它们只有在独立自主的条件下才可能真正地、完全地按照“上下来去”——基于中国经验的政策过程理论模型决策路线去制定和执行政策。这里说的“独立自主”，既包括主权国家能够完全独立地根据自己民族的具体情况和特殊条件决定自己的政治方针、政策和行动，也包括地方政府和中央政府下属的其他公共权力机关在统一的战略、策略之下，因地制宜，因时制宜，从不同地区、不同历史条件的具体情况出发，

① Yehezkel Dror. On Becoming More of A Policg Scientist. Policy Studies Review, 1984(4): 13-22.

决定当时当地的工作任务和工作方法。

表 4-1 “上下来去”政策过程模型

政策的元认识过程		
政策制定过程	政策执行过程	政策过程的循环
实事求是,一切从实际出发: 从客观到主观 从实践到认识 从个别到一般	实事求是,一切从实际出发: 从主观到客观 从认识到实践 从一般到个别	从相对真理到绝对真理: 客观—主观—客观 循环往复,以至无穷 实践—认识—实践 循环往复,以至无穷 个别——般—个别 循环往复,以至无穷
	↓↑	
政策的社会认识过程		
政策制定过程	政策执行过程	政策过程的循环
从群众中来: 从群众到领导 从民主到集中 从点到面	到群众中去: 从领导到群众 从集中到民主 从点到面	群众—领导—群众 循环往复,以至无穷 民主—集中—民主 循环往复,以至无穷 点—面—点 循环往复,以至无穷
	↓↑	
政策的社会操作过程		
政策制定过程	政策执行过程	政策过程的循环
调查—研究—决策 “解剖麻雀”—引出一般—“解剖麻雀”	试点—总结—推广 一般号召与个别指导相结合	调查—研究—决策 循环往复,以至无穷 试点—总结—推广 循环往复,以至无穷

三、“上下来去”政策过程的容纳性和开放性

“上下来去”政策过程是一个具有鲜明的中国化、民族化特色的政策过程模型。但是，由于科学决策是这个模型的根本追求，所以乐于容纳从国外引进的以科学决策为根本诉求的任何决策理论、决策模型和决策手段。“上下来去”政策过程模型是由若干个亚模型组成的，如决策认识的真理性模型、群众—领导模型、个别——般模型等。这些亚模型在现阶段上只是一个轮廓，比较粗放，有待于进一步地开发和充实。西方学者在另外的理论背景和经验事实的基础上建构的决策模型，经过改造可以被整合到某一个亚模型中去，例如理性决策模型和有限理性决策模型之间的对立有可能在决策认识的真理性模型中得到消解，精英决策模型以科学决策为根本诉求的成分可以被群众—领导模型所吸纳，等等。更有意义的是，西方现代社会调查的程序设计和技术手段、统计方法、计算机决策辅助系统等，都可以在“上下来去”政策过程模型的社会操作过程中大显身手。

第四节　公共决策的科学化与民主化

伴随着全球范围内的现代化浪潮，许多前所未有的政策问题大量涌现，使公共决策的范围不断扩大，难度日益增加，影响空前突出，这客观上要求公共决策过程实现理性化、专业化、科学化、民主化。

一、决策过程的理性化

公共决策的现代化首先是决策过程的理性化，因为从根本上说，优质的公共政策以及令人满意的政策效果来源于其过程的理性化。所谓政策过程的理性化，即公共政策的制定必须以科学的精神，经由合法的公共权力机关，经由合法的程序，获得其合法性和强制力。按照完全的理性决策模型，公共政策是基于合理计算的选择，是智慧运用过程的产物：政策决定者有明确的目标，并拥有做出合理决策所必需的全部相关信息。显然，在现实生活中，如此全知全能的决策者并不存在。因此，

对于实际的公共决策过程来说,要做到完全的理性化是不可能的。现实生活的任何一次公共决策充其量只能是西蒙所主张"有限理性"的结果。但是,完全理性决策模型仍应当是公共决策永恒追求的结果,因为公共政策的科学化是以政策过程的理性化为前提的,只有坚持不懈地朝着这一目标做出努力,在实际决策过程中多一些理性成分,再多一些理性成分,才能一步一步逼近完全理性,才能趋于产生优质的公共政策和令人满意的结果,虽然永远不可能达到完全理性。①

二、决策过程的专业化

随着政策问题的日益复杂化,决策难度不断增加,专业技术人员开始大量加入决策者行列,一方面填补了直接决策者的职责与实际能力之间的差距,另一方面又为公共政策系统的正常有效运行服务,从而使决策专业化的趋势越来越明显。第一,专业技术人员由于其接触范围广、掌握的信息多,具有专业优势和特长,尽管在原则上那些处于最高层次的人有权正式决策,但实际上政策议程的确立常常需要考虑专业技术人员的研究意见。第二,提供政策建议,充当咨询参谋。许多政策问题,如核能、环境保护、交通、通信等涉及复杂的技术和高深的专门知识,而直接决策者缺乏相应的技术、时间和精力,这给专家在政策方案的设计及其选择上提供了发挥专长的机会,他们的意见常常成为政策制定的依据。第三,作为行政官僚的专业技术人员直接参与政策的执行,他们的价值观、素质与利益等因素经常影响到政策的实施效果。第四,政策的执行效果一般也需要具有特定技术专长的人员进行评估,他们的判断和诊断能对政策的命运产生巨大的影响。决策过程的专业化也是公共决策科学化的重要内容。

三、决策过程的科学化

为了保证公共政策的效能,实现决策过程的科学化是非常重要的。

---

① 宁骚.试论公共政决策的现代化//北京大学政治学与行政管理系.现代化进程中的政治与行政(下).北京:北京大学出版社,1998:723-724.

所谓科学决策或决策过程科学化，就是决策者及其他决策参与者尊重客观规律，采用合理的决策程序，从实际出发，充分利用现代科学技术知识和方法，对政策问题及其产生的客观环境，实事求是地进行分析，并以此为基础对未来做出预测、判断和抉择。第一，制定和执行任何一项公共政策，都必须在科学理论指导下，全面正确地把握政策问题的形成、政策分析、政策评估等环节，遵循科学原则和方法进行操作。第二，公共政策的逻辑过程的环节和程序是从大量决策实践经验中总结出来的，因而具有一定的科学性。偏离这一政策过程的幅度越小，成功的概率就越大。第三，决策手段的自动化。当代科学技术的迅猛发展从根本上转变着人类的决策方式，计算机技术、通信技术、人工智能技术、系统科学和行为科学等正在被应用于公共决策上，因而从技术层面上实现决策手段自动化有助于决策过程的科学化。

四、决策过程的民主化

民主决策或政策过程的民主化，是指保障公民和各种社会政治团体以及政策研究组织能够充分参与公共决策过程，保障政策内容尽可能地反映广大人民群众的根本利益与要求，在决策系统及其运行过程中形成民主的体制、程序和气氛。就形式而言，决策过程的民主化主要包括：第一，在政策目标确立后，直接决策者要及时征求各部门、各地方的意见与建议，尤其要听取政策执行部门的意见。第二，在征求意见时，力求广泛而全面。除了听取政策执行部门的意见，还要通过听证会等各种制度化形式，征求广大群众的意见。第三，在实际决策过程中，要有一个反复研究和拟订、修改政策方案的过程，最大限度地听取各方面的意见和看法，完善决策。

作为一种非市场决策，公共政策指向的是一系列公共问题。由于这类问题涉及的是公共利益，无法依靠市场中的个人行为得到解决，因此，公共决策过程是一个“公共选择”(Public Choice)过程，是一个类似于市场决策的复杂交易过程。如同市场运转需要遵守一定的规则，公共决策需要遵循民主规则。① 决策过程的民主化首先要在尊重本国历史传统、政治文化、旧体制等约束条件下，确定一种适合于本民族决策的民主规则。在我国，民主集中制是公共决策所遵循的一个基本原则。

① 詹姆斯·M.布坎南.自由、市场与国家.平新乔，莫扶民，译.上海：上海三联书店，1989：第3章“公共选择观点”.

第五章

政策问题与议程设定

公共问题的形成或认定及其被纳入政府的政策议程是政策制定过程的起点,也是它的一个十分重要的环节。美国学者邓恩就特别强调问题构建在整个政策制定过程中的极端重要性。①

现实当中的各类公共问题都是异常复杂的,并且由于人们认知程度和方式的不同,它们被人们感知的程度也会迥然不同。如果政府要解决问题,那么首先就要感知和界定问题。问题认识不清楚,公共政策就产生不了预期的效果。正是从这个意义上说,发现和确定问题甚至比解决问题更重要。建立在假问题之上的决策,不仅不能够取得预期的效果,反而会适得其反。不是所有的问题都需要由政府来解决,也不是所有的问题都能够进入政府的议程。为此,我们有必要首先弄清公共政策问题的内涵和属性,并探究公共问题的提出和认定的方法与步骤,最后则要分析政策议程,即如何将公共问题纳入政府的议事日程而上升为公共政策问题。

第一节　政策问题的概念、属性与分类

一、私人问题、公共问题与政策问题

(一) 私人问题、公共问题与政策问题的含义

① William N. Dunn. Public Policy Analysis: An Introduction. 2nd ed. New Jersey: Prentice Hall, 1994:2-3.

问题的存在是日常生活的常态，一个人无时无刻不在面对生活中的各种问题，如个人生活贫困，失业，或者遇到交通的堵塞而耽误时间等。这些都是个人的问题。一旦社会上很多人存在类似情况，很多人生活贫困，国家失业率明显提高，或者一个城市的交通状况令大多数人不满意，那么这些问题的性质就发生了转变，就成了公共的或社会的问题。政府可能从自身信息收集系统、民众的反应或大众传媒等渠道了解到问题的严重性，认为有必要采取对策解决这样的问题。以上两大类问题存在哪些区别？政府能够把哪些问题列入议事日程加以讨论呢？哪些问题是公共政策问题呢？

要弄清公共政策问题，就势必首先涉及私人问题、公共问题和公共政策问题等概念。所谓问题（Problem），通常泛指实际状态与期望之间的差距。正因为这种差距，才导致很多问题状态。就一个社会而言，问题通常可分为私人问题和社会问题或公共问题两类。一般说来，仅仅涉及某一个人的期望与实际状态之间的差距，问题无疑具有个人性。这类问题发生后，只影响某个人或少数个人（如当事人的家庭成员或个别亲友），它不属于政府机关要管辖和解决的范围，而是应当由当事者私人自行解决的问题，这就是私人问题。例如，一个人失业，无论这种失业出于何种原因，这都是私人的问题。而一旦某个群体或很多人的期望与实际状态出现差距时，问题就超出了个人的范围而呈现出集体性或社会性。如社会上在一定时期很多人失业，造成国家或某一地区失业率的提高，那么它就转变成了公共问题或社会问题。

社会问题（Social Problem）、公共问题（Public Problem）和政策问题（Policy Problem）这三个概念的含义较为接近，易造成混淆。对此，有学者曾从彼此概念外延关系上提出：三者既有相通之处，也有差异；三者当中以公共问题范围最宽，其包含社会问题，甚至包含与社会问题相并列的政治问题、经济问题等；社会问题又比政策问题范围要大，但后者可以另有所指，可以是外交问题、军事问题等。① 其实，如果从社会的广义概念即社会是政治、经济、文化的统一体出发，公共问题与社会

---

① 林水波，张世贤．公共政策．台北：五南图书出版公司，1982：69．

问题应基本等同，我们就不必对两者作过细的区分。如果从社会的狭义概念即社会仅是与政治、经济和文化等领域相并列的一个领域来考虑，社会问题的范围自然要像上述那样大大缩减，只能是公共问题的一个方面。通常，我们从社会的广义概念出发来理解社会及社会问题，即把社会问题与公共问题看做在外延和内涵上相同的概念。而所谓公共问题，是指一定数量的社会成员感知其期望的目标、价值或景况，与现实获得的价值、利益或景况存在显著差距，因而通过各种方式将其缩小差距的要求公之于众，以争取社会的同情与支持，并谋求引起政府关注和予以解决的一种情境。

对于公共政策问题的含义，学术界也有不同的看法。美国学者安德森认为，从政策意图的角度来看，政策问题可以被定义为引起社会上某一部分人的需要或不满足的某种条件或环境，并为此寻求援助和补偿的活动。寻求援助和补偿的活动可以由那些受环境影响的人直接从事，也可以由别人以他们的名义进行。① 而威廉·邓恩认为，政策问题是指："有待实现的需要、价值或机会，不论它是怎样确定的，都可以通过公共行为实现。"②国内有学者认为，公共问题只有在属于政府的政策范围因而能够进入政府议程的情况下，才能成为政策问题。③

上述各种定义均有所侧重，但我们认为不应忽略以下两点：一是社会统治集团与社会多数民众在政策问题的认知上往往是相互矛盾和有差异的，有些可能并不为社会大多数人所感知的问题却为统治集团少数人所认识，因而也可能成为政策问题；二是政策问题尽管主要依靠政府来解决，然而并非都必须由政府亲自出面加以解决，有许多问题可由一些非政府的社会公共组织乃至受政府委托的私人组织（如私人企业）加以解决。

为此，我们认为，所谓政策问题是指统治集团或社会大多数人感觉

---

① 詹姆斯·安德森. 公共决策. 唐亮，译. 北京：华夏出版社，1990：65–66.

② 威廉·邓恩. 公共政策分析导论. 2 版. 谢明，等，译. 北京：中国人民大学出版社，2002：94.

③ 桑玉成，刘百鸣. 公共政策学导论. 上海：复旦大学出版社，1991：76.

到现实中出现的某种情况与他们的利益、期望、价值和规范有相当严重的矛盾和冲突，进而通过团体或组织活动要求有关社会组织和政府采取行动加以解决，并被后者列入政策议程的社会或公共问题。

（二）公共政策问题的基本内涵

根据上述定义，公共政策问题的基本内涵应主要包括如下五个方面：

1. 客观的事实或问题情境

任何问题都源自客观存在的社会现实，政策问题也不例外。政策问题来源于一些可以观察到的、能够表述出来的客观事实或问题情境（Problem Situation）。这些事实或问题情境是客观存在的，不以人的意志为转移。但并不能够将这些事实的客观性完全说成是政策问题的客观性。现在越来越多的政策分析者将政策问题视为观念的产物。邓恩从政策问题建构的角度，批评了认为政策问题是一些客观条件，它们的存在仅仅需要通过决定在特定的情形下有什么样的"事实"而得以建立的观点，认为这是一种天真的看法。① 他特别强调在政策分析过程中，一定要将政策问题和问题情境严格区分开。②

2. 问题的察觉

这种客观的事实或情境已为社会大多数人或统治集团及其少数权威统治者所察觉，从各自的角度感觉到了问题的存在。即便存在一定客观事实，若它并没有被社会大多数人所察觉，它也只能是一种潜在的社会问题或公共问题，不可能上升为政策问题；之所以成为政策问题，它必须已经被社会大多数人所察觉。当然，个别社会问题可能并不被或并没有被社会大多数人所察觉，但它未来的趋势和危害性已为少数能直接影响政府决策的有识之士或权威统治者所洞察，它也可能进入政策议程，成为政策问题。

3. 现实与利益期望等的冲突性

---

① 威廉·邓恩. 公共政策分析导论. 2 版. 谢明，等，译. 北京：中国人民大学出版社，2002：159.

② 同①。

社会所存在的客观现实状况与统治者或社会大多数人的利益、期望、价值和规范等有相当严重的冲突。这种严重的冲突使人们感到有强烈的需求或者是一种受到剥夺的感觉。因此,有必要采取行动改变这种状况。这种冲突如果并不严重,一般不会引起社会的普遍关注和统治集团的重视,也就不会成为政策问题。只有那些与上述几方面有严重冲突的公共问题才能成为政策问题。

4. 团体或组织活动

社会问题、公共问题演变为政策问题往往不单纯是少数个人行动所致。在现代社会里,人们只有采取一定的团体或组织行动才有可能影响有关公共组织和政府。即便是少数权威统治人物也必须通过一定的组织行为(如说服执政党或公共权力机关)才能将他察觉到的公共问题变成政策问题。

5. 政府或社会公共组织的必要政策行动

政策问题要求人们所察觉的问题必须在政府的职权范围之内,通常都不可能仅靠少数人或一些私人部门的努力来解决,而必须由有关政府组织或社会公共组织纳入政策议程并依法采取相应的政策行动来加以解决。

二、政策问题的基本属性

由政策问题的上述含义可进一步推知政策问题的基本属性或基本特征。

(一) 关联性与公共性

任何一个政策问题都不是孤立的,而是整个政策问题体系的一个组成部分,会与其他领域、地区或部门的政策问题有不同程度的相关性,彼此相互作用、相互影响。例如,环境问题与经济发展问题和科技问题等都有密切的相关性。在治理河流的排污问题上,政府无论是采用禁止附近企业和居民向河流中排污,还是建立严格的排污标准,都将影响到河流附近的企业的效益乃至生存。这就涉及经济问题。如果企业按照国家的排污标准,改进污水处理系统,那么就涉及技术政策问题。一种政策问题的处理可能会产生可预测或不可预测的其他相关的政策问题。这就要求在分析和解决政策问题时，要从政策问题系统和社会系统的高度去把握。

政策问题的公共性表现在政策问题是发生在社会公共领域，一般都影响到国家或某一地区的大多数人，与多数人的生活息息相关，并且它必须通过公共权力机构来加以解决。公共权力机构对政策问题的解决，表现为法律、法规、行政命令或指示等形式的公共政策，对其所针对的所有人员都具有权威性和普遍的效力。

（二）客观性与主观性

无疑，任何政策问题都基于一定的客观社会现实而得以成立。例如，突发自然灾害、人为事件、社会变迁以及科技变迁等客观事实的变化多会引发政策问题。但是，同时它们又都是基于人们的主观价值判断、切身感受以及分析研究和其他主动行为才得以上升到政策问题的高度，因而必然更具有主观性。同一状况，不同的人群从不同的标准、价值、利益和规范等出发就可能有不同的认识，有的可能认为须制定一定的政策予以解决，有的则可能并不这样认为。因此，有学者针对政策问题的主观性指出："我们可能会分享相同的数据，至少我们相信我们分享相同的数据，但这一事实并不意味着我们看到同一件事。价值观、信仰、意识形态、利益以及偏见等都塑造我们对事实的感知。"①例如，环境污染问题，不同的人用不同的污染标准就有相异的看法。经常出现这样的情况：普通民众感受突出的公共政策问题在统治集团那里可能根本就不被当回事；统治集团感受到的公共政策问题也不一定为普通民众所认同。

另外，不同国家的社会和政治制度、历史文化等也可能造成国家间对问题的不同认识。例如，关于核能政策问题，不同国家的社会和政治的先入之见往往会影响到该领域政策问题的不同建构。在讨论核能政策问题时，美国政治家关注价格控制、市场机制以及核电厂的所有权问题；而法国政治家则关心私人收益、工人的健康以及国家能力的执行；

① Wayne Parsons. Public Policy: An Introduction to the Theory and Practice of Policy Analysis. Cheltenham: Edward Elgar Publishing Limited, 1997: 88.

瑞典的政治领袖则讨论应该建设12个还是13个反应堆的问题。瑞典人很少提出所有权和国家能力的问题,美国人几乎不考虑国家能力或反应堆的精确数量问题,法国人从不质疑市场中的政府干涉问题。①

（三）历史性与动态性

所谓历史性,是指公共政策问题从它的成因来看都不是突发的,而是要经过一个逐步发展的过程才会达到普遍化和严重化的程度,尤其新的公共政策问题很可能是已有政策遗留、衍生的,也可能是环境与事态的新变化所致。这些都说明公共政策问题常常具有历史性。

从公共政策问题的历史性中我们又可获知政策问题还具有动态性。所谓动态性是指一定的政策问题的性质及其严重程度,是随着成因的变化而变化的。当然,政策问题的动态性不但可以从纵向历史发展方面去看,而且可以从横向状态上来观察。

三、政策问题的分类

为了便于对政策问题进行更好的建构和分析,确定相应的解决办法,对其进行一定的类型学区分是非常有意义的。

邓恩从政策问题的结构角度,把政策问题划分为结构优良、结构适度和结构不良三种类型,见表5-1。②

表5-1　公共政策问题的结构类型

要　素	问题的结构		
	结构优良	结构适度	结构不良
决策者	一位或数位	一位或数位	许多
备选方案	有限	有限	无限
效用(价值)	一致	一致	冲突
结果	确定性或风险	不确定	未知
概率	可计算	不可计算	不可计算

① Wayne Parsons. Public Policy: An Introduction to the Theory and Practice of Policy Analysis. Cheltenham: Edward Elgar Publishing Limited, 1997: 91.

② 关于这一类型的论述参见:[美]威廉·邓恩. 公共政策分析导论. 2版. 谢明,等,译. 北京:中国人民大学出版社,2002:163-164.

在结构优良问题中，决策者人数较少，只有一个人或少数几个人；对于问题的解决方案也仅有几个。决策者在政策方案的效用或价值方面，能够达成一致，这也反映了他们对于政策目标的追求具有一致性。决策者也能够确定每一种备选方案所能够产生的结果，若存在风险，也可以通过计算确定其可能的存在范围。这一类问题通常发生在公共权力机构的较低层次。

结构适度问题是指一位或数位决策者在相对有限的备选方案中进行选择。方案的效用一致能够反映目标的一致性。但结果是不确定的，也无法加以计算，从而误差的概率无法估计。博弈论中的"囚徒困境"模型可以说明这类问题的特征。在此模型中，由于结果的不确定，可能使决策者难以抉择，对理性的选择可能带来严重的后果。

结构不良问题通常涉及不同的决策者，其效用无法达成一致，目标之间相互冲突。在这种情况下，备选方案及其结果可能是未知的，也不能够确定其风险。而政府面临的很多政策问题都是结构不良问题。这是因为政策问题大多涉及许多的利益相关者，他们之间由于利益上的相互冲突，很难在价值方面达成一致。

根据政策问题发生领域的不同，也可以将政策问题划分为政治问题、经济问题、文化问题、外交问题、民族问题等。针对不同领域的问题，解决方案所遵循的原则、所采取的手段等也会有所侧重和不同。政治政策问题主要涉及国家权力的分配、组织和运行、公民权利的维护等。在解决政治问题时，首要遵循的是合法性的原则。而经济政策问题涉及经济制度和结构、经济运行与发展等，与其他问题相比，它更加注重效益的原则。而在国际关系领域的政策问题强调的是维护国家的利益和主权原则。但这种划分不是绝对的，政治政策问题和经济政策问题等密切相联，有些政治政策问题在一定的角度看来，也是经济政策问题，反之亦然。在中国，这种情况更是如此。中国在改革过程中，先由经济改革人手，逐渐发展到对于所有制的改革、政企分开改革等。这时就很难说是完全经济意义上的政策问题，而应该说既是经济意义上同时也是政治意义上的政策问题。

从作用范围看，公共政策问题可以分为国际问题、全国性问题、区域性问题和地方性问题。一些涉及全球或多个国家及地区的问题，需要各国在国际舞台上通过沟通和谈判来共同解决，如全球气候变暖问题、国际反恐问题、国际贸易规则等。在一个领土广袤的国家，各地的自然、文化、历史等各方面条件存在显著的差异，这导致了各区域和各地方都存在自身的独特性。除了国家整体共同面对的政策问题外，它们也存在本区域和本地区的特殊政策问题。在中国，东部沿海和中西部有明显的不同，南方与北方也存在差异。这些差异决定了它们面对的政策问题也有所差别。比如说，在中西部，贫困地区存在普及基础教育的问题。而在东部，基本上就不存在这个问题。相反，东部有的问题，在西部则可能并不存在。地方的自治程度越高，它们针对自身问题的解决能力也越强，对于地方性政策问题的意识也越强。因此，国家既存在统一性的全国政策问题，又存在具有差异性的区域性和地方性的政策问题，它们构成了整个国家的政策问题体系。

当然，公共政策问题的划分角度还有很多，这些划分的目的在于可以深化对于政策问题的认识，并制定更加合理的解决方案。

第二节　公共问题的提出

前已述及，私人问题只有被作为社会问题或公共问题，才有可能被提上政策议程，才能成为公共政策问题。那么，社会问题或公共问题通常由哪些社会主体提出并有可能进入相应的政策议程呢？在实际的问题界定过程中，提出主体可能是多元和复杂的。对他们如何分类呢？

学者琼斯（Charles O. Jones）和马休斯（Dieter Matthes）从政府和私人两种主体出发，将提出公共问题的主体状况区分为四类：私人主动、政府有限介入，政府主动、私人有限介入，两者都主动，两者都不主动。[①] 也有学者如科珀（R. W. Cobb）和埃尔德（G. D. Elder）将提出公

① 斯图亚特·那格尔．政策研究百科全书．林明，等，译．北京：科学技术文献出版社，1990：94-96.

共问题者归为四种：再调适者（受到社会现行职位或资源分配偏差和不公平影响而要求社会舆论重视和政府给予解决的个人或团体）、环境反应者、行善者（纯粹为社会公益事业考量而主动发掘公共问题者）、开拓者（为自身利益得失而主动挖掘公共问题者，如竞选者）。①

这里，只介绍比较常见的几种提出公共问题的主体。

一、政府部门

政府部门是公共问题最直接和最重要的提出主体。广义上的政府包括立法、行政、司法等部门，它们都会成为公共问题的提出者。政府部门作为公共的权力机构，负有管理和维护社会秩序，保障个人权利，调控经济运行等职能，它们会通过自身系统收集和反馈信息，主动提出各种公共问题。由于政府部门是政策制定者，因此它们提出的公共问题往往最容易进入政府的政策议程。其中行政部门及其官僚提出的公共问题往往最多，也最易于转换成政策问题。

从一定程度上看，公共问题的提出就是社会中多数民众或不同利益团体之利益、愿望和要求等的提出和表达。在利益分化不明显、政治沟通渠道狭窄的情况下，中国政府作为全体人民利益的代表者，在公共问题的提出上起到了主导作用。中国政府在制定公共政策过程中遵循群众路线的决策规范，“从群众中来，到群众中去”，使得公共问题的提出主要依赖政府各级官员的体察和认定。

二、政治人物

政治人物通常是指通过法定的途径占据国家或各种政党或政治组织高层权力地位的政治领导人物。在现代民主国家，他们大多要经选举产生，或经过最高领导人物或机关的任命。由选举产生的政治官员为了获得选民的支持，会积极提出公共问题并谋求解决。一些重要问题的解决方案就形成了他们的政治主张和政治纲领。无论在何种体制下，政治人物总是影响公共问题提出的一个极为重要的主体。这些人

---

① 林水波，张世贤．公共政策．台北：五南图书出版公司，1982：86-87．

往往能够总揽全局,以政治家的战略眼光全面而准确地把握各类公共问题,并利用手中的制度授权和自身的影响力适时地向有关组织和部门提出公共问题。

三、政党组织

政党是近现代社会中最重要的政治组织,它往往是超地区、超行业、超血缘联系的社会群体的政治代表,其核心的目标就是争取执政以解决公共问题,维护其所代表的阶级或阶层的利益,因而它必然是提出公共问题的重要主体。在竞争性政党制度下,为了上台执政或长期执政,各政党都必须成为公共问题的提出者。在非竞争性政党制度下,单一的执政党也会特别重视公共问题的提出,以表明自身是公共利益的惟一代表。否则,社会就不能得以稳定发展。

四、利益集团

利益集团往往以特定的行业或职业的代表为特征,其核心目标并不在于上台执政,而在于千方百计地影响政府各机关制定和执行有利于自身的公共政策。出于自身利益的考虑,利益集团也会经常向政府和有关公共组织提出公共问题。多元主义(Pluralism)理论认为,政策制定的过程就是众多利益集团代表各自成员的利益,进行利益的表达和聚合,通过竞争、讨价还价和妥协等达成各方可以接受的公共政策的过程。利益集团在政策制定过程中起到了重要的作用。它们采取游说、宣传、捐款等方式,争取政府将它们提出的公共问题列入议事日程,并采纳有利于自己的政策建议,或者通过各种手段阻止对自己利益产生损害的政策。虽然对于利益集团所代表的利益与公共利益之间是否一致还存在很多的争论,但不可否认,利益集团在政策制定过程中确实起着举足轻重的作用,经常成为公共问题的提出者。

五、大众传媒

大众传媒在公共政策的制定过程中发挥着非常重要的作用。特别是在如今的信息时代,除了传统的报纸、杂志、广播、电视等的影响外,互联网等新媒体的发展使得大众传媒更具有前所未有的影响力。大众传媒在提出公共问题的过程中起着不同的作用。一方面,大众传媒会以社会上大多数人的代言人形象出现,及时地反映现实生活中存在的非常重要的公共问题,并力图把这些问题转变为政策问题。另一方面,由于大众传媒也受到意识形态、价值观以及自身利益等局限,对待社会问题并不是简单的机械反映,而是存在一个选择、整理和加工的筛选和重构过程。在这样一个过程中,有些相对次要的问题被媒体所关注,经过报纸、电视及网络的不断传播,成为重要的公共问题;而一些相对重要的潜在公共问题由于没有得到媒体的注意而长时间不为公众和政治权力机构所重视。大众传媒在提出公共问题的过程中,通过其自身的影响力,不断地唤醒更多的公众,并强化公众对于该问题的认识,也就不断地放大问题的重要性。因此,大众传媒既反映民众的偏好、利益和意愿,反映社会上的公共问题,同时也在塑造民众的利益诉求和意愿,塑造社会的公共问题。这是一个互动的过程。在现代社会,大众传媒毋庸置疑业已成为公共问题的重要提出者。在中国,大众传媒的快速发展使其在提出公共问题方面的作用越来越重要。许多公共问题都是先被媒体反映和曝光,才被政府列为政策问题的。电视和报纸在这方面起到了尤其重要的作用,以至于很多欲求助于政府解决问题的人更愿意先求助电视台和报社。中央电视台的“焦点访谈”节目曾引起社会各界广泛的关注,就是因为它在提出公共问题方面具有显著影响。

六、专家人士及咨询机构

在现代社会中,随着社会问题的日益复杂,政府决策越来越要求科学化。因此,适应决策科学化需要的相关专家人士及政策咨询机构的作用也日渐突出。它们如今成为现代科学决策过程中不可或缺的一个主体。自然,它们也成为提出公共问题的一种重要主体。

七、公民和社会团体

公共问题还有可能由公众和社会团体以各种方式提出。对于公众而言,除了将直接诉诸媒体的渠道外,还可以通过民意代表、信访、建言献策、参与各种民意调查等意见输入渠道汇总问题，公众反映比较集中的共性问题往往容易演变为公共问题。例如，我国每年举行的“两会”，就是对公众反映的社会问题的全面扫描，其中的热点问题，如“看病难、看病贵”、“买不起房”等问题就转变成政府重点关注的公共问题而被纳入政策议程。此外，随着公民社会的逐渐建立，一些社团组织、非营利组织逐渐活跃起来，特别在环境保护、弱势群体救助等领域发挥了积极的作用。这些组织发出的声音也越来越强大，有的就已成为政策问题。

八、政策网络

上述各种主体既可以单独提出公共问题，也可以参与到正式与非正式的政策网络中去提出公共问题。政策网络是由政府机构与民间组织及市场主体、利益相关者或意见领袖们以及其他相关主体及人士组成的能对有关政策过程产生一定影响的政策社群、政策联盟或政策联合体。政策网络往往并不是一个固化的正式组织，而是一种介于正式组织与非正式组织之间的一种网络化联合体形态。如美国国会、政府与利益集团之间构成的“铁三角关系”(Iron triangle)也被认为是政策网络的一种表现。其实，政策网络主要可以分为利益型政策网络、意见型政策网络以及混合型政策网络三大类。利益型政策网络通常由与某一政策有直接或间接利益关系的相关机构及其代表人士构成，它会受到利益集团的影响，但它本身又常常不是固化的利益集团。意见型政策网络一般由对某一政策没有相关利益但有相近观点的专业机构或人士构成。西方社会中的议题网络(Issue Network)就属此类。混合型政策网络则由对某一政策既有相关利益又有相近观点的机构及人士构成。

第三节　问题认定与政策议程

社会存在着大量的公共问题，但能够引起决策者的注意，从而列入政府政策议程的问题则非常有限。公共问题无论由谁提出，又无论分析得多好，最终都要由有关公共组织特别是政府来正式认定。一些公共问题如何被列入政策议程，成为政策问题的呢？

案例 5-1

××市流动人口子女教育问题

城市里的流动人口越来越多，他们的子女入学难成为近年来中国社会面临的一个无法回避的问题。如果这些孩子成为新文盲，将造成新的社会问题，仅在××市，这些孩子的数量就将近 20 万人。

流动人口的子女教育问题成为一个严重的社会问题，早就引起了中央政府的关注。1998 年，国家教委和公安部提出"流入地教育行政部门应具体承担流出地儿童少年接受义务教育的管理职责"。但由于我国义务教育的人头经费按户籍划拨，外来工所在的城市财政体制在义务教育支出中并没有包含外来务工者子女的教育经费，所以××市这些流动学龄儿童就学仍然面临很大的困难。绝大部分外来务工者子女只能到打工者自己创办的打工子弟学校就读。

这一问题也得到媒体的关注。不少记者深入到××市外来人口聚居地采访，向社会反映打工子弟学校普遍存在着办学条件简陋、师资水平参差不齐和未通过当地教育行政部门审批等具体问题。不少专家学者也纷纷指出这些问题的严重性和迫切性，并提出政策建议。该市教育科学研究院基础教育科学研究所的一位副所长说："解决流动人口子女的教育问题，应该以进入公立中小学为主。另外，要采取多种入学形式。"

这些具体问题进而受到××市政府的高度重视。2002 年 4 月 3 日，××市人民政府办公厅正式转发了该市教委《关于对流动人口中适龄儿童少年实施义务教育的暂行办法》，为解决上述流动人口子女入学中的诸多具体问题提供了政策依据。

这个案例典型地反映了一个公共问题——××市流动人口特别是其中外来务工人员的子女就学问题，主要在媒体和有关专家学者的高度关注下终于被提上××市政府议事日程的过程以及现实的解决状况。

这里就涉及政策议程(Policy Agenda)的有关问题。

那么,到底何谓政策议程?公共问题在什么样的条件下,才能够进入政策议程呢?公共问题是如何进入政策议程而成为政策问题的,也就是说政策议程的建立是一种什么样的过程?这些都是问题认定过程中需要研究的重要问题。

一、问题认定的含义、方法与步骤

(一)问题认定的含义

问题认定(problem identification)不仅需要充分了解问题情境,而且还必须运用创造性的判断力和洞察力,精心构建政策问题。通常,一个构建良好的政策问题,便基本上揭示了解决问题的方法。因此,对问题的认定,是政策制定过程中最为关键的第一步。

问题认定就是对需要由公共政策来解决的公共问题进行性质、范围、涉及领域及相关利益关系的界定过程。在不同的文献中,问题认定与如下术语的含义相同,包括问题建构(Problem Structuring)、问题界定(Problem Definition)、问题认知(Problem Recognition)、问题形成(Problem Formulation)等。但是也有学者认为,问题界定是问题认定的一项工作,指的是"对问题的特性予以描述的过程"。[①] 本书把它们看作含义相同的同一概念。在很多情况下,人们只是感觉到存在问题,但却十分模糊,究竟问题产生的原因是什么、问题的状态和确切信息、涉及哪些专业技术领域和利益相关者、有哪些利害关系等,却都是不清楚的。问题认定就是通过问题搜索、整理、感知和判断的过程,用规范的、结构化的方式将拟列入政策议程的公共问题描述出来。

(二)问题认定的方法

国内外学术界论及的问题认定的方法很多,见表5-2。下面拟对其中的边界分析、多角度分析、类别分析、层次分析、头脑风暴法、假设

---

① 吴定.公共政策辞典.台北:五南图书出版公司,2004:204.

分析等加以简单介绍。①

表 5-2 问题认定的方法

方法	目标	程序	知识来源	评价标准
边界分析	估计元问题的边界	饱和抽样、启发问题、累积	知识系统	限定范围内的正确性
多角度分析	产生洞察力	综合运用技术、组织和个人的观点	集体	洞察力的改进
类别分析	澄清概念	概念的逻辑划分与分类	个别分析人员	逻辑一致性
层次分析	明确可能性、可行的及合理的理由	原因的逻辑划分与分类	个别分析人员	逻辑一致性
综摄法	确认问题间的相似点	建立个人的直接的、象征性的、幻想的类比	个别分析人员或集体	比较的合理性
头脑风暴法	产生想法、目标和战略	产生想法和评价	集体	一致性
假设分析	冲突性假设的创造合成	明确利益相关人,提出假设,质疑,集中并合成	集体	冲突
论证图形化	假设评估	合理性和重要性的评估,排列并制图	集体	最佳的合理和重要性

1. 边界分析

边界分析就是一种对公共问题的本质属性和实际范围进行分析和界定的方法。众所周知,任何事物都不是孤立存在的,公共问题也是如此,它们往往与其他一些事物和问题有不同程度的联系,多重问题交织在一起就使得问题呈现异常的复杂性。这就要求我们在分析公共问题

① 该表及下面的简要介绍主要源自:威廉·邓恩.公共政策分析导论.2版.谢明,等,译.北京:中国人民大学出版社,2002:178-195.

时应注意的首要一条就是对有关问题做出清晰的界定。例如,对扶贫问题,首先我们必须分清贫穷与其他经济状况的区别,定出贫穷标准,对贫穷做出界定,从而搞清扶贫对象和扶贫的主要目标和任务等。边界分析往往有三个步骤:一是饱和抽样,通过多重阶段的抽样尽可能广泛地获得利益相关人的饱和样本;二是诱导性提问,以多种形式(如当面交谈、电话交谈等)诱导性地引出利益相关人对问题的各种不同陈述;三是边界估计,随着被调查者所提出的新问题数量的变化,曲线就会呈现不同的走势,起初会直线上升,到了一定的阶段则呈现水平态势。我们要利用元问题边界变化的这一规律,逐步弄清问题的主要特征。该方法和程序一般能适合问题界定的基本要求,能帮助弄清问题的本质与特征、成本与效益等,但是它的结果即便是合理的,也不一定是完全肯定的,需要与构建问题的其他方法或技术结合起来,才能更好地进行公共问题分析。

2. 多角度分析

多角度分析,即一种通过系统地运用个人、组织、技术等多重认识来获得对公共问题的全面了解和解决办法的分析方法。从个人角度看,许多政策抉择往往与决策者个人的感知、感情和利益密切相关,因而公共问题的分析必须重视决策者或相关人员的个人感情、感知和利益需求等对问题的影响;从组织角度看,在现代民主国家中,提出问题的主体大多是一些组织,因此,公共问题的分析也必须重视分析组织的组成形态、自我利益、价值取向等因素对有关问题的影响;从技术角度看,从最优化模型出发分析有关问题,具体使用的技术手段包括概率统计、成本—利益分析、计量经济学以及系统分析等。多角度分析适用于分析和解决结构不良的问题。对于复杂的公共问题,通常都要从多角度对问题的性质、原因和严重性做出分析和判断,否则就很难真正弄清问题所在,也就更难以推动进入政策议程。

3. 类别分析

类别分析(Classification Analysis)是科学研究的常规方法之一,同样也是公共问题的分析方法之一。它通常要经过逻辑区分和逻辑归类两个过程。逻辑区分是指将某种公共问题细分成许多次类的过程。例如，我们可将环境污染问题具体划分成空气污染、水污染、光污染和噪声污染等诸多小类。而逻辑归类正相反，指将多种问题组合成一个大的类别，如空气污染、水污染、光污染和噪声污染统称为污染问题。

4. 层次分析

将公共问题的原因划分成可能原因（Possible Causes）、合理原因（Plausible Causes）和可诉原因（Actionable Causes）三个层次的一种分析方法就是对问题原因的层次分析法。所谓可能原因，是指一切有可能促使某种问题得以产生的因素。合理原因是指以科学的研究或直接的经验为基础所探查出的，对问题的发生产生重要影响的原因。可诉原因是指可由政策制定者操控的原因。就贫穷原因来说，拒绝工作、失业以及精英之间财富与权力的分配都算可能原因，其中拒绝工作通常不是合理的原因，失业和精英之间财富与权力的分配则属合理原因。实际上，由于政策所表现的往往是政治系统中精英分子的价值观，因此，精英之间的财富和权力分配往往不会划定为可诉原因之列，最后只剩失业是贫穷的唯一可诉原因。原因层次分析法亦属一种类别分析法，它主要针对问题产生的原因进行分类。需要指出的是，这种分析方法同样会受到分析者所持价值偏好的强烈影响，难以确保问题认定的正确性。

5. 头脑风暴法

头脑风暴法（Brainstorming）也称脑力激荡法，是指由一定数目的人员，尤其是一些专家学者或利益相关者，从各个角度共同讨论有关的公共问题，并因而激发大量新构想的一种分析过程和方法。它在问题分析中通常包含如下一些阶段：一是组建团体。脑力激荡团体成员的选择应依据要研究和讨论的问题性质和特点而定。一般说来，他们应是了解该问题的专家学者，或与该问题密切相关的利益相关者。二是意见产出。要严格区分公共问题意见的产出与评估，在公共问题意见产出时不进行过早的批评和辩论，以免抑制团体激烈的讨论，讨论气氛应尽可能地保持开放和随意，应尽量激发出很多意见，还应鼓励和容忍一些看似离谱的看法。三是意见评估。所有的问题在意见产出后方才进行评估。四是意见排序。公共问题意见评估结束后，应对所提出的问题意见进行排序,同时编制有关问题定性和解决方面的计划方案。该方法的核心机理不像前述分析方法那样要依赖于逻辑上的一致性或过程的合理性,而是靠脑力激荡团体成员间的共识程度。其主要的局限性在于有可能削弱有关公共问题本质的创造性冲突和争论。

6. 假设分析

假设分析(Assumption Analysis),是一种旨在将相互冲突的公共问题立论假设创造性地综合为一体的分析技术。它比上述所有分析方法都更具有综合性,更适合于处理结构不良的问题(即各种解决方案所依据的假设之间有尖锐冲突的问题)。因此,这一方法所要做的工作主要是:弄清分析人员、决策者、利益相关者各自对问题所做的基本假设;比较和评估这些假设;检视假设以及假设推论的公共问题在逻辑上的推演性。假设分析法有几个重要特征:其一,该方法是从问题的可能方案入手,而并非从问题的假定出发,原因是利益相关者对解决问题的方案往往有所了解,而对问题的假设则并不知晓;其二,该方法运作过程中始终运用同一种资料,因为公共问题上冲突常常并不在于事实资料本身,而在于人们对同一资料的不同解释;其三,该方法能对各种冲突性的意见和方案做有效的、创造性的处理,从而精确地认定一个公共问题。

除上述所列分析方法外,伦理分析法(Ethical Analysis),即依据一定的社会伦理规范来分析和界定有关的公共问题,最近一二十年在政策科学研究中也很流行。

(三) 问题认定的步骤

问题的认定、界定或形成,也是问题构建的过程。问题构建往往需要构建者能运用创造性的判断力和洞察力。邓恩把问题认定分为四个相互衔接的步骤:问题搜索、问题决定、问题详述与问题感知,并不断地从元问题到实质问题、正规问题和问题情势进行逐步深入、具体的构建或界定。①

---

① 威廉·邓恩. 公共政策分析导论. 2版. 谢明,等,译. 北京:中国人民大学出版社,2002:165-169.

帕顿和沙维奇把问题认定划分为七个步骤，现简介如下：①

（1）对拟认定的问题进行初步观察。对观察到的情况给予初步整理和完整描述，弄清楚有哪些个体和群体与此有关，他们各自的价值观和利益诉求对该问题有什么影响。

（2）勾勒出该问题的边界的轮廓。弄清楚该问题产生和持续发展的时间；问题的发生有多大的空间范围，已造成多大影响；与哪些因素相关；发展的趋势如何。

（3）搜寻事实依据。系统收集该问题的事实材料，从多种途径查阅数据并使用不同的方法进行评估，核实数据并将它们与已有的事实材料进行比照。

（4）列举目的和目标。对与该问题有关的行为者的目的予以概要陈述或目标列举，以便能够对它们进行衡量和检测。帕顿和沙维奇指出："问题的解决方法是否可以接受取决于行动者各自的目的和目标，对某些目的或目标我们可能必须进行常识性的陈述，然后随着分析的进展加以修正，而对其他目的或目标只能进行推断。"

（5）明确政策封套。所谓政策封套（Policy Envelope），指的是政策研究者在进行政策分析时所受到的各种因素限制，即与该政策问题有关的各种力量给决策者和政策研究者设定的框框。在进行问题认定时，决策者和政策研究者须弄清楚有关政策封套的重要线索，须确定可能影响政策的广度和深度的均衡点。"如果这些政策敏感性变量没有被包括在内，那么将无法弄清楚更高层次的政策；即使弄清了，也无法实施。"

（6）匡算政策相关者潜在的成本和收益。将匡算的结果用文字叙述或者图表展示出来，指出如果该问题获得解决，各政策相关者得到什么或失去什么。

（7）再次审视对该问题的表述。要最后思考一下是否现在就必须针对该问题制定公共政策。

---

① 卡尔·帕顿，大卫·沙维奇．政策分析和规划的初步方法．2版．孙兰芝，胡启生，译．宁骚，校．北京：华夏出版社，2001：151－154．

问题认定是政策制定过程的初始阶段。经过问题认定，有些公共问题被纳入了政府机关的政策议程而成为公共政策问题，有些公共问题则被搁置，甚至有些被社会舆论炒得很热的公共问题则被认定为假问题(Pseudo-Problems)。例如，我国改革开放以来，西方舆论不时地爆炒一通“中国崩溃论”或“中国威胁论”，就属于人所共知的假问题。假问题一般是不会被纳入政府的政策议程的。

二、公共政策的议程设定

(一) 政策议程的含义与类型

安德森认为，人们向政府提出的各种要求只有一小部分得到了公共决策者的注意，“那些被决策者选中或决策者感到必须对之采取行动的要求构成了政策日程”。① 从以上的定义可以看出，政策议程强调公共问题得到决策主体的深切关注，感觉有必要由公共权力机构来解决，并纳入了政策的讨论过程等几方面的因素。

因此，我们认为，政策议程通常是有关公共问题受到政府及公共组织的高度重视并被正式纳入其政策讨论和被确定为应予以解决的政策问题的过程。

在现代民主国家中，存在多种不同的议程，一般将议程通常分为如下两大类：②

1. 系统议程

系统议程(System Agenda)由政治群体的成员共同认为值得公众关注并且处于政府管辖范围之内的所有问题构成，指政治系统讨论和认定有关公共政策问题的过程。由于政治系统本身有层级和区域以及行业等区分，因此系统议程就既可以是一定层级的，如国家、省、县、乡等，也可以是一定区域的，如华南、华东、华中等，还可以是一定行业的，

---

① 詹姆斯·安德森. 公共决策. 唐亮，译. 北京：华夏出版社，1990:69.

② 这一分类由 Roger W. Cobb and Charles D. Elder 在 Participation in American Politics: The dynamics of Agenda-building (Boston: Allyn & Bacon, 1972) 中提出，参见：詹姆斯·安德森. 公共决策. 唐亮，译. 北京：华夏出版社，1990:69-70；林水波，张世贤. 公共政策. 台北：五南图书出版公司，1982:115-117.

如电子、机械、化工、农业等。从实质上看,系统议程就是一种政治系统中的公众共同讨论某一现象或问题的是非好坏以及社会应持态度和对策的过程。从这一种意义上说,系统议程并不是完全意义上的政策议程,许多的公共问题都可以在这一议程中加以讨论。有些系统议程中的议题可能会由于其自身的特殊性、社会意义、严重性以及迫切性等,由系统议程进入政府议程。一般来说,关注某一议题的公众人数越多,就越有可能获得系统议程的地位,接着进入政府议程。然而,并不是所有的公共问题都能如此。很多的公共问题虽然处于系统议程之内,但因为种种不同的原因,政府还没有认为这些问题到了必须加以讨论和解决的地步,而无法进入政府议程。同时,还存在许多问题可能不经过系统议程,而直接进入政策讨论的政府议程。

2. 政府议程

政府议程(Governmental Agenda)指政府组织正式讨论和认定有关公共政策问题的过程。就具体种类而言,它有议会的、行政机关的、司法机关的和军事机关的等。还可以像上述那样按区域、层级和行业等来区分。由于政府议程通常比系统或公众议程要正规,所以又称正式议程(Formal Agenda)。

政府议程的类型主要有两种分法。一是按照议程项目的新旧状况,分为旧项目和新项目。旧项目是指一些规则确定的项目,如预算分配等;新项目是由新的情况所引起的项目,如某国军事政变对各国外交政策的影响问题。通常前者因为由来已久,常受到优先考虑和较多的关注。二是按照其建立过程中各项功能活动的先后次序,可分四种阶段性类型:① 界定或认定议程,由一些经过积极而认真研究的项目所组成;② 规划议程,由一些已达到规划阶段的项目所组成;③ 磋商议程,根据每一规划方案的利害得失,政策相关人之间进行讨价还价式的磋商;④ 循环议程,已进入正式议程的每一方案,都要不断接受检验,加以修正。两种分法中,后者更精细和更具有分析价值。

系统议程和政府议程两者在本质上是有差异的。前者仅由一些较抽象的项目所组成,其概念和范围都还很模糊;仅是整个政策过程中的问题发生或提出阶段;它可以不涉及可行性解决方案问题,所体现出来的往往是众说纷纭的特点。后者则由一些较具体的项目所组成;处于政策问题认定的最后阶段;主旨在于最终认定与政策问题有关的种种事实。例如,青少年犯罪问题一旦进入政府议程阶段,政府就要详述该问题情形及各种具体的解决办法。

国外也有学者将公共政策议程按政策问题的重要性程度分为实质性议程(Substantive Agenda)和象征性议程(Symbolic Agenda)两大类。实质性议程是指认定那些影响深远和潜在意义重大的政策问题的议程。这些问题常常引发社会和决策者的高度重视和激烈争论。实质性政策议程有三个必要因素:相当数量公共资源的分配已岌岌可危;问题一定引发公民和公共政策制定者的广泛注意;问题必定蕴藏着巨大的变化。一般说来,实质性公共政策问题大多来源于经济领域,其中税收问题对社会的影响最直接、最广泛,也最重要。近来一些社会问题也日趋重要,如移民、种族关系、环境、暴力犯罪、死刑、吸毒等。象征性议程则指一些政策问题虽然属象征性的,但也引起社会和决策者政治上的关注的议程。这些问题多集中于价值领域,而非资源分配。例如,焚烧国旗等问题以及一些庆典、授奖仪式,都仅具有象征性,但因它们涉及社会的一些价值、感情和精神激励因素而同样会受到有关方面的重视。决策者往往会根据具体情况而选择议程的类型。实质性问题通常应进入实质性议程,但也有些实质性问题因为条件的限制和有关方面的压力而不能立即得以实质性的解决,只好象征性地得以处理。①

(二)进入政策议程的条件与障碍

社会中的公共问题往往很多,但真正能进入政策议程的并不多。一个公共问题要进入政策议程,应具备什么样的条件呢?许多公共问题不能进入政策议程又是什么样的障碍因素所致呢?

1. 进入政策议程的条件

对此,学术界自然见仁见智。有国外学者认为,某种问题进入政策议程需要以下几个条件:① 问题达到危机(Crisis Proportions)状态,不

---

① Larry N. Gerston. Public Policy Making: Process and Principles, M. E. Sharpe, 2004: 62-66.

能够再加以忽视，那么它将被列入议程；② 具有特殊性，代表了一个更大的问题；③ 从人类利益角度来看，该问题带有情感特征，或吸引了媒体的注意；④ 具有广泛的影响；⑤ 质疑社会中的权力和合法性；⑥ 具有时尚性。[①] 中国台湾学者林水波、张世贤认为，进入公众议程必须具备三个条件：该问题必须在社会上广为流传并受到密切注意，至少也必须为社会大众所察觉；大多数人均认为有采取某种行动的必要；这些问题必须是人们共同认为属于政府权限范围内的事务，且应予适当注意的。他们还从总体上探讨了政策议程的条件或要件：事件本身、个人及组织团体、沟通的门径、政治过程。[②] 中国大陆学者通常强调的条件是：明朗化的事件或社会问题的明显暴露，党和国家领导人、权威人士及专家学者的预测性发动，开放的或民主化的过程，问题察觉机制以及一定的政治过程等。[③]

综合有关学者的观点，这里突出强调以下几个方面：

第一，事件或问题必须明朗而严重。一些问题必须充分暴露且表现得非常严重，才有可能引发社会公众和政府组织的高度关注，从而进入政策议程。当然，问题的明朗化和严重化是密切相关的。问题的严重化往往会使得该问题的性质趋于明朗化，明朗化的问题并不一定都意味着问题很严重，但也在一定意义上可以说明问题的严重性。在社会发展过程中，常有很多明朗而严重的事件或问题能够导致政策议程的建立。比如自然灾害、民族矛盾和冲突、重大责任事故、大规模的群众示威、国内战争或国际战争、国际格局的变更等，都会迫使政策抉择系统及时做出适当的反应。

第二，要有政治权威领导人及专家学者的预测性发动。许多潜藏在很好的表象背后的问题通常大都得不到应有的重视，自然很难进入

---

① Brian W. Hogwood, Lewis A. Gunn. Policy Analysis for the Real World. Oxford: Oxford University Press, 1984: 68.

② 林水波，张世贤. 公共政策. 台北：五南图书出版公司，1982：117，122.

③ 桑玉成，刘百鸣. 公共政策学导论. 上海：复旦大学出版社，1991：123-126；兰秉洁，刁田丁. 政策学. 北京：中国统计出版社，1994：120-124；张金马. 政策科学导论. 北京：中国人民大学出版社，1993：149-153.

政策议程。但是如果有敏锐的政治权威领导人或有关专家学者对该问题将来的严重趋势有所察觉,那么他们就会及时地把它提出来,它就有可能在不甚明显和严重的时候被提上政策议程加以研究和解决。

这里需要说明的是,政治权威人物对问题的察觉往往较易于建立政策议程,而专家学者的察觉则不然,必须同时也得到有关权威人物的认同和支持才能进入政策议程。例如,中国台湾人口学家蒋梦麟先生起初单凭个人力量也无法将人口问题列入政策议程,后来因政界权威人士的出面支持才使该问题受到应有的重视,并被提上政策议程。

第三,要有正常、民主和开放的察觉机制与过程。应当说,上述两种条件都仅属一些特别的条件,它们并不能经常地发挥作用;即使能经常发挥作用,也并不是经常单独发挥作用,而必须与正常、民主和开放的问题察觉机制与过程相配合才能奏效。

所谓正常的问题察觉机制,就是能对各种政策问题经常保持警觉,并能对有关问题及时进行相关讨论、分析和研究,以便形成政策议程构建的机制。这就要求社会和政府建立社会问题信息收集和分析方面常设性的专门机构和队伍,进行正常的问题察觉和研究工作;有关领导人也要经常亲自调查研究,以防下级报喜不报忧,延误问题的察觉和解决进程。

所谓民主的问题察觉机制,是指问题的察觉机制应该体现民主性。这要求整个国家和政府的体制符合现代民主运作的要求,尤其是国家和政府的决策体制应合乎民主理念,有民主性的组织与程序设置。例如,保障民意代表机关的应有地位,充分发挥民意代表及时反映民众疾苦和社会问题的作用;重大决策不能个人说了算,应走群众路线和集体决策路线;建立和健全公共决策听证程序和制度;加强和完善新闻及社会舆论监督等。

所谓开放的问题察觉过程,是指有关组织的问题察觉系统不应是自我封闭的,而应该在不影响国家安全的情况下向社会各界、各级组织和群众开放,甚至对国外开放,充分听取和吸收各方面的反映和意见。

只有这样,一些有可能变得严重的社会问题才能正常而顺利地进入政策议程。

2. 进入政策议程的障碍

首先,与上述几方面正向条件相对应的反向条件均可构成政策议程的障碍因素。例如,事件和问题并没有明显的严重化,仍处于潜在的状态和轻微的程度上;领导人和有关学者并未察觉其严重性;社会缺乏正常的、民主和开放的觉察机制。

其次,有学者早就专门研究过导致不能进入政策议程的一些障碍因素。如巴切西(Peter Bachrach)和巴拉兹(M. S. Baratz)在1970年就明确指出,在政策议程建立的过程中有双重关卡:一是社群的价值规范,二是制度或程序上的限制。凡不合乎社会既得利益者价值规范的要求,通常会因他们利用武力和权力等手段的压制而难以被提上公众议程,同样不合乎社会制度和程序要求的问题也很难进入决策核心。①

此外,一项公共问题能否进入政策议程还在一定程度上与对该问题的表达方式和技巧等有一定的关系。表达方式不当通常也构成难以进入政策议程的一个技术上的障碍。例如,一个公共问题尽管很重要,但是呈报于政府面前的分析报告过于冗长,往往很难引起当局的兴趣;不重视利用新闻媒体宣传有关公共问题的分析成果也不易于引起有关部门的注意。

(三) 政策议程确立过程的模型

在政策制定过程中,公共问题能够进入政策议程已成为至关重要的一个环节;不进入政策议程,问题就没有通过政府来加以解决的可能。议程的确立会经历什么样的过程?这成为众多学者关注的一个焦点,他们纷纷建立了各种模型来研究议程确立的过程。

1. 科珀等学者的模型理论

科珀(R. W. Cobb)和埃尔德(G. D. Elder)最初在区分系统议程和政府议程的基础上,认为议程的建立过程就是大众参与和精英决策

① 参见:林水波,张世贤.公共政策.台北:五南图书出版公司,1982:129-134.原见:P. Bachrach, M. S. Baratz. Power and Poverty, New York: Oxford University Press, 1970:54.

之间的联系，即公共问题由系统议程进入到政府议程。① 其缺陷就在于，这一模型认为公共问题在到达政府议程之前，必须先进入系统议程。然而，这并不能够概括公共问题进入政府议程的所有途径，很多问题并不必然要经过系统议程。

之后，科珀等学者对该模型进行了修正，根据政府在议程建立中所起的不同作用(即直接提出或间接提出政策问题)以及创始者扩散问题的程度和方向，提出三种模型：外在创始模型(Outside Initiation Model)、动员模型(Mobilization Model)和内在创始模型(Inside Initiation Model)。②

(1) 外在创始模型。外在创始模型属非政府团体创始政策问题的过程，通常先散布到公众议程，再介入政府议程。这一模型与科珀和埃尔德最初提出的模型相似。它适用的情境包括：创始者身处政府结构之外；表达或提出一项需求；试图将问题散布到其他社会团体，以先行进入公众议程；最终向决策者施加足够的压力，以进入政府议程。

该模型通常在民主和平等的社会中比较常见。需要说明的是，通过该模型创建的政策议程只是让一个公共问题列入政府的议事日程，并不意味着政府会不折不扣地按创始者的意愿作最后的决定；更常见的则是，通过该模型创建的政策议程最终不是受到彻底否决，就是被修改得面目全非。

(2) 动员模型。动员模型属政府直接创始政策问题并将该问题扩散到政策议程的过程。该模型下的政策问题一般都能顺利地进入正式议程；但为了以后更好地执行该项政策，政府也需要将该问题提交公众议程加以讨论。在该模型下，政府领导人及其有关机构的主要任务是考虑如何将政府正式议程中的政策问题提交到公众议程。

该模型通常出现在不太民主的社会中，在那里，政策问题通常都是

---

① R. W. Cobb, Charles D. Elder. The politics of Agenda-building. Journal of Politics, 1971, 33(4): 892-915.

② Roger W. Cobb, etal. Agenda-Building as A Comparative Political Process. The American Political Science Review, 1976(170): 126-138.

由官方首先提出，再通过一定的形式提交社会讨论。

（3）内在创始模型。内在创始模型属政府因解决纯政府内部的事务而提出政策问题且不愿将该问题扩散到公众议程当中的过程。显然，该模型企图排除社会大众参与的情形，使得此类问题远离公众议程，社会大众便没有任何参与的机会和希望。在该模型下，仅限于政府内部的单位或接近于决策者的团体才能提出此类政策问题；问题最多会扩散到一些认同性团体，以争取更多力量的支持。该模型在财富和权力高度集中的社会较为流行。

具体到一个社会或国家来说，并非仅仅采用一种模型来构建其政策议程，而是会一并采用多种模型，因而在多数国家中政策议程建构模型均呈现高度的复杂性。例如，一个问题可能由三种模型中的任何一个开始，然后进入决策核心；在说明阶段可能透过动员或内在模式，由高层扩散到低层。当然很多问题通常是由低层逐渐扩散到高层，甚至某些团体会尝试同时向各层级的决策核心提出他们所关心的政策问题。

2. 芭芭拉·尼尔森的模型理论

芭芭拉·尼尔森（Babala Nelson）建立了关于议程确立过程的另外一种重要模型。她将议程的确立过程分为四个具体阶段：议题确认（Issue Recognition）；议题采纳（Issue Adoption）；议题重要程度排序（Issue Prioritization）；议题持续（Issue Maintenance）。[①] 在第一阶段，某一问题受到注意，并被察觉到需要政府的行动。这一问题必须达到足够重要的程度，能够引起决策者的严重关切。在第二阶段，政府决定对公共问题是否做出反应。这里主要涉及人们是否存在这样一种感觉并有适当的反应，即政府具有合法的职责来针对该问题采取行动。如果人们有这样的感觉和反应，就有可能推动政府采纳该问题。否则，政府就有可能对该问题不采取任何行动。在第三阶段，一旦公共问题被采纳，就需要对议程做出相应调整。这种调整主要是对议程中各问题的相对

---

① Barbara J. Nelson. Making an Issue of Child Abuse. Chicago: University of Chicago Press, 1984:22-23.

重要程度进行排序。在第四阶段，议题提升到决定阶段。针对问题的建议被提出来以待决策者考虑。只要这些建议能够得到考虑，那么这一议题就保持在政府议程之内。否则这一议题就不再保留在政府议程上。尼尔森的模型将议程确立过程分为前后相接的四个阶段，并说明了各阶段的主要内容。然而，这个模型和上一个模型一样，没有清楚地显示出，在议程建立过程中，各种因素的相互作用及其对于公共问题进入政府议程的影响。

3. 约翰·金登的模型理论

对议程确立过程研究很有影响的还有约翰·金登（John Kingdon）的三源流模型。他的模型建立在三种源流的基础上：问题流（Problem Stream）；政策流（Policy Stream）；政治流（Political Stream）。[①] 图 5-1 显示了该模型的基本架构。

问题流主要关注于问题的定义。它包括问题是如何被认知的，以及客观条件是如何被定义为问题的。问题通过系统指标的变化、焦点事件（如危机和灾难），或者通过程序运行的反馈，而受到人们的广泛关注。问题流还包括预算约束等。政策流与解决问题的技术可行性、问题解决方案的公众接受度等有关。政策流的重要方面在于针对政策问题而提出的各种建议，通常以法规、讲话、文件、交谈等形式出现。各种各样的建议、解决办法相互接触，并相互修订和结合，广为散播。这些建议能够存在需要满足数项条件，如它们的技术可行性、它们与主导价值观的适合程度、它们的预算可行性以及政策制定者提出这些建议所可能遇到的支持或反对等。政治流涉及政治对于问题解决方案的影响。它包括对于民族情绪、公众舆论、选举政治、利益集团等的考虑。潜在的议程项目如果与目前的民族情绪相一致，能够得到利益集团的支持或者没有有组织的反对，符合立法机构或行政机构的取向，那么它们就更容易获得议程上的优势地位。

当问题流、政策流和政治流汇合到一起，"政策窗口"（Policy Win-

---

① John W. Kington. Agendas, Alternatives, and Public Policies. Boston: Little, Brown, 1984:20-21.

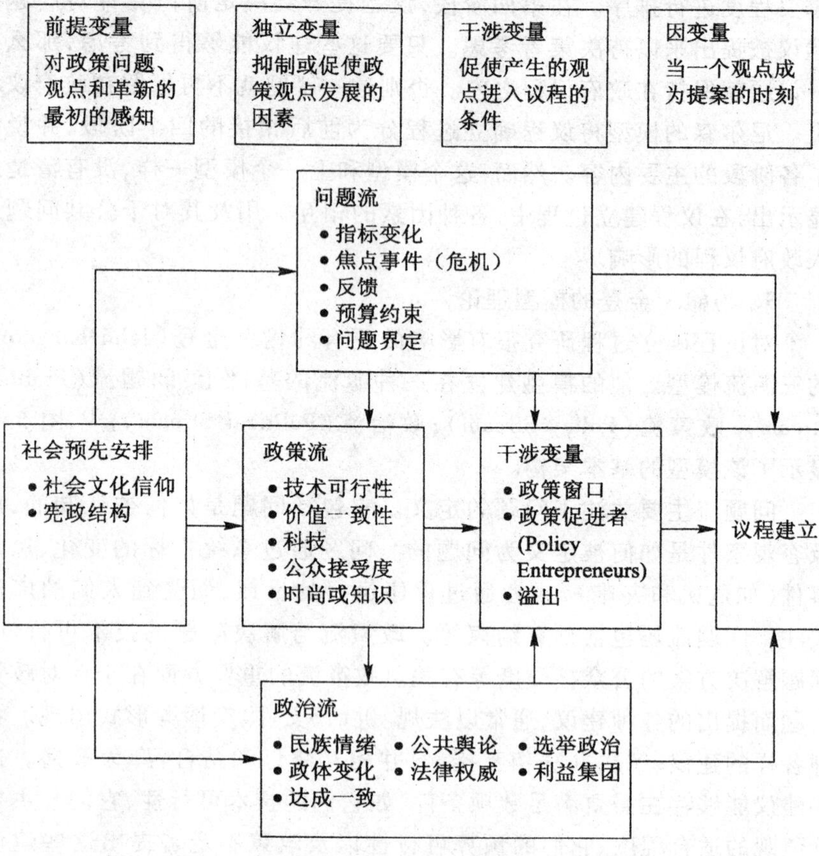

图 5-1 约翰·金登的议程确立过程模型

dows)就打开了。实际上,政策窗口是指提出公共问题及其解决办法的机会。当出现引人注目的问题,或者产生强大的政治流时,政策窗口都将被打开。政策经营者(Policy Entrepreneurs)是指在政策问题进入议程过程中具有重要影响的人,他们愿意利用自身的资源提出政策问题以及解决方案,负责促使重要人物关注该问题,并负责使问题及其解决办法相结合。诚然政府议程可以受到问题流或政治流的影响而建立，而如果问题流、政策流和政治流通过政策经营者而结合，那么政策问题进入议程的机会将显著增加。另外，溢出(Spillovers)现象也影响到议程的建立。溢出是指某一领域的议题有时会影响到另一问题进入议程的能力的事实。需要注意的是，政策问题进入议程的过程都在某一种社会预先安排(价值观、政治文化、信仰、宪政结构等)的背景下发生。

4. 中国学者的模型理论

特别值得一提的是，中国学者结合中国的实际情况，从议程提出者和民众参与度两个纬度出发，把中国的公共政策议程模式划分为关门模式、动员模式、内参模式、借力模式、上书模式和外压模式等，并认为关门模式日渐式微，其他模式日趋活跃。见表5-3。①

表5-3 中国公共政策议程的模式分类

		议程提出者		
		决策者	智囊团	民间
民众参与程度	低	Ⅰ 关门模式	Ⅲ 内参模式	Ⅴ 上书模式
	高	Ⅱ 动员模式	Ⅳ 借力模式	Ⅵ 外压模式

由此也可以看出，政策问题的认定本身就是一项非常重要而复杂的政策制定环节。政策问题并非既定地摆在我们的面前。正是因为政策问题认定的复杂，人们至今依旧缺乏成熟的公认的分析框架，将来更需要创建包含概念、假设、验证等内容的有效的理论分析框架。否则，公共政策问题的认定就很难真正为有关问题的解决铺好路。

① 王绍光. 中国公共政策议程设置的模式. 中国社会科学，2006(5).

第六章

政策方案的规划与抉择

本章主要探讨的是公共政策制定过程中的政策规划、抉择及其合法化问题。所谓公共政策制定，就是公共组织特别是政府针对有关的重要政策问题，依照一定的程序和原则确定政策目标，拟订、评估和最终择定有关政策方案的过程。

第一节　公共政策目标的确定

一、政策目标的含义与特征

（一）政策目标的含义

政策问题得以认定之后，政策制定者首当其冲要考虑的就是确定有关政策目标。当然在实际的公共政策制定过程中往往并不完全能够立即做到政策目标的明晰化。除了因为客观条件的制约外，也在于人们主观认识的局限性，更在于政策目标本身往往是多元的、相互冲突的。然而，作为逻辑的一般过程，我们还是需要首先弄清有关政策目标的抉择问题，然后才能考虑为了实现某一或某些政策目标所要进行的政策方案的规划问题。

政策目标（Policy Goals）就是有关公共组织特别是政府为了解决有关政策问题而采取的行动所要达到的目的、指标和效果。

（二）政策目标的特征

根据这一定义，我们不难看出政策目标一般主要具有如下三大特征：

1. 问题的针对性

任何政策目标都不是凭空产生的，几乎都建立在对一定的社会问题的关注、关怀之上。缺少对有关问题的针对性，任何政策目标都难以立足。当然，这并不是说政策目标仅仅针对过去或现实已经存在的重大问题，实际上许多政策目标还要关心未来可能出现的重大社会问题。

2. 未来的预期性

政策目标的出发点是针对有关社会问题，最终的落脚点也是要通过一定的政策行动在未来实现对有关问题的解决，因而必然存在对未来的预期性。这种预期性往往涉及对未来社会环境变化、人们价值观念变化等问题的把握。

3. 目的的多元性

任何政策问题往往都是复杂的，着眼解决某一政策问题的政策目的往往也是多元的。当然每一项政策的多元目的当中会有主要目的与次要目的之分，且它们之间应该有机地统一起来。

二、政策目标的分类

（一）政策目标的类型划分

（1）根据政策目标所着眼的时间范围，可划分为长远政策目标和近期政策目标以及其他的政策目标（如一些中长期政策目标和中短期政策目标）。

（2）根据政策目标所服务的地域或空间范围，可有全国性政策目标和地方性政策目标，国内政策目标和对外政策目标，全局性政策目标和局部性政策目标等。

（3）依据政策本身所属的社会领域，可有政治统治性和管理性政策目标、经济政策目标、文化政策目标以及社会政策目标等；与此相类似的则是，依据政策目标本身所属的社会领域，可有政策的政治性目标、经济性目标、文化性目标和社会性目标。

（4）依据政策所服务的主体是普通社会大众还是社会少数人群体，可有公益性政策目标和特殊性政策目标。政策所服务的少数人群体既可能是少数特权强势群体,也可能是少数弱势群体,因而特殊性政策目标就又存在维护强势利益目标和维护弱势利益目标的区分。

此外,我们还可以按照吸收了几种标准的混合标准来作其他的划分;或者按照上述并未提及的标准作其他划分,如根据目标的实质性程度可区分出实质性政策目标和象征性政策目标,根据政策目标彼此的重要程度可分成主要政策目标和次要政策目标等。

（二）公共政策的基本目标

依据政策目标的地位,可有基本目标和具体目标之分。其中,基本目标也称元目标,在现代市场经济社会中,一般包括公平、效率、自由和安全等四种。也即是说,政策具体目标(也称次目标)往往都由这几个目标派生出来,或最终都要服务于这几个目标。对于这些基本目标的概念界定以及相互关系问题,众多学者一直争论不休。但从公共政策的追求来说,我们还是可以给出一些相对统一的理解。①

1. 公平

公平即每人或每个群体得到同样的利益。就分配而言,它总会涉及三大内容:第一,从分配对象方面看,它涉及谁有权得到分配、不同层级如何分配、不同群体如何分配等问题;第二,从分配物来看,它涉及可分配物的范围多大、可分配物的价值如何等问题;第三,从分配过程来看,它涉及竞争机会是否平等、统计学意义上的平等分配过程、投票等政治参与机会平等问题。

对于这些问题,我们还可以把它们归纳为三种公平:第一是机会公平。每人都有同等的获取分配物的机会,但不保证每位最终都能得到。第二是分配公平。这又有两种情况:一是分配物对于一定范围的人群是一样的,但对于该范围以外的人可能就不同。例如,某单位发福利品,该单位的人每人一份,但该单位以外的人没有权利参与分配。二是

---

① 以下有关政策基本目标的讨论内容,除有特别注明的以外,主要源自:Stone, Deborah. Policy paradox: The Art of Political Decision Making, New York: W. W. Norton & Company, 1996;同时也请参阅该书中文版:德博拉·斯通.政策悖论:政治决策中的艺术.北京:中国人民大学出版社,2006.

在不同的个体或集体之间是平等的，但对这些个体的背后或群体内部的每个人来说则可能并不平等。例如，每个职工的工资即便都一样，但这些职工每个家庭成员数目有多有少，这样他们的家庭人均收入也就会不一样。第三是最终状态公平。它会充分满足每个人不同的偏好、实际需求和价值追求。例如，按需分配要实现的就是最终状态公平。

2. 效率

效率就是在给定投入中的最大化产出或既定产出所需要的最小化投入。它通常既需要考虑投入、成本、努力等因素，还要考虑产出、效益、成果等因素，更要把两方面的因素加以比较。在投入方面，它涉及如何计算投入，如何确定某种投入与某种产出的关联，如何确定某种投入的机会成本（投入于某种事物就意味着牺牲对其他事物的投入）。在产出方面，主要涉及：第一，如何确定产出目标，如学校是争取科研多出成果，追求教学多培养人才，还是希望多为社会提供咨询服务；第二，在多种产出目标的条件下如何决定这些目标的组合比例。

3. 自由

对自由，学者争论很多。孟德斯鸠认为："在一个有法律的社会里，自由仅仅是：一个人能够做他应该做的事情，而不被强迫去做他不应该做的事情。""自由是做法律所许可的一切事情的权利；如果一个公民能够做法律所禁止的事情，他就不再有自由了，因为其他的人也同样会有这个权利。"①约翰·密尔主张，自由的边界——不伤害他人，政府应该越少干涉自由越好。② 简言之，自由就是人们能做他们想做的事情，除非会伤害其他人和群体的利益。

4. 安全

简单地理解，安全就是生理生存上的最低保障，但在政治共同体中它则是非常复杂的概念。按我们通常的分类，安全的种类主要有人身安全、财产安全、社会安全、国家安全、信息安全、心理安全等。前四种安全是我们所熟知的，后两种安全则是如今十分突出的新安全类型。

---

① 孟德斯鸠. 论法的精神（上册）. 张雁深，译. 北京：商务印书馆，1961：154.

② 约翰·密尔. 论自由. 程崇华，译. 北京：商务印书馆，1959.

随着信息社会的到来，人们的信息获取越来越容易，但人们的信息安全利益也越来越容易受到损害，并且因为受到外部信息冲击的可能性越来越强烈，心理安全的问题也越来越突出，人们极易受到一些恐怖信息的影响。

对于上述这些目标之间的关系，人们的意见更是不一致。比如公平与效率的关系，一些人认为两者是冲突的，另一些人则认为两者是一致的，详见表6-1。

表6-1　公平与效率冲突吗？

冲突	不冲突
维持公平会消减人们工作的动力	人们工作的动力来自于一贯的满意、自我受尊重和归属感
保持公平要求政府干预个人的选择，从而影响效率	再分配并不会阻挠尝试和创新，一些保障能激发人们的工作热情和冒险精神
维持公平要求大量的官僚机构，官僚机构等同于浪费	行政管理本身也是一种生产性行为
两者的冲突是不可避免的	社会可以通过政治和政策的选择实现两者的协调

对于自由与安全的关系，人们的看法也有很大的分歧，详见表6-2。

表6-2　自由与安全矛盾吗？

矛盾	不矛盾
安全会造成对安全提供者的依赖	不安全会剥夺人们真正自由的选择能力；安全则会有助于真正的自由
人们需要自给自足，以便能真正独立和自由	完全自给自足只是虚幻的理想；能够依靠一个社区去营造一个人人自由的氛围；公共政策能够保护受资助者免受资助者（含国家）的统治

续表

矛盾	不矛盾
如果政府父亲般地要保护人们免受相互和外来伤害，就要限制人们的自由	公共政策能公正、实在地区分出那些有能力做有利于自己的决策的人和那些做不到这些的人

对于公平与自由、自由与效率、效率与安全、公平与安全之间的关系，人们的认识也很不一致。在现实当中，这些目标之间的关系本身就是极端复杂的，既有一致性，也会有相互冲突之处。案例6-1能很好地帮助我们理解上述这些目标定位及它们之间的相互关系。

案例6-1

妇女回家问题的争论[①]

2001年3月7日，全国政协九届四次会议上的一份大会发言大胆倡议：鼓励已婚女职工退出工作岗位，返回家中相夫教子、操持家政。持此观点的王贤才委员曾于6日向大会提交相关提案，建议修订《婚姻法》时明确，夫妇只有一方工作的，家庭财产应强制视为夫妇共有财产，以此保障“回家妇女”的权利。王贤才委员说：“男女平等不是一个狭隘的概念，男女有别、男女分工不同是社会进步的表现。”他主张，凡是妻子辞去工作从事家政的，丈夫一方的单位应给付1.5倍的工资，即“丈夫的工资+妻子的一半工资”。但王玉珏委员则对鼓励“妇女回家”的提法坚决反对！她表示，如果让妇女回家，新中国成立以来倡导的男女平等就白费了，是历史的倒退。妇女没有经济地位，其他权利就无从保障，就会任人宰割。她和其他几位委员也撰写了一份提案，建议政府帮助下岗女职工重新就业。

这个案例清楚地显示，公共政策的目标选择的确十分困难。该案例的有关公共政策必须充分考量回家与不回家对妇女、家庭和社会等

① 资料源自：中国妇女报，2001年3月8日。

各方面在公平、效率、自由与安全等多元目标上所产生的复杂影响，以及它们之间的平衡和协调问题；最后还要根据大多数人的意愿让人们自己去选择要不要妇女回家，并辅之以相应的配套措施。比如，如果妇女选择回家，会增进家庭效率，但其各方面权益应该得到相应的公平保障。如果妇女选择工作，其各方面权益容易得到保障，但政府或有关部门一般要考虑帮助建立社会化的家政服务体系或提供一定的家政开支性的福利补贴，来解决妇女们工作时的后顾之忧。

上述案例中的政策目标定位问题至今依然没有明确的政策结果。但我们相信，公共政策的规划者和制定者面对如此复杂的政策多目标选择时的重要工作，就是要尽量找到它们之间的平衡点，以最大限度地把它们有机地兼顾起来。

三、确定政策目标的意义与原则

（一）确定政策目标的意义

在政策制定过程中，尽管人们因环境和自身理性能力的限制而往往难以迅速明确有关政策目标，尤其是那些事关长远和大局或者涉及一些细节的具体政策目标，从而使得人们只能渐进地明确有关目标，但这一事实并不能否定我们在政策制定中有关政策目标的确定对政策制定过程的意义。一般而言，确定政策目标的价值意义主要体现为如下两点：

（1）它能为制定政策方案提供方向性指导。政策目标就是政策方案所要遵循的方向，如果目标不明确，政策方案也就失去了明确的方向。这不仅不利于政策方案的抉择，更不利于政策方案的贯彻，最终不利于有关公共政策问题的解决。

（2）它能为政策方案的规划和实施提供核心的评估标准。政策评估的最核心的标准是把方案的可能后果与政策原本的目标进行对比，或者是把政策的执行结果与政策目标进行对比，看两者的差距到底有多大，以及产生这种差距的原因何在，从而决定是修改政策方案和完善实施手段与步骤，还是调整政策目标，甚至完全废止有关政策。

（二）确定政策目标的原则

在确定政策具体目标时，我们通常应该根据政策目标本身的特点和政策制定与执行过程中的实际要求、条件以及有关伦理价值性考量来进行。具体说来，我们应主要遵循如下一些原则：

1. 实事求是

实事求是是确定政策目标的一个基本原则。首先，政策目标的确定必须从实际的公共政策问题出发。根据问题的实质和表现形式及其成因，有针对性地制定解决问题所要达到的目标。其次，该原则还要求我们，在确定政策目标时一定要切实可行。其中最关键的是政策目标要有可行性。例如，考虑到人民群众在经济体制转型的初期对物价改革的心理承受力较弱，我国物价改革的目标就不能是“一步到位”，而只能是“稳步实现”。

2. 面向未来

政策目标本身的一个重要特征就是对未来的预期性，该特征要求在确定政策目标时必须面向未来。具体说来，对于有关政策目标的确定一定要充分考虑有关公共政策问题本身、成因和环境条件等将来会发生的变化或延续的情况，从而让我们制定的政策目标符合未来发展的需要。例如，我国目前的人口政策目标就应该着手充分考虑未来老龄化社会的有关问题，及早筹划。

3. 系统协调

在制定政策目标时常常会遇到多重政策目标的困扰，尤其当它们相互矛盾和冲突时更是这样。使得任何一项大的政策目标的社会政治与伦理定位都是异常艰难的。这就需要在政策目标的确定阶段就力求让同一政策的多项目标相互协调，也让某项政策的目标与已有政策的有关目标或即将出台的其他政策的目标相一致。为此，一方面，需要运用系统论、控制论及运筹学等方法来对有关的政策目标作全面考量；另一方面，我们在确定公共政策目标时要弄清问题的实质所在，尽可能地逐步将目标数量减少到最低数量，以便集中配置政策工具和资源。

4. 明确具体

一旦能确定有关政策目标，就要使目标明确具体。对于目标中的有关概念、时间要求、目标内容、相关条件等都要进行清晰界定或说明，最好做到表达准确，含义清楚、单一，各项要求详细具体，能量化的予以量化等，以利于理解和操作。只有目标明确具体，才能为方案的规划、选定和执行创造一个良好的开端和前提条件。

5. 伦理考量

在较高的抽象意义上说，任何公共政策的目标都会涉及社会中的一些伦理价值考量，如前述有关公共政策元目标追求的价值——自由、安全、公平和效率等。就一般意义而言，在现代民主社会中，任何政策的目标都不能侵犯公民的各项法定权利，都要确保民主程序的稳定有效，为人们提供可靠的安全保障。另外，政策目标既要体现相对的社会公平，关心、帮助社会中的一些弱势群体，同时也要不影响社会的有效运转和正常发展。也就是说，在政策目标的确定中要主动地将这些有关社会伦理和价值因素考虑进去。

第二节　公共政策方案的规划

政策方案的规划与设计对政策抉择来说非常重要。因此本节专门探讨公共政策的规划与设计中的一些重要问题，如政策规划与政策设计的概念界定、政策规划的主要模型、政策学习与移植等。

一、政策规划与政策设计

（一）政策规划的含义及其特点

政策规划（Policy Plan），也称政策构建（Policy Formulation）。有的学者认为，它“是发展一套处理公共问题的行动方针，其主要目的是在使应该解决、能够解决的问题，以最有效的方法解决之”。[①] 也有学者认为，它“是一个针对未来，为能付诸行动以解决公共问题，发展中肯并且可以接受的方案的动态过程”。[②] 这些都属于广义界定。在此，我们则从狭义上来界定：政策规划是指在建立有关政策议程后，为了实现

① 朱志宏. 公共政策. 台北：三民书局，1995：132.

② 林水波，张世贤. 公共政策. 台北：五南图书出版公司，1982：143.

一定的政策目标，公共权力机关组织力量草拟政策方案与行动步骤的过程。也就是说，它应将问题界定、目标确定、政策抉择等从“政策规划”这一概念中剔除出去。

参考国外学者的论述，我们认为对政策规划的特征应主要强调如下两点：① 从政策规划的主体来说，多元化和政府主导并存。参与政策规划的主体通常是多元的，但其中政府往往起着发起规划、组织规划、帮助规划（提供规划中的经济、信息等条件）等作用。显然，政府起的是主导作用。② 从时间进程上来看，政策规划主要存在于政策目标的确定与政策抉择之间。尽管民间智库的政策规划可能不局限于这一阶段，在实际的政策过程中，政策的修正性规划还可能存在于政策执行过程之中，然而作为政府决策过程中的政策规划还是主要存在于政策目标的确定和政策抉择之间的阶段。它仅仅涉及对于有关政策目标实施方案的构建。

（二）政策设计的含义及逻辑结构

1. 政策设计的含义

传统的公共政策学者强调对政策过程的阶段性划分，政策规划是这个过程中最重要的一个环节。而最近随着学者对于政策过程阶段论的批评，“政策设计”（Policy Design）成为政策规划的替代性概念之一。德莱泽克和莱普利（Dryzek and Ripley）认为，政策设计涉及问题解决过程中有意识地发明、发展与应用的行动。[①] 这个定义强调政策设计是解决问题的行动方式，是一种有意图的政策活动，目的在于解决政策问题，实现政策目标。我国台湾学者丘昌泰认为：“政策设计是结合政策问题与政策方案、政策结果与政策过程的连锁，采取此种观点得以有效设计可行的政策方案”。[②] 从这个定义来看，它强调政策设计是贯穿于不同的政策过程环节，通过对不同政策过程的考察来综合思考、设计可行的政策方案。张世贤认为，政策设计是“政策分析人员有系统地探讨政策问题，并组合解决问题的相关政策要素，产生政策方案，使各政

---

① Dryzek, Ripley. The Ambition of Policy Design. Policy Studies Journal, 1988, 7(4): 705.

② 丘昌泰. 公共政策：当代政策科学理论之研究. 台北：巨流图书有限公司，1995：245.

策要素间具有一致关系，并符合现实环境，以达成政策问题能够解决的一种不断调整的动态过程”。[①] 这个定义较为清楚地描述了政策设计的内涵。

2. 政策设计的逻辑结构

从结构上看，政策设计包括通过一定的内在机制联系起来的各种要素及其结构逻辑（Stuctural Logic）。[②] 它主要包括两大组成部分：一是方案设计的基本要素；二是这些基本要素间的联系机制（Linkage）。

（1）方案设计的基本要素包括四个方面：

① 结果（Outcome）。方案设计中的结果包括两个层面的含义：一是指在制定政策方案时，政策制定者所预期产生的结果；二是指政策本身所产生的实际结果。预期结果（O_1）和实际结果（O_2）之间不可能完全一致，而政策方案设计的一个重要目标是追求尽可能地缩小两者之间的差距。

② 目标人群（Target Population）。目标人群是公共政策所直接或者间接影响到的团体和个人，政策制定者期望通过公共政策引导、改变和规范目标人群的行为。政策设计必须考虑到政策对目标人群的利益可能产生的各种影响以及由此带来的反应。目标人群是否遵守和服从政策规定，对于政策成败影响重大。政策制定者应当在政策制定的过程中增强目标人群的参与，多听取他们的意见，才能够充分考虑到各种复杂的利益和诉求，防止政策可能产生的疏漏。

③ 执行机构（Agencies）。执行机构是指具体执行政策方案的相关政府机关或其他机构。首先要考虑政策执行的方式，即应该由公共部门、私营部门还是公私合作的方式来进行；其次要确定由中央还是地方负责。对于具体执行机构的选择，需要考虑下列因素：一是执行机构的政策资源和能力；二是执行机构的组织健全程度；三是执行机构人员

---

① 张世贤. 公共政策分析. 台北：五南图书出版公司，2005：279.

② Schneider & Ingram. Policy Design: Elements, Premises and Strategies//Stuart Nagel ed. Policy Theory and Policy Evaluation. New. York: Greenwood, 1990. 关于政策设计的逻辑结构主要转引和参考：林水波. 公共政策新论，台北：智胜文化事业有限公司，1999：181－188；丘昌泰. 公共政策：当代政策科学理论之研究. 台北：巨流图书有限公司，1995：249－253.

的意愿;四是执行机构的沟通能力等。

④ 法规(Statutes)。法规是指政策方案所依据的法律基础,也就是说政策方案从内容到程序都应当符合各种法律的规定。

(2) 政策方案的要素之间需要一定的机制相互联系。政策的联系机制分别由规则、工具和假定构成。

① 规则(Rules)。在政策设计中,政策制定者、目标人群以及执行机构等都要遵循社会的规则。公共政策往往包含了对社会价值和利益的分配与再分配,因此一套明确、合理的规则是保障公共政策的公平、公正和合理的重要基础。

② 工具(Tools)。工具是指促使政府和目标人群遵守政策方案的各种政策措施,即将政策目标转换为具体政策行动的各种工具和机制。例如,在燃油税改革中,政府通过征收燃油税而实现节能减排,降低能耗,保护环境的目的。通过应用政策工具,政府能够引导、纠正、规范目标人群的行为,使其行为有利于政府意图或政策目标的实现。

③ 假定(Assumptions)。假定是指对政策因果关系的各种陈述,包括技术假定(Technical Assumptions)、行为假定(Behavioral Assumptions)和规范假定(Normative Assumptions)。这些假定是政策能够达到目标的理论基础,它渗透到政策设计的各个环节之中,将法规、机构、目标人群以及结果等要素贯穿起来。技术假定是指从技术层面来看,应用哪种科技,才能使政策发生预期效果的假定;行为假定是指政策应当敦促目标人群采取哪种行为,才能使政策产生效果的陈述;规范假定是政策应采取哪种法律规范,才能使政策产生效果的假定。例如,在燃油税改革中,技术假定是指对燃油征收高额的税,能够降低人们对燃油的需求,起到节能减排的作用;而行为假定是通过“多使用燃油多付费”的方式,可以调整人们的出行选择,采取更加环保的出行方式;而政府采取颁布法规来保证燃油税改革的进行则属于规范假定。

政策要素与要素之间的联系机制共同构成了一个政策设计的结构逻辑图(见图6-1),可以用公式表述如下:

$$PD = E(O, T, A, S) + L(t, r, a)$$

其中:PD 代表政策设计;E 代表四项政策设计的要素,即结果(O)、目标人群(T)、执行机构(A)与法规(S);L 代表要素的联系机制(Linkage),包括工具(t)、规则(r)和假定(a)。它们在决策规划中的结构逻辑如图 6-1 所示。

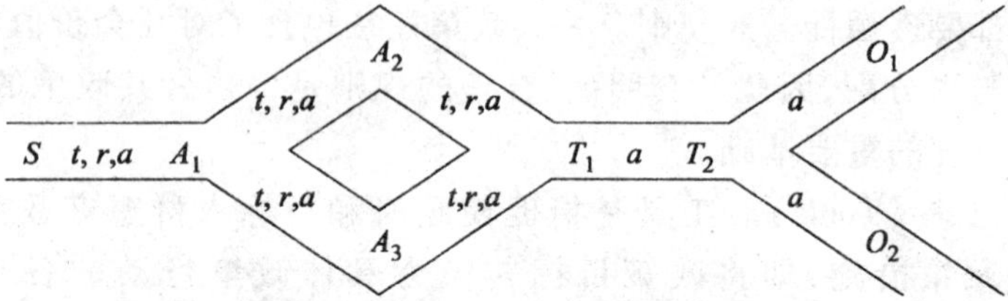

图 6-1 政策设计的逻辑结构

资料来源:Schneider & Ingram,1990:73

当进行政策设计的时候,必须考虑到政策设计的各个要素及其相互之间的联系。政策设计首先要考虑该方案是否具有一定的法律基础。如果缺乏相关的法律法规支持,单独的政策便缺乏合法性而难以实施。法规(S)通过规则、工具和假定与执行机构(A_1,A_2,A_3)联系起来。这些执行机构可能是上下隶属关系或者平行关系,它们之间也通过规则、工具和假定相互联系。机构与直接目标人群(T_1)和间接目标人群(T_2)是通过规则来联系起来的,规则规定了哪些行为是被禁止的,哪些行为是被允许的或被要求的;政策方案通过采取各种政策工具(t)来影响目标群体的行为选择;这种影响可能的基础在于政策假定。当然,这种假定也影响到最终政策产生的预期结果(O_1)和实际结果(O_2)。由于政策问题的复杂性和不确定性,政策的预期结果和实际结果之间必然会产生一定的差距。

(三)政策规划与政策设计的联系与区别

政策规划和政策设计作为概括提出政策方案的过程的概念经常交替使用,从这个角度来看,两者具有较高程度的相似性,同时两者也有一些区别。

政策规划是政策科学发展的早期阶段的分析概念，指的是公共政策形成的一个重要过程，带有明显的“阶段论”特点。政策规划重点考虑解决方案的形成和研判，偏重理性和技术层面的分析。而政策设计在很大程度上是打破阶段论划分的新概念，主张政策设计的学者一般反对具有逻辑顺序特点的政策阶段理论。政策设计从范围来看更为广阔，它“不仅着重解决方案的研拟，也非常重视政策方案的执行问题；不仅是重视技术分析，也重视政治分析”。① 从政策设计的结构逻辑来看，它将政策问题、政策方案、政策制定和政策执行都联系起来，贯穿于整个政策制定过程，而不强调政策阶段划分。它将各阶段融合起来，用更加系统的方法来探讨政策方案的形成及其执行问题。

二、政策规划的主体

国外一些学者主要强调政府或执行机构（含总统和官僚机构）、立法机关、司法机构、参与投票的公众以及一些社会权力代理者（如一些社会组织）等在政策规划中的作用。② 有的从政策系统（Policy System）的复杂性出发，强调政策规划的次系统和次主体，如在美国就有基于利益驱动的由利益集团、议会委员会和政府机构之间的所谓“铁三角”关系，也有如赫克罗（Heclo）主张的政策议题网络（Issue Networks），还有将政策构建系统称之为由享有一套基本信仰（含政策目标等）和试图影响政府规则、预算和人事以长期实现其目标的各级政府的各类公私机构组成的“支持联盟”（Advocacy Coalitions），以及由国家和社会主体共同构成的由利益驱动的政策网络（Policy Networks）或政策社群（Policy Community）等。我国台湾学者林水波、张世贤认为，介入政策规划的主体包括行政机关、立法机关、研究机构和利益团体四类。这些分类简洁明晰，做了粗线条描述。我们要特

① 林水波．公共政策新论．台北：智胜文化事业有限公司，1999：174.

② Weiss, Carot H. Organizations for Policy Analysis: Helping Government Think. California: Sage Publications, 1992: 1-6.

别强调的是如下两个方面:

（一）政策规划的政府主导化

政策规划中的政府主导主要体现在规划的组织和管理方面,并不是说政府的规划方案必须占主导地位。无论是政府还是其他各类规划主体在规划过程中的地位,从对真理性的追求来说都应是平等的。当然在现实的政策规划过程中,政府可能不仅仅在规划组织与管理上占主导地位,在规划方案进入抉择阶段上也可能常常占主导地位。其中既有政府地位的影响,也有政府在设计方案时往往比较务实等原因。但是,我们应尽可能避免政府地位对规划方案带来的负面影响。

（二）政策规划的主体多元化

政策规划主体既可以是单一式的,也可以是多元式的。比较而言,这两种模式各有利弊。单一式规划主体的优势在于政府对有关问题有具体详细的了解,对问题能从全局上进行考量。但是缺陷在于:政府本身也有自利性和价值偏好,因而单纯的政府规划不能确保公正;同时政府对一些问题的理性认知能力也是有限的,单纯由政府做出的规划也难保科学;单一式政府规划将各方利益主体排除于规划过程之外,这种政策规划明显缺乏民主性。而多元式规划主体中除政府以外的其他主体虽然可能对实际情况缺乏深入、全面的了解,也可能会从局部利益出发,规划失之片面,但它们的参与毕竟可以对政府规划起到制约、补充等作用,既有利于克服各方的自利性,保障社会公正,也有利于汇聚各方智慧并反映各方利益需求,以保障政策规划的科学性和民主性。

为了实现政策规划主体的多元化,不少国家通常会特别重视充分发挥各类政策分析组织(政策咨询或参谋组织)的作用。这些政策研究机构最主要的作用就是,利用自身的专业知识和分析技能专门为政府思考一些长远或眼前的棘手问题,从而提出解决问题的相关政策建议。

同时,许多国家还特别重视采取听证制度实现政策规划主体的多元化。听证,最早源于西方的司法实践,后来被逐渐运用到立法实践和行政实践之中，从而成为政府政策过程（尤其是政策规划过程）中的一项重要的制度形式。其核心要求是政府在规划政策方案时要听取有关专家、管理主体、利益代表和公众的意见，以利于政策规划和抉择的透明化、科学化、民主化、公正化和规范化。其最大的优点就是能克服代议民主制的不足，实现各方利益主体、官员、专家与百姓之间面对面的直接交流和沟通，从而发扬民主，维护公平，达成共识，并提高决策的质量与水平。实行听证制度是适应我国现实需要的一种非常重要的公共决策体制变革。①

三、政策方案的设计原则

政策方案的设计是政策制定过程中十分关键的一个步骤，要确保方案的质量，必须注意以下几项原则：

（一）紧扣政策目标

设计政策方案是达成政策目标的一个重要规划步骤，因此它首先必须紧紧围绕针对某一或某些问题的政策目标，科学地设计实现有关政策目标的具体政策行动方案。在实际政策方案设计时，特别是针对有些新出现的问题或一些紧急问题进行政策方案设计时，我们很可能会遇到目标并不明确的问题。这时就需要采取渐进决策模式。

（二）规划多重方案

所设计的方案的数量一般至少不低于两个，可以让人们利用自己的理性能力去尽可能充分地考虑一切可能的解决方案，从而在尽可能多的备选方案中进行优中选优；同时多重方案的设计也能为此后修正、调整和更新政策方案提供便利条件。一般而言，五个左右的政策方案通常就已基本满足多重方案的原则要求。

（三）方案彼此独立

所设计的多重方案彼此要相对独立，互不隶属，当然彼此可以同属

---

① 彭宗超，薛澜，阚珂. 透明决策与公共治理：中国听证制度研究. 北京：清华大学出版社，2004.

某一大类。如果相互隶属，即某一方案可能属于另一种方案的一部分，这两种方案实际上仅仅是一种方案。这样，设计就不合理，就不能达到真正的方案多重化要求。相反，方案彼此独立，就容易真正产生多种方案供评估和选择。

（四）方案要有创新

尽管有些政策问题具有重复性、雷同性，方案的设计从内容到思路依靠已有的经验和模式也可以进行，但我们还是应该看到每一个问题的特殊性及其未来的变化性，应该力求通过不同程度的创新性方案更好地解决问题。我们重视方案的创新性，并不意味着不要任何已成功的经验和办法，或者是单纯为创新而创新。

（五）方案切实可行

目标要可行，实现目标的方案也要可行。要充分考量现有和将来的条件，去设计实现目标的主体、手段、技术、步骤等，力争它们都具有可行性和可操作性。

四、政策规划的模式与参考框架

规划（Planning）与政策规划（Policy Planning）具有密切联系，也存在一定的差别。约翰·弗里德曼（John Friedmann）认为，规划是“社会体系内部变迁的指导方针，具体来说，它是指一种自我指引的过程，能够促进社会体系组成部分的不同发展，激活系统的结构变迁并在变迁的过程中保持系统的边界”。[①] 规划是通过决策及其过程对社会各种活动的理性干涉而实现社会发展的目标。

政策规划是针对政策问题而提出各种可能解决方案的过程。在这个过程中，政策制定者需要有理论上的参考框架（Referential Framework），以促进对政策问题的分析、政策方案的拟订和评估。公共政策学者的政策分析框架为实际决策者的规划活动提供了理论基础，在一定程度上可视为政策规划所应遵循的步骤和方法。通过采用科学合理

---

① John Friedmann. A Conceptual Model for the Analysis of Planning Behavior. Administrative Science Quarterly, 1967, 12(2): 227.

的政策分析,决策者方能从容应对各种问题而做出更好的决策。下面简单介绍韦默和维宁(Weimer and Vining)、帕顿和沙维奇(Patton and Sawichi)等学者的政策分析框架。

(一)韦默和维宁的政策分析框架

韦默和维宁认为,在政策分析中,如何定义、解释和模拟问题在很大程度上决定了政策目标和分析方法的选择,最终影响备选政策方案的抉择。因此,他们主要将政策分析过程分为两个阶段:问题分析和解决方案分析。①

1. 问题分析

这个阶段由三个重要步骤构成:第一,理解问题。理解问题首先要对问题进行症状评估,提供问题症状产生的原因解释或者模型;框定问题之后,需要在此基础上模拟可能出现的各种变量。第二,选择和解释目标与约束。政策目标往往是多元的、冲突的和模糊的。建立目标需要承认目标的含糊性,同时也需要澄清目标和政策之间的差别。第三,选择解决办法。根据政策目标的数量,选择恰当的解决方法。多目标分析通常是合适的解决办法。

2. 解决方案分析

这个阶段可以分为四个步骤:第一步是说明相关标准,也就是确定备选政策方案的评估标准,并依据这些标准评价备选方案对于目标的影响。第二步是详细说明能够潜在推进政策目标的备选政策方案。第三步是用每一种衡量标准来评价每一种备选政策方案,预测其可能产生的影响。第四步是推荐一种备选政策方案,并提供选择的依据。表6-3的矩阵基本能够将解决问题的各个环节概括出来,是一种有效的分析工具。

---

① 戴维·韦默,艾丹·维宁. 政策分析——理论和实践. 上海:上海译文出版社,2003:248-283.

表 6-3　目标与备选方案矩阵的简单结构

目标	标准	政策备选方案		
		政策方案Ⅰ	政策方案Ⅱ	政策方案Ⅲ
目标 A	标准 A1	预测影响及其评价	预测影响及其评价	预测影响及其评价
	标准 A2	预测影响及其评价	预测影响及其评价	预测影响及其评价
	标准 A3	预测影响及其评价	预测影响及其评价	预测影响及其评价
目标 B	标准 B1	预测影响及其评价	预测影响及其评价	预测影响及其评价
	标准 B2	预测影响及其评价	预测影响及其评价	预测影响及其评价
目标 C	标准 C1	预测影响及其评价	预测影响及其评价	预测影响及其评价

资料来源：韦默，维宁．政策分析——理论和实践．上海：上海译文出版社，2003：248.

韦默和维宁分析框架中两个阶段的七个步骤是连续构成的，形成了一个理性主义的分析模式，然而他们也认为政策分析并不能简化为一个统一的公式。

（二）帕顿与沙维奇的政策分析框架

帕顿和沙维奇提出了可快速地用于政策规划的初步分析方法，并且在其他学者研究的基础上提出了政策分析的框架。他们的初步政策分析包括六个步骤：界定问题、确定评估标准、确认备选方案、评估备选方案、比较备选方案和评估结果。在这六个主要的步骤之下，还分为很多较为具体的组成部分。这些分析步骤构成了一个分析模型（见图 6-2），现在简单介绍政策分析的六个步骤：①

1．认定和细化问题

认定和不断地重新界定问题是非常重要的工作。政策分析者通过

① 卡尔·帕顿，大卫·沙维奇．政策分析和规划的初步方法．2 版．北京：华夏出版社，2001：43-55.

这个过程要达到有意义地陈述政策问题,集中于中心问题和关键要素。

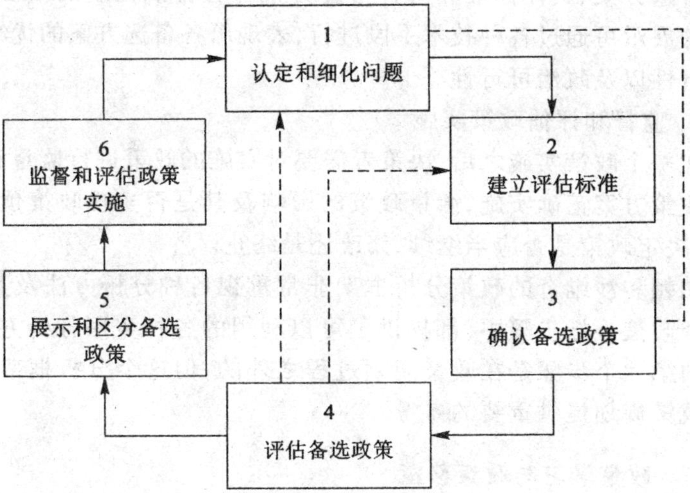

图 6-2　帕顿和沙维奇的政策分析基本过程

资料来源:帕顿、沙维奇.政策分析和规划的初步方法.第 44 页.

2．建立评估标准

为了在备选方案之间进行比较、衡量和选择,必须建立评估标准。基本的评估标准包括成本、效益、效用、效率、平等以及政治可行性等。

3．确认备选政策

备选方案可以通过思索、研究分析、经验、集体讨论以及其他各种方式产生。受到政策影响的各个团体都可能提出自己的意见,甚至是备选方案,这些方案也不应该受到忽视。

4．评估备选政策

分析者或者决策者可以通过定性或定量的方法对备选方案进行评估,选择最满足主要标准的方案。有时候,在对政策进行确认和评估的过程中会发现政策问题的新内容,这就需要重新进行问题的界定并且修改评估标准。

5．展示和区分备选政策

经过对备选政策的评估，决策者或政策分析人员能够提出关于一系列备选方案、具体标准和每种备选方案符合标准程度的报告。备选政策的展示可通过各种技术手段进行，表现出各备选方案的优缺点、技术可行性以及政治可行性等。

6. 监督和评估政策实施

在一个政策实施之后，决策者需要对实施的政策进行监督和检查，确保政策方案正确实施，衡量政策的影响及其是否实现政策预期的效果，并决定政策是否应当继续、修改还是终止。

帕顿和沙维奇的政策分析框架非常重视各种分析方法及其运用，在每个政策分析步骤中，都提供了可以利用的各种实用分析方法。该模型的第六个步骤是在政策规划过程之外的，但这个分析框架还是可以为政策规划提供重要的参考。

五、政策学习与政策移植

在政策规划中，政策制定者常常要参考、借鉴不同国家、地区或者其他部门相关的政策方案，学习其中的知识、技术或者是政策观念，并从其中汲取灵感和受到启发。这个过程被称为政策学习(Policy Learning)。与政策学习相类似的概念还包括政策转移或政策移植(Policy Transfer)、政策扩散(Policy Diffusion)以及经验汲取(Lesson Drawing)等。

(一) 政策学习及其类型

现实中的政策变迁或者政策创新的一个重要来源就是政策学习。从纵向来看，需要思考以往是如何解决这种问题的，或者现在政策对于该问题是否有效；从横向来看，政策制定者需要考虑其他国家、地区、省份或者其他城市是如何解决这些问题的。政策制定者能够从传统政策、现行政策或者其他地方政府的政策中获得可以利用的各种知识，包括政策理念、政策内容、政策工具等。同时，政策学习也可能获得新的价值、目标以及对于问题的建构等方面的知识。政策学习是集体学习(Collective Learning)的一种形式，因为政策制定者和执行者都是由组织来进行的。[1] 我国各级政府都较为重视政策学习，其中的重要形式是各地政府相互之间的经验交流、经验学习以及树立学习样板等。

一个政府组织的学习能力和可以学习到的知识取决于多方面的因素。

首先是政府面临问题的性质。如果政策问题具有较高的相似性，即很多地区和组织面临着相同或类似的问题，那么决策者就能够从其他地区、其他组织中获得处理类似问题的各种信息。而对于有些特殊的问题，政策学习的表现或许不够明显。

其次，政策学习也与一个组织的内部文化、组织价值和利益等相关。有些政府组织较为开放，具有较强的学习意愿，因此在政策制定过程中有意识地向其他地区、兄弟城市等学习经验。组织价值观念的差别可能成为阻碍政策学习的因素。政府组织或决策者会选择那些符合组织价值观念的信息或者有利于组织的信息，并将这些有意向的信息加入到决策之中。

最后，组织学习也受到外部环境的影响。政府组织是身处于社会和复杂政治体系之中的，社会的价值观念、文化习俗以及政治体系的意识形态等都可能影响到政策学习。

政策学习存在着不同的类型，并且与政策学习的机制和效果等具有密切的关系。从学习的内容以及程度上，一般认为存在着三种类型的政策学习，即工具学习（Instrumental Learning）、概念学习或者问题学习（Conceptual Learning or Problem Learning）、社会学习（Social Learning）。[2]

工具学习是指学习的内容主要是技术、政策制定、过程以及政策工具等。政策水平和质量与政策所采用的具体技术、政策过程以及工具等有关。为了提升决策水平，决策者会从其他相关组织中学习这些技术和工具，并应用到决策之中。

---

① René Kemp, Rifka Weehuizen. Policy learning, what does it mean and how can we study it? A working paper of PUBLIN research project, NIFU STEP, 2005:7.

② 同上，第 10 页。

概念学习或者问题学习是指在政策制定中从一个不同的评价角度来看待事物。人们在日常生活中常常形成一些既定的看待某些事物的角度，在公共政策领域也是如此。如果以既定的角度来看待政策问题，那么解决办法也常常是传统办法。而如果以一种新观念看待问题，将会产生全新的解决办法。例如，在我国有些地方政府认为经济发展和环境保护之间是冲突的，严格的环境保护可能影响到经济发展。但换一个角度来看，环境保护能够刺激企业进行技术创新来达到环保标准，同时降低资源消耗，那么环境保护政策就能起到促进经济发展、调整经济结构的作用。

社会学习是指决策者学习有关政策价值以及规范、目标、责任等其他深层次的特质。社会学习能够使决策者反思政策制定所依据的根本价值、原则和过程，从而导致决策理论上的重大变迁。

在现代的决策过程中，完全封闭的决策越来越少。政策制定一般都需要参考其他地方类似的政策，从其中学习某些技术、方法和决策理念。政策学习在一定程度上促进了政策变迁和政策的创新。

（二）政策移植及其类型①

在全球化程度日益加深的今天，在公共政策领域，政策移植或政策转移(Policy Transfer)已经成为非常重要的政策来源的方式。简单地说，政策移植就是一个政策借用国(Borrowing Country)采纳其他国家的公共政策、行政体制、制度及思想等来解决本国所面临的政策问题。政策移植可以发生在议程建立阶段，也可以发生在政策规划和政策执行阶段，而在政策规划阶段，政策移植的作用尤为重要。

政策移植的增加存在很多原因。首先，在全球化时代，没有哪个国家能够脱离全球的经济体系及摆脱全球的经济压力。尤其随着全球化的发展，各个国家在经济方面越来越具有同质性，它们接受同样的经济规则，加入到统一的经济生产和贸易体系中。也由

① 本部分主要参考的资料是：Dolowitz, David P, David Marsh. Learning From Abroad: The Role of Policy Transfer in Contemporary Policy-making. Governance: An International Journal of Policy & Administration, 2000, 13(1).

于全球化的发展，使得各国家面临许多类似的政策问题，有些问题甚至是共同的，如环境污染、能源、人口膨胀等问题。相似的问题可以由相似的政策来加以解决，这是政策移植能够产生的一个基础。其次，通信技术的发展，也使得各国间在知识、观念等方面的交流变得更通畅快捷。政策移植对于政策制定的明显优势在于政策方案规划的快速、便捷，同时又节约成本。这方面的特征使得政策移植得到了政策制定者的青睐。

一个国家向另外一个国家的学习和借鉴包括很多方面。在公共政策方面，政策目标、政策内容以及政策工具等，都能够成为移植的对象。在政策规划阶段，对于政策内容方面的政策移植，对于政策方案的规划起到了重要的作用。一个国家对其他政治体系的政策借鉴，不可能或是完全照搬，或是完全拒绝这两种形式，而是存在不同的程度。一是复制(Copying)，即指政策文本直接的完全的转移；二是效法(Emulation)，即借鉴他国公共政策背后的思想观念；三是混合(Combinations)，即针对同样的政策问题混合各有关国家的公共政策；四是启发(Inspiration)，即其他国家的政策可能引发本国的政策变化。在政策规划阶段，更多出现政策的复制和混合。国家层次的政策可以借鉴他国国家层次或者地方层次的政策，同样本国地方政府的政策可以借鉴他国国家层次或地方层次的政策。

从政策制定者的意愿角度，可以简单地将政策移植分为自愿的政策移植(Voluntary Transfer)和被迫的政策移植(Coercive Transfer)。但这种分类过于简化，更好的办法是将政策移植视为处于从自愿的学习到被迫接受他国政策的一个政策移植连续体(A Policy Transfer Continuum)。虽然政策移植在政策规划和执行中具有重要的作用，但很明显，并不是所有的政策移植都能够获得成功。这就涉及政策移植过程中出现的政策失败(Policy Failure)。

有研究显示，至少三方面的因素导致了政策失败：① 信息不全的政策移植(Uniformed Transfer)，是指政策借用国对于该政策的信息了解不充分，不清楚它在原国家是如何运行的。② 不完全的政策移植(Incomplete Transfer)，是指虽然政策移植发生，但是使得该政策在原国家获得成功的某些重要因素却没有采纳。③ 不当的政策移植(Inappropriate Transfer),是指没有充分注意到政策借用国与政策输出国之间在经济、社会、政治和意识形态背景方面的不同。

这三方面因素都可能导致政策移植的失败。因此,在政策规划阶段,一定要谨慎地对待政策移植。但毫无疑问,政策移植在政策规划方面提供了更广阔的选择空间。需要提请注意的是,在美国、俄罗斯、中国等这些地域辽阔的国家,政策规划中的政策移植现象在这些国家内部的不同地区之间也同样存在。因此,政策移植不仅是全球化时代国家之间的政策学习现象,同样是信息化和一体化时代一个国家内部的现象。也就是说,在政策规划过程中,不仅要注意向国外学习,还要注意向国内其他地区学习。

第三节　公共政策的抉择与合法化

公共政策的抉择,就是由公共政策的制定者根据政策规划建议和要考量的相关事项,按照一定的决策制度和程序规定,对解决有关政策问题的行动方案做出决定性选择的过程。这一过程是公共政策制定过程中最具实质性意义的阶段。也正是因为这一阶段十分重要,任何一个国家都会对自己的公共政策抉择问题做出一定的程序化和法制化的规定。尽管不同的国家会在程序化和法制化的程度上有所不同,但这并不会影响我们的这一总判断。为此,本节将政策的抉择与政策的合法化两个问题合在一起。其中,主要探讨的是公共政策的抉择主体、抉择者要注意的问题、决策的合法化等问题,另外本节最后还会简要探讨一下日常决策与危机决策的有关问题。

一、公共政策的抉择主体

随着政策制定过程的推进,相关的政策参与者越趋减少。我们可以将公共政策抉择的主体(这里主要指直接决策者)大致分为如下几类:国家元首、行政首长、民意代表、法官、执政党首脑以及军事首长等。

(一) 国家元首

国家元首通常是国家的最高代表,是国家和民族的象征,所行使的职权一般涉及礼仪上的外交权、国家法律的签署权和发布权等方面。但在不同政府体制下,国家元首的抉择权力是大不相同的。在虚位元首制下,国家元首只能行使礼仪上或形式上的最高国家抉择权力,如议会制下的总统和君主就是如此。在实位元首制下,国家元首不仅有国家元首本身的权力,而且还兼有其他国家权力,如政府首脑权、最高军事统帅权等,它就成为国家决策权力的核心,总统制或半总统制、超级总统制下的总统就属此类。

(二) 行政首长

行政首长是各级行政机关及其所属各部门的最高行政决策者和执行者的统称。就世界通行的行政体制来说,由于行政领导工作往往要求适当的集权以应付和处理日益繁重和紧急的行政事务,所以各国一般采取行政首长负责制,即行政首长拥有行政决策的抉择权,并对其抉择行为负责。

(三) 民意代表

一些公共政策,特别是那些要上升到国家或地方法律高度的公共政策以及那些需要代议机关审议的公共政策,往往必须经过民意代表的赞同和批准才能得以制定。可见,民意代表掌握着重要的国家公共政策的抉择权。当然,在民意代表中,对代议机构的决策权影响较大的人物往往是那些专门委员会的成员、主席以及代议机构的领导集体。

(四) 法官

在流行判例法和习惯法的国家或存在违宪司法审查权的国家,如英美法系国家,法官的判案在一定程度上就是一种立法行为,因而法官对公共政策也就有一定的抉择权。

(五) 执政党首脑以及军事首长

在一些执政党特别强大或党政一元化的国家,执政党在国家政策的实际抉择中往往起着相当直接和极为重要的作用。执政党的首脑也可能在国家的政策抉择中起着核心作用。同时,一些国家的军事机关及其首脑在国家政策的抉择中也会发挥重要的甚至根本的作用。

二、公共政策的抉择原则

作为公共政策的最终决定者，应考虑哪些关键因素，才能更好地进行决策呢？我们认为，根据决策科学化、民主化和制度化的要求，决策者应该注意：尊重科学分析的价值；考量各方利益的平衡；发挥个人决断的作用；遵照有关程序的规定。

（一）尊重科学分析的价值

公共政策抉择的科学化对于最终的抉择者来说，就是要求抉择者充分尊重依据科学程序、运用科学方法和技术而提出的政策规划建议。之所以要充分重视科学分析的价值，是因为这种尊重实际上在一定程度上体现了理性决策模式的运用。要解决这么多的新问题，任何一位领导者和决策者单凭个人的知识和经验都是力不从心的，而必须借助各方专家和顾问的大脑，必须尽量发挥科学分析的作用，走科学决策之路。当然，强调决策者要尊重科学分析的价值，并不是要决策者机械地依从科学分析的结论和建议，或单纯追求在科学分析基础上来决策。对此，我们后面再做进一步论述。

（二）考虑各方利益的平衡

决策者还要看到，人的理性认识能力毕竟是有限的，决策者不能完全依赖科学分析，而应该一方面利用民主决策机制，引导冲突各方通过互动实现信息对称、达成谅解、妥协和一致等，另一方面要在不易利用民主机制时充分了解各方利益需求、全面权衡各方的利害关系，尽量避免出现零和博弈，而让各方都能从决策中得到自己想得到的东西，从而最大限度地实现双赢或多赢的结局。还应该注意的是，决策者不能仅仅为利益的均衡而一味地作妥协性的决策，而应时刻把握社会发展的大局。

（三）发挥决策者的能动作用

前两点无疑都是要求决策者要充分尊重别人的立场、利益、观点和意见，这些都很有必要，但仍然是不够的。作为决策者，还应该有能力进行独立决断。无论身处什么样的决策体制和环境，决策者独立决断都是很重要的，它事关决策的整体质量问题。

这除了符合前述决策权责一致的原则外，更重要的是：第一，在集体决策条件下，每一位决策参与者的独立决断正是决策民主化和科学化的一个体现和要求，它与决策民主化和科学化是一致的；第二，在个人决策条件下，决策者的地位往往能让决策者得到其他人不可能得到的信息，从而占有信息优势，还容易让决策者比其他人站得高、看得远、考虑得更周全；第三，正确决策与抓住时机往往具有极其密切的联系。对决策者来说，要真正能独立行使决断权，最关键的还是要不断地提高自身各方面的素质和修养水平，自觉培养和锻炼独立决断的能力。

（四）遵照有关程序的规定

决策的法制化要求决策者还应该注意按规定的制度和程序进行决策，对此将在后面做专门论述。

三、政策论证、政策审议与政策采纳

拟制出若干政策方案以后，就进入了政策论证、政策审议与政策采纳的阶段。对于决策者来说，这个阶段属于政策抉择的前期。

（一）政策论证

政策论证（Policy Argument）是指政策方案的论证以有力的信息来强化自己的政策主张（Policy Claim），并且对决策者和利益相关者已经提出或有可能提出的不同意见进行有理有据的抗辩，旨在推动决策者采纳自己的政策方案而拒绝其他政策方案的做法。

1. 政策论证的要素

政策论证具有六大要素，其逻辑结构如图 6-3 所示。

现对于这些要素分别说明如下：

（1）政策相关信息，指与所论证的政策方案相关的信息，包括政策问题、政策目标、政策工具、政策行动、成本—收益匡算、利益相关者等方面的信息。

（2）政策主张，指政策论证的结论，即政策相关信息的逻辑结果。

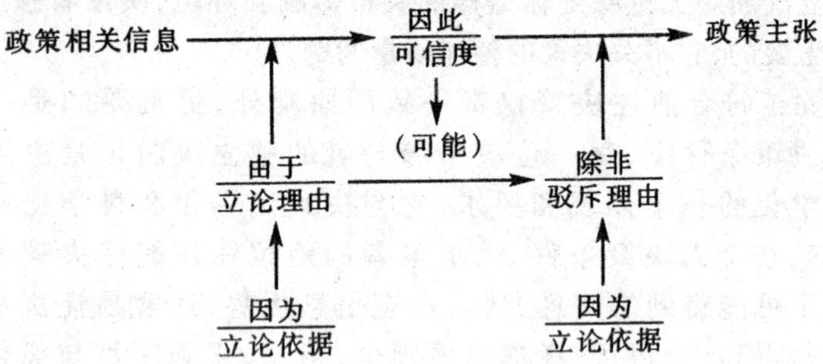

图 6-3　政策论证的要素

资料来源:威廉·邓恩.公共政策分析导论.2 版.
谢明,等,译.北京:中国人民大学出版社,2002:107.

(3) 立论理由,指政策论证中的假定,这些假定往往是某种公认的事实、原理、定律或常识,它们把政策相关信息与政策主张连接起来。例如,如果政策主张是"政府应制定为穷人提供特殊服务的救助方案",那么"多数公民都有实现社会平等的愿望和理想"这一假定即是这一政策主张的立论理由。

(4) 立论依据,指用来证明立论理由或驳斥理由成立的根据,这些根据旨在以更深层次和更具说服力的假定或事实来支持、充实立论理由或驳斥理由所作的论证。例如,"社会平等是政治稳定的先决条件"就是上述立论理由的立论依据。

(5) 驳斥理由,指的是对为什么立论理由无法被接受的原因、结论、假定所做的分析。例如,上述立论理由无法被接受的假定可能是"对穷人提供特殊服务就是另一种形式的社会不平等,因为纳税人不能享受这类服务",而驳斥理由就是对这一假定做出的分析。

(6) 可信度,指立论理由及其立论依据压倒驳斥理由及其立论依据的程度。如果决策者认定立论理由及其立论依据的可信度高而驳斥理由及其立论依据的可信度低,那么支持主张就会被接受。

因此,在政策论证的逻辑结构图中,"驳斥理由"的上面用"除非"表示,其含义是"除非"决策者认定驳斥理由及其立论依据的可信度低甚至是错误的，该项支持主张的可信度才高，被论证的政策方案才会被接受。可信度通常以"可能性"的话语来表达。

2. 政策论证的模式

关于政策论证的模式或者方式，美国公共政策学学者邓恩的研究成果，被广为引用。邓恩认为，政策论证的模式是把支持相关信息转换为支持主张的工具。至少有八种转换的模式或者方式：①

(1) 权威模式。这是指利用政策论证者自身的社会成就或特殊身份（如专家、教授、院士、诺贝尔奖获得者等）所产生的权威性影响，而作为论证信息的可信度的基础。

(2) 统计模式。这是指以如下的统计学假设为基础而进行的政策论证，即对于被作为样本的个体来说真实的东西，对于样本代表的群体来说也同样真实。也就是说，统计学的这一假设是以样本的诸个体的有关数据的平均数来推测未被观察的、也常常是不可观察的被抽取样本的整个群体。

(3) 类别模式。在这一模式中，相关信息转换为政策主张是基于这样的假设：某一类别中的大多数个体所具有的特征，该类别中的某一个体就具有这些特征。

(4) 直觉模式。在这一模式中，相关信息转换为政策主张所依据的假设是公共决策者所具备的直觉特质，如洞察力、决断力和灵感。

(5) 分析模式。在这一模式中，相关信息转换为政策主张所依据的假设是：政策方案的论证者用来论证的信息，是他们运用数学模拟、时间序列分析、系统分析等高度精致化的分析方法获得的。也就是说，分析方法的效度被作为政策论证的基础。

(6) 解释模式。在这一模式中，政策论证者以政策的因果关系作为论据的基础，相关信息转换为政策主张是基于这样的假设：特定的原生性因素（如生产力）的出现是某种结果（如生产关系）的出现的原因。

---

① 威廉·邓恩. 公共政策分析导论. 2版. 谢明，等，译. 北京：中国人民大学出版社，2002：113-115.

（7）实用模式。在这一模式中，政策主张是以来自于政策行为者的动机、个案比较、相似或类似个案类推的论证为基础的。相关信息转换为政策主张所依据的假设，或者是对政策行为者的期望、要求、意图、价值、伦理等所做的假设，或者是对两个或更多的政策环境之间的相似性所做的假设。

（8）价值评价模式。在这一模式中，政策论证是以伦理规范或道德原则方面的论证为基础的，相关信息转换成政策主张所依据的假设，是根据道德原则或伦理规范对有关政策及其结果所做的价值判断，如对与错、好与坏等。

3．政策论证的特殊形式

政策探究（Policy Inquiry）和政策对话（Policy Discourse）是政策论证的特殊形式。政策探究是指围绕某一政策议题或对政策方案某些论证进行辩护的做法。换言之，政策探究旨在为探究者的政策主张得到决策者的采纳，而申述自认为有力而充分的理由，并以这些理由对政策主张给予支持性的辩护。从公共政策学文献来看，政策探究主要用于检查政策前提的逻辑正确性，重点大都放在赞成或反对某一种政策方案的政策前提的正确性上。

政策论证和政策探究都存在一个缺陷，那就是在论证者、探究者与决策者之间的互动与沟通上，信息传播是单向的，即基本上是从论证者、探究者传给决策者。政策对话在这一点上对政策论证和政策探究进行了修正。所谓政策对话，就是政策方案的拟制者或其他的提供者就方案的政策主张及其立论理由和立论依据、驳斥理由和立论依据等方面，与决策者进行面对面的交谈，目的是通过双方共同的讨论、探询甚至交锋、激辩，最终能够选择和制定高质量的公共政策。美国公共政策学者麦克拉伊把政策对话分为两个类型：① 共识型政策对话。指的是双方具有共同的政策目标与价值的政策对话，对话围绕着如何使政策方案更加合理、完善、具有可行性展开。② 冲突型政策对话。指的是双方在政策目标和价值上彼此对立的政策对话，对话围绕着如何使对方放弃自己的政策主张而接受我方的政策主张展开。①

政策论证、政策探究和政策对话都是用以分析政策方案,帮助决策者进行政策抉择的重要工具。美国公共政策学者马琼指出:“公共政策是由语言构成的,无论是书面的还是口头的,在所有政策过程各个阶段中,辩论是其核心。”②通过政策论证、政策探究和政策对话,在理性的辩论、恳切的对谈中,决策者可以获得更全面、更准确的政策相关信息,从多元角度审视反映不同阶层、不同集团、不同社群、不同组织的利益要求的政策主张及其论证结构,这样就能够对不同的政策方案进行更好的比较和选择。“一个好的政策是其目标能够经得起质疑、其假设经得起考验、其方案经得起比较;唯有经过这样批判、质疑与辩论的过程,公共政策的价值,是否真的于民有利才能显现出来。”③

政策论证、政策探究和政策对话是政策抉择的第一个环节。在这一环节实施的过程中,政策抉择的主体是以政策方案的鉴赏者和说服对象这样的角色出现的。

(二) 政策审议

政策抉择的第二个环节是政策审议(Policy Deliberation)。什么是政策审议?简而言之,就是决策者对各个方案进行最后的比较并选择一种最满意的方案,或者以某一方案为主干并综合、吸收其他方案的可取之处而形成的一个新的方案,然后对该方案的适时性、适当性、可行性、完善性等进行深入考察和研讨,以完成可供最终采纳和批准的政策文本的过程。政策审议的基本方法是评估和择优。评估是对各政策方案效果的预测性分析和比较;择优则是在评估和比较的基础上提出政策决策意见。这两者都是履行正式的政策抉择程序之前不可或缺的步骤。两者呈现的并不是简单的前后承递关系,而是反复、循环和错综复

---

① Duncan, MacRae Jr. Guidelines for Policy Discourse: Consensurl Versus Adversarial. The Argumentative Turn in Policy Analysis and Planning, Frank Ficher and John Forester, eds., Durham and London: Duke University Press, 1993:291-318.

② G. Majone, Evidence, Argument, and Persuasion in the Policy Process. New Haven: Yale University Press, 1989:1.

③ 丘昌泰.公共政策:基础篇.台北:巨流图书有限公司,2000:199.

杂的关系。

首先,我们有必要关注一下评估和择优的标准问题。就一般意义而言,评估标准是从政策目标细化而来,沿着总目标、具体目标、评估标准(Criteria)和测量标准(Measures)等线路逐步细化。评估应遵循的通用标准包括:技术可行性、经济与财政可能性、政治可行性、行政可操作性等。①

其次,方案的评估与择优,是在比较的基础上进行的判断和选择。比较的过程在本质上就是一个决策的过程,或者是整个决策过程的重要组成部分。这个过程反映了决策者的世界观、价值观,也反映了他们的经验、眼光、胆识和品德。

再次,为了尽可能地做到判断和选择的正确,要注意使用“逆向决策”的方法。这一方法要求从不同角度、不同要求、不同场合、不同结果对已拟定的政策方案提出不同的看法,以求收到“兼听则明”的效果,保证择定方案的科学性、可靠性和严密性。

最后,方案的评估与择优,还须对择定方案进行审查和评定。方案审定通常需要采取一系列科学化、定量化的方法,如边际分析、成本—收益分析、价值分析、可行性分析和其他技术。在审定过程中要把决策的政治、经济、社会、文化、技术等问题作综合的分析和权衡,决定取舍。审定的目的是减少决策失误。审定的结果有三种可能性:① 通过,进入政策采纳程序;② 否定或对政策方案做出进一步的修改;③ 搁置,等待事态进一步发展,到适当时机再做最后决定。

现在,我们探讨一下方案评估与择优的两种主要方法:预测性评估和可行性评估。②

1. 预测性评估

方案设计之前往往就需要运用一定的预测方法,而到了方案评估

---

① 参见:帕顿,大卫·沙维奇.政策分析和规划的初步方法.2版.孙兰芝,等,译.宁骚,校.北京:华夏出版社,2001:186-187,205。这里的四种标准是巴达克(Bardach)的类型学划分。它们的具体内容在后面还有阐述。

② 有关这两大评估方法的阐述,除了特别注明的以外,主要参考的是:林水波,张世贤.公共政策.台北:五南图书出版公司,1982:167-185.

阶段更甚。方案评估的一个重要特点就在于它是事前评估。因此,预测性评估方法是政策方案评估的一种最基本的方法。

预测是指预先测知未来事件或条件的可能性,以作为未来行动的依据。由于未来存在着许多不确定性因素,从而使得人们很难完全预知未来的状况,只能通过一些方法和技术探究未来的可能性。

(1) 预测性评估的步骤:

① 方案调查。了解方案应用时的可能性状况,并预估其可能性的程度。

② 详细研究。详细研究与这些方案相关的各种因素及其相互关系,确定一些可能的情势等。

③ 进一步的分析。分析希望发生的情况是什么,估计一些干扰因素及其发生的几率,探究控制这些因素的办法和可能性。

④ 试验式证实。纸上的分析往往与实际发展的可能性有误差,预测有时要运用小范围的试验或试点来对有关方案加以证实。

(2) 预测性评估的方法。有定性的方法,也有定量的方法;有直观的预测,也有非直观的预测;有演绎式预测,也有归纳式预测等。威廉·邓恩曾经归纳为三种预测方法,见表 6-4 。①

表 6-4　三种预测方法

方法	根据	适当的技术	结果
外推预测	趋势外推	传统的时间序列分析、线性趋势估计、幂的加权、数据变换、剧变法	预言
理论预测	理论	理论图形化,因果模型、回归分析、点和区间估计、相关性分析	推断
判断预测	有见地的判断	常规德尔菲、交叉影响分析、政策德尔菲、可行性评价	猜想

① 威廉·邓恩. 公共政策分析导论. 2 版. 谢明,等,译. 北京:中国人民大学出版社,2002:225。有关这些具体方法技术的具体运用,详见该书第 225-275 页。

① 外推预测。外推预测是分析人员根据目前的和历史的数据，来判断未来的社会状况。这种方法是以实际资料和事物发展的连续性为依据的，把过去和现在的发展趋势延伸到未来，并根据各种外推的结果进行政策预测。外推预测通常以时间序列分析的某些形式为基础，对在不同时点上收集并按顺序排列的数值进行分析，就过去和未来的若干年变化的数量和频率提供总计量（平均值）。这种基于持续性、规律性、数据的可靠性和有效性基础上的外推预测，已经应用于预测经济增长、人口变化、能源消耗等方面。

② 理论预测。理论预测帮助分析人员以理论假设，以及当前和历史的数据为基础对未来的社会状况做出预测。不同于外推预测法用重复历史事件的假设来进行预测，理论预测以不同理论中的因果假设为基础。外推预测在逻辑上基本上是归纳性的，而理论预测则基本上是演绎性的，它利用某些一般的陈述（公理、规律等）来推断其他具体陈述（包括预测）的真假。理论预测法当中的理论图形化、因果模型、回归分析、点和区间估计等都是理论预测方法的具体体现。

③ 判断预测。与外推预测、理论预测技术中经验数据和理论起关键作用不同，判断性预测试图就各种判断进行推导和合成。它以来自洞察的论证为基础，其预测所依据的是判断、直觉、灵感、洞察力（即人的创造性思维），过程是回溯推理过程，即分析者从一个猜测的事态出发，然后寻找支持这一猜测的数据和假定。归纳、演绎和逆向推理在实际操作中从来都不是各自为政、毫无关联的。德尔菲法、交叉影响分析法和可行性评估法是常见的此类方法。

2. 可行性评估

林水波、张世贤认为，可行性往往包括四个层次的内容：适当（Appropriate）、可能（Possible）、可行的（Feasible）和可行性实验。所谓适当，是指政策方案是否适当，如是否符合政策相关人的心理感受，是否合乎社会的价值理念，是否合乎该社会的政治文化，是否符合该社会的历史传统及宪政传统，还有就是政策出台的时机是否合适等。所谓可能，是指政策制定和实施在政策资源、政府能力、社会共识以及国际环境等方面是否有充足的条件配合。可行类似于可能，但属于极有可能发生和实现的趋势和状态,具体包括经济上、技术上、政治上、法律上等方面的可行性等。所谓可行性实验,是对于一些不确定性的方案所进行的验证。

学者们对政策方案可行性分析的对象尽管有一些不同看法,但基本上还是比较一致的,在技术可行性、经济可能性、政治可行性和行政可操作性等方面都有更大的认同。

所谓技术可行性,主要衡量政策的具体产出能否达到预期目的。它会直接针对方案是否会正常运行,如桥梁建设能否改善交通状况。其中一个重要的概念是效力。效力标准集中关注政策是否会达到它的预期效果,这种效果是长期还是短期的、可量化还是不可量化的、充分的还是不充分的。

所谓经济可能性,主要关心政策实施的成本大小、产出的收益多少。这是经济学分析工具在政策方案评估方面的具体运用。涉及的基本经济学概念有成本、收益、利润率、成本效力(Cost Effectiveness)等。

所谓政治可行性,主要考量政策规划对相关权力或利益集团的影响来衡量政策的成效。涉及的政治学概念有可接受性(Acceptability)、适当性(Appropriateness)、回应性(Responsibility)、法定性(Legal)、公正性(Equity)。

所谓行政可操作性,主要关注在特定的社会环境特别是行政环境中实施某项政策的可能性,如人员配备是否到位等。这里的主要概念涉及:权威性(Authority)、制度化的责任约定(Institutional Commitment)、能力(Capability)、组织支持(Organizational Support)。[①]

在对各政策方案进行上述评估之后,接着再将评估的结果进行对比分析,这样决策者就可以根据政策目标的要求对哪个属最佳的政策方案做出判断。

(三)政策采纳

政策抉择的第三个环节是政策采纳(Policy Adoption)。所谓政策

---

① 上述这四种评估,详见:卡尔·帕顿,大卫·沙维奇.政策分析和规划的初步方法.2版.孙兰芝,胡启生,译.宁骚,校.北京:华夏出版社,2001:205-212.

采纳，就是决策者正式同意采用某一政策方案来解决列在政策议程中的特定问题。这是政策抉择的最后一环。

四、公共政策抉择的合法化

公共政策的最终抉择在整个政策过程中处于至关重要的地位，因此，许多国家都会就各自公共政策的抉择问题规定相关的制度和程序。在此，我们主要讨论政策合法化的概念、政策内容的合法化、决策程序的合法化和有关政策的法制化等问题。

我们认为，政策的合法化不仅涉及政策抉择的程序化和一定情况下的政策法制化问题，而且还有一个常为人忽视但却极端重要的问题，即政策在实质内容方面也要合乎既定法律的问题。因此，我们对政策合法化的界定是有关政策抉择主体依据有关法律，按照法定程序对政策方案加以审查、通过或批准、签署及发布的过程。这一概念实际上涵盖了三方面内容：政策内容的合法化、决策程序的合法化和有关政策的法制化。现分别阐述如下：

（一）政策内容的合法化

政策内容的合法化，就是决策者择定的政策在内容上不能与既定宪法和法律相抵触，必须合乎有关法律的原则甚至具体规定。具体说来，政策内容的合法化要求所制定的政策与既定的法律相一致。

政策内容的合法化恰是前述政策目标协调原则的一个具体体现，同时它也是整个政策体系和法律体系统一、协调的具体保障。为了确保所制定的政策在内容上的合法化，抉择者除了本身要认真将拟采用的政策与已有的相关法律和政策相对照，及时发现可能存在的不一致性外，还要发挥专门法律性或政策性机构的审查作用，甚至应考虑在决策程序中列出专门的合法性审查程序。

（二）决策程序的合法化

政策合法化的另一个重要方面就是政策抉择过程应合乎法定的程序要求。政策的抉择程序通常是非常复杂的，这不仅表现在它本身的具体程序繁多，而且不同机构不同主体的抉择程序也是各有不同的。下面主要介绍行政系统和立法系统的决策程序。

1. 行政系统的决策程序

行政系统的决策特点往往要求快捷、高效，与此相适应的行政决策体制，无论是委员会制还是首长制，实际上决策的集中化程度都会较立法机关要高。在当代中国，行政决策一般实行的是行政首长负责制，这项制度把决策权主要赋予行政首长，但同时又要求行政首长应在行政领导会议集体讨论决定的基础上行使决策权，具体的行政决策程序如下：

(1) 法制部门的审查。中国县以上各级行政机关及其职能部门都设有专门的法制机构，它们的主要职责之一就是审查各项政策方案的合法性。

(2) 领导会议的讨论决定。据有关法律规定，县以上各级人民政府工作中的重大问题，需经政府常务会议或全体会议讨论决定。行政首长召集和主持这两种会议，对会议所讨论的结果和应做出的决定，行政首长拥有最终的决定权。

(3) 行政首长的签署发布。行政首长在整个行政决策中处于核心地位，拥有最高决策权和领导权。其最主要的表现就是行政首长对有关决策有最后的决定权、签署权和发布权。

2. 立法系统的决策程序

虽然各国在立法机关抉择程序的复杂性程度方面存在很大的差异，但是它们都会包括提出议案、审议议案、通过议案和公布政策这几个阶段。

(1) 提出议案。政策议案的提出主体既可以是立法机关的民意代表、有关委员会以及领导机构等，也可以是其他国家机关，如行政机关、司法机关、军事机关等。在现代立法机关的决策实践中，提出政策议案的主要主体是政府。

(2) 审议议案。西方国家立法机关奉行的审议程序有一读、二读和三读程序。[①] 其中英国等国的三读审议程序最复杂，[②]一项政策议案要在民意代表与专门委员会之间接受多次反复的审议、辩论和修改。

（3）通过议案。规则一般是过半数通过。一些特别重要的议案，如宪法修正案等，则要求更高比例的通过率，甚至有些议案还会要求最终进行全民公决。

（4）公布政策。政策通过后还必须经过法定的公布程序，才能生效。立法系统通过的法律通常都要经过国家元首的签署和发布。在中国，国家主席根据全国人大和人大常委会的决定签署主席令公布法律和政策。

（三）政策的法制化

政策的法制化就是有立法权的国家机关将有些成熟、稳定的政策上升为法律法规的过程，也称政策立法。它实际上就是一种立法过程，它遵循的就是立法程序。

政策立法的主体，一为立法机关，二为有权将一般的行政决策上升为行政法规的那些行政机关。

从政策立法的政策范围来说，并不是所有的政策都要法制化，而是那些有立法必要的、比较成熟和稳定的政策。政策中只有那些对国家和社会来说事关重大的政策，那些有必要用法律的形式予以加强和固定化的政策，那些实行了相当一段时间从而较为成熟、完善和稳定的政策，才有必要上升为法律。

从政策制定过程本身来看，政策法制化是政策合法化的一种极其重要的形式。它是一种特殊的政策制定过程，即将有关政策提升为更具强制力、更具普适性的法律的过程。

---

① “读”实际是“宣读”。每当在全体会议上审议有关政策议案时就要对该议案宣读一次；有的国家规定仅进行一次性审议，就为一读程序；有的国家规定要进行两次审议，就为二读程序；有的国家规定必须审议三次才能诉诸表决，就为三读程序。

② 具体参见：蒋劲松. 议会之母. 北京：中国民主法制出版社，1998：474-506.

五、常规决策与危机决策①

在政府及各类公共组织的决策实践中经常会遇到危机时刻的决策难题，需要引起公共政策学界的高度关注。其实，从决策的内容划分，公共决策可以分为平时决策和危机决策两种，同时根据决策的常规性与否可以分为常规决策与非常规决策。两个视角相结合就会出现四种组合，如表6-5所示。

平常时期的决策一般表现为常规的程序性和确定性决策。只是在遇到一些新的情况时，因为有一些不确定性，已有的决策方法和程序不能解决问题，新的决策程序也不可能立即建立，所以也会有一些非常规决策。而所谓危机决策，一般要求组织（决策单位和人员）在高度逆境中（有限的时间、资源、人力等约束条件下）完成应对危机的具体措施。危机决策通常既非例行活动，又不是经常重复出现的，而是一次性的非例行的决策活动。

表6-5 公共决策的一种逻辑分类

分类视角	平常时期	危机时刻
常规性（程序性、确定性）	常规平常决策	常规危机决策
非常规（非程序性、不确定性）	非常规平常决策	非常规危机决策

表6-5中，非常规危机决策其实是典型的危机决策，常规平常决策则是常规决策的典型形态。它们面临着各不相同的决策问题，处于不同的决策环境，因此它们在价值取向、约束条件、程序规范以及决策后果等方面都存在巨大的差异，表6-6罗列了两者的典型特征对比。

① 本部分内容详见：薛澜，张强，钟开斌．危机管理：转型期中国面临的挑战．北京：清华大学出版社，2003．

表 6-6 政府组织的危机决策和常规决策的典型特征对比

内容 \ 类型		平常决策	危机决策
目标取向		解决一些常见的公共问题,实现公共利益	迅速控制危机事态的蔓延;保护民众的生命和财产等安全
约束条件	时间	时间充足,反复决策	时间急迫,即时决策
	信息	信息比较完全:经过详细分析获得全面而准确的信息	信息有限(信息不完全;信息不及时;信息不准确)
	人力	丰富:经由日常的培训、训练、教育等措施提高决策者的素质	缺乏:决策者自身素质和专业技术都严重匮乏
	技术	技术手段比较成熟,能基本实现自动化	危机发生后,一般的专业技术设备往往也告失灵,特别需要一些高精尖的技术及设备
决策程序		民主科学决策:遵循特定的例行程序和标准化的操作规程;决策权力分散,经民主协商定夺最后方案	快速决策:决策权力高度集中,决策者主要依靠自己的智慧和胆略审时度势,相机决断,同时也需要聘请相关专家介入决策过程
决策效果		可控可调可预期(局部试验和大规模修正;预测和监控执行过程)	模糊决策和非预期决策,结果往往很难预料,风险极大

危机决策一般是一种特殊类型的决策,具有显而易见的不可逆转性,它要求在相当有限的时间里和在相当有限资源的约束下做出重大决策和快速反应。一般而言,危机决策的构成需要具备三个要素:第一,决策问题的发生、发展具有突然性、急剧性,需要决策者当机立断;

第二，可供决策者利用的时间和信息等资源非常有限；第三，事态的发展危及决策单位、决策者的根本利益，并且决策的后果很难预料。

危机决策和常规决策之间的互动关系主要表现为以下两个方面：其一，危机决策这种非例行活动的根源在于日常程序化的常规决策的具体运作的效果。危机决策中所涉及的社会危机性突发事件很多往往是由于日常的常规决策中的不公正、不民主、不及时等对社会的潜在影响所造成的。其二，危机决策可以完善常规决策，常规决策中的制度构建也必须从危机事件以及危机决策过程中吸取有益的经验与教训。因此，在日常的公共决策中，应以常规决策为主，以危机决策为辅；要采取科学民主的决策方式，以在源头上降低危机事件的发生可能；要在非常规应急决策中制定行之有效、有的放矢的危机应对计划，并及时总结，以修正和调整常规决策，做到标本兼治。

总体上而言，好的危机决策体制应该在总结各类危机决策经验和教训的基础上逐步建立一些规范而灵活的危机决策流程与机制，尤其要为一些特别决策程序预先留下制度上的弹性空间，以便提高危机决策的效率与效力，提高公共管理的水平。目前中国正处于转型发展的关键时期，经常面临一系列突发紧急性危机事件的冲击，如2003年中国的非典型性肺炎（SARS）事件、2008年的南方雪灾和汶川大地震、2009年甲型H1N1大流行等，都对我们的公共决策特别是危机决策的体系和能力构成了严峻的挑战。经过这么多危机决策的考验，只要认真总结经验教训，我们的危机决策与常规决策的体系和能力就一定会不断地得以完善和提高。

第七章
公共政策执行

公共政策执行是政策过程的重要环节,是实现政策目标和解决政策问题的直接途径。然而在公共政策学发展的早期阶段,人们更多关注的是政策的制定而忽略了政策的执行。美国公共政策学者兰尼指出:"至少从1945年起,大部分美国政治科学家把他们的专业注意力放在制定公共政策的过程上,而对于这些公共政策的内容(如何转化为现实)则相对不太关心。"①政策制定与现实执行层面之间的巨大反差引起人们的关注。从20世纪70年代开始,西方特别是美国的学者将公共政策研究的主题和重心从政策制定转移到政策的执行上。

第一节 公共政策执行的意义、特点与模型

一、公共政策执行的含义、特点和作用

(一) 公共政策执行的含义

公共政策经合法化过程确定并公布之后,开始进入执行阶段。公共政策执行是政策过程的实践环节,是将公共政策目标转化为政策现实的惟一途径。对公共政策执行的含义,公共政策学者从不同的角度做了界定。纵观这些定义,大致可以把它们分为两类:一类如

① Austin Ranney. The study of Policy content: A Framework for Choice. Austin Ranney. Political Science and Public Policy, Chicago: Markham, 1968:3.

琼斯等人，十分关注公共政策作为行动指南的指导作用，认为政策执行的关键问题在于政策执行机关如何采取政策行动。政策行动坚强有力、行动方法切实可行就可以较为顺利地实现政策目标，合理的政策执行行动甚至在一定程度上可以弥补政策决定的不足；①另一类如格斯顿等人，则强调执行组织机构的作用，认为既定的政策是否能够得到忠实的执行，关键在于执行机构在主观上是否能够充分理解政策的含义，是否愿意毫无保留地支持政策决定，在客观上是否拥有足够的能力和资源。②

综合以上界定，我们认为，所谓公共政策执行就是政策执行主体为了实现公共政策目标，通过各种措施和手段作用于公共政策对象，使公共政策内容变为现实的行动过程。公共政策执行的本质是遵循政策指令所进行的变革，是将一种政策付诸实施的所有行动的总和。

(二) 公共政策执行的特点

公共政策执行是公共政策的具体实践过程，它具有如下特点：

1. 目标的导向性

公共政策是以公共政策目标为行动方向的，政策目标是政策执行的出发点和归宿点。

2. 内容的务实性

公共政策执行要面对具体的公共问题，因此其计划、步骤、措施、手段等必须务实，须具有可操作性和实践性。

3. 行为的能动性

公共政策执行是构筑公共政策与现实生活的桥梁和纽带，必须着眼于具体的现实社会问题的解决。因而，执行者须在全面领会政策内容的前提下，面对外部环境的复杂情况，能动地执行公共政策。

4. 手段的权威性

---

① 参见：Charles O. Jones. An Introduction to the Study of Public Policy. 3 ed. Califorria: Brooks/Coles Publishing Company, 1984:166.

② 拉雷·格斯顿. 公共政策的制定. 朱子文，译，重庆：重庆出版社，2001:103.

公共政策不同于一般的道德规范，其执行具有强制性。当有人拒不执行政策时，要受到法律、行政等手段的制裁，以维护政策的权威性。

（三）公共政策执行的作用

公共政策执行是政府公共管理活动的基本环节，是实现公共政策目标的最直接的决定因素。具体而言，它在政策过程中具有的地位和作用有以下几点：

1. 公共政策执行是实现政策目标的重要途径

公共政策的价值和意义只有通过政策执行才得以实现。

2. 公共政策执行是检验政策质量的唯一环节

毛泽东指出，“判定认识或理论之是否真理，不是依主观上觉得如何而定，而是依客观上社会实践的结果如何而定。真理的标准只能是社会的实践。”①公共政策经过程序化的逻辑推理和理论预设后，无论其建构多么完美，都仅仅是纸面上的东西，其正确与否、质量优劣、效果有无都必须经过政策执行才能得到检验。

3. 公共政策执行是制定后继政策的基本依据

公共政策由制定到执行再到制定，体现了理论与实践的逻辑循环过程。政策执行是政策制定的检验、完善过程，也是政策再制定、再决策的追踪、提高过程。政策执行过程中反馈过来的实践经验与政策信息，是公共政策执行再决策和制定后继政策的基本依据和重要参考。

二、政策执行研究的发展路径

政策执行研究经历了三代发展路径。

第一代政策执行研究路径被称为“向前推进策略”（Forward Mapping Strategy），即所谓的“自上而下”政策执行研究路径（Top-bottom Approach），又被称为“以政策为中心的途径”或“政策制定者透视”。自上而下政策执行研究路径强调政策制定和政策执行的分立性，偏重政策执行实务与个案研究，主张政策是由上层通过集权、命令、控制来

① 毛泽东. 实践论//毛泽东选集. 第1卷. 北京：人民出版社，1991：284.

规划和制定的;然后,它们被转化成为各种具体化的指示,由下级部门的官员或职员来执行完成。政策过程被看做是一条指挥链,政策制定者与政策执行者之间形成了上令下行的执行的指挥命令关系。自上而下研究途径的最早主要代表人物是艾伦·维尔达夫斯基(Aaron B. Wildavsky)和杰弗里·普瑞斯曼(Jeffrey L. Pressman)。他们合作编著的《执行:联邦政府的期望在奥克兰的落空》一书,掀起了人们对于公共政策执行研究的热潮。

第二代政策执行研究途径是在对第一代政策执行研究进行批评和发展的基础上建立起来的。与第一代政策执行相反,第二代政策执行研究采取的是"自下而上"的研究路径(Bottom-top Approach),强调政策制定者与执行者之间的互动,认为政策制定者的核心任务不是设定政策执行的架构,而是提供一个充分自主的空间,给予基层官僚或地方执行机关更多的自由裁量权,使其能够采取适当的措施,建立起一个适应政策执行环境的政策执行过程。该路径又被称为"向后推进策略"(Backward Mapping Strategy)。我国台湾学者林永波将其称为"草根路径"(Grassroots' Perspective)。

第三代政策执行研究的整合路径试图建立能够结合自上而下与自下而上模式的整合性概念架构。成功的政策执行一方面在于"向前推进策略"的运用,期望由政策制定者缜密规划政策工具与其他资源的运用,另一方面则必须采用"向后推进策略",广泛掌握目标人群的诱因结构。其目的是界定解释政策执行为何会随着时空、政策、执行机关之不同而有所差异,因而可预测未来出现的政策执行类型。

三、基于中国经验的政策执行"上下来去"模型

基于中国经验的政策执行"上下来去"模型,是在结合中国实际情况的基础上构建的政策执行研究路径。这一路径认为,在当代中国的政策实践中,政策主体在政策执行的过程中坚持实事求是、一切从实际出发的原则,并采用先做政策试点,即将政策进行局部实验,然后再全面推广的政策实验方式。由于在政策执行过程中政策主体与政策客体

的关系是“从群众中来，到群众中去”的上下互动过程，因此，我们从总体上将之称为“上下来去”政策执行模型。它具有以下内涵：

（一）政策执行是一个“从群众中来，到群众中去”的过程

“从群众中来，到群众中去”不仅要求政策主体在政策制定过程中要集思广益，善于体察民情，采纳民意，更要求政策主体在政策执行过程中将收集起来的群众政策意见和建议进行整理、加工、提炼，形成领导决策，然后再返回到群众中去，使群众认识到这些政策符合他们的根本利益，号召群众行动起来，真正化为他们自觉的政策行动。首先，要求政策主体大力进行政策宣传，以获得广大群众的理解和支持，形成有利于政策执行的社会舆论环境，最终使政策得以贯彻执行。其次，政策主体须注重政策执行后的情况报告和意见反馈。再次，政策主体须以“广大人民群众的根本利益”作为政策执行的价值取向，在政策执行过程中监测执行结果是否符合广大人民群众的根本利益，做到“一切为了群众，一切依靠群众”。

（二）政策执行是一个“实验—推广”的过程

政策实验是“上下来去”模型的又一重要内涵。在全面推行一项新的政策，特别是那些具有重大影响的公共政策之前，都要预先选择几个地区、部门和单位进行试点，取得具体的工作经验，并以此为依据对政策进行调整和完善，然后再普遍实施。这样就有利于降低政策执行成本和风险。邓小平对这一过程的表述是：“中央在原则上决定以后，还要经过试点、取得经验，集中集体智慧，成熟一个，解决一个。”①

（三）政策执行是一个“执行—总结”的过程

政策执行总结，是指执行机关和执行人员在政策得到具体的贯彻落实后，依照国家现行政策和行政管理规律，对政策执行过程和结果加以全面、系统地衡量、评价、反思和检讨。在政策执行中，群众创造了许多成功的经验，经过系统地总结，成为执行者以后行动的借鉴。这样，“执行—总结”的过程不仅是对政策执行进行的全面检查，也是下一轮

---

① 邓小平．邓小平文选．第二卷．北京：人民出版社，1994：341．

政策过程的起点,为下一轮政策的有效制定提供基础。邓小平将这一过程表述为"摸着石头过河"。

四、基于西方经验的政策执行理论模型

随着政策执行研究的不断深入,公共政策学者从不同的角度出发,形成了多种政策执行理论:行动理论将政策执行视为对某一项公共政策所要采取的广泛的行动;组织理论强调组织在政策执行中的核心地位,认为只有了解组织是怎样工作的,才能理解所要执行的政策以及它在执行中如何被调整和塑造的;因果理论将政策看做是一种假设,将政策执行看做是引导人们到达目的地的地图,关注政策过程中的因果关系;管理理论强调政策执行是一种管理过程;交易理论认为政策执行是一个政治上讨价还价的过程;系统理论将政策执行理解为政策系统与环境进行物质、能量和信息的交换过程。

20世纪70年代中期以后,政策研究者纷纷从各自不同的专业背景出发,从各种不同的角度来研究影响公共政策执行的因素,建立起若干政策执行的理论模型,以期帮助人们更有效地了解问题、发现问题和解决问题。这些理论模型主要有以下六种。

(一)过程模型

这是由美国学者史密斯(T. B. Smith)在其《政策执行过程》一文中,首次提出的一个分析政策执行因素及其生态——执行的理论模型,因而又可称为"史密斯模型"。

史密斯认为政策执行所涉及的因素很多,但有如下四个主要变量:

(1)理想化的政策,即合法、合理、可行的政策方案。具体包括政策的形式、类型、渊源、范围以及社会对政策的认识。

(2)执行机关,通常指政府中具体负责政策执行的机构。包括执行机构的权力结构,人事配备及其工作态度,领导模式和技巧以及执行人员的情况。

(3)目标群体,即政策对象,泛指由于特定的政策决定而必须调整其行为的群体。包括他们的组织或制度化程度、对领导的认知程度以

及先前的政策经验。

（4）环境因素，即与政策生存空间相关联的因素，包括政治环境、经济环境、文化环境、历史环境等。它是政策执行的路径依赖和影响因素。

图 7-1 描述了在政策执行过程中这四个主要变量及其相互关联对政策执行效果的影响过程。① 史密斯用“处理”一词来表示对政策执行中各组成要素内部及彼此间的紧张、压力和冲突等的反应。

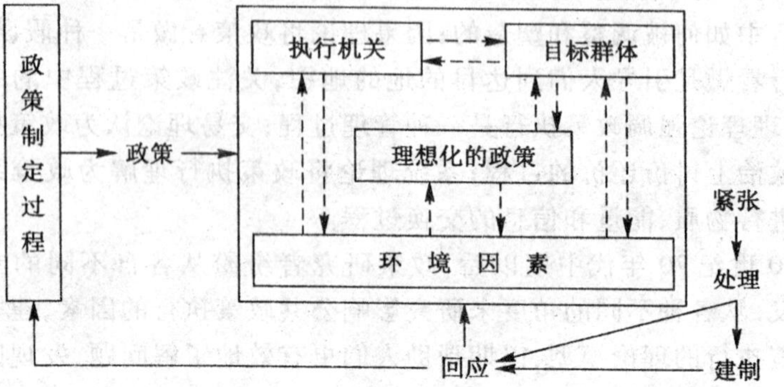

图 7-1　政策执行过程模型

（二）互适模型

有些学者称其为“互动理论模型”。这一模型的构建者是美国学者麦克拉夫林（M. Mclanghin），其代表作是写于 1976 年的《互相调适的政策实施》。麦克拉夫林在对美国当时教育结构改革问题进行个案研究的基础上，通过由具体到抽象的方法，说明政策执行是执行者（组织或人员）与受影响者之间就目标或手段做相互调适的一个过程，他认为这应是一个动态平衡的过程，政策执行是否有效取决于二者互适的程度。图 7-2 就展示了一定环境下二者的互适过程及与政策的关

① T. B. Smith. The Policy Implementation Process. Policy Sciences, 1973, 4(2): 203.

系,①从中也可看出麦克拉夫林的相互调适模型,至少包含如下四项逻辑认定:

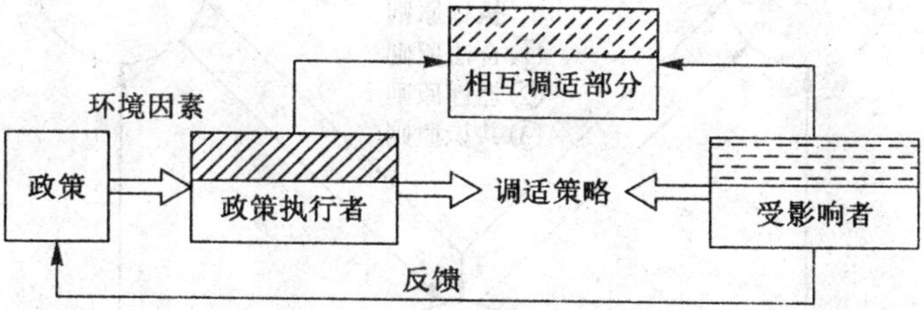

图 7-2　政策执行互适过程

(1) 政策执行者与受影响者之间的需求和观点并不完全一致,基于双方在政策上的共同利益,彼此须经过说明、协商、妥协等确定一个双方都可以接受的政策执行方式。

(2) 相互调适的过程是处于平等地位的双方彼此进行双向交流的过程,而不是传统的"上令下行"这种单向流程。

(3) 政策执行者的目标和手段可随着环境因素、受影响者的需求和观点的改变而改变。

(4) 受影响者的利益和价值取向将反馈到政策上,从而影响政策执行者的利益和价值取向。

最后得出结论:成功的政策决定有赖于有效的政策执行,而有效的政策执行则有赖于成功的互相调适过程。

(三) 循环模型

当代美国公共政策学者雷恩(M. Rein)和拉宾诺维茨(F. F. Rabinovitz)在 1978 年构建了一个以循环为特色的政策执行分析框架——雷恩-拉宾诺维茨模型",如图 7-3 所示。② 他们认为,在环境条件的影响下,政策执行经历了三个阶段,遵循三个原则。三个阶段

① 桑玉成,刘百鸣. 公共政策学导论. 上海:复旦大学出版社,1991:44.
② 桑玉成,刘百鸣. 公共政策学导论. 上海:复旦大学出版社,1991:46.

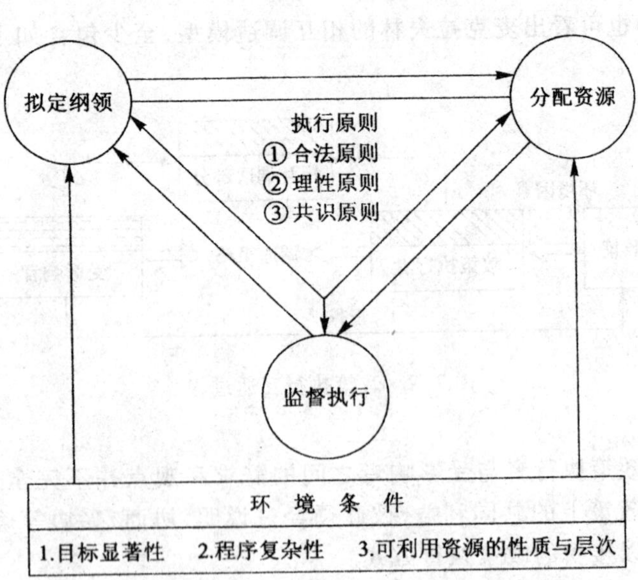

图 7-3 政策执行循环模型

是:拟定纲领阶段、分配资源阶段、监督执行阶段。三个贯穿于每一阶段的原则是:合法原则、理性原则、共识原则。这是一个"上令下行"与"下情上达"的主动执行--监控的循环回路,强调了被人们忽视的监控对于有效执行的必要意义;体现了执行过程的开放性要求,也强调了一定的封闭性对于一个系统成长的必要性。

(四) 博弈模型

这是博弈论运用于公共政策执行而形成的理论模型,即以博弈理论观察、分析执行过程中相关参与者就政策目标或手段的达成所做的说服、协商与妥协等互动情形。它以完全理性人为假设前提,认为在冲突和竞争的情况下,每一参加者的选择都遵循最大收益最小损失原则。

用博弈论来分析政策执行,以美国公共政策学者巴达克(E. Bardach)为主要代表。他视政策执行为一种游戏或赛局(Game),其间包括下列规定:① 竞赛者,即政策执行者与受影响者。② 利害关系,即竞赛可能的原因。③ 竞赛资源,包括策略与技术等软资源与财经、权威等硬资源。④ 竞赛规则,这是取胜的标准或条件。公平竞赛是最基本的原则。⑤ 竞赛者之间信息沟通的性质。⑥ 所得结果的不稳定程度。

(五)系统模型

系统模型又称霍恩—米特尔模型,是美国学者霍恩(C. E. Van Horn)和米特尔(D. S. Meter)提出的一个政策执行模型。他们认为在政策决定与政策效果这一转变过程之间存在许多影响二者的变量——既有系统本身,也有系统环境的因素。一个合理有效的政策执行模型须重视对如下五个重要变量的把握:① 政策的价值诉示,即政策目标与标准;② 政策资源,即系统本身实现价值的条件;包括全国土地资源、财物资源、信息资源、权威资源等;③ 执行者属性,包括执行人员的价值取向、行为能力、精神面貌以及执行机关的特征及其整合程度;④ 执行方式,指的是执行者之间、执行者与目标群体之间采取的互动方式,主要包括沟通、协调与强制;⑤ 系统环境,主要包括政治环境、经济环境、文化环境、社会条件等。

(六)综合模型

这是由美国学者梅兹曼尼安(D. A. Mazmanian)和萨巴蒂尔(P. Sabatier)提出的,因而又被称作梅兹曼尼安—萨巴蒂尔模型。政策执行是一个受多种变量影响的相当复杂、多视角的动态过程。梅兹曼尼安和萨巴蒂尔在霍恩—米特尔模型的基础上,将影响政策执行的变量追溯到政策问题,也就是把政策问题也视为影响政策效果的一个重要变量。他们列举、分析了许多属于政策问题的影响政策执行的主要因素,并把这些因素归为三大类,如图 7-4 所示。

可见,这一模型从多个视角大量地考察了影响政策执行的各种主要变量,为我们分析、指导政策执行提供了一个较完备的思考与实践框架。[①]

---

① P. Sabatier, D. Mazmanian. The Implementation of Publicy: A Framework of Analysis. Policy Studies Journal, 1979, 8(4): 542.

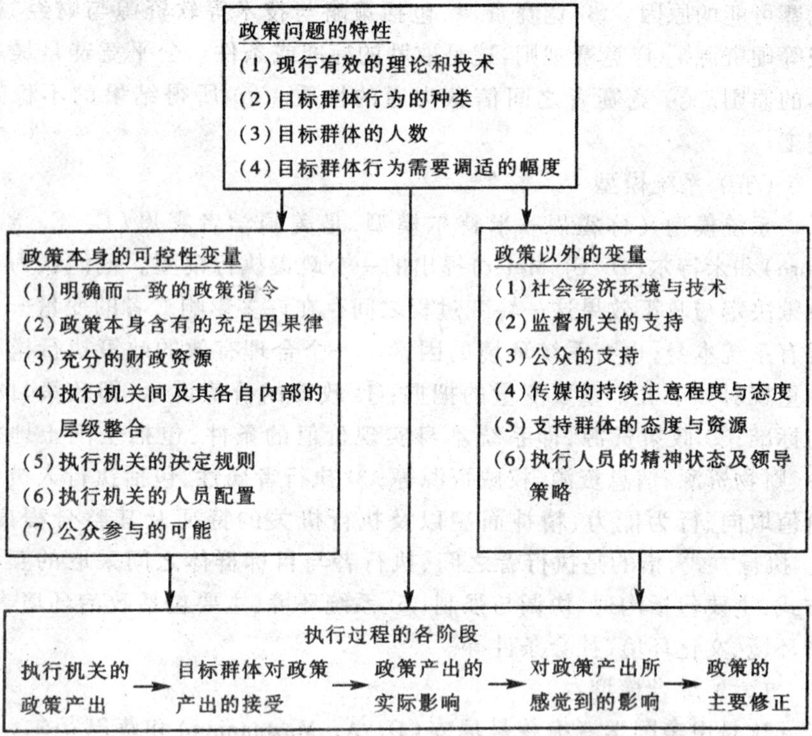

图 7-4　政策执行过程中的相关变量

第二节　政策执行者与政策执行力

政策执行者(Policy Implementers),美国学者克鲁斯克和杰克逊将其定义为通过行政过程的手段负责将一项政策付诸行动的正式行动人员,既包括官方的,也包括非官方的。① 该定义的优点在于指出了行动人员由官方和非官方两部分组成,确立了非官方执行者的重要地位。

① 克鲁斯克,杰克逊.公共政策词典.唐利斌,等,译.上海:上海远东出版社,1992:86.

我们认为,政策执行者是负责政策执行的机关和工作人员的统称,其中不仅包括诸如行政机关、司法机关等官方的执行机关和工作人员,也包括其他非官方政治团体、社会中介机构和个人。但在通常情况下,行政机关及其组成人员是政策执行的主体,其他国家机关、民间团体和个人往往不涉及具体事务。政策执行者的作用是不言而喻的,任何一项公共政策说到底还是需要通过政策执行者来完成。因此,对政策执行者及其政策执行力进行研究有重要意义。

一、政策执行机关的特性

政策执行机关是政策执行者的主要组成部分,它主要包括行政机关、党政机关、立法与司法机关、事业机关、国有企业以及社会第三方组织等。上述各机关和组织既具有组织的一般属性和独具的特性,又具有政策执行者所赋予的特性。具体而言,有如下几个方面:

(一)执行性

执行性是政策执行机关最主要、最核心的特性。"一般而言,政策制定后,执行政策的机关往往不是原先制定政策的机关,而是另行设立的机关,或是将原机关改组而成立的机关,专司政策执行之功能。"①相对决策机关的决策功能而言,政策执行机关的主要职能是负责执行决策机关作出的决策方案,实现政策目标,具有很强的执行性。同时,政策执行机关的执行性决定了其政策执行活动的开展必须遵循决策者的意志,政策执行的方向、内容以及采取何种方式都受到决策方案的制约。然而,由于多数政策属于宏观政策,政策制定者往往着眼于整体和全局,带有战略性,一般不会涉及操作层面的具体细节。

(二)服务性

公共政策是为了满足社会公众的利益需求而采取的措施和行动,任何公共政策说到底都是为了实现社会公众的利益。政策执行机关作为公共政策的执行者,必然要把为人民服务、为社会公共利益服务、为国家利益服务作为宗旨。且政策执行机关作为公共组织,产生于社会,

---

① 朱宏志.公共政策.台北:三民书局.1992:267-268.

又高于社会，服务于社会。其基本功能就是为公共利益服务，为人民"办事"。

（三）权威性

政策执行机关必须具有权威性，否则政策将无法执行，政策目标更得不到实现。政策执行机关代表国家履行政策执行的职能，依法对社会组织和公民以及广泛的社会生活实施领导和管理，政策执行机关所作出的一切合法的规定、命令都具有约束力，任何个人和组织都必须服从。这种权威性以拥有和行使强制力量为后盾。如果政策执行机关发出的指令遭到抵制，权威受到挑战，就将以国家的强制力量对其进行制裁。

（四）法制性

政策执行机关自身建设具有法制性，其机构的建立、人员的编制、职能的确定、权利的划分等都必须符合宪法、法律和行政法规的有关规定，并按法定程序经过有关机构的严格审批。未经主管部门批准，没有履行法定程序，不得擅自增加和撤销。在政策执行过程中，政策执行机关的管理行为、管理内容和方式必须符合宪法和法律原则和规定，必须接受国家权力主体和社会公众的监督。

二、下级行政人员的执行行为

在政策领域，执行行为是执行者通过一系列行动把政策方案、决定等观念形态的东西变成现实形态的过程。而在政策执行者中，下级行政人员是构成政策执行人员的主要力量，也是影响政策执行效率的基础性因素。

下级行政人员的执行行为，就是指行政机关中除行政领导者之外的其他行政人员为贯彻落实上级决定和政策，完成上级下达的指标任务而采取的一系列活动的总和。下级行政人员的执行行为贯穿于整个政策执行过程，是政策执行过程中最活跃、最有生命力的要素之一，在正常执行过程中有着重要的地位和作用。

（一）下级行政人员的执行行为是政策执行的主体行为

根据决策权和执行权相分离这一行政执行原则的要求，通常而言，领导者统筹全局，着眼于组织发展战略，负责决策的制定，发布决策指令，为下级指明努力的方向。而执行指令一旦发出，就必须经由一定的行政工作人员来执行。下级行政人员通常是完成政策执行活动的主体力量。下级行政人员通过学习和领悟决策者制定的政策意图，将具体的政策、法规条文付诸实践，并在实践过程中对政策对象进行宣传说服工作，办理执行事务，解决执行纠纷，对违法者进行处罚制裁，收集政策执行的反馈信息等。所有这些都是政策执行的重要环节，缺少了下级行政人员的执行行为，政策目标最终将难以实现。

（二）下级行政人员的执行行为是实现政策目标的重要保证

公共政策是人类通过自身的活动来解决社会中出现的问题的过程，任何政策目标的实现最终都需要依靠政策执行人员来进行和完成。清代政治家唐甄在《权实》中说："天下奚治，令行则治；天下奚不治，令不行则不治。"意思是说，天下如果要得到治理，必须靠执行命令来完成，要令则行，行必果；而如果有令不行，或有"行"无果，则国家得不到治理。在现代公共政策执行过程中，光有政策制定是不够的。下级行政人员作为"令"的主要执行者，如果不能调动他们的积极性，那么任何一项行政决策也只能是纸上谈兵。因此，上级的命令、决策只是执行活动的开始，更重要的是下级行政人员的政策执行。可以说，下级行政人员的执行行为是实现政策目标的重要保证。

（三）下级行政人员的执行行为是塑造政府形象的重要途径

政策执行过程就是行政机关及其工作人员与公民、法人及其他社会组织发生对象性关系的过程。作为行政执行主要主体的下级行政人员，其在行政执行中的职业道德、工作作风、服务态度无不关系到政府形象的塑造。下级行政人员在行政执行过程中能依法办事，客观公正、积极主动，必然会赢得广大公众的认同、信赖、支持和拥护，从而使政府合法性地位更加巩固，也树立起政府在公众心中的良好形象。相反，如果下级行政人员在执行中违法侵权、出以私心、拖拉推诿，在与公众接触时态度恶劣，必然损害政府形象、降低政府信誉、削弱政府的合法性。而政府形象的好坏，对于公共政策能否产生预设的政策结果，所起的作用是至关重要的。

三、公共政策执行力

公共政策怎样才能得到有效的执行？一些公共政策学者提出用执行力来衡量政府部门的政策执行。这一概念也引起了党和政府的广泛重视。温家宝总理就曾在政府工作报告中提出，要“建立健全行政问责制，提高政府执行力和公信力”。① 这是“执行力”概念第一次被写进中央政府的正式文件中，标志着政府“执行力”建设正式纳入当代中国国家治理范畴，也拉开了公共政策执行力研究的序幕。

（一）公共政策执行力概念辨析

公共政策执行力研究是近年来学术界研究的热点之一。虽然国内外关于政策执行的研究已经开展多年，但对“公共政策执行力”概念却尚未形成统一的认识。在国外，公共政策学者大多将“公共政策执行力”研究等同于“公共政策执行”研究，自20世纪70年代以来，已经形成了一系列的理论成果。② 国内学术界在吸收西方公共政策研究成果的基础上，结合我国政策实践，对公共政策执行力问题也开展了一系列的研究。我国学者一般是从政策执行的能力和力量上进行研究的。然而政策执行力不仅仅是体现在政策执行的能力和力量上，政策执行能力只是代表执行者具备有效执行政策的能力和条件，并不必然会导致高效的政策执行力。政策执行力还应该体现在政策执行的效果上。因此，我们认为公共政策执行力是政策执行者通过对政策目标及其方向的把握，设计政策执行方案，调度和配置相关资源，运用政策工具，从而实现政策目标、最终解决社会问题的能力及其成效。简言之，就是公共政策有效执行的程度。高效的政策执行力必须具备两个方面的要素：一是必须具备较高的政策执行能力，对政策内容和精神能够准确地把握、领会，并且能有效调度、使用和配置政策执行相关资源，行动迅速有力；二是必须具备较好的成效力，政策执行必须产生较好的效果。两者

---

① 温家宝.2006年3月5日在第十届全国人民代表大会第四次会议上的政府工作报告，载《人民日报》2006年3月16日第1版。

② 周国雄.博弈：公共政策执行力与利益主体.上海：华东师范大学出版社，2008：6.

缺一不可。

（二）公共政策执行力的影响因素

政策执行过程中难免会遇到方方面面因素的干扰，从而导致政策执行偏离政策目标，政策效果无法实现。因此，研究影响政策执行力的各类因素，有利于消除政策执行实践中的不利影响，促进政策执行力的提升。综合看来，这些影响因素主要包括：

1. 执行者因素

任何政策归根结底都要依靠政策执行者才能完成，因此，政策执行者是政策执行力的重要来源，发挥着核心作用。

2. 资源因素

资源是政策执行过程所必须具备的基础性条件。这些资源主要可以分为人力资源、财物资源、信息资源、权威资源和制度资源等。

3. 工具因素

执行工具是政策执行成功的重要手段。政策执行工具运用得恰当与否，直接关系到政策执行目标能否实现，关系到政策执行力的大小。常见的政策执行工具有行政工具、法律工具、经济工具、思想政治工具以及技术工具等。

4. 环境因素

政策执行总是处于一定的自然环境和社会环境当中，并受到自然环境和社会环境的制约，影响着政策目标的实现和政策执行的整个过程。

（三）创新提升公共政策执行力的机制

1. 优化公共决策机制

高质量的政策需要有科学民主的决策机制作保障。构建科学的决策机制至少要从以下两方面努力：第一，完善政策评估；第二，推广决策听证。

2. 创新政策执行的动力机制

创新政策执行的动力机制，必须激发公众的参与热情，形成政府、市场和公民社会三者理性互动。因此，首先，要优化公民参与机制。政策是否具有执行力，关键在于与政策相关的利益群体对政策的态度。

实行广泛的公众参与，让市民充分参与政策的制定，让政策最大限度地体现各种利益群体合理的利益诉求，这样将有利于提高政策执行力，促进政策的顺利实施。同时，优化公众参与机制，鼓励其他治理主体广泛参与政策的执行，能够提供更多有效的政策执行工具，能够增加政府和市民的互动。其次，要构建创新激励机制。创新激励机制主要包括：引入竞争机制，不仅要在政府内部实行竞争，还要实现政府和其他社会治理主体间的竞争；引入绩效制，使政策执行人员的薪酬与个人的绩效相符合；引入功绩制，承认和尊重政策执行人员的工作业绩，激发其工作的积极性和创造性；创新职务晋升制，使执行人员的晋升与政策执行的效果相关联。

3. 构建政策执行的功能共享机制

共建共享机制是理性互动的公共治理最佳状态，标志着公共治理的和谐，标志着政府、市场、第三部门三者之间的协调和配合。政府及其他公共部门所发挥的作用，可以弥补市场的缺陷，即通过公共财政、公共政策以及社会公正来化解市场矛盾和冲突，维护社会的和谐。作为民间组织的非营利社会系统，既可以弥补市场的某些缺陷，也可以弥补政府的某些不足，是对政府、企业以及市场功能的重要补充。构建政策执行的三者功能共享机制主要包括：第一，构建信息沟通机制，良好的信息沟通机制是提高政府政策执行力的基础。第二，强化责任追究机制，明确规定执行主体对执行过程及其结果应承担的责任。要建立行政首长问责制，完善行政过错责任追究制。第三，完善执行监督机制。完善政策的执行监督应注重建立和健全相对独立的监督体系，保证监督的客观性和公正性，进一步发挥社会监督作用，强化国家权力机关的监督职能。

4. 完善政策执行的利益均衡机制

构建利益均衡机制，实现利益均衡有利于提高政策执行力。要构建良好的利益均衡机制，一是要建立健全利益表达机制。要建立顺畅的利益表达渠道，充分发挥各种社会团体的利益表达功能。二是要建立利益引导机制。通过建立行之有效的利益沟通和引导机制，帮助各种治理主体和政策执行主体树立正确的利益观念，正确处理各种利益关系。三是要建立利益约束机制。用法律和制度来约束和规范各种利益主体的行为,使他们的利益追求被限制在法制允许的范围内,以保证社会整体利益的最终实现。四是建立利益调节机制。对于那些合理的但暂时又不能满足的利益诉求进行适度的调节。五是建立利益补偿机制。给利益受损主体提供一定的补偿,有利于增进社会公平,提升地方政府政策执行力。

第三节　影响政策执行的主要因素

公共政策执行是在复杂的社会系统中进行的政治活动,受到来自对象系统、执行系统内部和环境的许多因素的影响与制约。分析这些影响因素,对于研究政策执行具有非常重要的意义。

一、政策本身

公共政策是否能够得到有效的推行,往往取决于政策本身是否具有合理性、具体性和稳定性。美国学者史密斯认为,影响公共政策执行的因素有很多,其中首要一条即是“理想化的政策”。一般认为,政策本身的因素主要包括以下内容:

(一) 政策的合理性

要使公共政策正确地指导人类社会的运行方向,必须保证公共政策的合理性。公共政策的合理性具有以下含义:首先,公共政策必须符合客观规律,具有科学价值,具有可执行性。其次,公共政策必须具有合法化程序。执行再决策须限定在国家的法律法规的范围内。此外,政策要与社会文化保持一致,从而有利于取得社会公众对公共政策的认同感。最后,公共政策必须符合广大人民群众的根本利益。

(二) 政策的具体性

公共政策的具体明确是公共政策具有可执行性的关键。从技术层面上来说,一项公共政策能否顺利推行,取决于它是否具体明确,其中既包括政策方案和目标的明确表达,也包括政策措施和行动步骤的明确规定。同时,公共政策的具体明确还要求公共政策目标须尽可能地细化为一组可检测、可衡量的指标体系。模棱两可、含糊不清的公共政策自然无法实施,也容易导致政策界限不清和政策随意变动。

（三）政策的稳定性

政策的稳定性与连续性是统一的。政策的稳定性是指政策一经制定出来,就要保持相对稳定的一段时期,不能随意变动。如果政策变化频繁,朝令夕改,就会使人民感到无所适从,降低政策的威信,且执行起来也必然困难重重。当然,在政治变革和社会大发展期间,政策必须进行变化,但在这种变化中应尽可能地保持政策的连续性。

二、执行主体

所谓公共政策执行主体,是指负责组织落实公共政策的人员或组织,主要包括国家和地方的行政机关、司法机关、被赋予执行权的其他公共权力机关以及供职于这些机关的公职人员。在当代中国,还包括党的各级领导机关、领导者和其他享有执行权的党的干部。任何一项公共政策执行都有赖于一定的组织、机构及其成员。执行主体掌握着实施政策的资源、手段和方法,是将政策贯彻于政策对象中去的施行者、组织者、管理者和责任者。执行主体的组合状况以及执行人员的素质、政策水平、管理水平、道德素养的高低直接关系到政策执行的成败和政策目标的实现。

（一）政策执行组织

政策执行是一种组织行为,需要依托一个坚强有力的政府组织。因此分析执行组织的配置情况对于执行系统分析是不可或缺的,执行组织结构的合理性、权责的明确性直接对政策执行的力度与效度产生重大影响。

1. 执行组织的结构的合理性

合理的执行组织结构是实现政策目标的组织保证。执行组织的合理结构要求组织的纵向结构层级化和横向结构专业化。层级化是指各级政府以及部门的上下级之间的机构、职位、人员配备和责任、权力、工作程序的有序等级划分。合理的层级划分有利于政策执行的统一领导、统一指挥,有利于政策执行的目标分解,逐层落实,有利于政策执行的上传下达和监督控制。专业化是指将执行组织按政策目标、管理对象、权力、责任和业务性质划分为若干个横向的职能部门。专业化的部门划分有利于提高政策执行的专业技术水平,有利于合理利用和吸收专业人才,有利于事权一致、政令畅通。执行组织的合理结构还要求执行组织的年龄结构、知识结构、能力结构乃至性格志趣结构等方面的相互协调与功能互补。

2. 执行组织权责的明确性

明确组织权责即理顺中央与地方政府之间、上级与下级政府之间、各职能部门之间的权力责任关系。就中央与地方以及地方与地方的关系而言,需进行事权划分,落实责任制,建立责任追究机制;划清中央与地方政府之间、地方政府不同层级之间的事权、财权、产权和立法权等;实现党政分开、政企分开、政事分开,简化行政审批制度;实现集权与分权相结合,在保证上级权威和不影响上级政府对辖区内的事务作综合管理和宏观调控的前提下,实现必要的分权,以调动下级政府应对地方实际情况的灵活性和执行政策的积极性与创造性。就各职能部门之间的关系而言,要明确各部门及其工作人员的权力和责任,责权利保持一致,做到统一指挥、统一行动,杜绝各种形式的相互推诿、越权、失职、渎职行为。

(二) 政策执行人员

执行人员是执行组织的主要元素,因而也是影响公共政策执行的主要因素。执行人员的利益、心理、知识和能力等因素影响着执行系统的有效运行。

1. 利益因素

执行人员具有多重身份:一方面代表国家,从社会整体利益的角度去理解和执行公共政策;另一方面代表本地区、本部门、本团体的利益,有时会从自身利益的角度去理解和执行公共政策。因此,在政策执行过程中渗透着国家利益与地区利益、部门利益与个人利益的冲突、斗争和整合。在改革开放和体制转轨时期,利益结构由过去高度的整体化、单一化向分散化、多元化转变,从而激发政策执行者的利益意识。这种自利性的扩张与驱使,使部分执行者利用手中权力在政策执行过程中从事营利活动，变无偿服务为有偿服务，造成公共权力异化和腐败。

2．心理因素

执行者的需要、动机、价值观、态度、情绪与情感、意志等都对公共政策执行有一定影响。公共政策执行是一种复杂的社会行为。从实际情况来看，常常由于政策环境的复杂多变以及政策执行资源的有限性，也由于政策内容不明确、政策缺少可操作性、政策执行授权不够等，因此政策执行更多地需要依靠执行者的自身因素的作用。例如，当政策执行出现挫折时，如果执行者的意志坚强，那么他们就会发挥自身主观能动性，积极创造条件，改进方法，排除障碍，去实现既定的目标。

3．知识因素

当今是一个“知识激增”、“信息爆炸”的知识经济时代，执行者如果没有广博的学识，没有丰富的实践经验，就不能正确理解相关政策，就不能有效地分析和解决政策问题，保证公共政策的贯彻执行。

4．能力因素

合理的知识结构，只有与高强的能力结构相结合才能发挥实际作用。政策执行者的创造性思维能力、语言表达能力、人际交往能力、社会活动能力、学习能力、灵活应变能力、组织管理能力等，对于有效的政策执行都是必不可少的。就领导者而言，不仅要有胆有识，能够及时对形势和条件做出正确估计，而且还要正确处理局部和全局的关系，正确决定每一阶段的工作重点、难点，分清轻重缓急，有计划、有步骤地执行公共政策。此外，领导者还要知人善任，充分发挥下级执行人员的长处，提高他们的工作责任心和工作热情，推动他们主动、积极地去完成工作任务。

三、政策对象

公共政策执行的目的是为了影响或改变政策对象即目标人群。其功能的发挥不仅与执行主体的各个因素有关，也与政策对象对政策认同、接受和支持的程度有关。什么是公共政策对象？公共政策的目标是多种多样的，但这种目标总要表现为对一部分人、群体或组织的利益进行分配或调整，表现为对一部分个人、群体或组织行为的指导、制约或改变。这些个体、群体和组织就是政策对象,即政策执行主体在实施政策过程中所发生影响和作用的承受者。

公共政策对象具有以下特点:

(一)政策规定性

政策执行是根据政策方案进行的,任何政策方案都包括关于政策对象的规定,都明确界定政策适用对象的范围。例如,外交政策的对象是除本国之外的其他国家。

(二)受动性

一般说来,政策对象在政策执行过程中,对政策方案具有一定的选择性,在这个意义上,我们可以说政策对象具有一定的主动性。然而,就总体情况而言,在政策执行过程中,政策对象是客体,是受动者,总体上处于受动境地。另外,公共政策带有强制性。为达到预期的政策目标,国家总会运用行政、司法等手段对拒不接受政策的政策对象给予一定的惩罚,这也是政策对象受动性的一种表现形式。

(三)主观差异性

政策对象包括政策所涉及的个人、组织和集团。这些对象受自身利益、文化心理因素以及受教育程度的影响呈现出主观差异性。因此,即使政策执行者对各个政策对象所施加的政策力度是相同的,但是由于政策对象自身主观差异性的存在,所以政策效果仍存在着差异。

四、政策环境

影响公共政策执行的政策环境可区分为自然环境和社会环境。

(一)自然环境

政策执行系统的自然环境是指与执行系统发生密切联系并与之进行物质、能量和信息交换的外部自然条件。一定的自然环境与一定的政策执行系统发生着这样或那样的联系,影响着政策执行过程及其结果。当今世界,生态危机是人类面临的共同危机,如“温室效应”加剧,臭氧层严重破坏,酸雨污染等,已逐渐成为不仅是区域性而且是全球性的问题。因此,政策执行者应该正确认识和分析当地的自然环境条件,因地制宜、趋利避害,展开执行活动,实现政策目标。

（二）社会环境

任何一项政策的执行都无一例外地要与一定的社会因素发生相互作用，都要受到一定社会环境的制约和影响。适宜的社会环境无疑有助于政策的有效执行。政策执行系统的社会环境是指该系统以外由人的活动形成的，并对政策执行活动产生交互影响的各种社会因素。这些因素可细分为社会的政治环境、经济环境和文化环境等。

1. 政治环境

公共政策执行本来就是一种复杂的政治行为。政策执行子系统的输入与输出都离不开政治环境，具体表现为：

（1）国家政治制度规定了公共政策执行的机构设置、公共政策的执行程序与执行方式。

（2）政党制度影响着政策执行的组织机构设置、人员配备、执行沟通、执行评估与监督。

（3）政治生活的民主化程度越高，政策执行的沟通、协调、公开化程度就越高，越能反映民意、体察民情、服务公众。政治局势的稳定也影响政策执行系统的稳定与有序运转。

（4）国际政治环境影响公共政策执行的稳定和功能发挥。随着新经济时代的到来，当今世界国与国之间的相互依存越来越紧密，因此国际政治气候的变化必然影响各国政府的战略决策，影响国家公共政策的制定与执行。

2. 经济环境

经济环境是公共政策执行的最深层的环境，是公共政策执行的物质基础。它主要包括生产力和科技发展状况、人口状况、国民收入水平、社会生产关系、经济体制等，即生产力和生产关系状况两大方面。

（1）生产力发展状况对政策执行的影响，具体表现为：第一，物质生产的发展状况是政策执行的物质基础。生产力发展状况决定了政策执行的财力、物力、信息等资源的供给状况。第二，经济的发展引起一系列社会问题，使政策执行的社会管理功能更为突出和复杂。第三，随着经济全球化的突飞猛进，公共政策的制定与执行不仅要从本国本地区的战略高度考虑，而且要求从全世界以及周边国家环境的影响来统筹规划，政策执行不仅要有利于本国的可持续发展，也要有利于全世界的和平与稳定、发展与繁荣。

（2）生产关系状况对公共政策执行的影响。第一，经济基础决定公共政策执行的性质和功能发挥。经济基础中的利益结构特点影响公共政策执行的方向与程度，尤其是强势利益群体的压力，对公共政策执行影响重大。第二，经济体制影响公共政策执行的效率和运行模式。在计划经济体制下，目标群体对个人利益关切度较低，因而对政策执行是被动服从态度；政策执行主体往往缺乏效率观念。在市场经济体制下，目标群体对政策执行的参与和关心程度提高，使政策执行更注意协调和平衡利益。

3．文化环境

文化环境主要指政策执行系统之外人们的社会价值观念、传统习俗、社会心理和行为模式等。在效益、民主、公平等价值观念备受推崇的社会，政策执行一般能够更多地反映民意和公民参与程度，体现公平与公正并讲究效率等。在全能、管制、人治型文化占主导地位的社会里，政策执行更强调权力统治。

综上所述，无论是政治环境、经济环境还是文化环境，都会影响政策执行。因此，创造适宜的环境，也是政策得以有效执行的重要条件。

第四节　公共政策执行偏差及其矫正

政策的制定与执行是相互联系的统一过程，制定政策只是事情的一半，更重要的一半在于执行政策，执行得不好，再好的政策也会落空。在执行公共政策的实际过程中，常常会由于这样或那样的原因而导致执行偏差。

一、什么是公共政策执行偏差

所谓公共政策执行偏差，是指政策执行者在实施政策过程中，由于主客观因素的作用，其行为效果偏离政策目标并产生了不良后果的政策现象。

案例 7-1

新农村建设搞成形象工程 村民别墅沦为烂尾楼①

被列为新农村建设试点村的浙江省永康市荆山夏村，曾推出“家家都有别墅住”的村民别墅工程，并声称要做“全国一流”的样板村。结果适得其反，111 幢村民别墅群不仅成了烂尾楼，而且还负债 8 000 多万元。据村民反映，当时村里推出村民别墅工程，不仅没有召开村民大会，而且还强迫村民拆迁旧屋和强行克扣全村每人 1.2 万元的征地补偿款。主事者曾象征性地给村民发了张征求意见表，多数村民在意见表上表示反对建别墅，但是，村民们填写的不同意见最后都被涂改了。其中一位村民愤怒地说，“这是强奸民意，是违法行为”。

其实，中央对于新农村建设的要求非常明确：按照“生产发展、生活宽裕、乡风文明、村容整洁、管理民主”的要求，坚持从实际出发，尊重农民意愿，扎实稳步推进。同时，建设新农村又是一项长期的任务，必须因地制宜，从实际出发，尊重农民意愿，注重实效，着力解决农民生产生活中最迫切的实际问题。

案例 7-1 虽然只展示了政策执行偏差的一种表现形式，但是在一定程度上表明了政策执行偏差的共同原因，即政策执行者有着不同于政策制定者的特殊动机。

政策执行偏差有如下一些表现形式：① 象征式政策执行。即在执行公共政策过程中，只重视表面文章和形象包装，而忽视了深层问题的解决，政策执行成为一面到处挥舞的旗帜，政策目标则没有落到实处。② 附加式政策执行。即在执行公共政策过程中，人为地附加了与政策目标背离的其他内容，使政策执行超出了政策的基本要求，为谋取地方或个人利益提供方便。“土政策”就是这种附加式政策执行的典型表现。③ 残缺式政策执行。即政策执行的不配套、不完备、不及时，政策内容只有部分被执行，而其余则被“遗忘”；或政策执行得不及时，缺乏

① 引自：中国财经报，2006-05-30.

时效性，导致了政策目标实现得不全面、不充分。④ 替代式政策执行。也就是“挂羊头，卖狗肉”，即在执行政策过程中，执行者用自己的一套政策替代既定政策，对符合自身利益的政策就充分利用，对不符合的就予以曲解变形，并用是否符合地方利益作标准来决定对政策执行的态度。⑤ 观望式政策执行。即政策执行主体或因疲于应付具体事务，或担心目标群体的抵抗，或因自身私利受损等原因，导致行动迟缓、思想犹豫、心理矛盾，对政策执行持观望态度。这种观望式的政策执行大大降低了政策的执行效率，损害了政府在目标群体中的形象。⑥ 照搬式政策执行。即在执行政策的过程中，执行机关不经过认真的政策学习与思考，不做调研，习惯于机械地照抄照转上级文件，不能根据地方实际情况提出政策执行的指导性文件，因而对下属部门的政策执行工作缺乏有效的指导，也导致下级政策执行机关的盲目和随意。⑦ 规避式政策执行。即在执行政策的过程中，分工不合理，权责不明确，该完成的工作不能保质保量完成，该承担的责任则相互推诿。这种政策执行方式同样严重地损害了政府形象，降低了政策执行效率。

二、执行偏差产生的原因

公共政策执行偏差表现形式多样，其产生的原因也是复杂的，具体分析起来可以分为两大方面。

（一）主观原因

作为一种普遍现象，政策执行者的自身利益和需求影响着政策的有效执行。公共选择学派认为，政府一旦形成，其内部的官僚集团也会有自己的利益，也是一个经济人，也会追求自身利益的最大化，由此甚至会导致公共权力的异化，如大量滋生寻租与腐败现象等。①

执行者的素质缺陷也是造成政策执行偏差的原因，这种缺陷表现为：有限的专业知识水平、有限的执行能力以及缺乏战略主见和迎接挑战的心理素质。

执行机构的管理缺陷也会导致执行偏差。管理缺陷主要表现为：

① 高庆年.政府的自利性及其法律调控.探索，2000(1).

① 不合理的组织结构和人员结构。② 执行机构中沟通和协调困难。如果执行机构中沟通和协调困难，就容易造成在政策执行中思想分歧，行动异步，“各吹各的号，各唱各的调”，产生执行偏差。③ 组织制度缺陷。无以规矩，不成方圆。没有健全的规章制度对政策执行者及其行为就不能进行有效的规范与控制，使政策执行产生缺损和漏洞，以及发生权钱交易之类的腐败行为。④ 政策关系处理不当。政策执行是一项复杂的系统工程，某些关系处理不当，同样可能产生政策执行偏差。

政策执行的宣传缺陷也容易造成政策执行偏差，主要表现为：① 宣传不足。政策宣传不全面，或者担心群众不理解、不支持，就干脆不宣传；或把可能使部分群众利益受损的政策对群众秘而不宣，不能使他们正确处理局部利益与整体利益、眼前利益与长远利益的关系。② 宣传过度。执行机关通过报纸、电视、电台等多种媒体大张旗鼓地宣传政策，却没有拿出实际的执行行动来，使群众的政策期望经常落空。有的群众把这种情况称为“干打雷，不下雨”。③ 宣传不实。执行机关过分渲染和夸大政策执行可能带来的好处，试图在政策对象中产生轰动效应。然而当政策执行不能落到实处，或不能取得预期效果时，政策对象的热情一落千丈，对政策执行则会予以全盘否定或抵制。

此外，需要注意的是，在政策执行过程中，准备工作不够完善，如计划不周、投入不足等也往往是造成执行偏差的重要原因。

（二）客观原因

政策问题是社会实际状态与政策期望之间的差距，由于社会实际状态的频繁变化及社会问题本身的复杂性，使政策问题的界定比较困难，一方面难以通过多变的社会现象去发现和揭示问题本质，另一方面一种社会问题可能与其他问题有千丝万缕的联系与纠缠，可能涉及不同领域、不同层次甚至不同地方、不同国家，要使这些问题获得解决，又需要许多方面和部门通力合作与统一协调，而协调各个方面或部门却又要有更多的资源消耗。因此，政策问题本身的复杂性，使政策执行“牵一发而动全身”，难以如预想的那样及时取得成效。

政策环境的变化，给政策执行增加了复杂性和困难。如在文化环境方面，由管制型文化向服务型文化的转变，人治型文化向法治型文化的转变，官本位文化向民本位文化的转变，全能型文化向有限型文化的转变，必然要求政策执行的措施、手段、态度等发生变化。如果政策执行不能随环境的变化而变化、与时俱进，必然会产生执行偏差。

目标群体是政策执行的主要影响力量之一，是政策执行的接受者。如果没有得到目标群体的认同与支持，政策执行就会寸步难行。因目标群体的压力而导致执行偏差，是司空见惯的。这种压力主要表现在以下两个方面：① 利益集团压力。由于利益集团有共同的利益驱使，因此要使他们改变自己的利益方向，或使他们的利益受损，必然会导致集体的一致反对与抗争。这种抵抗的集体合力必然对政策执行产生巨大的压力，从而使政策执行发生偏差。② 目标群体的文化障碍，即目标群体的思想、价值观念、心理和习俗等不能适应和接受新政策，从而导致政策执行产生偏差。我国推行的计划生育政策之所以在某些农村地区执行得不甚顺利，其原因正是在于该政策与中国人某些传统价值观念和习俗相违背，而这种观念和习俗在那些仍继续保持传统的生产和生活方式的人们头脑中是根深蒂固的。[①]

另外，由于监督法制不健全、监督方法不恰当、监督机构无权威、监督渠道不畅通，也会导致对政策执行行为监督的缺位与乏力，不能对执行者的行为与结果进行有效的责任追究，从而导致政策执行偏差的产生与扩大。

三、公共政策执行偏差的矫正

公共政策执行偏差的矫正是指政策执行主体采取一定的纠正措施，使政策执行回到正确的方向，并且消除或尽可能减少其负面效应和不良后果的过程。矫正政策执行偏差的对策如下：

（一）加强公共政策执行的成本—收益分析

公共政策执行本身就是以利益为中心的公共资源选择、调整和分配过程。利益问题尤其是经济利益是政策执行偏差产生的主要问题。因此加强政策执行的成本—收益分析，有利于明确政策执行偏差产生

---

① 兰秉洁，刁田丁．政策学．北京：中国统计出版社，1998：185.

的成因，加强政策变通和利益协调，消除政策执行主体和目标群体之间的利益隔阂，争取获得目标群体更多的理解和支持，通过对受损利益群体的适当利益补偿来促进公共政策的有效运转和政策目标的实现。

（二）加强公共政策的认知力度

由于公共政策的制定主要是政府决策层的工作，而政策执行者和目标群体可能难以实际上也不可能全部参与公共政策的制定，因此政策制定者的政策意图和目标与执行者和目标群体对政策的实际理解自然存在差距，尤其是信息的非对称性，从而造成政策执行择优与代价的矛盾、全局与局部的矛盾、整体性与层次性的矛盾、公平与效率的矛盾。所以，加强政策的认知力度，即加强对公共政策的学习和宣传，有利于保证公共政策的正确执行。

（三）努力提高公共政策执行者的素质

公共政策执行者是政策实施中的能动因素，他们的政治素质、道德素质、心理素质和能力素质的高低决定着政策执行能动性发挥的大小。这就要求执行者提高思想政治素质和政策水平，增强大局观念，强化行政道德意识，强化自律精神，规范执行行为；提高专业水平，提高准确理解和把握政策规定的能力，提高制定执行计划的能力，提高政策执行的实践能力；增强实际工作的经验尤其是学会处理利益群体与公众的关系，提高吃苦耐劳、不怕挫折、不怕失败的心理素质。

（四）加强公共政策执行的控制与监督

加强公共政策执行控制，要求科学诊断问题，强化执行管理，及时跟踪评估。科学诊断问题，是指采用科学的方法对所出现的偏差原因、范围等进行分析和认定，目的是为了更好地、及时地“对症下药”。强化执行管理，即加强公共政策执行的指挥、沟通、协调等，以疏通阻力，加强信息沟通，协调各方面利益。及时跟踪评估，即分析政策执行在政治、经济、文化等各方面产生的直接影响、间接影响和舆论反应，以及预设目标是否合理、充分、全面等，从而有利于发现执行活动中出现的问题和困难，采取有效的调整措施和补救方案，控制政策执行的进程和效果。加强公共政策执行监督，就要制定正确、可行的监督标准，依照标准检查政策执行行为，纠正执行偏差，加强监督反馈系统功能和监督主体之间的协调配合，增加政策执行的透明度，实现对执行过程的有效监督，保证政策执行活动的顺利进行。

（五）加强公共政策执行的制度创新

加强政策执行的制度创新要求，一是从实际出发，全面规划，科学分析，彻底消除不合理的旧有制度；二是营造良好的政策环境，构建与时俱进的政策文化，加强制度的修订、补充和完善，制定科学合理的制度，用制度来保证和激励政策执行的权威性、主动性和创造性，从而最大限度地消除和矫正政策执行偏差，促进政策的有效执行和政策目标的实现。

第五节　公共政策的无效执行与有效执行

公共政策执行是将政策方案应用于实践的过程。在实践过程中，由于主观和客观等众多因素，任何一项公共政策都可能存在着无效执行和有效执行两种状态。通过对公共政策无效执行和有效执行进行分析，从而构建公共政策执行机制，具有重要的意义。

一、政策失灵与公共政策的无效执行

政策失灵是我国政治生活当中经常遇到的难题，也是世界各国普遍存在的问题。政策失灵通常又被称为“政策失效”和“政策失败”，其实质是指政策执行之后，政策不一定总是能产生政策主体所希望的结果。政策失灵不仅意味着政策不能发挥其应有的作用，造成政策投入的浪费，同时还会给社会造成破坏，危害公众利益和降低政府威信力。

政策失灵类型多种多样，按照不同的类型可以作如下划分：① 以失灵的时间为标准，可划分为早期失灵、中期失灵和后期失灵。② 以失灵程度为标准，可划分为严重失灵、轻度失灵、完全失灵和部分失灵。③ 以持续性为标准，可划分为突变失灵、渐变失灵、间歇失灵。

公共政策的无效执行是政策失灵的主要表现之一。公共政策执行相对于其他政策环节来说，是一个较为漫长的过程，在这个过程中存在

许多的意外和多变因素，当这些因素致使政策执行行为偏离政策目标时，就会导致政策执行无效。具体表现在以下几个方面：① 执行机制与执行者素质的缺陷，这是导致政策失灵的重要原因。② 利益群体或压力集团的影响。当公共政策执行触动利益群体或压力集团的既得利益或是对他们不利时，他们便会想方设法地去抵制，或选择一些有利于他们利益实现的政策去执行。③ 政策执行原则把握不好。公共政策执行必须坚持原则性、变通性和创造性相统一。如果三者关系处理不当，政策就会发生偏差，甚至导致政策失灵。④ 政策执行环境的影响。公共政策是环境的产物，当政策环境发生改变，原来的公共政策就会无所适从。如果不对原有的公共政策进行修改和调整，将会导致政策环境与政策目标冲突，政策执行失败。⑤ 目标群体的不配合或抵触。目标群体是政策执行的对象，也是影响公共政策执行的主要因素。公共政策执行是社会公共利益的整合，是将社会利益在目标群体中进行分配和调整。目标群体对公共政策的认同和接受程度是影响公共政策执行是否有效的重要指标。如果社会公众对公共政策了解、认识不够，不能感受到政策执行对他们带来的好处，或者是某一政策执行时社会公众的利益受损，社会公众便会不予配合，甚至采取抵制和反抗的行为。没有目标群体配合的政策执行就可能导致执行无效。

二、公共政策有效执行的原则以及机制

（一）公共政策有效执行的原则

在规范的意义上，有效的政策执行要遵循以下原则：

1. 忠实原则

这是公共政策执行的基本原则。“有利就执行，无利就变形”、“上有政策，下有对策”都是有悖于忠实原则的，必然导致政策执行偏差乃至失败。

2. 民主原则

公共政策是对社会资源的权威性分配，反映的是大多数公民的利益诉求，因此政策执行必须坚持民主原则。这就要求：政策执行的各种行为必须符合人民群众的意愿，必须坚持公民参与，必须维护公民知情

权,使公民能及时地具体地了解政策执行的各种情况,加强公民对政策执行的有效监督。

3. 法治原则

这是指政策执行的权力设置、人员录用、机构配备、执行程序、执行责任等要实现法治化,杜绝政策执行中的有法不依、执法不严、以权压法、人治代替法治等现象,从而防止政策执行权力的异化和腐败。

4. 创新原则

创新是一个民族的灵魂,是国家兴旺发达的不竭动力,也是一个政党永葆生机的源泉。政策执行主体在遵循政策的精神实质,保证政策的统一性、严肃性和权威性的前提下,必须坚持从实际出发,采取灵活多样的方式、方法,因时因地制宜,确保政策目标的实现。

政策执行必须进行成本—收益分析,尽可能减少政策执行成本,保证提供高效优质的公共服务或“公共产品”。政策执行的效益原则要求以经济效益为基础,同时把政策执行的政治效益、社会效益和文化效益结合起来,把物质文明建设、精神文明建设和政治文明建设统一起来。

(二)公共政策有效执行的机制

为了确保公共政策执行的优质高效,防止公共政策执行偏差,就必须重视公共政策执行的机制构建。公共政策执行要重点构建和完善以下机制:

1. 公共政策信息沟通机制

从控制论的角度来分析公共政策执行,则政策执行过程实质上是一个有效的信息流通过程。信息是政策执行的重要资源,信息非对称和沟通渠道受阻,都会严重影响政策执行。因此构建政策执行的信息沟通机制,保持全真的信息流通,尽量避免或减少政策信息的非对称性,是防止政策执行偏差和提高政策执行效率的重要任务。这需要做好以下两方面工作:① 建立健全政策执行的信息网络和政府上网工程。② 优化政策信息传播和反馈渠道,加大政策信息及时披露力度。

2. 公共政策的公民参与机制

公民参与是实现公民依法介入国家社会政治生活、享有真正管理国家和社会公共事务权利的重要渠道，是体现民意、反映民情、提高政策执行民主化水平的根本举措，是实现公民自我管理、自我教育和自我服务功能的基本途径。公民参与机制的建设与完善，一方面使政策执行体现主权在民的根本理念，另一方面保证政策执行中公民参与的制度化、规范化和程序化。公民参与机制在政策执行中主要表现为以下几方面：① 公民参与执行计划。计划是公共政策执行的首要环节。通过公民参与执行计划的制定，有利于提高公民对公共政策执行的关切度。② 公民参与执行监督。目前，我国公民参与执行监督的主要保障机制是行政契约制。行政契约制是在市场经济条件下规范政策执行机关与目标群体的权利和义务，以实现政策执行主体与政策的对象权利、义务关系的公正透明和实现政策目标的有益实践，可以改变政府既当“运动员”又当“裁判员”的双重混合角色，实现公民与政府委托—代理关系和服务与被服务关系的良性运行。③ 公民参与执行评估。公民参与执行评估主要体现为公民参与政策执行结果的考核制和执行人员的业绩评价的民主投票制，以及建立健全政策执行的社会评价机制。公民参与执行评估有利于公共政策评估的公开化和有效性，有利于政策执行信息反馈的公开和及时，防止政策执行评估的“暗箱操作”和扭曲变形。

3. 公共政策的激励、责任与监督机制

（1）激励机制。由于对政策执行者的利益需求的忽视或激励机制的欠缺，会在很大程度上导致公共权力异化和公职人员的寻租行为与心理倾向。因此必须尽可能在有限资源供给的范围内构建完善有效的激励机制，以防止公共政策执行偏差，具体可从以下几方面入手：① 引入竞争机制。如领导干部公开选拔制度。② 打破级别和工龄限制，引入功绩制，激发公务人员的积极性和创造性。③ 科学地规范晋升制，创新职务晋升要求，重视优秀人才和有突出贡献者的晋升，发挥破格晋升的突出作用。

（2）责任追究机制。政策执行主体依法定权力执行政策，是权、责、利的统一体，对政策执行须承担相应的政治责任、道德责任和人格责任。为此，应当使政策执行的责任明晰，增强执行者的责任感、使命感和危机意识。构建公共政策执行的责任追究机制应重点建立、健全以下几项制度：① 首长负责制。首长负责制要求经法定程序进入行政体系中的公职人员，一经确立行政职务关系，必须履行职务，不失职；必须遵循权限，不越权；必须符合法定目标，不滥用权；必须合理使用自由裁量权，避免行政失当。② 目标责任制。目标责任制是围绕政策目标和政策计划的实现而展开的，是在公共政策执行过程中实行目标管理而签订责任状，使责任落实到具体部门或个人身上，有利于突出业绩，提高绩效，加强执行行为的控制与监督。③ 岗位责任制。即根据公共政策执行的目标与任务设置工作职位，进而确定权责范围，做到因事设岗，因岗择人。④ 对公共政策执行主体违反法律的行为进行责任追究。公共政策执行主体在执行公共政策过程中，其行为超出法律的界限，即行为不当或行政不作为等违法行为，就应承担相应的法律后果，以此实现公共政策执行的法治化进程。

（3）监督机制。在政策执行过程中，要对政策执行情况及时地跟踪评估和监督，构建公共政策执行的监督机制，建立健全多层次、多功能、内外沟通、上下结合的监督网络，形成和完善以党的监督为先导、权力监督为主体、舆论监督为动力的监督体系。

第八章

公共政策的评估与监控

科学、完整的公共政策过程离不开政策评估与政策监控,两者都是整个政策过程的有机组成部分,贯穿在政策过程的始终,制约着政策制定过程、政策执行过程和政策调整过程的功能发挥,影响政策系统的产出。政策评估和政策监控还有一个显著的共同点,即政策监控是一种特殊形式的政策评估,或者说是建立在评估基础上的一种权力行为。

第一节　公共政策评估的作用、主体与类型

一、什么是公共政策评估

现代意义上的评估出现在20世纪30年代美国的霍桑实验。但从公共政策评估来讲,以社会科学研究方法评估各类社会行动方案,则始于史蒂芬用实验设计的方法为美国总统罗斯福新政计划成效所做的分析,而且从那时起评估研究逐渐成为一种潮流。

公共政策评估,在不同的历史时期有不同的侧重点。20世纪50年代和60年代,公共政策评估活动在西方发达国家已经是公共政策制定过程中的一个组成部分,人们主要关注政策活动的结果,侧重于效率、效能和效益,对政策活动中应包含的伦理考量和价值观重视不多。实际上,政策活动不仅与效率、效能、效益的政策结果密不可分,而且不能祛除政策的合法性、公正性的价值观。政策“在两个基本层面上进行:一个层面具体关系到计划、计划的参与者和采用这个计划的特定问

题情况；另一个层面关系到更抽象的社会制度，有计划的行动就在这个系统中产生”。[①] 显然，第一个层面主要关心政策的运行状况，第二个层面才重视政策评估标准问题。

公共政策评估须以“政策结果”为核心概念。“政策结果”有两类：一是政策产出，二是政策影响。政策产出是政府从事某项活动的计划结果，是目标群体和受益者所获得的物资、服务或其他各种资源。政策影响是指政策产出所引起的人们在行为和态度方面的实际变化。[②] 所以，公共政策评估就是评估主体依据一定的评价标准，通过相关的评价程序，考察公共政策过程的各个阶段、各个环节，对政策产出和政策影响进行检测，以判断政策结果实现政策目标的程度。

二、公共政策评估的目的与作用

不论是从政府与公民的角度，还是从政策评估的目的、用途、意义或作用的角度，都涉及回答这样一个问题——为什么要对政策进行评估？基于以下四方面，应该开展政策评估工作：一是政策制定过程和执行过程的需要。为了有效认识整个政策制定过程和执行过程，了解相关的信息，就需要对政策制定和执行过程的效果进行一定的价值评判。二是纠偏的需要。不论是政策制定，还是政策执行，都会在活动过程中出现偏差。这样，通过政策评估，就能起到纠正偏差、及时校正政策行为的作用。三是衡量成本与收益的需要。任何政府的政策活动都需要相应的投入与产出，并且还要顾及政策产出的实际效果。启用新政策可能会花费可观的资金，会有风险，延续旧政策则要继续进行相应的资金和人力投入，这就需要对两者进行相关的评估以判断其成效，从而决定实施哪项政策。因而，为了衡量政策活动的成本与收益，进行政策评估活动就显得异常重要。四是政治参与的一种表现。国家权力属于人民，人民是国家的主人。既然人民把政策制定权交给了政府，人民就有

---

① Frank Ficsher. Evaluating Public Policy. Chicago: Nelson-Hall, 1995:215.

② 威廉·邓恩. 公共政策分析导论 2 版. 谢明，等，译，北京：中国人民大学出版社，2002:366.

必要对政府的政策活动加以监督和评估，肯定政策过程中的成绩，指出政策过程中的不足，这是公民参与政治的一种表现，是公民促使政府改进政策差错采取的必要途径和手段。

（一）公共政策评估的目的

在现实生活中，公共政策评估有积极目的与消极目的之分。

1. 积极目的

公共政策评估的积极目的在于：① 发现政策制定过程中的偏差，为备选方案确定优先顺序提供依据；② 通过政策评估活动明确政策的可行性程度，得出继续执行政策或停止执行政策的判断；③ 依据评估结果，改善政策执行程序与技术；④ 不同的政策会有不同的经济效果、社会效果与政治效果，这就需要通过评估活动，分清多项政策的轻重缓急，对政策资源进行重新配置，为下次政策制定、执行和调整过程准备一定的有利条件。

2. 消极目的

政策评估的消极目的主要有：① 炫耀工作业绩，为本级政府或相关政府部门歌功颂德，追求个人职位的升迁。② 夸大工作难度，要求追加政策活动预算，增加工作机构和人员。③ 规避责任。政府官员利用政策评估的结果，指出其不实施某项政策或实施某项政策的理由，规避应负的责任。④ 批评政策以达到改变政策的目的。利用政策评估的某些结论，批评现行政策的不足，为要求政策调整提供口实。

（二）公共政策评估的作用

政策评估作为政策运行过程的重要环节，在实际政策过程中发挥着以下六方面的作用。

1. 政策评估是获取政策运行可靠和有效信息的重要手段

过去，由于不重视对政策的评估，一些政策执行结束就算完了，致使政策制定者和执行者对政策运行的信息缺乏客观全面的了解。现在，通过政策评估，利用一切可行的技术和手段来收集相关信息，并把信息的可靠性与有效性置于特别重要的地位，力求通过政策评估掌握第一手的政策运行数据，从而为政策改进提供指导性信息。

2. 政策评估是进行政策调整、提出政策建议的重要依据政策制定和政策执行到某一阶段时，由于客观环境和主观价值方面的变化，需要对政策进行适应性调整，帮助决定政策“是否应该继续、改善、扩展或缩减”。[①] 这种政策调整一般有三种走向：① 政策接续，即政策问题尚未解决，政策目标尚未实现，而实践证明政策的制定与执行活动符合实际需要，具有可行性与有效性。在这种情况下，最好的选择是使政策在原有的性质、问题、目标和途径等轨道上继续执行。② 政策革新，即决策者和执行者针对在执行过程中遇到的新问题、新情况，对照现有的政策目标、政府价值、政府组织和政府人员状况，对政策执行做出局部性调整，包括组织结构、实施时间和实施方式等。③ 政策终结。考虑到决策目标无法实现、决策问题无法解决，因此，需要完全停止现行的政策，对政策问题进行重新决策。这样，现行政策就会终止，新的政策又将产生。

通过政策评估活动，为政策调整提出政策接续、政策革新、政策终结建议提供了一个重要的依据。

3. 政策评估是检验政策结果的必要途径

政策结果是怎样的，不能仅凭人们的主观判断，必须重在客观现实，通过评估活动计算出政策产出，明确政策的优势与缺陷，检测政策对政策目标的实现程度，同时衡量政策结果使人们的行为和态度发生变化的程度。

4. 政策评估是重新配置政策工具和政策资源的基本前提

通过政策评估，既可以使政府决策者利用手中掌握的权力，根据管理理念，使有限的物质资源、人力资源、时间资源等发挥出最大的效益，又可以避免片面性和私利导致对某些政策给予过度的资源投入。由于原有工具和资源已经配置，只有通过政策评估才能明确哪些工具和资源配置是合理的、有效的，哪些是不合理的、无效的。这样，就有必要根据问题紧迫程度和价值认识程度，重新配置工具和资源，满足政策主体对工具和资源的需要。因此，政策评估活动是重新配置政策工具和资

---

① 彼得·罗西，霍华德·弗里曼，马克·李普希. 项目评估：方法与技术. 邱泽奇，等，译. 北京：华夏出版社，2002：3.

源的基本前提。

5. 政策评估是构建良好公共关系的有效策略

不同的政策评估动机,会有不同的政策评估措施和效果。有的政策评估与政策实施状态信息的获得过程无关,其目的是使政策评估活动营造政府、公民、大众传播媒介与投资者之间融洽的环境氛围,给政策评估对象提供一个交流信息与发表建议的场所。显然,这样的政策评估重心在于处理评估主体与社会公众的关系,使政策评估成为构建良好公共关系的有效策略,以便提高政策的认同度,加快政策的执行速度。

6. 政策评估是管理科学化和民主化的必要保证

公共管理活动是一项复杂多变的社会管理活动,它既需要依赖科学的思维、方法和手段来对复杂的社会现象进行系统的多层次的分析,使决策与执行活动符合事物发展的客观规律,又要充分发扬民主,听取专家与利益相关者的意见,使政策结果体现人民的利益和国家的利益。政策评估是公共管理科学化、民主化的必要保证。通过政策评估,可以为下一阶段政策活动提高科学化、民主化水平奠定坚实的基础。

三、公共政策评估的主体

公共政策评估的主体在评估活动中处于举足轻重的地位,它决定着评估标准的制定、评估范围的大小、评估方法的选择,发挥着主导性的作用。因此,评估主体所持的评估理念与具有的评估能力素质,直接影响到评估工作的成败。为了达到政策评估活动的目的,真实反映评估的客观效果,应选择好合适的评估者。

在政策评估活动中,除立法机关、政党组织、司法机关、社会组织和公民外,比较重要的主体是政策制定者和执行者、专业机构和人员、大众传播媒介。

(一)政策制定者和执行者

政策制定者和执行者处于政策活动的中心位置,他们组织和参与了整个政策过程,了解政策过程的主要信息,因此他们的评估所依据的材料较为可靠、完整。但是,政策制定者和执行者本身就置身于政策活动中,往往会顾及本部门或本机构的利益,存在着报喜不报忧的倾向。

一般来说,政策制定者和执行者做的政策评估主要包括以下五方面的工作:① 政策调查报告。政策制定者也好,政策执行者也好,为了了解政策实施的状况,都需要借助于政策调查报告,从报告中发现问题,寻找解决问题的对策。这是目前中国政府常用的政策评估方式,这一工作往往由各级政府政策研究室来完成。② 政府工作报告。每一财政年度,政府都要向立法机关提出自身的工作报告,汇报一年的各项管理和服务状况,其中就涉及政府自身对政府政策制定和执行活动的评估。③ 公民意见和投诉。各级政府都设置类似信访部门、市长热线电话等这一类的机构或形式,用来收集公民所反映的意见和投诉。政策制定者和执行者从公民意见和投诉这一渠道直接了解公民对政策问题的态度,有助于较快地进行政策评估,及时调整相关政策措施。④ 政策听证会。为了尽量使政府制定的政策得到公众的支持,降低公众的不满情绪,近年来政府有关部门相继对即将实行的新政策或某项政策调整的方案加以公布,并举行听证会,听取利益相关者的意见。如铁道部门对调整春运期间铁路票价的涨幅举行听证。⑤ 政府效能考评或绩效考评。为了直接推动政府对效能或绩效的管理,中国不少地方政府(有的在监察部门,有的在督查部门)设置专门效能办公室或考评办公室从事政府效能或绩效的评估工作,对包括政策在内的所有施政行为加以评估。

(二)专业机构和人员

专业机构和人员是指具备政策评估的专门理论、知识与技术,专职从事政策评估的机构和人员。由于专业机构和人员对政策评估程序和目标较熟悉,因此,能够有效进行政策评估活动。不过,专业机构状况不同,其政策评估的效果会有差异。政府系统内部的专业机构的评估条件包括人力、财力和物力等由政府提供,评估对象也由政府指定,所以他们的评估结论往往会引起政府的重视,在管理活动中得到使用;但其不足是这种评估活动容易受到政府的左右,使政策评估质量受到影响。政府系统外部的政策评估机构从事评估活动,其所需的人力、财力和物力由自己提供,评估对象也由自身选定,因而有较大的选择性,可以较客观地对政策进行评估;但其不足是获取评估所需的各种信息较困难,由于与政府离得太远,对受托评估的政策之间的各种细微差别不敏感,评估结论不易引起政府的重视。

（三）大众传播媒介

广播、电视、报纸、杂志、书籍、电影和电子信息网络等大众传播媒介在评估政府的政策活动中,它能利用其特殊的信息网较快地获取各种信息,传播事件的真相和内幕,交流思想,通过自身的直接评估间接影响政府或公民对政策的总体性或局部性认识,蕴含着政策评估的内容。这样,大众传播媒介在一定程度上扮演着政策评估主体的角色。考虑到中国正处于转型期,各级政府信息披露程度较低,政府对社会需求反应较迟滞,因此大众传播媒介作为政策评估主体占有很重要的地位。

四、公共政策评估的类型

政府制定各种各样的政策来解决公共事务问题。由于政策的广泛性以及人们关注政策的角度差异,所以政策评估的类型呈现出多样化的特点。出于研究的需要,人们从不同的角度出发,依据不同的划分标准,将多样化的政策评估活动划分为不同的种类。

（一）正式评估和非正式评估

1．正式评估

正式评估是指专门的组织机构和人员根据一定的评估理论,为了实现评估目标,按照一定的评估程序而对相关的评估对象所进行的评估。正式评估的特点有三方面:一是有评估组织机构和人员专门从事政策评估活动。二是评估方法比较规范。整个评估活动既有一定的评估标准,也有特定的评估程序和评估方法。三是具有一定的客观性。由于有科学严密的评估方案的指引,正式评估能够较客观地反映政策过程的实际状况,从而全面地反映出政策结果。正式评估是政策评估中占据主导地位的一种评估方式,其结论往往是政府和社会公众考察政策效果的主要依据。

2．非正式评估

非正式评估是指没有严格的专门组织机构，评估主体、评估形式和评估内容也没有固定化，但最后仍有某些评估结果的评估。在非正式评估活动中，政策评估方式多种多样，既可以是记者采访中居民对某项政策的随意评论，也可以是政府领导人视察某地的即兴评说。非正式评估的缺点在于评估活动所获取的信息有限，缺乏科学的程序和方法，因而所得出的评估结论可能具有一定的主观性和片面性。

（二）内部评估和外部评估

1. 内部评估

内部评估是指政府内部的评估组织和人员所进行的评估，它可分为由政策运行机构和人员自身所进行的评估、由政府专职评估组织和人员所进行的评估。由政策运行机构和人员自身所进行的评估，评估主体就是政策的制定者和执行者，因而这种评估的优势在于，掌握和了解政策运行活动中的第一手信息，有利于评估活动的有效展开。不过，考虑到评估结论与评估主体自身的利益存在一定的相关性，因而他们就有可能在评估活动中故意隐瞒事实真相，夸大成绩、掩盖失误，反映某一机构的局部利益，使政策评估容易得出有失全面和客观的结论，缺乏公正性。由政府专职评估组织和人员如政策研究室、政府效能考评办或政府目标管理办公室所进行的评估，与由政策运行机构和人员进行的评估相比，有充裕的时间和较充足的经费，可以克服没有评估理论、缺乏专业知识和技术方法训练等问题。但是，这种评估活动容易受到机构利益的左右，有可能缺乏真正的客观性。

2. 外部评估

外部评估是政府部门外的评估主体所完成的评估。它可以分为受委托和不受委托两种类型。

（1）受委托进行的评估。这是最主要的外部评估方式。被委托对象是营利性或非营利性的研究机构、学术团体、专业性的咨询公司、高等院校的专家学者。这类评估的优势在于：一是评估主体是专业的评估人员，具有评估不同政策的丰富经验；二是这类评估组织置身于机构之外，评估主体与政府机构之间是一种契约性合作的关系，能够有明确的责任，较公正地进行评估。不过，由于接受委托的评估在经费和评估活动等方面受到委托人的限定,因而,评估主体有可能为迎合委托人的意愿而得出倾向于迎合委托人利益的评估结论。

(2) 不受委托进行的评估。这是评估者出于自身的工作职责、责任感、研究目的、兴趣点和相关利益的需要而对某项政策所进行的评估。这类评估包括:① 立法机关评估。立法机关是监督政府执法的法定机构,出于关心法律的执行状况和衡量政策实施效果的需要,会采取各种方式对政府政策进行一定的评估。这类评估有较强的法律约束力,能够左右或决定政策变化的方向。② 司法机关评估。司法机关的职责与使命在于通过对政府执法进行监督以维护法律的尊严。司法机关接受公民对政府的民事诉讼,对政府具体行政行为和抽象行为进行审查,间接对政策进行评估,督促政府纠正违法行为,保障公民合法权益。[①] ③ 大众传播媒介评估。大众传播媒介出于职业责任感,往往通过新闻报道或民意测验的方式对政策受欢迎程度进行评估,产生影响民意的作用。④ 投资者(如企业)评估。政府政策对投资者所关心的投资风险和回报率有较大影响,甚至直接关系到企业的生存和发展。这样,投资者就有必要对政策加以评估,施加影响,使政策导向更符合投资者的意愿和利益。⑤ 公民评估。公民凭借着政策执行过程中的亲身感受和期望值,对政策进行各种形式的评估,如仅凭小道消息做出的评估、热线电话投诉式的评估、信访评估等。⑥ 研究机构评估。通过一定的评估活动,给出评估结论,达到研究机构自身研究的目的。⑦ 社会团体(第三部门)评估。随着社会团体(第三部门)力量的壮大,社会团体对公共政策有强烈的需求,这样,就会对政府政策进行符合自身需要的评估。外部评估所涉及的范围较广,与政府部门的利益没有直接的关联。因此,评估活动能表达和代表社会各阶层对于政策的基本看法,结论也比较客观和公正。外部评估的不足是在采集信息方面经常遇到不可克服的困难,有时评估结论缺乏可靠、翔实、完整的依据。

---

① 在当代中国,司法机关无权对抽象行政行为进行监督,只能对具体行政行为进行监督。

（三）预评估、过程评估和结果评估

1. 预评估

预评估是在政策执行前即政策方案处在规划阶段时所进行的一种带有预测性质的评估。为了满足社会公众的需求，解决公共政策问题，就需要对备选方案进行可行性、成本、利益、有效性、正负影响评估，以便在正式实施前，及时发现存在的问题，缩短政策预期目标与实际目标之间的差距，有效实现政策目标。

预评估主要有五方面的内容：① 政策可行性评估；② 政策优缺点评估；③ 政策优先顺序评估；④ 政策有效性评估；⑤ 政策影响评估。

预评估的主要功能是将政策评估从单纯的结果检测变成事前控制的有效工具。通过预评估预测未来的发展趋势，对政策导向加以基本的控制。随着现代科学技术的发展，人们可以利用最先进的预测分析工具，提高政策的预测能力。

2. 过程评估

过程评估是对政策运行过程所进行的评估。过程评估的目的在于通过分析政策运行过程中的各种情况，将政策过程信息提供给政策主体作为政策制定和执行的基础，以利于修正决策和调整执行计划；同时，把评估信息告知执行组织和人员，督促他们对政策执行中存在的偏差问题高度重视并及时纠正。一般来说，政策过程评估中容易出现两方面的问题：一是政策制定阶段存在的问题；二是政策执行阶段存在的问题。通过过程评估，首要的任务是试图发现政策问题，认定是否出现了问题；政策制定过程是否有问题；如果有，哪些问题是由政策制定者主观原因产生的，哪些问题是由客观环境变化造成的。在弄清原因的基础上，政策制定者就可以有的放矢地调整相关政策，使政策本身更有可行性，符合客观实际的需要。其次，通过过程评估，发现政策执行阶段的问题，包括评估政策执行过程所应具备的条件与实际具备的条件，执行方案的编制与落实状况，应具备的能力与实际具备的能力，缩小两者存在的差距。

过程评估的价值在于能够根据实际政策执行情况，作出政策调整的决定，使政策更有可行性和有效性。从这个意义上讲，过程评估在整个评估过程中发挥着很重要的作用。

3. 结果评估

结果评估是政策执行后对政策所取得结果的评估，包括政策产出评估和政策影响评估。结果评估的作用在于，由于政策运行过程已经全部结束，所以能较客观全面地对政策的制定过程与执行过程进行评估，指陈利弊和优劣，并且根据时间间隔的长短分析政策对政治生活、经济生活、社会生活和自然环境所产生的影响，评价政策产生的预期设想对环境的改进程度。结果评估是整个政策评估中有机体系的组成部分，是对政策运行过程进行全方位评估的一种方式，对政策重新决策有非常重要的指导意义。结果评估较之预评估和过程评估，在所依据的材料和信息上更具完整性，所处阶段更具独立性，因而其评估结论也更具客观性和科学性。不过，结果评估的结论对本次政策制定活动与执行活动已无所补益，只是对下一次政策制定和执行过程有吸取教训和总结经验的意义。

（四）单一政策评估与复合政策评估

1. 单一政策评估

单一政策评估是指评估者只对某一项政策所进行的评估。由于仅就某一项政策进行评估，因此在时间上和精力上都使评估者能够较深入地对该项政策的产出和影响进行详细的评估。但不足之处是仅就某项政策进行产出和影响评估，有时会把先于该项政策执行或与该项政策同时执行的其他政策的产出和影响也归于该项政策。

2. 复合政策评估

复合政策评估是对一项以上的政策同时进行的评估。每一项政策都有其特定的性质，而且，各项政策之间有密切的联系，因此，将一项以上的政策综合起来进行评估，能够考察政策的整体性效果，反映政府综合处理公共事务的能力。复合政策评估的不足是每项政策产出量的计算较难，不能完整地反映每项政策本身的特点。

五、公共政策评估的内容

公共政策评估所指向的客体就是公共政策评估的内容，它是政策评估主体与政策评估对象共同关注的问题。在评估活动中，一般常见的有以下六方面的评估内容。

（一）政策成本评估

政策成本评估就是评估政策投入与产出之间的比例关系。政策成本指整个政策过程中所投入的全部政策资源，如人力、物力、财力、时间、信息和风险等。政策产出是政策执行的直接结果。有些政策，经过评估，由于与结果相比的高成本而得不到支持，可能被终止。有的政策，经过评估，认为成本比较低就可能会继续得到执行。

（二）政策需求评估

政策需求评估是评估政策运作所需的社会条件及满足社会问题的程度等问题，即评估社会组织或个体有什么样的问题需要政府采取政策来解决。政策需求评估是构建政策议程、制定政策的前提和基础。

（三）政策效益评估

政策效益评估就是评估政策目标得以实现的程度。一项政策的实施效果离预期目标越近，效益越好；相反，离预期目标越远，其效益就越差。如果在政策效益不变的情况下，成本越少，说明政策越成功；相反，成本越大，就越不成功。

（四）政策过程评估

对政策运行各个环节进行评估就是过程评估，它涉及政策制定过程、执行过程、调整过程的操作状况。通过评估政策实际的运行状况，考察政策过程的各个环节，对发现问题、有效改进工作有现实意义。

（五）政策影响评估

政策影响评估主要涉及如下几个问题：是否获得了预期的政策结果，政策对社会环境的干预是否已经发生了作用，政策影响中是否包含着意想不到的效果。[①] 政策实施对社会和公众以及政策对象产生各方面直接的或间接的影响，包括积极影响与消极影响、正面影响与负面影响、整体影响与局部影响等。政策影响会产生两种形式的结果：一种是

① 彼得·罗西，霍华德·弗里曼，马克·李普希. 项目评估：方法与技术. 邱泽奇，等，译. 北京：华夏出版社，2002：51.

净结果,包括政策的间接结果、直接结果;一种是总结果,它既包括政策的间接结果和直接结果,又包括环境对政策所产生的影响结果。政策影响评估的主要任务是将政策评估的净结果从观测到的总结果中分离出来,并把净结果作为政策影响评估的重点。

(六)政策价值评估

通过某种方式对政策在价值上所具有的意义进行评估,就是政策价值评估。以前,人们只重视事实评估,而不重视价值评估。自20世纪70年代以来,人们逐渐质疑传统政策评估的适当性,认为评估不仅应当是客观真实的,而且应当是正义的。这样,政策价值评估也就成了政策评估的重要内容之一。

第二节　公共政策评估的过程、标准与影响因素

一、公共政策评估的过程

一般而言,公共政策评估是一个有计划有步骤的活动过程。尽管许多评估过程比较简化,不一定按部就班地经过那些阶段和步骤,但作为一种逻辑上的流程,政策评估应包括评估筹划、评估实施和评估总结三个阶段。

(一)评估筹划

筹划是评估的基础和起点,也是评估活动有序进行的前提条件。这个阶段主要解决这样几个问题:为什么要进行评估?对什么对象进行评估?评估采取什么样的途径和方案?评估需要具备什么样的条件?

1. 明确评估目的

不论哪种类型的评估,实际上都存在着人们普遍关心的一个共同的问题:为什么要对政策进行评估?评估为了什么?评估目的是政策评估计划阶段的逻辑起点,也是贯穿整个筹划、实施和总结三阶段的总指向。

2. 选定评估对象

由于政府层级的不同，涉及诸多的政策评估对象，这就需要根据评估主体的意愿和客观现实具备的条件来选定评估对象，以利于达到评估目的。

3. 制定评估计划

具体评估计划的设计涉及以下几方面的工作：一是明确评估所需的时间，初步规定评估工作开始时间和结束时间；二是圈定评估的范围，在何种范围内进行政策评估活动；三是确定评估标准与方法，明确政治标准、经济标准、社会标准和伦理标准在评估活动中的地位，采用多种评估方法，包括定量方法与定性方法等；四是确定评估目标，明确评估的短期目标与长远目标。

4. 明确评估条件

评估条件涉及方方面面，既有评估组织的设置、人员的配备，又有经费的落实与设备的购买。其中评估组织的设置是关键，只有在评估组织健全（指有职有权有能）的情况下，才能挑选优秀的评估人员，发挥评估人员的潜能，提高评估活动的质量。

（二）评估实施

政策评估实施阶段是整个评估活动中最关键的一个阶段，因为没有良好的组织实施，所有的计划与设想都没有实际的意义。政策评估实施阶段的主要工作是：按照评估已设定的目标，收集政策过程各种信息；通过数据分析，根据评估标准撰写评估报告，得出符合科学要求的评估结论。评估报告的撰写班子要在评估组织的内部充分发扬民主，集思广益。评估报告除根据评估情况提出政策建议外，还应当对评估初衷与目的、评估所使用的方法和评估中存在的问题做出说明。

（三）评估总结

这一阶段实际上是对评估筹划阶段和评估实施阶段做一次全面回顾。通过总结，检讨前两个阶段存在的问题，以便下一次开展政策评估活动时汲取教训，改正不足。具体工作步骤是：首先，听取政策评估活动相关当事人的意见，以便进一步完善评估报告；其次，有些评估报告需要递交给有关的政府部门，为政府评估政策提供基础性的数据和材料，使评估报告在实际工作中发挥作用；最后，将评估报告公之于众，使社会公众知道评估的结论。

二、公共政策评估的标准

评估标准是衡量有关政策的利弊优劣的指标或准则。这些指标或准则,首先必须建立在现实确实存在的、特定的并需要在现阶段采取有效措施加以解决的评估问题之上。特定评估问题的确定依赖于两方面的条件:一是评估问题必须是合适的,切合实际的;二是评估问题必须是有解的,即在现实条件下能够采取有效措施得以解决的。如果是无解,或现阶段无法求解的问题,评估就会成为徒劳之举。

评估标准的选定,一方面与评估主体所持的价值观有密切的关系,另一方面又须符合一定的技术条件,客观反映现实社会对政策的要求。政策评估既是一个事实判断和技术判断的过程,又是一个价值判断的过程,价值判断以事实判断和技术条件为基础。因此,政策评估是建立在事实标准、技术标准和价值标准基础之上的一项活动。

事实标准能够用数量值、比率关系、统计结果等手段来反映事物过去、现在和将来的存在状况。它常常回答这样一些问题:执行该项政策影响到多少人,能使多少人在这项政策中获得利益或者失去利益?这项政策需要投人多少财力、物力和人力?最终会持续多长时间?事实标准要尽可能具有可测量的客观指标。在政策评估活动中,通过事实标准来体现公共政策在运行过程中到底在客观实际上对政府和社会施加了什么影响或产生了什么作用。

技术标准是以技术手段、技术规范和技术工具为手段来服务整个政策评估活动,使评估活动建立在科学、客观与可信的基础之上。它常常回答这样一些问题:数量值和比率关系是用什么样的方法收集和得出来的?处理这些信息用的是概率统计方法、科学预测方法、线性规划技术,还是系统科学方法?相关变量又是什么关系?实际生活中,需要根据政策评估问题的实际情况,选择合适的技术标准,以真实全面地反映评估对象的实际状况。

价值标准反映评估主体在评估活动中的倾向性准则和原则,建立在一个国家特定的历史与现实、伦理与文化、社会和经济价值取向的基础之上。它常常回答这样一些问题:为什么采用这一项政策,而不采用另一项政策?这项政策优先考虑什么,而不考虑什么?为什么这项政策要照顾到某一群体的利益,而不顾及其他群体的利益?采用这项政策产生经济上的风险、道德上的风险或政治上的风险之后如何进行取舍?在政策评估活动中,价值标准既不关注客观事实的状况,也不重视技术手段的运作,主要强调的是评估主体的一种信念、思想和理想追求,反映出社会公共利益和人们利益的实现程度,社会生产力的发展水平和社会发展总方向的符合状况。

(一)事实标准的内容

政策评估中的事实标准主要包括以下内容:

1. 政策效率

政策效率是指政策的产出与投入之间的比例关系。政策的投入包括政策活动所投入的人力、物力、财力、信息和时间,政策的产出是政策执行过程中直接产生的结果。政策效率高低可以通过三方面衡量:第一,投入或成本。一个政策从制定到实施直接付出的有的是金钱,但更多的是由金钱转化而来的人力、物力、信息和时间。这样,人力、物力、信息和时间就构成了政策运行的投入。获得和维持这些人力、物力、信息和时间所花的费用,就是投入的成本。假如投入(如购买办公设备)高于市场价或过量投入,就显得不经济。第二,行政开支与业务开支的关系。对政策运行过程来说,直接用于服务对象的开支为业务开支,管理机构和人员自身的开支是行政开支。一般而言,行政开支过大,业务开支过小,是效率低下的一种表现形式。第三,人均开支或单位成本。某项政策实施时如果政策实施区内居民人均政策实施开支过大,表示纳税人所承担的费用越多,单位成本过高,效率就低。

在以效率衡量政策时,应既考虑定量效率的因素和定性效率的因素,又要关注个别效率的因素与整体效率的因素。效率标准的重点在于一项政策是否以最少的投入获得最有效的产出,以较好、较快、较节约的方法来执行政策,而不在于以较好的途径来完成政策目标。

2. 政策效益

政策效益是政策目标得以实现的程度。政策效益通过比较政策运行时的实际结果与预期结果，对预期目标实现程度进行分析。政策效益评估的重点不在于是否按照政策方案加以实施，采取了什么手段与方法，投入了多少人力、物力、财力、信息和时间，而在于是否达到了政策预期目标。在进行政策效益评估时，应充分考虑各种主客观的因素，突出政策预期目标的合理性与可行性，考察政策预期目标满足人们有效需求的程度，包括预期被满足的人数与实际被满足的人数，预期解决政策问题与实际解决问题的深度和广度。鉴于政策达到目标的程度与人们的主观感受和认识有密切的关系，所以，效益标准在运用过程中，应考虑到主观因素对效益标准的影响，坚持实事求是的原则，尽量保证评估的客观性。

3．政策影响

政策影响是指政策产出所引起的人们在行为和态度方面的实际变化。在分析政策影响时，应注意到人们的行为和态度的变化有些是直接的，有些是间接的，有些是近期的，有些是中长期的，各有不同。通过政策影响评估，分析政策运行后社会发展总体状况的变动，结合实际情况，衡量政府给社会带来的影响或造成的后果。在进行政策影响的评估时，既要兼顾到某一项单一性政策与整体性政策之间的关系，又要考虑到正负影响的关系。在经济建设活动中，应避免过度重视经济影响，而忽视社会影响和政治影响的行为，充分考虑到不同政策影响的类别。显然，对不同政策的影响应加以分类评估，根据各自的特点，做出适合政策类别的影响评估。

4．回应性

回应性就是政策结果满足人们需求、价值与机会的有效程度。在实际生活中，政策回应程度的重点不在于政策的制定和执行的形式方面，而在于政策的具体内容的实际效果。当然，政策回应程度不能简单地等同于人们需求、价值与机会对政府系统输入程度与政府系统输出程度之间的对应性。因为，人们的利益和要求会随着时间、空间和其他条件的变化而发生调整，政府所掌握的政策资源也具有一定的限度，这样，保证百分之百的需求回应性对政策资源来说是不现实的，也是不明智的。需要政府加以权重比较，选择最需要最紧迫的问题作为回应的对象。对某一类公民而言，在某一项政策上政府可能没有良好的回应性，但从其他政策或总的政策方面看，政府已经考虑到了它的回应性，那就表明政策的回应程度还是高的。因此，回应性既要考虑到单一性政策的回应性，也应更多地考虑到复合性政策的回应性，而且应将复合性政策的回应性作为衡量政策回应充分性的一个重要标准来强调。

（二）技术标准的内容

政策评估的技术标准的内容包括以下几方面：

1. 多样化

随着现代科学技术的发展，公共政策评估活动中不仅大量采用社会科学技术，如民意测验等；而且还经常使用现代自然科学技术，如自动化技术、信息技术等。这样，政策评估主体应使评估技术标准多样化，有较多的选择余地。

2. 系统化

一项政策或多项政策评估时，有时采用一种技术方法，有时采用多种技术方法。这就容易出现多种技术方法之间关联配套的问题。政策评估主体应把技术方法视作一个有机的、动态的整体，使之系统化。

3. 数量化

现代数学的发展，尤其是电子计算机的应用，使政策评估技术方法从单纯的定性方法与定量方法的使用逐渐向以定量方法为主、定性定量相结合方法的方向转变，使政策评估活动的指标与判断常常由数值来表示。

（三）价值标准的内容

政策评估的价值标准的内容有以下几方面：

1. 社会生产力的发展

按照社会发展的规律，只有那些代表着先进生产关系，能够促进社会生产力发展的阶级和社会力量才能推动社会的发展。不论是对政府还是对社会来说，能够代表先进生产关系、满足人们的利益要求、促进社会生产力发展的公共政策，就是一项进步的政策，能够得到人们的拥护和支持；相反，若是落后的或反动的政策，肯定会遭到人们的反对，最终归于失败。人们的利益要求，最重要的是经济利益要求，而经济利益以及其他许多社会利益的满足都要依靠经济的发展,归根结底是依靠社会生产力的发展。以生产力发展为标准对政策进行评估,最能体现人民的根本利益和要求。

2. 社会公正

社会公正是指政策结果所表现出来的与该项政策有关的成本和收益在社会不同群体或阶层中间分配的均衡程度。社会公正标准反映出政策成本和收益在不同集团或阶层中分配的公平程度,衡量政策的实施给社会和社会成员带来的影响、造成的后果和作用程度等。众所周知,一项公共政策的实施,很难当时就真正做到公正,总有一部分人的利益需求得到满足而积极支持,也有一部分人的利益需求得不到满足而加以反对。因此,作为政府应该采取有效措施,通过政策制定的民主化程序,让人们更多地了解政策的实际情况,主动地参与政策制定活动。这样即使有些政策不能直接满足人们自身的利益,也可以得到他们的谅解和支持。同时,应通过政策调整和政策配套,使利益受到损失或约束的人们能够在其他方面得到一定的补偿。

3. 社会可持续发展

按照人类发展规律,社会—自然—生态是一个紧密的有机整体。政府管理必须遵循这一发展规律,政策运行过程也不例外。政策在制定与执行过程中,须处理好当前利益与长远利益、局部利益与整体利益、经济利益与社会政治利益的关系,协调好环境(包括社会和自然)与资源、发展之间的关系,使政策活动符合社会可持续发展的基本价值准则。

在政策运行过程中,无论是事实标准、技术标准,还是价值标准,在具体应用中都很少仅仅使用单一的标准,而是使用一组或复合的标准,而这一组标准或复合标准通常是彼此具有内在逻辑联系的一个体系。另外,在为某项政策设立评估标准时,很少单独使用事实标准、技术标准或价值标准,而是将三者有机地配置或综合起来加以使用,只不过使用时各有侧重罢了。

三、影响公共政策评估的重要因素

公共政策评估尽管在理论上意义重大，但在实际评估活动中，却存在着诸多不足与问题：有的评估活动无法开展，有的评估只是一种形式而没有实效，有的评估与实际政策运行过程差距太远。那么，是什么原因、什么因素影响着公共政策评估的效力？在妨碍公共政策评估的因素中，哪些是重要的因素，哪些是次要的因素，如何辨识？

一般来说，影响公共政策评估的因素有许多，人们往往以影响幅度大小、影响时间长短、影响效力高低作为判断妨碍公共政策评估的重要因素和次要因素的主要标准。

影响公共政策评估的重要因素主要有以下几方面：

（一）政策信息、资料

准确的政策信息资源是高质量评估工作的前提和基础。对政策评估而言，最基础的应该是掌握相关的政策信息和资料。但在实际生活中，“准确而相关的统计数据及其他信息的缺少可能会妨碍政策评价者”。[①] 政府一般习惯于传统的思维运作方式，对政策信息和相关资料公开设置障碍，往往以保密为由拒绝发布应该发布的政策信息和相关资料。而对于评估者来说，或由于信息系统不完备，或由于缺乏有效的信息收集手段或措施，便无从获悉相关政策信息，即使获得了，其信息和数据也残缺不全。这样，外部评估和非正式评估无法有效地发挥它应有的作用，势必影响其政策评估的科学性、可靠性。

（二）政策制定者与执行者

不论是在政策评估的计划阶段，还是在政策评估的实施阶段，都需要政策制定者和执行者对评估的意义和作用有清楚的认识，能够认识到评估活动对本次政策过程和下次政策过程都有总结经验教训的作用，有利于提高政策认同度，维护政府的权威。但在实际生活中，政策制定者和执行者往往认为评估活动可有可无，对政策评估活动采取消极应付的态度，严重的会进行干扰和抵制。当然，政策制定者和执行者

---

① 詹姆斯·安德森.公共政策.唐亮，译，北京：华夏出版社，1990：192.

不配合的重要因素之一可能与自身利益有关，对于那些作出错误决策或者那些在政策执行过程中犯了重大错误的机构和人员来说，他们就有可能竭力抵制政策评估或使评估活动半途而废。

（三）政策目标

政策目标是评估政策的依据和前提。通常，单一的政策目标比较清晰，容易评估衡量；复合的政策其目标是多元化的，这样，应该根据什么标准来衡量目标的主次轻重就会显得困难。而且，有些政策目标设定的出发点不在于解决问题本身，而是建立在满足政治要求（如保持社会稳定的需要、突出政绩的需要、解雇相关官员的需要等）的基础之上，这就使目标无法定位于解决实际问题上，使政策评估难以用纯粹的科学标准来衡量。

（四）政策的沉淀成本

政策的沉淀成本主要指在政策运行过程中投入了较多的资源，包括人力、物力、财力、信息、风险和时间等，而政策目标有待进一步实现。此时，对该项政策进行评估时，就必须考虑这种沉淀成本。如果该项政策中止或不加执行，前期投入的资源就等于没有发挥作用。在这样的情况下，即使政策出现了一些失误，政策制定主体和执行主体面对较大的沉淀成本，也不得不继续追加对该项政策的投入。

（五）政策评估方式、方法和规范

科学的评估应该是多种评估方法的互相协调，按需适时运用。但在实际过程中，内部评估、正式评估、委托评估使用得较多，有些政策评估由政策制定者或执行者自己来评估，且多带有工作总结的性质，导致评估结果成绩多于问题，或者成绩实、问题虚，成绩主要、问题次要。而外部评估、非正式评估、非委托评估使用得较少。这就造成评估形式之间的不协调，妨碍政策评估的公正性与全面性。另外，如果使用评估方法不科学，也会影响评估效果。例如，有的评估本来应该首先使用定量的方法，然后再使用定性的方法，而却直接使用定性的方法。有的评估本来应该进行实地调查，在获得第一手资料的基础上进行分析，而却用第二手资料甚至第三手资料来做评估依据。再有，评估过程不规范，政策评估缺乏必要的方案设计和认真的调查，都会影响评估效果。

第三节　公共政策评估的方法

公共政策评估的方法是指政策评估赖以完成其一系列过程和实现其目标的手段,是政策评估系统的一个有机组成部分。随着现代科学技术的发展,政策评估方法也逐渐由直观、经验为主向以技术计量和价值选择为主演进,体现出政策评估方法的代际性特点,使政策评估方法从内容到形式趋于多样化。公共政策评估方法的分类最常见的是区分为以定量分析为主的评估方法和以定性分析为主的评估方法。

一、以定量分析为主的评估方法

（一）指标法在公共政策评估中的应用

政策指标是一种将公共统计数值用于评估公共政策的一种衡量工具。其主要作用在于利用公共部门的统计结果设立指标体系,然后根据指标体系来制定或调整公共政策。

1. 政策评估指标体系的价值取向

政策指标体系一般应该包含三种类型的价值取向。

(1) 经济效益取向。在评估的指标体系设置中,应该考虑设置包含经济效益取向的评估指标。凡是能以币值形式表示的经济效益指标多属此类指标,最具代表性的是某一政策的成本效益之比。经济效益指标所反映的数字相对而言是比较客观和科学的。

(2) 主观性的福利取向。在评估的指标体系设置中,同样应考虑设置包含主观性的福利取向的评估指标。主观性福利指标是衡量公民对于某一政策满意程度的评估指标。经济效益指标强调的是市场价值;主观性的福利指标强调的是人民的感受或情绪。因此主观性福利指标的测量和获得须以问卷调查的方式进行,而不可能以成本—效益分析来估算某一政策的净效益。

(3) 公平性取向。除了以上两种价值取向外,公共政策还必须考虑资源分配的公平性。这种公平性在政策指标上的反映往往是公共政策对弱势群体所提供的帮助。一项政策若仅仅追求总效益的最大化,而忽视了公平性，则往往成为不可行的政策。

2. 政策评估指标体系的构建

许多数学方法可以用来构建公共政策指标体系。但只要指标与价值取向有关联，指标的选择就一定包含着政治利益的考量。不同的利益群体因为利益与价值的冲突而对政策指标的选择具有不同认识。因此在设立政策指标系统时，应该多一些调和不同价值与利益的余地。政策指标也是一个与时俱进的概念，如果社会的主流价值对某政策的看法产生了变化，政策指标体系也必须随之发生变动。

表 8-1 是一个利用指标法设计的治安政策评估指标体系。

表 8-1　治安政策评估指标体系

价值取向	评估指标体系
经济效益取向	A——重大刑事案发生率 B——刑事案件破案率 C——人群的平均犯罪率 D——盗窃案发生率 E——假释犯再犯率 F——治安投资的成本
主观性福利取向	G——公民的安全感
公平性取向	没有专门设立

显然，上述指标体系并没有专门针对某一个利益群体的利益，而是针对全社会的公共利益所设计的，因此没有专门设立公平性指标。上述指标体系的作用在于，可以此政策指标体系为依据，来逐项评估一个时期的治安政策的效果。

（二）回归分析在公共政策评估中的应用

公共政策过程中，有许多因素是相互联系、相互影响的。一些因素发生变化以后，另一些因素也可能随之而发生变化。例如，青少年犯罪率的下降有赖于对有关犯罪遏制政策措施的执行力度，执行力度较大，犯罪率下降数量也就较大，反之则下降数量不大。如何探究政策过程中某一因素发生变化时对其他政策变量或现象的影响，或者评估一项公共政策执行后对于政策现象产生的影响，就可以采用回归分析法。下面简要介绍公共政策评估中常用的一元线性回归分析法。

所谓一元线性回归分析，是指找出只有一个自变量与一个因变量之间线性相关关系的回归方程，然后再做进一步的趋势分析的技术。这种技术大致分为两个步骤，一是根据有关政策的数据信息求出一元线性回归方程，二是对方程进行拟合度检验，即检验所求出之方程描述的规律与实际情况的吻合程度如何。如果很吻合，则做进一步的趋势分析。一元线性回归的基本公式为①：

$$y=a+bx$$

式中：y 表示因变量；x 表示自变量；a 表示截距；b 表示斜率。

如果把公共政策当做自变量，把政策执行后的效果当做因变量，则回归方程建立之后，根据回归方程就可以对公共政策进行评估了。回归分析的计算机技术处理主要是使用 SAS 或 SPSS 等软件来进行。在回答“计划生育政策执行之后我国的人口总数的变动趋势少”等诸如此类的问题时，线性回归方程具有不可低估的说服力。

例如，要针对一项要求高中生增加职业训练时数的公共政策进行评估，可以用职业训练时数为自变量，以劳动生产率的提高为因变量进行回归分析，如图 10-1 所示。

图 8-1 中，x 表示职业训练时数，y 表示劳动生产率。求出的方程为：

$$y=5.41+1.56x \quad P<0.05$$

分析结果表明，高中生职业训练时数的增加同劳动生产率的提高之间呈现正相关关系。职业训练时数增加越多，劳动生产率就提高越多。所以，要求对高中生增加职业训练时数的公共政策对于劳动生产率的提高显然是有效的。

（三）实验法在公共政策评估中的应用

在政策评估理论的发展过程中，以实验为主的评估方法历来都被

---

① 汪克夷．管理学．大连：大连理工大学出版社，2001：102．

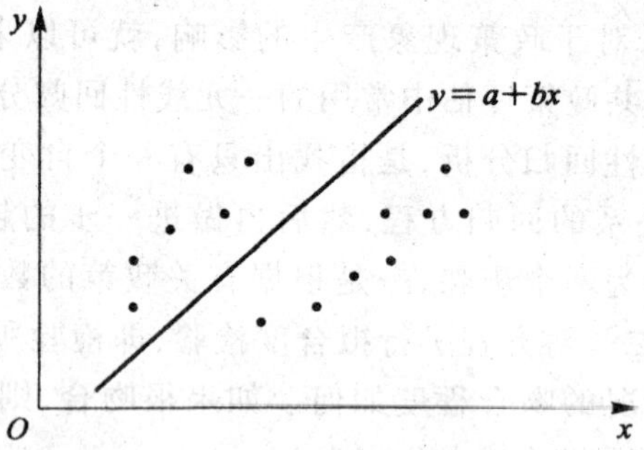

图 8-1　劳动生产率与职业训练时数的正相关关系

认为属于量化评估。

所谓以实验法评估公共政策，就是运用随机指派的方法，将一群受试者分配到两个以上的研究小组中，其中一组接受政策实验的处理，称之为实验组，另一组是没有接受政策实验的小组，只是用一般政策环境下的处理，称为对照组。政策执行后以对照组为基准，观察公共政策对于实验组的影响，从而判断公共政策是否有效，在多大程度上有效等。政策实验的关键环节是"随机指派"，应保证每个实验对象都有相同的概率被抽到任何一组。或者说，无论实验对象被分配到哪一组，该实验对象都不是刻意选择的，也不是事前设计的，而是根据概率原则抽取的。

在政策实验中，由于实验是在开放的空间而不是封闭的空间中进行，所以环境中的诸多因素足以影响政策评估结果的精确性。因为政策实验的内在效度较低，所以许多情况下政策实验被认为是准实验。准实验研究有与实验研究相似的地方，但不等同于实验研究。实验研究通常是标准化的，各项实验条件完全具备的。而准实验研究则是在缺乏某个实验条件或者缺乏某个实验环节，或者对某个变量不能完全有效的控制等不完备条件下的实验。准实验研究的基本程序是：选择→分组→实验→测量→比较→结论。选择是指选择受试者，选择的标准主要是与课题相适配。分组是指利用随机抽样方法或者其他方法把受试者分为对照组和实验组。实验开始时，要进行单组前测，即在实验开始前把受试组的与实验结果有关的指标进行测量。单组前测之后，就可以按照原来所设计的实验方案进行实验。实验之后，要进行单组后测，即对受试组的实验结果进行测量。所有测量结果测出后，要进行两项比较，即前测结果和后测结果的比较，实验组和对照组之间的比较。通过比较，得出政策评估结论。

例如，在师范院校贫困生的资助政策中，资助额度的多少是事关该项公共政策成功与否的一个重要因素。学校为提高贫困生的学习成绩，拟于下一学年开始，提高对贫困生的资助额度——每月多500元。影响贫困生学习成绩提高的因素很多，资助额度是其中的一个因素。即

$$G=f(u,v,\cdots)$$

式中：G 表示贫困生学习成绩的提高；u 表示资助额度；$v,\cdots$ 表示其他影响因素。

为了评估这项公共政策对于贫困生学习成绩的影响，可以随机抽取20名贫困生进行政策实验。首先按照随机指派的方法将学生分为两组，每组10名同学。实验开始前先测定一下每组同学的平均学习成绩，由于是随机指派，所以两组同学的学习成绩应该没有太大的差别。然后对其中的一组提高资助额度。实验持续一年后，再分别测定两组的学习成绩，如果两组同学的学习成绩有了非常明显的区别，其中资助额度获得提高的实验组的同学学习成绩提高较大，说明提高贫困生资助额度的政策对于提高学生的学习成绩是有效的。如果需要进一步的研究，可以采用更加精确的量化方法来对数据进行深度挖掘。

二、以定性分析为主的评估方法

量化评估建立在测量方法、统计分析与实验设计等技术条件的基础上，所以这种方法强调政策评估者对于测量方法、统计分析与实验设计等量化方法的娴熟运用。但毋庸讳言，量化评估忽视了被评估者在评估过程中的地位和作用，多数情况下，被评估者不能参与对于政策评估过程的结果判断，从科学制定政策的角度来认识，这是非常不完善

的。另外,不管在何时何地,公共政策的评估活动都无法离开人们特有的观念与思想,这就使不同的评估人员形成并产生自身的价值判断,从而影响政策评估标准。而且,事物的存在与演进也有其自身发展的规律,反映出事物的本质特性。所以,公共政策评估活动中仅用客观指标的定量评估方法无法真正反映事物的本质特性,体现评估主体和评估对象的主观意愿,不能排除以定性分析为主的评估方法。

(一)以定性分析为主的政策评估方法的含义

最有代表性的以定性分析为主的政策评估方法称为质化政策评估。质化政策评估则强调被评估者在参与政策评估过程的结果判断这一环节中的地位和作用。评估的过程也是一个吸纳各种利益诉求于公共政策方案中,且不断调整公共政策以使各种利益相关者逐渐达成共识的过程。这种评估方法强调评估者与被评估者之间是一种伙伴关系和合作关系。

质化政策评估建立在建构主义的基础之上。其主要内容是:确定政策所涉及的利益相关者,重视该项公共政策的利益相关者对该项公共政策的认知,更重视该项公共政策对于这种政策认知的回应性。政策认知是指包括政策所涉及的利益相关者的政策主张、利益相关者对该项政策的关心程度和对于该项政策的理解程度等因素在内的一种综合反应。方法论方面强调使用建构主义方法。建构主义方法主张以主观的逻辑推理所得到的结果为公共政策评估的参照系;不十分看重逻辑实证论的科学调查方法,强调以建构主义为主体的自然调查方法。这种方法论方面的转变是当代政策评估研究中的一个重要转变。

(二)以定性分析为主的政策评估的程序

质化政策评估的程序是以定性分析为主的政策评估程序中比较有代表性的评估程序,这种程序共有九个步骤:

(1)首先认定承受政策风险的利益相关者。任何一项公共政策必然要涉及或多或少的利益相关者,有些人是政策执行以后的受益者,有些人则是政策执行以后的利益受损者。进行以定性分析为主的政策评估时,必须特别注意潜在的政策执行后的利益受损者。

(2)界定出政策利益相关者的政策认知,尤其是其利益诉求。对待政策利益相关者的利益诉求应该采用开放性的、不存在任何偏见的态度。

(3) 营造质化评估的网络与方法。采取人性关怀与社会互动相结合的方式,在人性关怀方面,要从以人为本的角度特别关心那些承受政策风险的利益相关者的政策诉求。在社会互动方面,要充分发挥各种社会力量的作用,化解各种政策风险。

(4) 寻找各种利益相关者的利益诉求平衡点。在了解利益相关者的要求、关心与政策主张的过程中寻求共识。不同的利益相关者可能拥有各种不同的利益诉求,各种不同的对于公共政策问题的关心以及各种不同的政策主张。政策评估者必须找出各种利益诉求的本质所在,设法建构出具有共识性的项目,以作为评估政策诉求之参考。或者说,找出各种利益诉求的"最大公约数",使得各方面的利益诉求能够达成平衡并逐渐趋向共识达成。

(5) 对于没有达成共识的政策诉求设定一个妥协的日程表。在建构共识过程中,总是会有一些政策诉求无法达成共识,对于这类无法达成共识的政策诉求可以考虑妥协,设定一个进行谈判与妥协的日程表。

(6) 尽可能更多地采集与妥协议程相关的信息。如民意调查的结果、灾害损失的统计数据、相关的政策和法律法规等。

(7) 建立利益相关者的政策论坛。提供一个可以让利益相关者自由讨论的公共平台,目的在于尽可能全面了解各种利益诉求。

(8) 将已经达成妥协和共识的政策诉求形成报告。如果各方面对于某些政策诉求已经达成共识,应该做出报告调整相关政策并加以执行。

(9) 将尚未达成共识的各种政策诉求按照上述顺序重新建构一次。直到满足大多数人的政策诉求为止。

第四节 公共政策监控

一、公共政策监控的含义、类型与功能

(一) 公共政策监控的含义

政策监控是完整的政策过程必不可少的一个有机组成部分。由于

主客观的原因，政策制定活动、政策执行活动、政策评估活动和政策调整活动都会出现这样或那样的问题或不足，影响政策目标的实现。为了确保政策过程各项活动的合法性、合理性和有效性，及时纠正各个环节中出现的偏差，提高决策目标实现的程度，保障公民和组织的合法权益，有必要对政策运行过程的各个环节进行检查、督促、指导和纠偏，这就是政策监控。

公共政策监控包括四个方面的内容：

（1）政策监控的主体。政策监控的主体是指从事政策监控活动的个人和组织，它一般包括立法机关、行政机关、司法机关、政党组织、大众传播媒介、利益集团和公民等主体。由于各个国家的政治体制与历史文化传统的不同，从事政策监控的主体会有差异；而且，不同的政策监控环节中，各政策监控主体发挥作用的程度和产生的效力也不一样。这样，人们在考察政策监控主体在监控活动中的作用时，应该根据具体的情况进行切合实际的分析。

（2）政策监控的对象。从广义上讲，各级政府组织和公务员都被包括在政策监控的范围内，因为这些政府组织和公务员都在承担各种各样的政策任务。从狭义上讲，政策监控的对象只是指从事某一项政策过程活动的个人和组织，包括特定的政府组织和公务员。所以，考虑到每项政策的政策制定主体、执行主体与调整主体的不同，政策监控的对象也应根据实际承担政策任务的组织和公务员来具体确定，而不能把没有承担该项政策任务的组织和公务员包括在内。

（3）政策监控的目的。通过政策监控，确保政策过程的合法性、合理性与有效性，及时纠正政策过程各个环节出现的偏差，实现预期政策目标，保障公民和组织的合法权益。

（4）政策监控的过程。政策监控是一个静态与动态结合的行动过程。首先，政策监控具有静态性，根据监控的目的要求，建立起相应的内外部监控体制，包括机构的设置、人员的配备、规则的确立、物资的提供等。其次，政策监控具有动态性，运用内外监控体制，对政策运行中的各个环节实行检查、督促、指导，以帮助决策者、执行者和调整者发现存在的问题，寻找纠正偏差的措施，使整个政策过程不偏离预期的政策目标。

（二）公共政策监控的类型

按照不同的衡量标准，公共政策监控可以分为不同的类型。

以实施监控的时间先后为标准，分为预防性监控、过程性监控和结果监控。预防性监控是对政策规划和政策实施计划进行的监控。这种监控方式有助于避免政策制定过程中出现重大的法律问题和管理问题，但它有可能延长政策实施的程序，影响政策执行时间。过程性监控是对政策运行的各个环节进行监控，根据预期的政策目标，对照现实的执行状况，发现偏差，及时纠正。结果监控是在政策执行后所进行的产出和影响监控，结果监控尽管不能使政策过程本身发生变化，但由于它的惩罚性功能，能对下次政策过程起到有效的预防作用。

以监控的经常性为标准，分为经常性监控和引发性监控。经常性监控主要体现为日常工作的监控，如上级机关对下级机关执行政策时产生的问题所进行的检查、指导，专门的监察机关通过对行政机关和公务员的监察，间接地对其实施的政策进行监控。这种监控是政策监控主体根据实际需要和监控指导思想而进行的，是一种主动性的行为。引发性监控是政策监控主体考虑到政策制定过程中出现了重大的分歧、政策执行中产生了问题、通过投诉反映政策问题时所进行的监控活动，它是一种被动性的行为。

以监控的参与程度为标准，分为单方面监控和抗辩性监控。单方面监控是政策监控主体在实施监控时不吸收被监控组织和人员参加而自行进行监控，反映出政策监控主体单方面的监控意愿和监控事实。抗辩性监控是指政策监控主体承认被监控组织和人员享有答辩权并安排时间和机会进行答辩，被监控组织和人员可以对监察报告提出书面或口头辩解，反映出监控主体与被监控对象之间的互动性。

（三）公共政策监控的功能

政策监控作为完整的政策过程的一个重要环节，贯穿在政策运行的全过程。其主要功能体现为四个方面：

通过政策监控活动，使政策制定过程合法化、决策科学化和民主化，充分听取各种不同意见，拓宽人们参与的渠道，遵循科学决策程序，使政策内容最大限度地体现人们的各种利益要求。

通过政策监控活动，排除主客观因素的干扰，整合政策运行活动的各种力量，充分发挥政策资源的潜能，提高政府效率，确保政策执行过程的有效性。

通过政策监控活动，在保证政策评估真实性和准确性的基础上，实现政策评估的公正性，最大限度地反映政策运行过程的客观现实，体现政策评估活动的价值取向。

通过政策监控活动，反映政策运行过程的实际情况，比较利弊得失，为政策调整活动确立一个基本的衡量标准，明确政策调整活动的方向。

二、公共政策监控机制的构成

公共政策监控机制是由政策监控主体、政策监控对象、政策监控主体发生作用的内容和方式等要素构成的一个系统。考虑到政策监控主体及其发生作用的内容和方式构成活动形式的不同，可分为内部政策监控机制的构成和外部政策监控机制的构成。

（一）内部政策监控机制的构成

内部政策监控主体是指各级行政机关。在联邦制国家，如美国，联邦政府、州政府和地方政府在较多政策问题方面是按照法律的规定在职权范围内进行监控的，只有很少的一部分政策是在上下级之间进行监控的，如州际关系政策等。在单一制国家内，如中国，上下级政府之间有严格的等级制度，许多政策监控都是在上下级之间进行，因此，上下级之间运行关系显得特别重要。这样，可以把内部政策监控的运行路线分为以下两种形式：

1. 自上而下监控

这是指上级政府对下级政府所做的政策监控，既包括中央政府对地方政府的政策监控，也包括上级地方政府对下级地方政府的政策监控、上级政府的职能部门对下级政府的职能部门的政策监控。

2. 自下而上监控

广义上讲，政府之间的检查、纠偏、指导等工作主要是上级对下级的，但也包括下级对上级的督促、建言和批评。因此，下级对上级也存在着特定范围的政策监控。自下而上的监控活动是指由下级政府对上级政府政策的监控，既有地方政府对中央政府的政策监控、下级地方政府对上级地方政府的政策监控，又有下级政府的职能部门对上级政府的职能部门的政策监控。这种政策监控活动对及时纠正上级政策制定过程中的失误有较强的现实意义。

不少国家有专门的监控行政机关。如中国，有自上而下设置的监察部门，承担全部行政行为监控活动，其中包括政策监控；也有自上而下设置的审计部门，对国家财政、经济管理活动进行监控，其中包括对财政政策、经济管理政策的监控。

不管是法律规定范围内的政策监控，还是在行政范围内的上下级之间的政策监控，都有一个共同的目的，那就是对现行政府的政策进行不同程度和不同形式的监控，发现并纠正政策差错，使政策符合社会公众的利益要求。

（二）外部政策监控机制的构成

对政府而言，下列政策监控主体的活动内容与作用方式构成了外部政策监控机制系统，对政府政策进行各种形式的监控。由于政策监控主体在政府体制结构中地位的不同，决定了政策监控主体施加影响力的程度各有差异。

1. 立法机关对公共政策的监控

立法机关掌握着一个国家的立法权力，对政府政策产生直接的监控。立法机关对政策的监控主要表现在以下几方面：① 以法律形式对政策进行监控。立法机关所制定的法律为公共政策提供了基本的行为规范框架，成为对公共政策强有力的制约。② 以听取和审议政府工作报告、预决算安排等形式，对政策资源内容、规模、分配与方向加以监控。一年一度的政府工作报告反映了政府施政的基本政策方向，同时，预决算安排反映国家政策资源的配置，立法机关在听取和审议的基础上，通过相关决议对公共政策产生重要的影响，达到政策监控的目的。③ 以行使人事任免权的方式对公共政策制定者的选择产生影响。尽管不同国家的法律对政府人事任免权限的大小规定不一，但都规定了立法机关有权选举、任命及罢免政府主要领导人。政府主要领导人行使公共政策制定权，立法机关通过影响政府主要领导人间接对公共政策施加了监控的影响。④ 以诘问、质询和弹劾的方式对公共政策进行监控。一旦某项重大的公共政策在制定或实施阶段引起公众较大反响的时候，立法机关中的议员或代表就有权向公共政策的制定者或实施者提出诘问，要求政府给予解释和说明。议员或代表对与法律严重相抵触的公共政策，往往会提出质询案，强烈要求政府做出满意的回答，否则，议员或代表就会行使罢免权，追究行政责任。对于严重的违法行为，议员或代表们往往会动用弹劾程序，迫使政府领导人辞职，有的国家如英国规定还要追究刑事责任。立法机关通过诘问、质询和弹劾的方式，对公共政策的制定或实施产生强有力的影响。⑤ 以提出不信任案的方式对政府所实施的政策或制定政策的高级领导人实施监控。在西方，只有实行内阁制的议会才拥有提出不信任案的权力，一旦不信任案被通过，内阁必须总辞职，或提请国家元首下令解散议会，重新举行大选，由新议会决定内阁的去留。这样，通过更换整个政府内阁的办法强制改变原有的政策，以达到监控政策的目的。⑥ 以检查、视察或组成特别调查委员会的方式对政策执行情况进行监控。立法机关行使法律的监督权，有权对政策执行状况进行检查、调查，以便在日常检查中，发现政策问题，及时提出意见和建议，督促政府改进和完善。对有重大违法行为的活动，立法机关通常会成立特别调查委员会之类的机构，直接对公共政策实施监控。

2. 司法机关对公共政策的监控

司法机关是国家法律的监督者，而法律则是公共政策的基本组成部分。司法机关对政策的监控最主要的职能在于保护公民的合法权益，但它是一种消极的形式，即表现为对政策内容、政策过程的各个环节，对与政策有关的各种违法行为在执行过程中的强制纠正。司法机关对政策的监控主要体现为以下几方面：① 裁定公共政策的制定程序与原则是否合法；② 裁定公共政策的内容是否合法；③ 裁定公共政策的内容是否合理；④ 裁定公共政策的执行是否合法；⑤ 裁定公共政策执行的方式是否符合法律程序。当然，政策监控在各国的表现形式和涉及的范围各不相同。如在中国,司法机关只能对具体行政行为进行审查;而在英国和美国,司法机关不仅对具体行政行为加以监控,而且对抽象行政行为也可以进行监控。不过,从理论上讲,所有国家的司法机关都能对所有的公共政策实施监控,但在实践中,有些方面的公共政策很难进行监控,如外交政策等。

3. 政党组织对公共政策的监控

现代社会是政党社会,国家的管理活动都与政党有密切的关系,特别是执政党对政策的监控尤其重要。政党对公共政策的监控一般采用下列几种方式:① 把政党成员选入立法机关作为议员或代表,直接参加立法和制定政策,并参与立法机关对行政机关的监督活动,以此影响和监控行政决策;② 通过政党成员掌握国家权力和政府权力来主导或左右制定法律权和制定政府政策权,直接对公共政策产生影响;③ 通过政党所控制和影响的社会团体、大众传播媒介来制造各种政党所需要的舆论,对法律和政府政策施加外在的影响,达到间接监控公共政策的目的。

4. 利益集团对公共政策的监控

在现代社会,除了国家与市场两种力量外,还包括社会本身的力量。社会力量不仅体现为单一的个体,而且还表现为组织团体的力量。社会团体通过组织化的方式表达各种团体的利益和要求,对政府政策施加其影响。这些利益团体通过自身的活动对相关的政策,如文化政策、教育政策、经济政策和社会保障政策等在施加影响的同时,实际上也在对相关政策进行监控,迫使政策能够在符合利益集团利益的前提下制定与执行。利益集团对公共政策的监控主要表现在以下几方面:① 接近。利益集团通过各种方式使自己与政策参谋者或政策制定者进行近距离的接触,了解政策制定者的家庭背景、知识基础、能力程度、个人偏好和社会关系,这为建立良好的个人关系以施加政策影响奠定了基础。② 提供信息。利益集团通过与政策参谋者或政策制定者建立起良好的个人关系,获取政策参谋者或政策制定者所关心的信息,提供有利于利益集团的信息,对政策制定产生影响。③ 游说。利益集团运用各种资源来对政策制定者进行说服、劝说工作,诱使政策制定者制定增进和保护利益集团利益的政策,反对或阻止不利于利益集团利益的政策,使新政策对利益集团的正面影响最大化、负面影响最小化。④ 提供竞选支持。利益集团利用议员(代表)或政府领导人竞选的机会,提供物力、财力与人力等方面的支持,使议员(代表)或政府领导人当选后采取有利于利益集团的政策,不出台或延缓有损或无益于利益集团的政策。

5. 大众传播媒介对公共政策的监控

大众传播媒介在社会生活中发挥着传播信息、揭示事实真相、增长知识和扬善抑恶的作用。通过大众传播媒介所形成的社会舆论,及时纠正错误、处理问题,对公共政策合法性、有效性和合理性进行有效的监控,揭露事实真相,督促政府改进不足,实现维护公共利益和公民的合法权益的目的。

6. 公民对公共政策的监控

作为一个个体,公民在对影响自身利益的政策表达特有的要求的同时,就对公共政策给以一定的监控,以减少、纠正或避免公共政策对自身合法权益的损害。公民对公共政策的监控方式主要表现为面访、写信、发 E-mail、投诉和提起诉讼等。

通过内部政策监控机制和外部政策监控机制,行政机关与立法机关、司法机关、政党组织、利益集团、大众传播媒介和公民等监控主体在对政策的监控活动中,互相合作,互为补充,共同发挥积极作用,构筑起监控公共政策的有机整体。

三、公共政策监控的过程

公共政策监控是一个有机的活动过程,它贯穿在整个政策运行的各个阶段、各个环节的始终,因此,对政策运行过程产生直接的影响,发挥着“马路清道夫”的作用。

公共政策监控过程包括政策制定过程、政策执行过程、政策评估过程和政策调整过程四个方面。

(一) 对公共政策制定过程的监控

在政策制定阶段,一些因素的出现容易导致政策制定上的缺陷:

①决策者个体有较强的利益偏好，不善于听取不同意见。决策者群体知识结构配置不合理，能力结构配置不当，年龄结构配置失衡。②决策所依据的信息不完整、不真实，不能满足决策所处理的公共问题。③决策程序没有遵守严格的和科学的规范，容易引发必经程序的疏漏。④决策方案不完备，没有进行有效的筛选。⑤所制定的政策偏离客观需求，政策目标选择错位，无法有效地解决实际问题。由于上述因素的出现，使整个政策制定过程存在着诸多的隐患或不足，容易导致政策偏差，产生政策失误，影响政策质量。这就需要对政策制定各个环节进行有效的监控，做到政策制定过程民主化、科学化和合法化，避免政策目标的偏差，从实际需要出发，有效地处理真正的公共政策问题。

（二）对公共政策执行过程的监控

政策执行过程是资源重新配置和利益再分配的过程。各种利益主体，包括政策制定主体、政策执行主体和政策实际接受者，都会以这样或那样的方式对政策执行活动施加影响，企图左右政策执行的方向。这样，就需要对政策执行过程进行强有力的监控，使政策执行实际目标不能偏离政策制定的预期目标，有效配置政策执行中人力、财力、物力、信息和时间等资源，提高对政策制定目标的认识和理解，协调政策制定主体、政策执行主体与政策实际接受者之间的关系，制定切实可行的衡量标准，及时纠正执行中的偏差，使政策执行过程真正做到有效、合法，实现政策制定的预期目标。

一般而言，大多数政策活动通过政策制定阶段和政策执行阶段已经基本结束，政策监控的任务也随之完成，但仍有不少政策活动需要经历政策评估活动和政策调整活动。因此就有必要进行政策评估过程监控与政策调整过程监控。

（三）对公共政策评估过程的监控

公共政策评估是对政策的结果、效率和效益等做出判断的活动。由于政策评估活动既有内部的评估，也有外部的评估，因此，对不同评估形式的监控要求会有差别：内部评估活动的监控要求主要体现为评估过程是否真实可信，评估人员是否掌握相关的评估知识与技巧，评估标准是否规范，评估程序和方法是否科学合理，评估结论是否公正合理等；外部评估活动的监控要求则反映在评估信息是否客观全面，评估环节是否完备合理，评估方法是否具有可行性等。

考虑到内部评估活动和外部评估活动存在着的各自缺陷或不足，内部评估活动监控和外部评估活动监控也随之出现相应的缺陷或不足，因此，有必要把内部评估活动监控与外部评估活动监控有机地结合起来，弥补缺陷，纠正不足，使政策评估过程的监控真正发挥它的作用，实现政策评估的初衷与目标。

（四）对公共政策调整的监控

考虑到政策目标在选择或实现过程中存在的问题，政策执行难以实现预期政策目标，再加上其他的政策资源和政策执行方式也无法使原有政策继续进行下去，因此，就有必要对政策进行调整。在政策调整过程中，需要对以下问题加以监控，纠正调整过程中易出现的偏差：一是目标调整。政策制定者或执行者出于主观的意愿，不是出于客观实际的需要，提出政策预期目标的调整问题，使本来可以实现的目标提前中止，无法实现。二是人员调整。对正在有效执行政策的人员进行随意性调整，使政策执行无法继续。三是财力和物力调整。由于财力和物力计划上的偏差，在政策执行过程中，出现了严重的短缺，而又没有办法根据需要进行及时的补充。鉴于这种状况，政策执行过程被迫中止，政策目标也随之无法实现。

通过对政策调整的监控，分清应该进行政策调整的问题和不应该进行政策调整的问题，解决它们各自存在的问题，使符合客观实际需要的政策调整问题真正得以解决。

第九章

公共政策的稳定、变动与终结

政策稳定是实现公共政策目标的前提和基础,但政策稳定是相对的,随着时空条件的转变,政策也要随之发展变化——政策变动,才能保持政策的有效性。政策变动是绝对的,这种变动既有渐进式的量变,即政策调整,也有革命式的质变,即旧政策的终结或新政策的产生。公共政策就是在这种“稳定与维持—变动与创新—调整与接续—终结”的过程中不断向前发展。

第一节 公共政策的稳定和变动

稳定和变动是公共政策发展的一个过程的两个方面。公共政策稳定与维持是公共政策能够有效调节社会行为的基础,因而一项政策出台以后,一般都会维持相当长一段时间,直到其所指向的政策问题得到妥善解决。而有些政策,比如宪法和其他国家大政方针,它们的持续稳定更是关系到整个国家和社会的长治久安。因此,大多数人都希望政策能保持相对的稳定性和连续性,具有可预见性。当然,公共政策并非一成不变的教条,它是人们围绕某个公共问题而展开系列活动的一个动态调整的过程。随着政策问题的转变或政策目标的调整以及社会环境的变化,政策稳定的均衡状态会被打破,政策的变动与调整也就开始了。这种变动与调整贯穿于政策过程的各个环节。

一、公共政策的稳定与维持

政策稳定是政策有效性的基础,因此分析保持政策稳定的因素使之转化为维持政策稳定的动力是政策研究的重要方面。

（一）公共政策稳定的内涵

一项公共政策具有稳定性就意味着该政策处于一种均衡状态，这种均衡是由多种因素造成的。公共政策稳定就是现行政策在受到来自外部和内部的压力影响下，仍然保持其既定的目标，由原来的执行机构按照既定的方式、沿着既定的方向继续得以实施。可见，一项政策的稳定，往往要求构成该政策系统的各个政策因素和政策关系保持不变，业已形成的政策安排和政策结构也不作大的调整和变动。

但政策稳定是相对的，这种相对性表现在两个方面：

从时间上看，政策稳定是阶段性与连续性的统一。公共政策的阶段性，即某些政策是根据某个社会发展阶段的性质和任务的要求而制定的，在这个阶段内，这些政策要保持相对的稳定性，不要轻易改变，更不要跨越阶段把适用于未来社会的政策用于当前的社会生活。这个阶段可以很长，比如说社会主义初级阶段的政策要“一百年不动摇”，直到基本实现社会主义现代化；也可以较短，比如一个“五年规划”或一届政府的任期等。公共政策的连续性指的是不同阶段之间的政策应该在目标、手段和效果等方面保持某种继承性和一致性。比如，我国为实现现代化所实施的“三步走”战略，尽管每一阶段所要解决的具体问题不同，但其根本目标都是解放和发展生产力，提高人民的生活水平，最终实现现代化。

从空间上看，政策稳定是局部性与全局性的统一。我国地域辽阔、人口众多，公共政策所涵盖的领域和区域也是复杂多样的。因此，政府在不同领域或不同区域中所实施的政策往往有所不同。这些政策是针对某些部门和领域制定的，或是在一定区域内实施的，它们在本领域或本地区内具有一定的稳定性，但要换个领域或地区则不再适用，或者需要作出重大的调整和变更。不过这种局部上的稳定性并非各自为政，而是要服从政策大局，如基本路线、全面建设小康社会的目标等。

（二）政策稳定的意义

政策稳定也是一柄双刃剑，既有积极意义，也有消极意义。从积极意义来讲，主要有：

第一，政策稳定有利于国家与社会的稳定。公共政策是政府实现其管理国家和社会的主要手段，也是联结政府和社会的基本纽带。公共政策绩效是衡量政府管理效能和效率的主要指标，政府就是通过一系列公共政策的制定和实施，规范、调节和引导社会行为，实现社会控制和保障社会秩序。

第二，政策稳定有利于贯彻落实执政者或决策者的意志和决定，进而取得预期的成效。在某种意义上，现代社会的公共政策实际上可以看成是政府和有关的社会主体之间的一种社会契约。① 而稳定的政策则表示政府一方对"契约"要求的遵守，也就是说，只有政策具有良好的稳定性，人们根据自己的理性预期，相信该政策及其贯彻实施会实现他们的利益要求，他们才会真诚地支持它，并自觉选择自己的社会行为。

第三，政策稳定有利于提高政策的可预见性，提高政策效果。政策系统持续的稳定性和相应的可预见性，社会公众才能依据政策，通过理性的计算，形成合理预期，有效配置掌握的资源。同时，持续、稳定的政策让人有法可依、有章可循，同时它会形成一种较为稳定的利益格局和社会规范，减少不必要的摩擦和冲突。

第四，政策稳定有利于降低政府的成本。一项政策付诸实施，就需要投入一系列的人力、财力、物力和技术资源，建立一系列的政府组织机构、职能、工作程序和制度，因此政策的随意变更，势必造成巨大的资源浪费。

当然，如果过分注重稳定的政策可能使其趋于保守，甚至导致政策僵化。例如，我国的户籍政策一直建立在城市和农村二元对立的基础上，这已远远不能适应现代社会的需求，甚至成为市场经济的阻碍力量，必须尽早予以改革和调整。但城乡分割的二元体制没有从根本上改变，特别是城市的就业、住房、医疗、福利、保障和教育等方面，仍然与城市户籍身份密切相连。为了减轻国家的城市福利负担，政府曾经采取了严格控制城市人口增长的政策，并鼓励农村实行"离土不离乡"式

---

① 赵成根. 论公共政策的稳定性和政策秩序. 中国行政管理，1998(1).

的就地工业化。但付出的代价是,城市化水平严重滞后于工业化的发展,分散的农村工业成本甚高,环境污染和资源浪费严重。

(三) 政策稳定的动力因素

一项政策稳定的原因是多方面的,它既可能是人们主观愿望使然,也可能是客观力量对比的结果。除了上述政策稳定的积极效果以外,就政策系统本身来说,促成政策稳定的具体因素还有以下几个方面:

1. 决策主体和决策网络的相对稳定

一项公共政策往往首先反映执政者(个人和团体)所代表的价值观和利益,而政党的更替或领导人的变更常常会导致政策的不连贯和不稳定,出现人亡政息的情况。因此,执政者的相对稳定是保持政策稳定的首要因素。比如,改革开放以来,我国取得了举世瞩目的辉煌成绩,重要的因素是能始终坚持基本路线、方针和政策的稳定。而路线、方针和政策的稳定又主要是始终不渝地坚持党的领导,形成了一个科学化、民主化的政策决策网络。

2. 政策问题的解决需要一个过程

公共政策是用来解决公共问题的,一项政策的寿命原则上应该与所面临的公共问题相始终。有些公共问题涉及面广、内容复杂、持续时间长,因此就要求相应的政策也要有一定的连续性。如果问题还没有彻底解决,而该政策又被证明是有效的,那么该项政策就要继续坚持下去。事实上,任何国家在一个特定的历史时期内所要解决的基本的政策问题,都需要数年甚至几十年才有可能真正地得到解决。如我国"限制人口的数量,提高人口的素质"的政策,从 1978 年开始已经实施了 30 多年,虽然取得了很大的成就,但真正实现政策目标要到 21 世纪中叶,因此现行计划生育政策仍将是我国的一项长期的基本国策。

3. 政策本身的稳定

政策本身的稳定因素主要有:

第一,政策目标的长期性。有些政策所要达到的目标比较远大,实现目标的时间也较长,需要长期坚持才能有明显的效果。例如,我国的改革开放政策经过实践检验被证明是强国富民的英明决策,是能够促进我国实现全面现代化的政策,因此应该得以坚持,也就是我们常说的

“一百年不动摇”。

第二,政策的有效性。能否有效地解决问题、满足人民群众的需要是政策能否持续下去的关键。一项利国利民的政策是不能轻易改变的。1984 年 10 月,在中央顾问委员会第三次全体会议上,邓小平同志说:“我们现在制定的这些方针、政策、战略,谁也变不了。为什么? 因为实践证明现在的政策是正确的,是行之有效的。人民生活确实好起来了,国家兴旺发达起来了,国际信誉高起来了,这是最大的事情。改变现在的政策,国家要受损失,人民要受损失,人民不会赞成……。”①

第三,政策的合法性。政策的合法性是指政策获得相关的社会主体认可和接受的程度,这是政策能够发挥作用、产生效力的基础。政策的合法性来自程序的合理性和结果的有效性。一项得到人民群众认可和拥护的政策是能够持久的。例如,邓小平指出,“改革开放政策不变,几十年不变,一直要讲到底。”②因为,“谁要改变三中全会以来的路线、方针、政策,老百姓不答应,谁就会被打倒。”③

第四,修改的复杂性。有些政策,如宪法和基本法律等要进行修改需要经过一系列复杂的程序。例如,美国《宪法》第 5 条规定,国会在两院 2/3 的议员认为必要时,应提出本宪法的修正案,或者根据 2/3 的州议会请求,召开制宪会议,提出修正案。而修正案的通过不仅需要分别获得两院出席议会的议员 2/3 以上的票数,而且要有 3/4 的州议会或州制宪大会的批准。

第五,接续政策的失败。政策接续是渐进式的政策变动,是具有相同政策问题和政策目标的新旧政策的交替;政策接续是政策适应环境变化而发生的量变或形式的变化,并以新政策取代旧政策的过程;政策接续是政策的积极变动或调整,有利于政策目标的实现和政策绩效的提高。政策接续并不会一帆风顺,往往由于各种原因会导致新政策难以运行,原有政策得以继续存在,这也是政策稳定的原因之一。

---

① 邓小平. 邓小平文选. 第三卷. 北京:人民出版社,1993:83.

② 同①,第 296 页。

③ 同①,第 371 页。

第六，政策终结的失败。政策终结是政策废除或终止的过程或行为。很多失效或多余的政策已经到了终结的时期，但由于阻力太大、成本太高或条件不成熟等原因，使政策终结的努力失败，从而维持了政策的稳定。当然，这种政策稳定完全是消极的，是一种现实中无奈的选择。

4. 政策环境的稳定

政策过程就是政策与环境的相互作用，进行物质、能量和信息交流的过程。稳定的政策环境，政策与环境间形成稳定的交流机制，从而维持了政策的稳定。反之，政策环境的变化必然导致政策的变动与调整。如我国加入 WTO 就意味着政策环境由国内扩展至国际，与之相应的经济政策都要作相应的调整。

（四）政策维持

公共政策一旦制定和实施，在政策目标达到或政策问题解决之前，应保持政策的稳定性。政策维持就是指通过分析政策稳定的积极因素使之转化为政策稳定的动力，以保持政策稳定的行为和过程。政策维持通常表现为现有政策、政策过程或政策系统的延续。政策维持以政策目标或政策问题为中心，体现了政策稳定性与政策变动性（调整性变动）的相互统一，即稳定是相对于政策目标或政策问题而言的，变动是相对于政策系统和过程而言的。政策维持是保持政策稳定的具体行动体系，稳定的政策必有其一套相应的政策维持体系，以保持该政策在一定时期内的稳定。

政策维持可以区分为消极的政策维持和积极的政策维持。消极的政策维持是保持政策系统和原有政策决策、执行、监控、评估等体制、机制和具体制度不变，或提高其效率来保持政策稳定的方式和方法，这种政策维持适用于相对稳定或变化不大的政策环境。而在政策环境发生较大变化的情况下，就需要对政策系统和政策过程进行调整以保持政策的稳定，也就是要采取积极的政策维持对策和措施。

从政策系统分析的角度，政策维持的对策和措施主要有以下几个方面：

1. 政策主体的政策维持

政策主体是参与政策过程各环节的机构、组织、团体或个人，政策过程实质上就是政策主体行动的过程，因此政策稳定的维持应首先从政策主体分析入手。

一是保持政策主体的稳定。不同的政策主体对政策问题的认识会有很大的差异，政策目标的设定也会有所不同，因而政策决策和制定以及对执行政策要求也不一样。因此，保持政策的稳定，首先要保持政策主体的稳定，使其在一个政策问题解决之前保持相对的稳定。如果把政策问题的解决过程比拟成一场战争，在没有出现严重偏离战争目标的情况下，不宜临阵换将，这是保证战争胜利的根本。

二是保持政策主体对政策目标一致和一贯的认同。政策认同、政策信心和政策稳定是相辅相成的，对政策的一致认同，会提高对政策执行的信心，对政策的一致认同和坚定的政策信心，能保持政策的稳定。这就要求政策目标的选定应建立在科学化和民主化的基础上，让各类各级政策主体都能积极有效地参与政策目标讨论、协商和选择，使政策目标尽可能地得到大多数政策主体的认同；一旦政策目标选定，要做好宣传、解释工作，任何个人或某个政策主体都不得改变。

三是保持政策主体间的沟通与合作。政策制定、执行和监控等环节及其主体间是相互影响、相互制约的，政策绩效的高低很大程度上取决于政策过程各环节及其主体间的协调与合作。只有政策主体间建立了良好的沟通与合作的关系，能够实现政策信息互通共享，才能加深彼此的了解，协调己方与他方的政策行为，才会保持对政策目标的一致认同，从而保持政策的稳定。

四是建立完善的政策体制和机制。上述保持政策稳定的对策和措施都必须以完善的政策体制与机制为前提，使主体的稳定、目标的坚持和相互间的合作有规可依、有章可循。完善的政策体制和机制，就是要建立政策主体间关于权力划分、职能行使、责任界定和利益分享的规范和制度，使各政策主体各守其位、各司其职，有益共享、有难同当。

2. 政策客体的政策维持

政策客体就是政策作用的对象，概而言之就是进入政策议程的社会公共问题，即政策问题和目标群体。从政策客体看政策维持，主要是明确具体地界定政策问题和保持目标群体对政策的支持。

一是明确具体地界定政策问题。政策问题明确具体是政策决策和政策实施的前提和基础。政策问题不明确,政策过程就是无的放矢;政策问题不具体,政策执行就容易偏离政策目标和方向,从而造成政策的不稳定。

二是扩大政策受益群体或政策认同群体的范围。公共政策是对社会利益的权威性分配,其过程既有政策受益者,也有政策受损者;既有政策认同者,也有政策抵触者,还存在左右观望者。政策受益者或政策认同者是政策稳定的积极因素,而政策受损者或政策抵触者是政策稳定的消极因素。维持政策稳定就是尽可能地扩大政策受益群体或政策认同群体的范围,减少政策受损群体或抵触群体的数量,促进政策观望群体的转化。

三是积极推动政策观望群体的转化。政策观望群体大多数非政策利益相关者或潜在的利益相关者,他们对政策持左右观望的态度,争取他们使之转化为政策支持力量是保持政策稳定的重要措施。转化的基本策略是:晓之以理,使他们关注政策过程;动之以情,使他们支持政策;诱之以利,使他们成为政策的积极推动者。

四是减少政策受损群体或抵触群体的数量。政策受损群体是政策过程成本的承担者或利益受损者,他们大都是政策的抵触者。对这类群体,要做好受损情况或受损期限的分析,正视其受损利益,创造条件弥补其损失,减少对政策的抵触;缩短其受损时间,帮助他们寻找出路,使之认同政策。对于非利益受损的抵触群体,要加强政策的宣传、教育、解释和信息公开工作,使其转变认识。

3. 政策环境创设

政策环境的变化是政策发生变动的主要原因,其他政策变动的因素也大多是政策环境变化的结果。但政策的变动也不是完全受制于政策环境的变化,在政策环境变化不大或不剧烈的情况下,政策主体可以通过积极主动地对策和措施来维持政策的稳定,如积极的财政和货币政策就是对经济周期的逆向干预,使经济发展保持平稳。

4. 提高政策绩效

科学、民主化的政策决策，因为缺乏有效的政策执行而导致政策失败或政策终结的例子比比皆是，因此维持政策稳定与提高政策绩效密切相关。只有有效的政策或政策绩效高的政策，才能获得社会的认同和支持，从而保持该政策的稳定。

5. 政策的法制化

政策付诸实践并证明是有效的政策，保持其稳定的最好方式是使政策法制化。法制化的政策不会因政策主体、环境的变化而变动，是政策维持的终极手段。但政策的法制化一定是在相应条件成熟的情况下，要防止“公共权力部门化、部门权力利益化、部门利益法制化”的现象，不让政策法制化变成了维护政策既得利益者的工具。政策法制化至少具备两个条件：一是该政策影响面广、具有重大的社会影响；二是该政策是经过长期实践，已经成为一项获得社会广泛认同的成熟而又稳定的政策。

二、公共政策的变动与创新

（一）公共政策变动的含义

公共政策稳定只是一种动态的平衡，当现行政策网络中的力量对比发生变化，或者受到外界的压力时，都有可能产生政策创新的要求，并在一定条件下导致某个政策甚至一系列政策的变动。政策变动是政策系统的一种常态表现，是政策系统对内部因素和外部环境的变化所作出的一种适应性变革。

“世异则事异，事异则备变”，政策变动是政策发展的必然，是政策适应环境变化、与时俱进的表现。但政策变动并非都是必要的和正确的，并非都是符合事物发展的客观规律的，也并非都是符合广大人民群众的根本利益。其原因就在于引起政策变动的因素是多种多样的。这些因素当中，有的一目了然，有的复杂微妙；有长期积累的，也有突然爆发的。正是由于这种复杂的因果关系，所以目前学术界对政策变动的影响因素的研究还主要停留在对部分和个别因素的分析上，而没有形成一个完整的系统理论。但有一点是肯定的，那就是要运用多学科、多角度的方法，对具体问题进行具体分析。

（二）公共政策变动的原因

公共政策变动的原因是多方面的，具体到每一项政策，可能影响其变动的因素是千差万别的。

1. 决策者的变动

在专制体制下，人亡政息是常有的事情；而在民主体制下，公共政策随着政党的轮替而发生反复也已经司空见惯。这是由于不同的决策者往往代表着不同的利益。决策者的价值观、品行、风格、方法、思路等都或多或少存在着差异，因此，决策者的更换常常是某些政策发生变动的直接原因。

2. 政策环境的变化

政策系统所处的环境，既是一个多因素的复杂环境，也是一个不断变化的环境。政策既受政策环境影响，又反作用于政策，这种相互作用的关系决定了彼此之间的相互适应性。

3. 政策资源的限制

公共政策的运行过程需要投入一定数量的人力、财力、物力资源，这在制定政策方案时都会规划。但在实际执行过程中，由于预先估计不足或监控不严造成浪费或决策者发生价值转向，这些都会使得现有资源难以再为政策实施提供基本保证，出现政策“搁浅”的现象，最后不得不调整政策。

4. 政策的失效或低效

公共政策得以维持的一个重要原因是它的有效性，一旦某项政策由于决策失误或遇到阻力或其他方面的原因而无法再发挥其原有的功效，解决它所针对的社会问题，这样的政策就应当尽早更换。同样，一项投入的成本大于实际收益，或者说负效应大于正效应的政策，也应当及时予以调整。

5. 政策的合法性受到置疑

如果一项政策无助于满足人民群众的需要，反而引起或加剧人们之间的矛盾，这样的政策老百姓不仅不会拥护，而且会抵制和反对。如果一项政策不是通过合法的程序制定出来的，而是领导者个人或少数几个人暗箱操作的产物，也很难得到社会的认同。

(三) 公共政策变动的类型

由于变动原因的复杂性,公共政策变动类型也是多种多样的。

按照变动的强度,公共政策变动可以分为

断裂型和渐变型。断裂型政策变动,即政策终结,意味着原政策的中断或终止,它可能被废止,也可能通过创新,使原政策的原则和精神在新政策中得到体现。它是原政策的部分或全部终结。渐变型政策变动,即政策调整则是根据政策评估的结果对实施中的政策,采取渐进的方式,进行补充、删减和修正。

按照变动的程度,公共政策变动可以分为部分变动、重大变动和完全变动。

按照变动的内容,公共政策变动可以分为目标变动、计划或项目变动、资源变动、机构或人员变动、政策本身的变动等。

按照变动的形式,公共政策变动可以分为替代、合并、分解、废止和创新。

按照变动的规律性,公共政策变动可以分为周期性变动和不规则变动等。

按照变动的动力,公共政策变动可以分为主动变动和被动变动。

(四) 公共政策变动的模式

公共政策变动是否有章可循,很多学者都试图从现实中建构政策变动模型。西方学者从他们本国的政策实践中总结出若干个政策变动的模型,其中比较有代表性的是:①

1. 周期型

这是美国学者亚瑟·施莱辛格(Arthur Schlesinger)在研究美国政治历史后提出来的。② 他认为国家事务存在着一种在公共目的和私人利益之间的持续变动,美国的态度总是在自由主义和保守主义之间来回摆动。一段时间国家承诺私人利益是解决问题的最好手段,另一段

① James P. Lester, ibid, Wayne Parsons, ibib.

② Arthur M. Schlesinger. The Cycles of American History. Boston: Houghton Miffin, 1986.

时间又承诺公共目的是解决问题的最好手段。他发现这个周期间隔大约是30年。比如,西奥多·罗斯福在1901年代表着改革和进步的时期,富兰克林·罗斯福在20世纪30年代实行了“新政”,而约翰·肯尼迪则在20世纪60年代推行了“新边疆”政策。另一方面,罗纳德·里根在20世纪80年代展示了一个保守主义的时期,而这正是保守的50年代和哈丁-科立芝的20年代的再现。施莱辛格认为,这个周期之所以是30年并没有什么神秘之处,因为30年是一代人的跨度。人们的政治倾向一般在年轻时受到主流意识形态的影响而得以确立,当他们在30年之后执掌政权时,年轻时培养的政治觉悟就开始发挥作用。随着时间的发展,每个方面都要经历它的自然进程。在理想主义和改革时期,强有力的总统提倡国家事务要积极关注公共利益,并且把政府当做促进普遍福利的工具,最后却被整个过程弄得筋疲力尽,并被最终结果泼了一盆冷水。于是人们又开始转向“新的”主张,它宣称在不受管制的市场下的私人行为和自我利益才是解决问题之道。但这种办法终将使问题变得更为突出,危机变得难以控制,然后不得不要求政府出面解决。于是新一轮的改革和政府干预又开始了。

2. Z字形

同样是对美国政策历史的考察,埃德文·阿曼达(Edwin Amenta)和西达·斯考切波(Theda Skocpol)却对施莱辛格的看法不以为然。他们认为美国的公共政策历史存在着一个反复无常的模式,它的特征是刺激和反应的交替作用或者叫做“Z形效应”。[①] 在他们两位看来,与其说政策是在自由和保守之间变换,不如说政策是从有利于一个群体转变为有利于另一个群体,两者之间是一种反作用的关系。比如19世纪末期,美国政策基本上由“激进的共和党人”把持,与共和党人的关系成了利益分配的首要标准。联邦政府的职位也主要向北部和中西部共和党人开放。这些都引起了南方各州对激进共和党人的反抗。随之

---

① Edwin Amenta, Theda Skocpol. Taking Exception: Explaining the Distinctiveness of American Public policies in the last century F. G. Castles. In the Comparative History of Public Policy. New York: Oxford University Press, 1989.

而来的是“大进步时代”(1900—1930 年),人们试图清除前一时期遗留下来的政治机器和政治关系。政府大力推行公务员制度改革,开始在政府雇员中实行功绩制。由此,以南部和西部为基础的民主党人逐步扩大了权力,他们与工人运动联盟并把其支持建立在社会开支上,基本上变成了一个“社会民主”党。这种状况一直延续到“新政”时期(1930—1950 年)。民主党人继续在公共政策论辩中占上风,他们创立了许多社会保障和福利方面的计划。“凯恩斯主义”被采纳了,联邦政府也被当作实施大规模社会开支和福利分配以及直接干预经济的机构。最后,两位学者发现在战后时期(1950—1980 年)又开始了对前一时期民主党的自由开支方式的反作用,尤其是 20 世纪 70 年代和 80 年代的“新联邦主义”代表了对大规模联邦福利计划的反对。新的经济政策建立在财政刺激而不是“新政”自由主义之上,即通过减税而不是开支来刺激经济。但在军事上的投入却有增无减(军事方面的工作就像 19 世纪末的公务员职位一样)。如今的资助主要落在军事领域和老龄人补助上。因此,阿曼达和斯考切波认为,在过去一百年里,美国的公共政策形成一个 Z 字形模式,一个时期的政策成为下一时期政策的刺激因素,后者是对前者的反应或反作用。

3. 学习型

“政策学习”模式是由萨巴提尔等人提出来的,其灵感一方面来自政治学研究中的集团理论,另一方面来自赫克罗在 20 世纪 70 年代对政策学习的研究。集团理论把政策变动看作不同集团间权力斗争的结果,赫克罗则认为应该从学习和适应的角度来进行政策分析,萨巴提尔和詹金斯·史密斯综合并发展了这些观点,他们强调信念和政策学习的动态变化是理解和预测政策变动的关键所在。他们构建了一个政策变动的概念框架,把政策变动看作以下三方面因素共同作用的结果:① 政策亚系统内竞争性的“政策倡议联盟”之间的互动;② 亚系统外部的变化;③ 稳定的系统因素的影响。这个框架至少包含三个基本前提:第一,要理解政策变动的过程(包括政策学习在其中的作用)需要上十年或更长的时间跨度,这也是为了观察一个完整的政策周期。第二,探讨这段时间内政策变动的最有效的办法是关注由“政策倡议联盟”组成的“政策亚系统”。第三,公共政策的变动应该通过“信念体系”来考察。政策精英的信念体系按照变动的难易程度分为“深层核心”(Deep Core)、“政策核心”(Policy Core)和“次级方面”(Secondary Aspects),信念的深层核心最难以改变,而次级方面即执行层面则较容易发生变化。学习型模式的基本观点是:政策取向的学习是政策变动的重要方面,它能够经常使联盟信念体系的次级方面产生变动;而政策核心方面的变化通常是亚系统外部客观因素变动的结果,比如宏观经济环境的改变或者是新的统治集团或联盟的兴起。

(五) 公共政策创新

1. 公共政策创新的内涵

公共政策创新是公共政策主体根据政策环境变化的需求,主动改变现存政策要素的组合形态或功能,创造新政策的行为和过程。政策创新是政策主体适应政策环境变化和需要的一种积极的政策变迁,与政策变动的不同在于:政策变动既可以是积极的、正向的政策演变,又可以是消极的、负向的政策演变。而政策创新意味着一种更有价值的能更好满足政策环境新变化、新需求的政策要素组合代替了原有的政策安排。但与政策终结不同的是:政策创新的过程并不是原有政策消灭的过程,大多数时候是与原有政策同时并存、同时运行,即使是二者之间有冲突或矛盾。与政策接续不同的是:政策创新形成的政策可能并不是原有政策问题或目标的继承和发展,而是一种全新的开始。

政策创新既可能发生在政策过程的所有环节,又可能仅发生在某一个环节中。比如,在政策制定环节就有多种不同的创新路径选择,如政策问题的建构创新、决策体制创新和政策制定程序创新等,每种创新路径都会带来不同的政策方案,当政策方案效益明显优于原有方案时政策创新随之产生。其他环节的政策创新同样如此。在政策过程中政策制定和政策执行环节的创新处于核心地位,它们的创新直接决定了政策方案和政策行动的创新。

公共政策创新结果是政策方案或政策行动与政策环境新均衡的过程,这种新均衡与原有均衡相比是更为理想的状态。当然,这种均衡并非永远不变,它是跟随政策环境变化,不断进行“均衡—不均衡—创新—新均衡”的循环往复的变化。只要政策环境在发生变化，那么政策创新就没有止境。公共政策创新往往以两种形式出现：一是完全以崭新的政策方案或政策行动替代原有的政策方案或政策行动，即新旧政策方案或政策行动之间没有继承性。如以经济建设为中心的基本政策与以“阶级斗争为纲”的政策；家庭联产承包的农业政策与“吃大锅饭”的政策等都属于此种情况。二是新政策方案或政策行动是在原有政策方案或政策行动基础上的改进或完善，新旧政策方案或政策行动之间存在着或多或少的联系。

2. 公共政策创新的动力

公共政策创新的动力，既有来自公共政策系统内部的动力，也有来自外部环境挑战的动力。

(1) 从内部动力看，主要有：① 政策主体的变革愿望。政策主体承担着维护和实现公共政策利益的角色和责任，为了更好地履行这一职业责任，政策主体通常要通过不断地追求政策创新来提高自身在民众中的接受度和欢迎度，巩固和加强角色的地位。因此，不论是促进公共利益还是谋求自身发展，政策主体都有一种不断推进政策创新的动力。② 政策本身的要求。政策的目的和功能在于解决公共问题，而公共问题的变动性特点，必然要求政策目标、决策和执行等要素也要与时俱进地变革和创新，客观上推动了政策的创新。这种动力在现实中主要体现为对低效或失效政策的修改、调整或完善。

(2) 从外部动力来看，各种政策环境因素的变化，都可能成为政策创新的动力。主要有：① 经济制度和体制变革是政策创新的直接动力。经济制度和体制的变革对社会的影响是全方位、多层次的，因而随着经济制度和体制的变革，也要求公共政策的内容、形式发生相应的转变，政策创新就成为一种必然。② 民众诉求是政策创新的根本动力。民众的诉求实际上是利益的诉求。公共政策必然涉及对社会利益的分配，为了反映和维护自己的利益，民众必然会通过政策系统表达自己的主张，以争取对自己有利的政策。随着经济、政治及教育文化的发展，民众的这种诉求的欲望和能力日渐增强，从而推动政策的不断创新。③ 地区之间竞争压力的需要。随着社会主义市场经济体制的逐步完善，资源和生产要素基本实现了在不同区域间的自由流动。为了吸引外部资源和生产要素的流入，政府努力加快政策创新无疑是提高所辖区域的核心竞争力占据竞争优势的重要途径。④ 参与世界竞争的需要。现在的世界是开放的世界，国家和地区的发展离不开世界，因而融入世界的程度决定发展的程度，封闭、保守只会被世界逐渐边缘化。因而，不同层次、不同领域的政策创新活动产生的示范效应，在一定程度上成为政策创新的重要动力。

第二节　公共政策的调整与接续

政策调整是公共政策变动当中最常见的一种形式，西方的公共政策学者一般很少把政策调整作为一个专门的论题来进行研究，而只是把它当做渐进决策的一个结果或者是政策部分终结的一种表现。这或许是由于在西方民主体制下，轮番执政的各党派为了彰显自己政纲的特色，总是抨击对手所采取的政策措施，因而它们更关注政策的终结和创新，尽管在实际上绝大多数的政策只是发生了不同程度的调整。可见，公共政策的研究同样要与国情相适应。我国实行的政治体制注重政策的稳定性、连续性和统一性，强调政策变动的渐进性，因而我国公共政策的变动主要体现为各种形式的政策调整。虽然我们现在强调政策创新的重要性，但这种创新是为既定目标服务的，是政策调整的内在要求。我国公共政策学者从本国的国情出发，对政策调整做了很多有益的探讨。

一、公共政策调整的含义和内容

（一）公共政策调整的含义

不同学者对政策调整的界定大同小异。这里我们把政策调整定义为：在公共政策的实施过程中，根据政策评估和监控所反馈的信息对原有政策中不适应政策对象和政策环境变化的部分，进行的增删、修正和更新。

政策调整具有以下三个特点：第一，渐进性。政策调整是随着政策的实施而不断进行的，它是对原有政策的修正和发展，其目的是为了保证政策的稳定和延续。因此,在我国的实践中,政策调整的幅度一般以不影响稳定为限,调整的办法也多是通过协商逐步达成的。第二,局部性。政策调整的内容一般是政策系统当中的某个部分,可以是目标,也可以是方案;可以是主体,也可以是客体。如果政策系统发生了大规模或根本性的变动,我们宁愿把它叫做政策变革而不是调整。第三,动态性。政策调整是政策系统对内外部环境的变化所作出的主动或被动的适应,而这种对环境的认知是通过评估和监控环节实现的。环境的变化是持续不断的,这就要求政策系统要不断地作出调适,在发展中确保政策目标的实现。

(二) 公共政策调整的内容

公共政策调整是对政策系统本身的调整,涉及公共政策的各个要素、各个环节、各个方面。主要包括:

1. 政策目标调整

有些公共政策在经过一段时间的实施之后,会发现其原定目标偏离了客观实际。有的目标定得过高,在一定期限内难以达到;有的目标定得过低,难以有效解决社会问题或者与人民群众的期望相去甚远;有的则是目标不够明确或者目标过多,让人感到无所适从和力不从心;有的则在具体期限、指标等方面限定过死,缺乏灵活性;等等。当出现这些情况时,就应当及时对原定目标进行校正、修订或者重新确立。

2. 政策方案调整

方案是实现目标的具体安排,对目标的调整通常也会连带着对实施方案进行调整,但更多的是在目标明确的情况下,认识到原定方案存在这样或那样的不足,而对其进行必要的调整。这些不足包括运行成本过高、运行条件过于苛刻、负面影响过大等。方案的调整要根据方案本身与实际情况的差距程度来进行相应的变更,基本可行的只要做一些局部的修订;如果与现实差距过大,则要做大幅度的调整甚至推倒重来,制定新的方案。案例 9-1 就是根据客观情况的变化,从方案的角度对原来的政策进行的修订。

案例 9-1

由"禁"到"限"——城市烟花燃放政策的调整①

燃放烟花爆竹作为中国民俗不可分割的一部分,一直与城市安全有着难以调和的矛盾。由于烟花爆竹给我们带来了巨大的人身伤亡和财产损失,20 世纪 90 年代起,包括北京在内的全国近 300 个城市先后都颁布了禁放令。但十多年的禁放令并未达到预期,政府的公信力与法律权威性也受到损害。但政府又不能放手不管,放弃了自己保护公共财产和公民人身财产安全的法定职责。基于此困境,近 200 个城市在 2006 年春节期间选择了灵活的解决方案,即有限制地允许市民燃放。北京市除了颁布条例,政府还对市民进行必要的安全教育,并对烟花爆竹的品种规格和销售进行监管,制定预警方案,对防火、救护工作进行周密部署。公安部 2006 年 2 月 7 日通报显示,1 月 28 日至 2 月 4 日,与上年同期相比,火灾起数上升 15.5%,死亡人数下降 41.1%,受伤人数下降 11.3%,直接财产损失下降 50.3%。随着限放政策的逐年推行和完善,人们燃放习惯的形成,近几年因烟花燃放的事故率和安全管理成本呈逐年下降趋势。2010 年春节期间(2 月 13 日至 19 日),全国因燃放烟花爆竹引发人身伤亡事故 1 626 起,造成 11 人死亡、1 808 人受伤,与 2009 年同比,事故起数下降 3.3%,死伤人数下降 2.3%。其中北京市发生燃放伤亡事故 380 起,造成 380 人受伤,与上年同比事故起数、受伤人数均下降 5.9%,没有发生致人死亡的燃放事故。因此,烟花燃放"禁"改"限"政策调整是成功的。

3. 政策措施调整

政策措施是指实施政策方案的具体步骤、手段和方法。政策措施的调整是政策调整当中最常见也最容易实现的一种。比如,在政策执

① 根据以下文献整理:邹东升、冯清华. 城市烟花燃放"禁改限"的政策调整分析——基于政府社会管理创新的视角. 中国社会稳定研究网;刘军涛. 春节期间我国因燃放烟花爆竹致人伤亡事故 1626 起. 人民网,http://society.people.com.cn/GB/41158/11003801.html.

行过程中出现了偏差，其原因可能是步骤安排不合理或是产生了脱节，也可能是使用的方法不当或是采取了不合适的对策等。这些情况都是经常出现的，也是比较容易调整的，关键是要本着实事求是的原则对出现的问题进行及时的补救和修正，使执行措施更加有效和完善。

4. 政策关系调整

政策系统内部和不同政策之间存在着各种横向和纵向的关系。由于政策问题的复杂多样和相互关联，因此在同一时间、同一范围内实施的公共政策一般不只一项。但如果不同部门之间不注意协调和呼应，就会造成“政出多门”的现象，这些政策往往只从本部门的职责、利益出发，相互间常常存在着矛盾和冲突，这就让下级执行部门陷于“下面一根针，上面千条线”的困境，导致执行困难或执行偏差。

5. 政策主客体调整

在公共政策的实施过程中，政策的主体和客体也会发生变化。就主体而言，由于制定或执行政策的权力机关存在能力不足、机构不全、职责不清等原因，从而造成政策效果不佳或导致政策失误，这就应当对机构本身进行调整。在我国，有时决策权在党和政府之间的移植也是一种主体的调整。政策客体调整是指政策问题和目标群体的调整。公共政策所指向的问题及与之相关的人群也是处于不断变动之中的，环境的变化可能改变问题或人群的性质和范围。因此，为了保证政策的针对性，必须及时调整政策的客体。

二、公共政策调整的形式、程序和原则

（一）公共政策调整的形式

公共政策调整的主要形式有：

1. 政策的增删

这是指在保持现行政策基本框架不变的前提下，对其具体内容和目标、适用范围和时间等进行增补和删减。政策的增补是由于原来估计不足，或有了新的思路、新的方法，或出现新的问题、新的对象，而对原有政策进行扩充。政策的删减是由于原定目标过高、作用范围过于宽泛，或者存在与新形势、新情况不相适应的部分，而对政策的有关内

容进行删除和缩减。

2. 政策的修正

这是指在保持现行政策基本框架不变的前提下，对其具体内容和目标、适用范围和时间所作的修改和订正。比如，我国经济和社会发展的"三步走"战略目标，其中，第三步是到21世纪中叶，人均国民生产总值达到中等发达国家水平，人民生活比较富裕，基本实现现代化。到2000年，我国胜利地实现了"九五"计划，现代化建设第二步战略目标也提前完成。为此，党的十五大对"第三步"进行了细化，提出了新的"三步走"的设想。

3. 政策的更新

这是指在政策的实施过程中，为了适应形势的变化，在遵循政策目标的前提下突破原有的政策框架，或者撤旧换新，或者从无到有，对现行政策的局部内容进行调整。例如，改革开放以来，随着用工制度的多样化，流动人口的管理和权益保护的问题日益凸显出来，原来的人口管理政策已经不能适应现实发展的需要。因此，各省市正在积极地调整对流动人口的管理政策。如2009年10月，浙江省出台了《浙江省流动人口居住登记条例》，改"暂住证"为"居住证"，保障流动人口合法权益。

（二）公共政策调整的程序

政策调整通常被看做是政策方案的重新制定和执行的过程，因此政策调整的一般程序是：① 重新界定问题。政策制定者根据评估和监控反馈回来的信息，同时根据客观环境的变化，对政策问题进行重新界定。② 提出调整方案。政策制定者根据新的认识制定出若干可供选择的方案，尤其是要明确应该调整的部分以及要采取的形式，然后对其可行性加以论证。③ 选择调整方案。这是对若干调整方案进行比较分析后选出一个最佳的方案来加以执行。这种择优要符合双重优化的原则，即所选的方案不仅要优于其他备选方案，而且要优于原来的方案。④ 执行调整决定。调整方案选定之后，经过合法化的程序就成为原有政策的一部分，重新进入实施阶段。政策调整的效果如何，必须经过执行以后才能作出判断。

（三）公共政策调整的原则

公共政策调整的主要原则有：

1. 实事求是原则

实事求是是公共政策调整过程所必须遵循的首要原则。公共政策的调整是根据事物发展的客观规律进行的，而不应该是个人意志的产物。政策调整要本着“实践是检验真理的惟一标准”，坚持尊重客观实际，“从群众中来，到群众中去”，保证政策调整的科学化和民主化，使政策调整真正有利于社会问题的解决和人民生活水平的提高。

2. 渐进调适原则

政策调整的对象是已经实施了一定时期的公共政策。一项政策在实施一段时间之后，由于采取了大量的宣传贯彻手段，投入了一定的人力、财力、物力资源，业已在人民群众当中造成了一定程度的影响（有时甚至是根深蒂固的），多数人也已经基本上认同和接受了该项政策，并取得了心理上的平衡。这时，如果政策调整的幅度和范围过大、过急，人们就会对政策表现出疑虑和担心，从而对调整后的政策采取观望的态度，不但不能自觉主动地贯彻政策，甚至会对政策产生抵触情绪。因此，政策调整一般要循序渐进，逐步剔除新形势下不适用的部分，保留仍然可行的部分，同时对更新部分加大宣传力度，给政府官员和普通百姓一个缓冲期来提高认识，加深理解。

3. 追踪反馈原则

政策调整是动态发展的，它需要不断收集反馈信息，然后提供给决策者，以判断政策对象和政策环境是否发生了变化以及发生了什么样的变化，并最终决定是否要对政策进行调整以及进行什么样的调整。这种再决策过程也叫做追踪决策。这一方面表现为政策调整首先要对原政策进行回溯分析，找出失误和偏差产生的环节和原因，然后对症下药，进行修正和补充。另一方面，当政策的实施结果与预期的效果存在较大差距，公众中也产生了强烈的政策调整的诉求，但此时政策偏差的原因还没有完全弄清楚，调整的详细方案和具体步骤也还来不及出台，在这种情况下，就必须采取权宜的办法，先抓住问题最突出或影响最大的部分进行调整，然后再跟踪调整、逐步完善。

三、公共政策调整的原因和作用

（一）公共政策调整的原因

公共政策调整的原因就是导致政策变动的那些因素，这在上一节已经论述过了。但政策变动的形式可以是渐进调整，也可能是剧烈的变革。这里我们要回答的是为什么绝大部分的政策变动都是采取渐进调整的方式。究其原因，我们认为主要有以下几个方面：

1. 利益刚性的限制

一项政策一旦付诸实施，就会因为它对利益的调节而形成一定的利益结构。重大的政策调整实际上就是对既得利益的再分配，必然在一定时期对特定阶层的已建构的利益造成某种程度的损害。所以，重大的政策变动和作出引起极大损益的政策决定，往往容易导致严重的社会紧张状态，并在统治阶级内部引起分裂乃至造成冲突。而那些只是部分增减政策资源，或修正现行政策部分条款的项目，则容易在决策层达成协议。

2. 现行政策的制约

现行政策本身是政策决策的环境条件，是未来政策必须适应的重要环境或背景，政策决策很难不受到它的限制和约束。通常情况下，政策决策和制定是以现行政策为先决条件，在现行政策所允许的空间内自由选择；而且许多公共政策本身可能就是产生问题的根源，新政策所要解决的问题，往往是现行政策所衍生出来的，或者是由多个现行政策交互作用所引起的非预期结果。可以说，没有一个决策者是在一种没有任何先决条件的原初状态下工作的，从本质上来看，任何政策包括重大创新政策都是对现行政策的某种形式的延续。

3. 公共意志的趋中

一般说来，民意也是一种正态分布，总是中间大、两头小。中间的主体部分也就是所谓的公共利益，它的变化通常不会太大。因此，在一个稳定有序运转的政治系统内，轮流执政的政党和政治领袖对于许多政策尤其是基本国策看法的差异程度是很小的。当他们在竞选中争取选票以及在其他情况下争取公民支持的时候，往往仅对政策提出渐进的、部分的修改。这也是政策制定民主化的一种表现。

4. 变革成本的约束

现行政策可能已投入巨额的资源,重大政策变动所引起的资源重新配置,往往需要付出极高的成本。因此,实际的决策并非审慎地考虑全部的政策方案,而只检讨不致造成自然、经济、组织与行政失调的方案。所以,现行政策越完善、调节能力越强的国家,政策创新的难度越大,对各种新的历史机遇的敏感性就可能越差,反应越迟钝。

5. 人类理性的局限

全面的政策变革是对决策的理性能力的严峻挑战,决策者并没有时间、资金和智慧,用以调整所有的政策方案。虽然科学技术充分发展,人们对自然和社会的运动规律仍未具有充分的预测能力,以了解每一项政策方案的将来的后果。尤其是公共政策的决策者,经常处于多种社会经济、政治和文化价值交互作用的情境下,实在难以预估每一项政策方案的成本与收益。

6. 社会稳定的需要

社会的结构是多元的,不同的群体有着不同的目标和政策要求。重大政策创新打破了现存的利益格局,必然遭遇既得利益者的反抗和他们对新政策的冷漠,并迅速激发起各种相互冲突的、强烈的、新的社会需求,这将极大地加剧决策体制的负重程度,并在它难以承受的时候,出现制度疲劳,形成整体的制度性危机。因此,政府为维护社会稳定,获取社会支持,通常希望保持现行的计划,而不愿意从事全面性的政策变革。而不断的渐进调整式的政策变动,相对于激进式的革命,应该是人类解决社会公共问题、寻求社会合作和社会完善的更加成熟的理性表现。

(二) 政策调整的作用

政策调整的根本目的在于确保公共政策沿着正确的轨道实施下去,最终达到预期的目标。具体来说,政策调整的积极作用表现在:

1. 及时纠偏、预防失误

公共政策在执行过程中往往容易出现偏差,这种偏差可能是主观认识不够或有意为之,也可能是客观条件受到限制而造成的。如果这些偏差得不到及时纠正，那么该项政策执行的时间越长，涉及面越广，造成的损失也就越大，甚至导致整项政策的失败。因此，要避免政策失误造成的损失，就要求政策的制定者和执行者在政策出台以后，必须密切注意和及时了解政策实施的后果，加强评估和监控，随时随地收集政策的反馈信息，一旦发现政策出现偏差和失误，就应当立即予以调整。

2．协调关系、有序运行

政策问题的复杂性使得政策系统内部的关系也错综复杂。比如，有些地区和部门从本位主义出发，制定一些无视全局、缺乏长远眼光的政策，结果造成某些政策之间出现相互矛盾、相互掣肘的情况。而在条块体制下，这些相互矛盾的政策又会使执行者要么各行其是，要么无所适从，造成混乱无序的局面，其结果是无助于解决实际问题并损害到人民群众的利益。因此，各级政府部门要加强协调与配合，通过对出现矛盾和纠纷的政策内容和政策关系进行及时有效的调整，使各方面的政策互相衔接、协调一致地发挥整体功能。

3．发展完善、保持稳定

尽管一项政策一旦制定和颁布之后，其内容便基本固定下来，但用进化的眼光来看，公共政策是动态发展的。这种发展表现在两个方面：一方面，客观环境和条件是不断发展变化的。随着新情况、新问题的出现，新的政策需求也会不断增长，这时就会出现政策滞后的现象，这就要对原有政策进行调整，以适应形势发展的需要。另一方面，人们的认识也是随着实践的发展而不断深化的。人们通常只能根据现有的认识来制定政策，即使对未来发展有所考虑，也只是一些比较原则、笼统的看法，很难做到准确预计。因此，一项政策的制定并不是一劳永逸的，它需要人们在实践中深化认识，进而不断调整原有的政策，使之趋于完善。可见，公共政策的适当调整不仅有助于自身的发展，也有利于国家和社会的长治久安。

四、公共政策的接续

公共政策调整既是对原有政策的继承，又是对原有政策的改革和完善，与政策的中断或终止（即政策终结）不同，它体现了政策系统和政策过程的延续性。公共政策接续就是探讨调整后的新政策与原政策的延续性关系,是一种渐进性和连续性的政策变动。它涉及政策接续的地位和意义、政策接续的形式和途径等方面的问题。

(一) 政策接续的内涵

任何一项公共政策,在其问题解决之前都应保持其稳定和连续,政策调整或非终结的政策变动实质就是政策主体积极应对政策环境变化而保持政策稳定和连续的过程。这种努力保持政策连续性的行为和过程就是政策接续,因此,政策接续可以界定为:以政策问题为中心,努力保持政策目标稳定和连续的行为和过程,其形式通常表现为旧的政策、政策执行程序或执行组织被新的政策、政策执行程序或执行组织所替代。政策接续是政策稳定性、连续性与政策调整、创新的统一,即在政策变动或调整中保持政策的接续,在接续中进行政策的变动或调整。

与政策维持强调保持政策系统和政策过程稳定不同,政策接续强调的是欲解决的政策问题和政策目标的延续,其过程伴随新旧政策的更替;政策系统和过程可能不同,但只要政策目标不变或具有连续性,都是一种政策接续。

政策接续与政策调整的不同在于:政策调整是政策适应环境变化对政策本身进行的变革,不会伴随新政策的产生;而政策接续强调的是政策变革前后的连续性,这种变革既包括调整式的变革,也包括以新政策替代旧政策的变革。

政策接续与政策终结(即政策的废除或终止)不同,政策接续过程是新政策扬弃旧政策的过程,如同完全变态昆虫的幼虫(旧政策)到羽化为成虫(新政策)的过程。二者虽然形态不一样,但其实质是一样的。在现实中,政策接续是政策变动的重要形式和途径,而政策终结是非常少见的。

政策接续与政策创新也有诸多差异,如政策接续是已有政策问题或目标的继承,而政策创新是政策问题的界定和政策目标的重新确立。

(二) 政策接续的意义

政策接续是政策连续性的纽带,是政策体系和结构有机联系的黏合剂。政策之间缺乏接续,就会造成政策间矛盾迭起、冲突不断;缺乏政策接续的政策体系和政策结构，会导致政策主体的代际间、部门间、层次间各自为政、各行其是，降低政策的合法性和有效性乃至执政的合法性。因此，政策接续在政策过程中具有重要的意义。

首先，政策接续有利于保持政策的稳定。政策接续就是保持政策目标的延续性，这与衡量政策是否稳定的标准是一致的。看政策是否稳定，除了看政策系统和政策过程是否稳定，更重要的是看政策目标是否具有连续性。只有政策目标稳定的政策，才能保持政策长期、持续的稳定；政策目标的改变，政策虽然短期内在形式上能够维持稳定，但这种稳定难以持续。

其次，政策接续有利于政策变动的实现。政策变动是为了适应环境变化而对政策进行的优化和完善，大多数政策变动是一种渐进式的政策调整过程，即为了更好地实现政策目标，对政策系统和过程的改革和完善，以提高政策质量和效率。政策变动对政策优化调整的预期能否顺利实现，很大程度上要看政策变动前后的政策目标是否一致。保持政策目标接续的政策变动，往往更容易进行，也能得到社会和民众的认同；相反，缺乏政策接续的政策变动，人们会认为政策是朝令夕改，也会降低对政策的认同。因而，我们说保持政策的稳定性、连续性和统一性，并不是反对政策的变动或调整，而是强调政策的变动或调整要在政策接续的前提下进行。

最后，政策接续有利于获得社会对政策的认同。如上所述，政策接续程度高的政策更容易获得社会的认同。而政策认同又是政策得以贯彻实施的前提，认同度越高，政策绩效就会越高，反之亦然。政策要获得社会的广泛认同，除了政策系统和过程的科学化、民主化和规范化，保持政策目标的延续、增强社会对政策的可预见性至关重要。

（三）政策接续的形式和途径

美国学者霍格伍德（B. W. Hogwood）和彼得斯（B. G. Peters）把政策接续划分为五种形式：线性接续、政策合并、政策分解、政策部分终结和非线性接续。① 线性接续是原有政策的终止和服务于同样政策目标的新政策的产生。政策合并是指服务于共同政策目标的两项或多项政策被一项服务于同样目标的新政策所取代。与政策合并相反,政策分解是服务于相同政策目标的政策组织被分解成两个或多个部分。例如,国家林业局从农业部分离出来,以解决更为具体的政策问题。但政策分解可能带来组织或部门间的职能交叉、责任难以界定、增加资源和经费等问题。政策部分终结是指减少对政策资源的提供。在政策完全终结难以实现时通常采取这种方法。由于担心政策会随之完全终结和利益受损,政策执行者和政策接受者都可能反对政策部分终结。非线性接续通常是指政策对象的变化或政策衡量指标上的变化,如根据年龄转变为根据收入确定政策受益对象。

实现政策接续的关键是保持政策目标的稳定和连续。为了达到这一目的,应当做好以下几方面:

一是要尽可能明确具体地界定政策目标。现实中的政策多变或一种政策的朝三暮四,归根到底是政策主体的政策目标模糊,对政策调整缺乏政策目标的规范,也就是政策接续能力差。如我国自 1998 年以来的房地产政策,由于目标不明确或不同时期目标的差异,造成目前房地产行业潜伏着巨大的风险。中央的"住房货币化,居者有其屋"政策目标,到了地方却变成了"提高财政收入,拉动经济增长";特殊时期(如金融危机期间),中央的政策目标也转向了"保增长、保稳定"。这种房地产政策目标的模糊,使各级地方政府各自为政,将房地产发展服务于自身目的,或求经济增长,或求财政增收,或求政绩等不一而足,从而也增加了中央调控房地产业发展的难度。

二是推行政策目标管理。目标管理把目标的明确具体、责任的认定与绩效的评估结合起来,能够大幅度地提高组织生产效率,在 20 世

---

① Brian W. Hogwood, B. Guy Peters. The Dynamics of policy change: policy succession. in policy science1982, 14(3), Wayne Parsons. public policy: An Introduction to the theory and practice of policy anal ysis, Edward Elgar, 1995:570-571; James P. Lester. Public policy: An Evolutionary Approach. 2nd ed. Wadsworth, 2000:146.

纪50年代提出后得到普遍的推广和应用。在政策过程中推行目标管理,不但能明晰政策目标,提高政策的导向性,还有利于保持政策目标的稳定和连续。这是因为明确具体和一致认同的制定政策目标,控制、激励和责权利统一的实施政策目标,以及以政策目标实现程度为依据的政策绩效评估,都是围绕政策目标而展开的,从而保证了政策目标的稳定和连续。

三是加强政策过程评估,保证政策目标的连续性和稳定性。政策评估虽然以政策目标为依据,但大多以结果评估为主。由于目标的模糊性、评估的倾向性或既成事实等原因,很多政策评估缺乏明确的目标依据,往往以事实代替了目标,造成政策结果的"叫好不叫座"。这就要求加强政策的过程评估,通过过程的目标控制提高政策执行效果。而要进行政策的过程评估,必须有明确具体的政策目标,从而在客观上为保持政策目标的连续和稳定奠定基础。

四是政策目标的制度化和法制化。政策连续性和稳定性差的重要原因是政策目标因不同政策主体的价值取向不同或理解的差异而发生改变。避免这一现象的对策是使政策目标制度化和法制化,使之不因政策主体的变化而变化,不因政策主体注意力的变化而变化。

第三节　公共政策的终结

2005年12月29日,第十届全国人民代表大会常务委员会第十九次会议通过了废止《中华人民共和国农业税条例》的决定,这标志着在中国大地上延续了数千年的农业税,自2006年1月1日起被完全废止。中国完全取消农业税,是因为农业税在国家和社会建设中已无足轻重,农业税已经完成了它的历史使命。这种公共政策因政策目标已经实现或政策作用已经消失而被废止的过程和行为,就是公共政策的终结。

一、公共政策终结的含义、对象和方式

(一) 公共政策终结的含义

所谓终结是指某一事物在时间或空间上的终止或结束。公共政策同其他事物一样，也有终结的时候。但正如人们讳言死亡一样，在政策科学发展的早期，学者们对政策的终结还极少涉及。到了20世纪70年代中期，美国等西方资本主义国家出现了经济滞胀，政府的干预措施也屡屡受挫，人们看到了政策的无效性，纷纷要求结束那些效率低、效能差的政策和机构。不过，尽管有一批优秀的学者在这方面做了很多努力，但由于在现实中政策终结的难度较大，人们一般也不愿意承认失败，因此对政策终结的研究比起其他环节来显得薄弱得多，还有一部分政策科学的著作不把它作为政策过程的一环进行分析。

我们认为，所谓公共政策终结就是公共政策的决策者通过对政策进行审慎的评估后，通过采取必要的措施，以终止那些错误的、过时的、多余的或无效的政策、政策功能、政策计划或政策组织的一种行为。根据政策终结的性质，政策终结可以区分为完全政策终结和部分政策终结。完全政策终结是政策间联系性的中断，是指在政策问题已经解决和政策目标完全实现时的一种政策终止或废除。部分政策终结是指在政策问题没有完全解决和政策目标没有完全实现时，对政策本身、政策功能、政策计划或政策组织等方面的变革或更新。部分政策终结是政策的改革和完善，体现了政策间的继承性与联系性，实质上就是政策接续。

（二）公共政策终结的对象

为了顺利实现公共政策的终结，就必须首先明确公共政策终结的对象。一般说来，公共政策终结的对象有四种类别。

1. 功能

所谓功能的终结，就是终止由政策执行而带来的某种或某些服务。在政策终结的所有对象中，以功能的终结最难。这是因为，一方面，功能的履行或承担，是政府满足一定人群需要的结果，若予以取消势必引起抵制；另一方面，某项功能往往不是由某项政策单独承担的，而是由许多不同的政策和机构共同承担的，要予以终止往往需要做大量的组织准备工作和协调工作。

2. 组织

政策的终结通常也伴随着组织的缩减或撤销，这就是组织的终结。有些组织是专为制定或执行某项政策而设立的，随着政策的终止，组织也随之撤销；有些组织同时承担着多项政策或功能，某项政策的终止不足以导致组织的撤销，往往采取缩小规模、减少经费等方式对组织进行缩减。组织的终结通常比较难，因为它影响到组织中人员的切身利益，在实施时有可能遭到他们的抵制。

3．政策

这指的是政策本身的终结。即承担政策活动的机构依然存在，而政策所担负的功能则由新的政策来担负。与前两种终结相比，政策本身的终结所遇到的阻力较小。这是因为，就某项具体政策而言，其目标一般比较单纯，容易进行评估并决定取舍。同时，政策更改的代价比起功能转变、组织调整要小得多，因而容易得到相关部门的认可。

4．计划

计划的终结也称项目的终结，指的是执行政策的具体措施和手段的终结。在所有终结对象中，计划的终结是最常见也是最容易达成的。这是因为，一方面，执行政策的措施和手段与实际问题最为接近，成败与否大家有目共睹，容易达成共识；另一方面，这些措施和手段的影响面比较有限，它们的终结不会引起太大的震动。

（三）公共政策终结的方式

公共政策的终结应当由公共权力机关通过合法的程序作出决定，并以文件、公告等形式向社会宣布终结的指令。一般说来，政策终结的方式有五种：

1．政策废止

政策废止是政策终结的一种最直接、最彻底的方式。政策废止一般针对那些经评估认定已经完全过时或完全失效的政策。这样有利于防止那些反对政策终结的组织和人员继续实施业已失效的政策，做到令行禁止，避免给国家和社会造成损害。

2．政策替代

政策替代是指用新政策取代旧政策，这种推陈出新的方式可以减少政策废止所带来的冲击。但与政策废止不同，新旧政策所要解决的政策问题基本相同，但新政策一般在方法上和操作程序上变化较大，其目的是为了更好地解决旧政策所无法解决的问题，实现原定的政策目标。比如，我国在改革开放初期实行的利改税政策，就是让国有企业将原先上缴的利润改为税收的形式，这样既能保证国家财税的稳定，又大大提高了企业的积极性。

3. 政策分解

政策分解指的是将旧政策的内容按照一定的规则分解出几个部分，每个部分各自形成一项新政策。当原有政策由于内容繁杂、目标众多而影响到政策绩效时，运用分解的方法往往能收到良好的效果。比如，我国传统的社会保障是一种"就业保障"和"单位保障"模式，通过单位"办社会"来实现干部职工的社会保险和福利。这种计划经济下的产物无法适应改革后的新情况。为此，国家按照保障内容的不同，将原有的政策按类分解，形成了养老保险、医疗保险、失业保险、工伤保险、生育保险以及城市居民最低生活保障等政策。

4. 政策合并

政策合并指的是有些政策虽然被终止了，但它们所担负的功能并没有被取消，因而通过一定的程序，将仍然可行的部分重新组合后以一项新政策的面貌出现。这样的合并通常有两种形式：一种是将被终止的政策的内容合并到一项已有的政策当中，另一种是把两项或两项以上被终止的政策合并为一项新的政策。

5. 政策缩减

政策缩减指的是采用渐进的方式对政策进行终结，以缓冲终结所带来的巨大冲击，逐步协调好各方面的关系，减少损失。一般说来，政策缩减是通过逐步减少对政策的投入，缩小政策实施范围，放松对政策执行的控制等措施，来达到最终完全终止政策的目的。比如我国的物价改革政策，就是通过渐进的方式，逐步缩小国家定价的范围，以实现大多数商品由市场的供求关系决定价格的目的。

二、公共政策终结的原因、作用和障碍

（一）公共政策终结的原因

一般说来，导致政策终结的原因有两个：一是经过评估认为政策的目标已经实现，政策问题已得到解决，政策没有继续存在的必要，应该予以终止；二是经过评估发现政策存在的失误或局限使其无法解决所面临的问题。如果继续执行不仅浪费资源而且会带来不良后果，因此必须予以终止。

巴达奇把推动政策终结的力量分为三类：反对者、节约者和改革者。[①] ① 反对者是指对现行政策持异议的反对派人士，他们可以说是最积极的要求终结政策的力量，可能从一开始就反对某项政策的制定和推行。他们之所以要终结一项政策，是因为他们认为它是不好的政策。该项政策背离了他们所持的价值观，或者侵害了他们的社会、经济或政治利益。② 节约者是指那些认为公共部门必须厉行节约的人，他们之所以赞成终结，是因为这样可以节省开支，防止公共资源的浪费。③ 改革者的政策主张往往是建立在对现行政策进行批判的基础上的。他们把旧政策看做创立新政策的障碍，因此强烈认为旧政策的终结是成功。有效地采行新政策的先决条件，只有废旧立新才能促进社会的发展和进步。

（二）公共政策终结的作用

公共政策直接关系着国家和社会的稳定和发展，甚至关系到民族和国家的兴衰存亡。因此，及时地终结一项错误的或已经失灵的或已完成历史使命的政策就显得极为重要。从政策终结的结果上看，政策终结的作用突出地表现在以下三个方面：

1. 政策终结有利于节省政策资源

政策的运行必须支付一定的成本，即要耗费一定的政策资源。对任何一个国家来说，政府的财政负担和可支配的社会资源都是有限的。因此，及时的政策终结不仅可以减少人力、物力、财力的无效消耗，而且可以把有限的政策资源配置到必要的领域，使其发挥最大的效用。

2. 政策终结有利于提高政策绩效

政策终结，既标志着旧的政策过程的结束，同时又象征着新的政策

---

① Eugene Bardach. Policy Termination as a Political Process. Policy Sciences, 1976, 7(2).

过程的开始。当一项政策在其执行过程中遭到失败，无法解决所面临的问题时，政策的终结就意味着新的政策活动的启动，新期望、新规则的诞生以及相关机构和人员的更新和发展。这种政策创新不仅可以将绩效变得低下的旧政策适时地淘汰、更换，避免政策走向僵化，而且可以发挥新政策的效能，促进政策的新陈代谢，从而大大提高政策的绩效。

3. 政策终结有利于促进政策优化

从某种意义上说，一个社会或国家的命运在很大程度上取决于其公共政策的水平。这就需要不断提高政策水平，力求政策的优化。政策终结有助于促进政策优化，表现在两个方面：一是政策人员的优化。人是一切事物中最主要的因素，没有政策人员的优化，也就没有公共政策的优化。因此，终结旧政策有利于优化政策人员，促进政策向更高层次发展。二是政策组织的优化。政策组织的优化是公共政策优化的核心内容。优化的政策人员只有在优化的组织机构中才能制定和执行优化的政策。人们不仅可以利用政策终结实现组织内部人员的优化组合，使不同素质特长的政策人员有机结合，形成最佳的总体效应，而且可以借此促进政策组织体系的优化，从而进一步针对政策所涉及的不同层次和领域，建立更为合理的政策机构。

（三）公共政策终结的障碍

与政策制定一样，政策终结也是一种政治过程，能否顺利实现终结要取决于各种政治力量互动的结果。政策终结的动力来自前述的三股力量：反对者、节约者和改革者，而政策终结所面临的障碍则要复杂得多。

1. 组织的持久性

从社会有机体论的角度来看，政策执行机构有如其他社会组织一样，都具有寻求生存和自我扩张的本性，即使它已经无事可做、没有再存在的必要，它也要想方设法延续自己的生命。组织机构的这种持久生命力表现在以下几个方面：

(1) 组织机构的功能性。对于公共政策来说，组织机构是政策过程的重要载体，是政策得以实施的重要途径。没有组织保障的政策很可能是一纸空文。同样，对于组织机构来说，公共政策是它的灵魂，没有政策功能的公共机构只是一个浪费资源的摆设。因此，一旦社会还或多或少需要某项政策功能，与此相关的组织机构就难以被彻底终结。

（2）组织机构的保守性。政策的实施具有相对稳定性，这包括执行机构的稳定，但这种稳定也会使组织逐步趋向保守。一方面，组织拥有维持自身生存的强大意愿和能力。“某一机构存在的时间越长，它被终结的可能性就越小，经过一定的时间，会形成对它的继续存在的条件和支持。”①当组织感受到终结的威胁时，它会千方百计减轻所面临的压力，解决所面对的问题，争取支持，以便能够生存下去。另一方面，组织机构从一开始就具有一种惯性。由于实现政策功能的长期性，或是组织拥有的大量投入和预算能够维持它的相对独立性，或是组织所具有的保密性，这些都使得组织机构一旦上了轨道就很难停下来。

（3）组织机构的适应性。组织作为一个有机体并不是一成不变的，它不仅能够随着环境和需要的变化而适时地调整自己，而且对环境和政策目标具有能动性。因此，原定目标的实现并不能简单地作为裁减机构的理由，组织通常会创造出新的目标来证明自己继续存在的必要。同样，达不到目标也不是组织终结的充足理由，原有机构会通过改头换面以一种崭新的形象让自己得以维持。只要有必要，组织就能够也将会改变它们的保护人、受保护人、政策以及目标，这就使得终结更加困难。②

2. 代价

政策终结的代价包括：

（1）情感和政治上的代价。政治家和政策分析家们之所以常常规避政策终结所带来的冲突，一方面是因为他们知道政府官员们总是不太情愿承认过去的失误，因而在心理上存在着顾虑和抵触的情绪；另一方面是由于担心这种强制的做法会激起反对者的强烈情感，导致功败

---

① 詹姆斯·安德森. 公共决策. 唐亮，译. 北京：华夏出版社，1990：211.

② Garry D. Brewer, Peter deLeon. The Foundations of Policy Analysis. Homewood: The Dorsey Press, 1983:400.

垂成甚至野蛮暴力的发生。因此,如果某项政策的终结可能危及他们的权益时,他们的抵触情绪就更为强烈。

(2)法律和财政上的代价。任何政策上的变动和组织机构的调整都要通过一定的法律程序来进行。政策的终结和组织的撤销同样必须经过法定的程序,但这一过程不仅费时费力,而且操作起来往往十分复杂,尤其是那些已经上升为法律的政策,要使其终结更要大费周折。因此立法机关面对政策的终结往往顾虑重重、错失良机。而令决策者左右为难的还有财政上的考虑:一方面原有政策已经投入了巨额成本,如果该政策已被证明是无效的或失败的,继续追加投入只会扩大损失,而若不继续投入又将使已投入的巨额资金因政策的终结而付诸东流;另一方面,在终结过程中不仅要花费大笔资金来寻求支持、推动终结,同时还要为制定和推行新的政策、组建新的机构以及安抚旧政策的受益者等筹措足够的费用。因此,在这些高昂代价的重压之下,决策者很有可能改变初衷而放弃终结。

三、公共政策终结的策略

正是由于政策终结暗含着错综复杂的利益斗争,因此它要求决策者运用高度的政治智慧和高超的政治艺术,采取灵活的策略,加以妥善处理。否则,不仅达不到政策终结的目的,甚至会适得其反,引发政治危机和政治冲突。正因为政策终结具有很强的经验性和艺术性,我们认为要顺利完成终结需要注意以下几个方面:

(1)重视说服工作,消除抵触情绪。为确保政策终结的顺利进行,政策主体首先应该重视做好说服工作,消除人们的抵触情绪,提高人们的思想认识。应该通过有效的说服工作,让人们明白:政策终结并不是某些机构或个人前途的丧失,而是改变劣境、寻求发展、迈向成功的新机会。

(2)注意因势利导,营造有利气氛。政策终结的倡导者要善于把握思想观念变迁的脉搏,抓住理念变迁的大好时机,寻求或创造新的理念框架,提供新的观念,引导人们价值观念的变更,改变对原政策的看法,形成终结的认识基础。

（3）公开评估结果，争取支持力量。政策终结支持者的态度和人数的多寡，是决定政策终结成败的关键。政策终结的倡导者必须努力争取各种支持力量，以推动政策终结的实现。如何争取支持者呢？公开政策评估结果是有效的途径。适时公开政策评估的结论，揭露某项政策的低效或无效，让人们了解继续执行这种政策将会对社会造成的危害和损失，就能够转变人们对政策终结的态度，由反对终结转而理解或支持终结。当然，政策终结者在采用这种方法促进政策终结时，必须使评估结论经得起实际的检验。

（4）废旧立新并举，缓和终结压力。为了缓和政策终结的压力，可以采用新政策出台与旧政策终结并举的方法，及时地采用新政策替代旧政策，使人们在丧失对旧政策期望的同时得到一个新的希望。这种做法往往可以大大减少关于政策终结的争议和阻力，削弱反对者的力量。当然，采用这种方法对于具体操作部门来说要求较高，因为终结旧政策和落实新政策两方面的工作同时进行，工作量很大，安排不当往往会顾此失彼，既浪费大量的人力、物力、财力，又会影响新政策的执行和旧政策的终结过程。

（5）通过试探试点，避免矛盾激化。对于在政策终结之前是否放试探性“气球”，目前还存在争论。因为试探本身具有双重效果，一方面，它有助于人们认清终结的必要性，为终结的实施创造条件；另一方面，它也会由于信息的不完整而导致误解和错误反应，并为反对力量的结盟提供时间。在民主的体制中，科学的决策必须要有足够的信息，纯粹的暗箱操作不适用于现代社会，因此对于那些不涉及国家机密的问题，可以适当扩大参与范围，实现政策制定的民主化。特别是对那些关系重大的，准备用来替换旧政策的创新性政策来说，一方面，它们所涉及的政治、经济、文化和心理等社会因素之间，存在着相互制约、相互作用的复杂关系，很难对其进行十分精确的判断和分析；另一方面，这些政策的后果影响十分深远，难以预料，作为创新性的政策，类似的政策经验又十分缺乏，需要在一定范围内对政策进行必要的试验。否则，突然宣布一项政策终结，可能会导致矛盾的激化，影响社会的稳定。

（6）终结必要的部分，减少终结代价。在政策终结阻力较为强大且持久，而政府又必须进行某种政策终结的情况下，政府将不得不接受现实的压力，放弃较高的目标期望值，以降低目标的方式来换取有限目标的实现，也就是所谓的折中妥协。妥协的一个重要方式就是缩小终结的范围，因为终结的部分越少，受终结威胁的人就越少，于是反终结联盟的力量也就越小。但是妥协不是投降，推进终结者必须坚持自己的动机，要确切指出原政策中有哪些需要终结，哪些可以保留。这样可以争取实现终结的主要目标，比起完全不能实现政策终结还是进了一步。在实际过程中，绝大多数政策终结都存在这一现象，只是程度和方式不同而已。

第十章

公共政策学知识的应用

学习公共政策学的目的在于应用。政策学知识的学习者很可能也是潜在的使用者,政策学知识应用的一个主要形式就是政策分析。随着公共政策在社会发展过程中的作用日益凸显,作为政策学知识应用的生力军,职业化的应用性政策研究组织和政策分析师及其所从事的政策分析,对政策过程的影响也越来越大。作为职业组织和人员,他们也必须遵守相应的职业伦理。

第一节　政策学知识应用与政策分析

知识的价值在于应用。本书所学习到的政策学知识需要在实践中进行检验和发展,也只有在实践中的应用才能发挥它的最大效益。政策学知识应用的常见形式是作为一项具体活动的政策分析。

一、知识与政策学知识

（一）知识的含义和特征

知识是人们通过经历、观察或学习而获得的对事物的理解或会意,它依靠人们的好奇心、思维能力、记忆和想像力等得到开发、积累、传承,并在人类的活动中得到运用并发挥效用。知识是多种多样的,既包括对人们自身的生理、心理的认识,也包括对外在客观事物的认识。

从知识的层面来分析,主要存在以下几种类型的知识:

(1) 知道是什么的事实知识(Know-what),主要是指可以观察、感知或以数据呈现出来的知识，如统计数据、调查结果等。

（2）知道为什么的原理知识（Know-why），包括自然原理或法则的科学知识，还有新技术的研发、采用和销售等方法和规律。

（3）知道怎样做的技能知识（Know-how），即有关技术的知识或做事的技术，比如工作人员解决问题的技巧和经验，人们的表达技巧的知识等。

（4）知道谁有知识的人际知识（Know-who）。有了这种人际知识，就可以在出现问题时，能迅速明白应该请教谁。

前两种（事实知识和原理知识）大多属于显性知识（Explicit Knowledge），即可以格式化、文本化、进行编码的知识；后两种（技能知识和人际知识）则主要是隐性知识（Tacit Knowledge），即存在于个人的头脑中，表现为一种智慧、经验或感觉的知识。

知识不仅表现为存储于书本上、光盘中的文字、音频、视频等信息，它更多的是进入人们的脑中，并沉淀为人们对事物了解的那些信息。知识具有如下几个特征：

（1）不可逆性。人们一旦掌握了某种知识，便很难被剥夺。

（2）共享性。某人拥有知识并不排斥他人完整地拥有同样的知识。

（3）非磨损性。知识不同于其他物品，它可以重复使用且不会因为使用者多少或使用频率高低而出现任何销蚀与损耗。

（4）交换的不对称性。在知识交换中，卖方（输出方或转让者）并不失去知识；如果事先没有约定，卖方可以与其他人进行多次交易。

（5）可传播性。知识传播越广，其成本就越低。①

（二）政策学知识与政策知识

政策学知识，简单地说就是人们对公共政策的科学认识，是通过政策研究而获得的学理性知识，其表现形式是政策研究的概念、命题、理论、模型、方法等。政策学知识是一个围绕实现政策目标而形成的信息体系，这些信息被有关的政策主体与客体所认知、掌握和应用后，有利

① 沈远新．迈向知识社会进程中的公共治理转型．新东方，2001，10（1）．

于政策目标的有效实现。政策知识则是有关政策的所有知识,除了政策学知识之外,还包括政策问题的知识。例如,涉及推进医疗卫生体制改革这样全局性、长期性的政策问题,政策知识就涵盖了药物市场构成、药物价格变动、医院的经营现状、居民的医疗需求与特点、医疗保险和社会保障等方面的知识,只有对这些方面的相关知识有所了解后,才能做出有效、科学、适当的政策安排。从知识的性质上可以判断,那些与政策问题的背景、政策主体与客体、政策制定、政策预测、政策执行、政策调整、政策评估等相关的信息都是政策知识。政策知识的主要组成部分是政策学知识,而政策学知识只有经过一定形式的转换和运用才能发挥其促进政策目标实现的功能。

二、政策学知识应用的主要形式——政策分析

知识的价值在于应用。知识应用源于人类社会的需要,这种应用不仅发生在个人生活领域,在公共政策领域和公共管理活动中,对有关知识的科学、恰当的运用,会提高公共项目的效率和效益,化解公共政策难题。政策学知识的应用指的是使用者选择并运用所掌握的政策学知识以分析和解决现实的政策问题或创造新的知识的过程。这个过程可以由直接的政策主体来完成,也可以由辅助决策者或职业政策研究和分析人员来完成。政策学知识应用的一个主要形式就是对具体的公共政策进行分析。

(一)政策分析的含义

政策分析是指政策研究者和研究组织以及决策者,把科学的知识和方法应用于政策的选择和公共问题的解决,在公共政策领域内创造和应用知识的复杂的社会过程。这里所谓的政策分析与第一章所述的学术意义上的政策分析略有不同,指的是一项具体的分析活动及其过程。政策分析的范围既包括政策内容本身,也包括政策问题的形成、政策规划及政策的合法化、政策的执行与结果等阶段的政策过程。

一般认为,“在政策分析当中,人们可以区别‘职业’方法和‘学术’方法。职业方法是为政策而进行的分析或‘依权力说真话’。政策分析的学术方法,应用性略低,但阐释性较强,它是对政策进行分析,而不

是为政策而分析。它所关注的内容包括政策形成中所涉及的认识过程和政治过程、对结果的评价、对政策实施过程的理解、对因果假设的剖析,以及对替代手段或政策原则的识别”。① 可见,政策分析既有应用政策学知识辅助决策的一面,也有在实践中发展政策学知识的一面。

政策分析的首要目的在于寻找解决公共问题的适当方案。它能否达到预期目的,能否发挥其应有的效力,不是政策制定者一厢情愿的事情,也并非政策执行者所能完全决定的,它还受到政策本身的科学性、合理性、可行性以及政策的价值取向、政策客体的状况等相关因素的影响。在政策的实际操作过程中,很难仅仅把政策分析限于对政策方案的选择过程,而不考虑政策过程的其他环节。政策分析与政策制定有着紧密的联系,它不仅仅是为政策制定提供依据。实际上,政策分析包括了“认识现存问题—占有相关资料—提出解决方案—选择满意方案—问题得到解决”的过程。这个过程的逆向过程“问题被解决得好与坏—采用的是什么方案—为什么选择此种方案—问题的实质是什么”也是政策分析的内容。特别是在社会问题和公共问题本身复杂和难以界定的情况下,即使政策制定者有良好的初衷,政策执行者一丝不苟的执行,也难以保证社会问题得到解决、公共利益得到实现。因为除了政策本身的科学性、可行性外,还涉及政策的价值取向和终极目标的问题。

(二) 政策分析的价值

总体上看,政策分析的意义在于发现问题的症结所在、拟订政策方案、建立评估标准,依据这些标准权衡政策方案的利弊得失,设计执行计划,并对政策执行进行评估,以避免或减少政策过程中的消极状况和结果。其意义具体表现在以下几个方面:

1. 通过整合性与科际性的分析,发现问题的要害和症结所在

公共政策过程的一个关键性的步骤就在于发现所要解决的公共问题的症结,并确定其性质。这一点只有通过深入细致的政策分析工作

---

① 戴维·米勒,韦农·波格丹诺.布莱克维尔政治学百科全书.北京:中国政法大学出版社,1992:585.

才能做到，因为公共政策分析工作所做的，除确定并查验一个公共问题的各种向度外，还注重考量问题发生的原因及其产生的后果的复杂性。

2. 帮助决策者减少决策失误

根据决策所必需的信息、资料、证据是否完备，可以将决策失误分为可避免的决策失误与不可避免的决策失误。不管决策失误的责任由谁负责，事实上，在所有的决策过程中，独立的、科学的职业政策分析都能帮助决策者作出更好的选择，以减少决策失误。

3. 改善公共部门在决策上的低效状况

造成公共部门在决策上低效的原因是多方面的，有参与决策的决策者或潜在的决策者人数多的原因，有他们所代表的利益集团目标难以统一的原因，有公共部门决策方法和程序方面落后、常以社会危害巨大的“试错法”作为常见的决策方法的原因，还有公共部门工作人员的知识结构、责任心等方面不称职的原因。要消除或改善造成公共部门在决策上低效、失误的根源，一种行之有效的方法就是借助于职业化，即由政策研究者和研究组织进行政策分析。

4. 增强决策的预期性和取向性

独立的、科学的政策分析往往比决策者更多地考虑到那些不确定因素，并有更强烈的以社会为中心的政策伦理取向。这一点无疑会促使公共部门在决策时进行更全面的权衡。

三、政策分析的要素和原则

公共政策分析的主体可以是决策者本身，也可以是辅助决策者，包括职业政策研究者和研究组织。决策者所进行的主要是面对复杂的政策诉求和政策评估，从而展开具有强烈主体性的政策分析，在价值取向和政策分析的独立性上，他们与职业的政策研究组织和人员有很大差异。我们在本节中着重讨论的公共政策分析，主要是指政策研究者和研究组织根据一定的理念，运用一定的方法，对政策过程中的各个环节和政策效果所进行的研究和分析，其研究取向既可能是应用性的，也可能是学理性的，其身份上的独立性和价值取向上的科学诉求，是此类政策分析的根本特征。

（一）政策分析的要素

政策分析的要素与政策内容和政策过程的构成要素是一致的。政策分析的基本要素有：问题、目标、方案、模型、评估标准、实施效果、环境和信息。

1. 问题

詹姆斯·安德森认为，“搞清问题的性质有助于确定政策过程的性质”①。某一公共政策能否顺利地提出，在很大程度上取决于人们是否对政策问题取得共识。政策问题是从大量公共问题中遴选出来的，人们对有关其性质、起因、可能产生的后果等方面所作的判断是否准确，既取决于知识、经验，还取决于伦理取向的价值观念。无疑，政策问题作为公共政策分析中的基本要素，比技术问题、效益问题要复杂得多。

2. 目标

作为政策分析要素的政策目标，是指公共政策所希望取得的结果或力求完成的任务，确定政策目标是政策分析过程的中心任务。如果没有明确、具体的目标，政策方案就无法拟制和评估。

3. 方案

为实现政策目标，可设想采用多种方法、手段，以及达到目标的步骤。对这些方法、手段、步骤进行系统表述的文本被统称为备选方案。为了便于决策者制定出优质的政策，需要拟制一定数量的备选方案以进行对比和选择。

4. 模型

模型是对研究对象和研究过程某一方面的本质属性所进行的一种抽象化的描述。它不受现实中非本质因素的约束，可以将复杂问题简化为易于处理的模式，便于理解、操作。政策分析中的模型是方案付诸实施的程式，它能告诉我们该方案会产生何种效果，我们将在什么程度上实现目标。政策模型是由变量及其相互间的关系组成的。变量反映包括随时间及其他条件变化的数值的变更程度。

---

① 詹姆斯·安德森．公共决策．唐亮，译．北京：华夏出版社，1990：65．

5. 评估标准

整个政策过程，无论是系统评估、方案评估，还是执行评估、综合评估等，都需要建立合适的评估标准。政策评估标准包括政治上、经济上、行政上、技术上的评估标准。

6. 实施效果

实施效果是谋求达到政策目标的过程结束时所取得的综合成果。衡量政策效果的尺度往往用与成本对应的效益（包括收益和有效性）表示。效益大体有三个方面：社会效益、经济效益与生态效益。

7. 环境

制约或影响公共政策的制定与实施的所有外在因素被统称为环境因素。其中包括：自然环境、经济环境、政治环境、社会环境；或者将它们划分为国内环境与国际环境。

8. 信息

政策过程实际上是对政策信息进行采集、加工、传递、使用、反馈的过程，即输入—输出—输入的过程。可以说，政策信息的优化与政策过程优化是统一的——高质量的信息收集、科学的信息处理、有效的信息利用都会对政策过程中每一环节的实施起到保障作用。

（二）政策分析的原则

政策分析实际上是一个制度创新、部分或全部地改变原有规则的复杂过程。但在这一过程中，有一些对任何政策分析过程都有效用的基本原则是必须遵循的。这些原则有：

1. 民主化原则

哈罗德·拉斯韦尔认为，政策科学是关于民主的学问。民主既是一种程序，又是一种权力。没有民主，就很难有科学的政策分析，也就更谈不上决策的科学化。作为政治系统的产出项，公共政策分析理当坚持民主原则。

2. 系统性原则

社会上的一切事物都存在着相互联系、相互依赖的关系，从而组成了多层次的复杂的社会系统。不仅政策本身可以被看成一个系统，而且它总是与其他政策相联系，处于一个政策系统之中。因此，在政策分析过程中，政策研究者和研究组织要对整体利益与局部利益、内因与外因、眼前利益与长远利益、主要目标与次要目标进行全面的考虑。要善于把一项政策置于宏观的政策体系中考虑，梳理清楚它与其他政策项的关系。

3. 协调性原则

协调性原则即根据政策大系统总任务、总目标的要求，使各子系统相互协同配合，并以各个子系统局部最优化为基础，通过调节控制，实现大系统的最优化。政策协调基本上是利益的协调。协调的目的是为了达到或保持某种平衡。

4. 多样性原则

该原则强调用多样性这一控制器来调节系统多样性变化，也就是说，唯有多样性才能吸纳多样性。多样性是一个政策系统复杂性的量度。如果政策系统多样性增加，而对多样性的认识和反应能力却没有变化，那么，政策系统就会变得不稳定，甚至可能走向崩溃。政策分析过程经常出现的只注重表面现象，而忽视系统结构，就是对多样性原则理解模糊的表现。

5. 分合原则

该原则要求政策研究者和研究组织在对政策系统做到整体把握的前提下，实现对其科学的分解和整合。分解是将具有比较密切相关关系的要素分组化，即梳理出政策系统中相对独立、层次不同的子系统；整合则是设计新系统的过程，即选择合适的子系统，厘定它们之间的关系，从而形成具有更广泛价值的政策系统。

6. 预测性原则

公共政策是着眼于未来的。制定政策是对公共部门的未来行为所作的一种预先分析与选择，具有明显的预测性。预测是根据过去、现在的相关信息，探求和推测政策分析工作所关心的领域在未来的可能发展趋势，并估计和评价各种可能产生的结果。鉴于此，很多学者认为预测是政策制定的灵魂。

四、政策分析的过程

作为一种创造和应用知识的过程，政策分析包含定义、预测、规定、描述、评估五个程序。

（一）定义

这个步骤也就是问题构建的过程，政策分析者和决策者通过对支撑问题定义的基本假设质疑，获得了有关政策问题的相关信息，有助于发现隐含的假设、判断问题成因、勾画可能的目标、综合冲突的观点，以及设计新的选择方案。

（二）预测

预测可以提供有关事件未来状态的相关知识，也就是采纳的可选方案未来可能发生的结果。预测还可以检验那些看似合理的可评估的前景，指明在实现目标的过程中，未来可能出现的限制因素，并评估不同方案的可行性。

（三）规定

规定也就是建议，它将对结果的收益和成本进行分析，从而产生与政策相关的知识。规定（建议）有助于评估风险和不确定性的程度，明确外部性和溢出量，形成选择的标准并指明政策执行的责任。

（四）描述

描述也就是监控，它提供了对先前采纳的政策的执行结果进行监督和控制，从而产生有关的政策知识，并在政策执行阶段提供帮助。它有助于考察政策的接受和顺从程度，发现项目所没有考虑到的结果，识别政策执行的障碍和限制，确定政策偏离的责任归属等。

（五）评估

它提供了关于有关解决或缓解问题的实际结果的信息，旨在设法发现预想和实际情况之间的差异，由此提供相关的知识，从而在评估阶段提供帮助。

与这些步骤一致，从时间角度来看，政策分析包含以下一系列阶段，即议程建立、政策形成、政策采纳、政策执行、政策评估，如图10-1所示。根据决策者所面临的问题类型，政策分析者会展示这个过程中的某个阶段、多个阶段或所有阶段的有关信息和知识。从连续性的行为看，每个阶段都与下个阶段有关，形成了环形的行动周期。在某一阶段产生的与政策相关的知识，会直接影响某一阶段的假设、判断和行动，而且间接影响随后阶段的操作。①

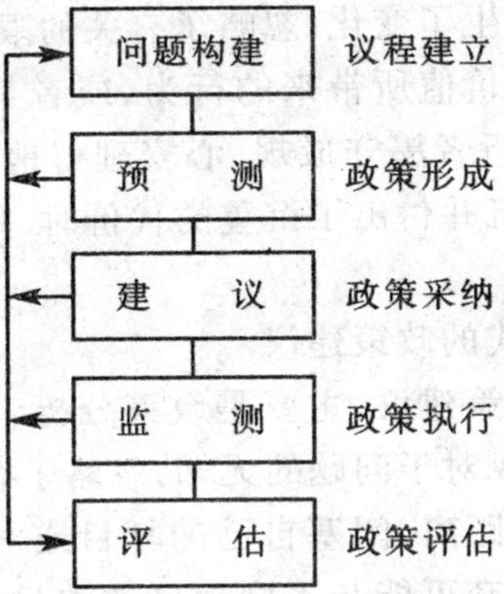

图 10-1　政策分析过程

五、政策分析的注意事项

政策分析应当遵循正确和适当的方法，同时也要避免采取不当的方式。美国学者阿诺德·梅尔斯纳注意到，政策分析者在提供政策建议的过程中，常常受到一系列重复发生的问题的困扰。他把这些问题进行了提炼，形成了政策分析者常犯的七种致命过错，主要是以下七种类型的政策建议：墨守成规式的(Channeled)、生搬硬套式的(Distant)、姗姗来迟式的(Late)、一知半解式的(Superficial)、狗急跳墙式的(Topical)、反复无常式的(Capricious)、脱离政治式的(Apolitical)政策建议。这些过错不是相互排斥的，它们有可能是互为因果，是政策分析者与决

① 邓恩．公共政策分析导论．谢明，等，译．北京：中国人民大学出版社，2002：10-16．

策者在不同场合中可能会犯的错误。①

（一）墨守成规式的政策建议

这种错误在于总遵照惯例、按照老样子来开展相关的政策分析工作，或者经常受到某种解决办法的束缚。政策分析者和决策者经常没有意识到环境已经发生了变化，忽略了有关的限制因素。另外，决策者坚持不适当的目标和价值所带来的行为，或者某些政治气候和知识氛围，也会导致政策分析者墨守成规、心安理得地开展工作，直到残酷的现实到来，出现了危机并付出了沉重的代价时，他们才意识到自己的墨守成规、保守和僵化。

（二）生搬硬套式的政策建议

生搬硬套式的政策建议，主要是政策分析者没有认真分析问题本身的实质和特点，造成对于问题的无知，忽略了客观的事实。他们与真实的情况有着较远的距离，闭塞自己的耳目或对建议的使用做出错误的判断。这种生搬硬套可能与不同地区的差异性和特殊性有关，导致决策者在采纳这些政策建议后，出现执行困难和推行不下去的情况，将问题转嫁到其他人身上。尤其是政策分析者经常依照理论和数据分析来作为分析的基础，而很少深入实际调研、解剖麻雀，获取更多的真实信息，进而因地制宜地形成政策分析报告。

（三）姗姗来迟式的政策建议

政策分析的每一步规定了该做什么，对包括政策分析者和决策者等在内的参与者提出了苛刻的要求。但如果政策建议姗姗来迟，那么就有可能丧失机遇，带来成本的增加和浪费，甚至政策建议成为无人想用的空文。这种情况尤其会发生在组织领导人发生变动的情况下，有时前任需要的信息和政策建议，在人事变更之后，迟到的政策建议在继任的领导者看来已经不需要了。

---

① 阿诺德·梅尔兹纳.政策分析的七种致命过错//杰伊·沙夫里茨，卡伦·莱恩，克里斯托弗·博里克:公共政策经典.彭云望，译.刘新胜，张国庆，校.北京:北京大学出版社，2008:401-408.原文出自:Arnold J. Meltsner. Policy Analysis in the Bureaucray. California:The University of California Press, 1976.

（四）一知半解式的政策建议

一知半解式的政策建议，往往是由于政策分析者没有充分对问题的根源进行分析，进而形成了肤浅的建议。这种分析过于简单，部分源于政策分析者很少有动机去弄清楚问题背后的实质，尤其是在他们觉得要掌握问题的实质必须克服许多困难的时候。例如，政策分析需要更多的深入调研，与不同类型的相关群体联系，花大量的时间来访谈，整理和归纳所调研的信息，准确把握问题的根源，进而通过比较分析等方法来形成可行、切实的建议。

（五）狗急跳墙式的政策建议

这种建议多是一种应急性的，也就是发生危机后，才开始进行政策的分析，而由于时间等方面的要求，政策分析者就匆匆忙忙提出建议，犯下一知半解、生搬硬套的错误。这种仅仅是依靠被动应急的方式来开展的政策分析活动，一方面缺乏预见，只将注意力集中在看得见、摸得着的方面，从而有可能失去未来；另一方面，这种方式还有可能将看起来不那么紧迫但却重要的事项排除在外。这样，决策者就往往过分忙于处理当前的问题，而缺少对未来关键事项的把握，最终“赢得现在，失去未来”。

（六）反复无常式的政策建议

这种政策建议的变化频率过高、幅度过大，而如果不让一项政策建议运行一段时间，是难以有效地评估这项政策的有效性的。这就需要一定的“顺其自然”、“有所不为而后有所为”的心理，减少过多的干预和变化。“朝令夕改”式的政策建议，只能给政策接受者带来疲倦、困惑，甚至是对上级的怀疑与排斥。因此，政策分析者虽然知道提出政策建议是自己的使命，为了自身的职位和提升必须提供政策建议，但他们应当弄清楚当前所要做的与所期望的未来这两者之间是否一致，避免由于反复无常而犯下明显的错误。

（七）脱离政治式的政策建议

这指的是政治上的建议与实质性的政策建议缺乏适当的关联和整合。政策分析者与决策者在提供政策建议、做决策的过程中，保持政治的洞察力和敏锐性是必不可少的，他们需要把政策的主旨与对政治的理解结合起来,否则重要的机遇就会转瞬即逝。当然,在这个过程中,通过将科学与政治结合起来,决策者依然可以从政策分析者那里获得帮助,进而培育政治可行性的共识与理解,判定一项政策是否适合政府的行为。

对于政策分析者与决策者而言,首先需要意识到在政策知识应用活动过程中可能遇到的误区和犯下的过错,了解有可能错在哪些地方,进而有意识地规避这些错误、“做正确地事”。在此基础上形成科学有效的政策建议,这比方向错误、没有“做正确的事”,而在错误的方向或事情上“正确地做事”所带来的社会影响要低许多。对于公共领域的政策而言,政策分析者与决策者“做正确的事”和“正确地做事”,科学、有效地创造知识、应用知识,这是推动公共问题得到有效治理与社会和谐发展的关键,也是促进人民福祉的重要基础。

第二节 应用性政策研究组织与政策分析师

应用性政策研究组织与政策分析师是政策学知识的主要应用者。他们对某项公共政策的知识挖掘和信息掌握是较为充分的,在此基础上形成的政策方案与建议有可能对政策直接主体产生重要影响。作为政策分析职业化、专业化与社会化的集中体现,应用性政策研究组织与政策分析师的地位与作用日渐显现,其运作的机制、专业程度、资金来源等决定着他们的影响力。与此同时,需要关注这些知识精英的职业伦理,培育其公信力与职业道德。

一、应用性政策研究组织

(一)应用性政策研究组织的含义和作用

1. 应用性政策研究组织的含义

从古今中外的政治现象来看,最高决策者周围都不乏谋士,他们发挥智囊的作用,利用其学识和智慧向领导者提供解决公共问题的谋略,以期实现社会的长治久安。这种个人提供良策的形式可以说是应用性政策研究的雏形。到了20世纪中叶,社会问题的数量和治理难度进一步增加，所需要的智慧和知识并非个人能够满足，问题跨越的领域和专业难度更需集体性、组织性、专业化的研究团体来寻找解决之道，包括政府在内的公共组织对于信息的需求和对于专门从事信息收集与分析的专业人士的需求大量增加，这造就了应用性政策研究组织的职业化与成长态势。

应用性政策研究组织是指那些在系统调查的基础上，为政府、企业或社会团体出谋划策，提供政策依据，以期影响其决策行为的社会组织。与学术性政策研究组织有所不同，应用性政策研究组织是应用有关政策学知识以解决政策问题为导向和主要特征的，着重关注从公共问题的提出到使一定的政策规划最终得到实施这一政策过程的各个环节的可操作性；而学术性政策研究组织则较多地关注理论的探索与验证以及知识的创造。一般来说，这是两个不同的学术社群。不过，这两者也存在着相互影响和融合的趋势。在本章中，我们将从广义的角度来界定应用性政策研究组织，即把一些学术性政策研究组织所从事的应用性研究也纳入分析的范畴。在实践中，应用性政策研究组织多被称为智库、思想库、智囊团等。据美国宾夕法尼亚大学教授詹姆斯·麦克卡恩（James McCann）2009 年初发表于《外交政策》杂志上的《2008 年全球智库报告》，目前世界上有 5 465 家智库，其中美国最多，有 1 777家；排在第二位的是英国，有 283 家；德国第三，有 186 家；亚洲国家中印度最多，有 121 家；中国有 2 000 多家智库，但被列入其中的仅有 74 家。

案例 10-1

智库如何影响中美两国高层决策[①]

正当以国务院前副总理曾培炎为理事长的中国最高级别智库中国国际经济交流中心酝酿着走向国际的时候，国际著名智库已在我国扎根。在美国有影响的 1 777 家智库中堪称翘楚的布鲁金斯学会（现任

① 据《南方周末》2009 年 4 月 16 日载该报记者曹清的报道改写。

研究员有200多名，其中一半有政府工作背景），早在2006年初就在清华大学设立了一个常设机构——清华-布鲁金斯中心。自那时以来，该中心为中国高层所作的研究报告包括中国的汇率与金融改革、医疗改革、中美能源战略等，还曾帮上海市政府完成了关于上海建立国际金融中心的10点建议。

跟许多著名的美国智库一样，布鲁金斯学会在传播思想的过程中依靠个人关系网。“旋转门”机制是美国智库最具特色的现象，即学者和官员之间的相互流通。美国智库的“旋转门”使得知识与权力得到了最有效的结合，不但使得美国政治保持了活力和有效性，而且也使得智库成为为政府培养和储备人才的港湾。长远来看，这种机制使得美国智库的影响力直接渗入到美国政治决策的核心，成为决策过程必不可少的一部分。

作为一个跨国合作机构，清华-布鲁金斯中心承袭了布鲁金斯学会的机制和风格。该中心为中国政府提供决策参考的同时，还努力在中美两国政界、学界营造人际关系网。它邀请了众多美国的资深对华外交官、官员以及著名的学者来访，和中国官员、学者就中美之间的重要战略问题进行闭门的圆桌论坛。

仅举一例。2008年5月，正当奥运火炬传递在一些西方国家受阻，国际社会都把目光聚焦在中国身上的时候，时任布鲁金斯学会中国中心主任贝德应清华—布鲁金斯中心之邀来华，他不仅在清华大学作了一个关于中国该如何理解美国不同声音的演讲，还和有关政府官员开了几次关于西藏事务的闭门会议。当时贝德向记者透露，在这些闭门会议中他一直在向中国有关官员建议：北京应该和达赖喇嘛的代表重新对话。巧合的事，就在贝德离开北京后不过几天，中国政府就宣布了重启对话的决定。

没过多久，旋转门机制再次在贝德身上发生。作为美国一位资深的熟悉中国事务的外交官，他出任奥巴马政府亚洲事务主任，就美中关系的战略发展向奥巴马出谋划策。

贝德自称是“中国的好朋友”，在中美两国都人脉深厚，他向中国解释美国，向美国解释中国，并影响着两国政府相关的决策。

而中国智库在国际上的影响力远不可同日而语，这不仅表现在能否推出具有国际影响力的研究报告，更体现在人脉的积累上，特别是与国外政府、国会以及智库等的人脉积累上。

“在全球化进程中，中国智库缺乏在国际舞台上的声音，这将严重影响到中国软实力的构建和国际话语权。”2008 年在美国布鲁金斯学会做了一年访问的一个中国学者这样说。

2. 应用性政策研究组织的作用

政策研究组织现已深入社会政治经济生活的各个方面、各个领域，其最主要和直接的作用就是为公共决策者或公共权力机构服务，一方面是直接填补掌权者的职责与实际能力之间的差距，另一方面是间接起到补强政府职能的作用，为政府机构的有效运行服务。结合对案例 10-1 的分析，可以看到政策研究组织的作用主要体现在以下几个方面：

(1) 作为辅助决策的咨询机构，政策研究组织向决策者提供政策建议，为社会各界提供沟通信息、集中意见并进行表达的系统功能。

(2) 作为政策学知识的应用者和创造者，政策研究组织提供新的观念、理论和方法，探寻社会发展的方向，推动决策者的思想与知识更新。

(3) 作为评估性机构，政策研究组织提供有关政策实践的信息，并从中不断地发现存在的问题，提出解决问题的方案，改进政策的实施程序和工具，起着一种诊断社会机能和运行状态的作用。

(4) 作为人才成长、储备的机构，政策研究组织源源不断地向政府输送高质量的官员和专家。政策研究组织是知识精英荟萃之地，其存在和发展表现了知识界以其智力资源干预和介入社会政治生活的追求。

(5) 作为思想和知识传播机构，政策研究组织通过传播其思想和观点，对公众进行政策教育，使大众对公共政策有更全面、系统的了解。

(二) 应用性政策研究组织的类型

对应用性政策研究组织的分类是多种多样的，有的从资金来源来区分，有的从组织结构和影响力来分类，有的则从与政府之间的组织关系来判断。由于应用性政策研究组织的资金来源开始呈现多元化趋势，而且一些应用性政策研究组织的组织结构与影响力缺乏明确的衡量标准，所以从它们与政府的关系来分类，较为直接明确。按照这种思路，可将应用性政策研究组织分为五种类型：

1. 行政型政策研究组织

这类政策研究组织直接隶属于政府部门或政党组织，依靠国家拨款来运作，带有浓厚的行政色彩，在公共政策分析领域具有举足轻重的作用。在我国，这样的行政型政策研究机构占有主导地位，具有严密的组织体系。从行政层级上来划分，我国行政型政策研究组织可以分为中央政策研究组织和地方性政策研究组织。①

2. 事业单位法人型政策研究组织

事业单位是指国家为了社会公益目的，由国家机关举办或其他组织利用国有资产举办的，从事教育、科技、文化、卫生等活动的社会服务组织。事业单位法人是指经国务院机构编制管理机关和县级以上地方政府机构编制管理机关核准登记或备案，具备法人条件的事业单位。在符合条件的事业单位法人中，专门从事政策研究和咨询工作的机构属于事业单位法人型思想库。② 我国比较典型的事业单位法人型应用性政策研究组织是国务院发展研究中心以及挂靠于各部委的部门政策（如金融政策、人口政策、人事政策、社会保障政策、国家安全政策等）研究院或研究所。

3. 学术型政策研究组织

学术型政策研究组织是以公共政策基础理论及其相关实践为学术研究对象的政策研究组织。我国的学术型政策研究组织还处于起步阶段，一般是靠某个学者的知名度和号召力来扩大影响的。在西方，学术型政策研究组织大多以民间机构为主，它们多由一些私人、民间团体或大学创立，其经费来源出自于基金会、公司企业和私人捐款以及通过提供服务所得的报酬。中国的学术型政策研究组织虽然属于民间组织，

---

① 贠杰. 中国公共政策研究的现状分析. 政治学研究，2001(1).

② 薛澜，朱旭峰. "中国思想库"：涵义、分类与研究展望. 科学学研究，2006(3).

但经费多来自政府财政。

4. 产业型政策研究组织

它们亦称企业型政策研究组织，主要是专门从事政策的研究和咨询工作的企业法人。企业法人是根据国家有关法规，经各级工商行政管理机关登记注册，领取《企业法人营业执照》，取得法人资格的企业。从形式上看，我国的产业型政策研究组织主要是企业、公司、个人创办的政策研究所、咨询公司、研究会等，这类民间政策组织的活动经费主要靠接受捐款和提供服务所得。①

5. 民办非企业法人型政策研究组织

这类组织是指专门从事政策研究和咨询的民办非企业单位法人。民办非企业单位是指企业事业单位、社会团体和其他社会力量，以及公民个人利用非国有资产举办的、从事非营利社会服务的社会组织。民办非企业法人是国务院民政部门和县级以上地方各级政府民政部门登记注册或备案，领取《民办非企业单位(法人)登记证书》的各类民办非企业单位。如北京天则经济研究所就属于这个类型的政策研究组织。②

二、应用性政策研究的从业者或政策分析师

在应用性政策研究组织之中或之外，都存在着政策研究的从业者或政策分析师。政策分析师一般包括兼职政策研究人员和专职政策研究人员两种类型，其来源不局限于上述五种应用性政策研究组织中。政策分析师所扮演的角色主要是辅助决策者、政策评估者和政策评论员，其工作就是研究公共问题、提出计划与建议但不采取行动。

(一) 政策分析师的角色定位

政策分析师到底该扮演怎样的角色，在什么样的角色职位上发挥作用？对此，叶海卡·德洛尔在美国兰德公司担任高级研究员时指出，政策分析师的职位应该确定在所有主要的行政机构中，靠近高层的政

---

① 贠杰. 中国公共政策研究的现状分析. 政治学研究，2001(1).

② 薛澜，朱旭峰. “中国思想库”：涵义、分类与研究展望. 科学学研究，2006(3).

策决策职位。一般情况下,政策分析师应作为高级行政首长或高层领导的顾问,并且与他们形成共生而非寄生的合作关系。但从各主要国家的现实情况来看,政策分析师大多在应用性政策研究组织或智库里工作;高级政策分析师能够"政学双栖",如在美国乔治·布什政府里任国务卿的赖斯等,或者在政府里有广泛的人脉关系。在学术性政策研究组织和社会科学各学科研究组织里,以及在高等教育机构里,也有一批专门的学问家和教授长于分析现实问题并从事应用性的公共政策研究,扮演着政策分析师的角色,其中也有一批人能够达到上述高级政策分析师那样的角色职位。

关于政策分析师的角色定位,叶海卡·德洛尔认为,需要注意以下几点:

(1) 政策分析师不应定位为全知全觉的主体,而应该是作为在集体政策制定中的补充单元,向制定过程贡献更好的分析和新颖的观点,以及非传统的、合乎未来的导向和系统的思考。

(2) 政策分析师应是科学与政治之间的一座桥梁,他们并不改变政治和组织行为的基本特性。

(3) 为了给政策制定做出贡献,政策分析师应通过引入相互竞争的不同利益和其他因素之间的博弈和互动,作为提高集体政策制定质量的方式。这种引入相互竞争的努力将提高政策分析在政策制定中的综合效果,同时避免能力不足、片面的价值和专业偏见。

(4) 政府中的政策分析师的主要角色,应是向公共决策贡献更多样的职业化意见建议或方案,且这些意见、建议或方案是建立在系统分析和定量决策理论,以及对政治科学和公共行政认识的新视角之上的。政策分析的主要目的是为促进决策和政策制定,在更多的选择方案中,在更广阔的背景下,依靠更系统的分析工具来帮助引入更充分的考虑。①

政策分析师的出现是社会发展多元化和政策研究社会化的必然结

① Yehezkel Dror. Policy Analysts: A New Professional Role in Government Service. Public Administration Review, 1967, 27(3): 197-203.

果。他们的出现和人数的不断增多，对于政策科学和公共政策实践具有重大的意义和深远的影响。

（二）政策分析师的素质要求

一个合格的政策分析师不仅要具备良好的专业素养，而且要具备一定的政治素养。换句话说，要想成为一名出色的政策分析师，除了掌握必要的政策学知识外，还要进一步丰富自己的社会阅历和知识结构，尤其是对与具体政策有关的信息要充分了解。

叶海卡·德洛尔认为，政策分析师应该具备六个方面的素质：①

（1）政策分析师应当具有政治头脑，他们必须把注意力集中在公共决策的政治方面，关注其可能产生的影响，在政治可行性方面争取支持，调节冲突目标，承认价值的多元性。

（2）政策分析师应当具有总体观念，而不是仅仅把决策当做资源的分配，在思考问题时应突破资源分配的概念框架。

（3）政策分析师应当致力于创新，不拘泥于已有方案的比较研究，而是本着革新的精神，致力于创造新的政策备选方案。

（4）政策分析师应当具有洞察力，要重视对政策内容和实质的分析，而不是把精力放在外在的形式和技术方法上。政策分析师应具有丰富的想像力和直觉的洞察力，把系统的观念纳入到分析中，善于在多领域和多角度的交流学习中，构建行之有效的政策模型。

（5）政策分析师应当着眼于未来，要有未来学家的胸怀和眼光，立足现实、放眼未来，用社会科学理论和经验方法来预测备选方案可能发生的种种状况，并且把未来因素纳入当前的政策分析中。

（6）政策分析师应当具有弹性的思维。与系统分析师相比，政策分析师也许在分析的方法和手段上不够严谨，但却注重系统性和弹性的有机结合，不求细致全面而是抓住要点，以比较简便的方式实现政策目标。他们相比于系统分析师运用系统理论和方法，注重经济学、作业研究、计量技术和定量分析不同，更注重学科交叉，对政策进行全方位、

---

① Yehezkel Dror. Policy Analysts: A New Professional Role in Government Service. Public Administration Review, 1967, 27(3): 197-203.

多视角的分析。

三、应用性政策研究组织与分析师的职业伦理

自20世纪70年代以来,政策分析在西方发达国家逐渐成为一种正式的职业,许多接受过专业培训的人员越来越多地任职于政府机构和政策研究组织。这些政策分析人员还成立了相应的职业协会,如美国的"公共政策分析与管理学会"(The Association for Public Policy Analysis and Management)。与之相伴随的是对政策研究组织和政策分析师的职业伦理的关注。公共政策研究组织和分析人员所分析和解决的不是私人问题,而是涉及公共利益的公共问题。他们承担着向决策者提供信息和建议的责任,他们能够发挥比普通人更大的作用,因此,他们的活动也需要受到一些更为严格的职业道德规范的约束。

政策分析的职业伦理是一种特殊的职业伦理,涉及公共责任和目标群体利益的实现问题,具有多层面的综合内容。具体来说,政策分析职业伦理的基本内容有:

(1)道德品质要求。政策决策者和研究者既要具备社会成员的一般道德,又要具备作为政治角色的职业道德。这种职业道德实质上就是责任和义务的表现,它要求决策者和研究者对国家和人民负责,为国家和人民的利益服务,实现目的性和责任性的统一。

(2)行为规范要求。政策过程具有很强的实践性,政策主体在决策和执行过程中都要依法行事,从实际出发,为政策目标的实现创造有利的条件。任何一个政策选择都要注意体现广大人民的利益并协调好各方面的利益关系。

(3)价值判断要求。价值判断要以事实为依据,决策者和研究者要把价值判断和事实判断有机地统一起来。价值判断要以公共利益为重。政策是否具有权威性,是否具有规范和命令的功能,与其能否反映公共利益密切相关。价值判断还应是责、权、利的统一。

韦默和维宁认为,作为一名建议提供者,政策分析师要正确引导自己的行为需要考虑三种重要价值:"分析的完整性、对客户负责和坚持

个人关于良好社会的观念”。① 帕顿和沙维奇认为，要使政策分析人员承担起道德责任，应当建立一个职业伦理框架，在每次分析活动前都要从自身、雇主和顾客、同事和职业、普通公众这四个角度审视和反省一下，以帮助自己遵循职业道德，如表 10-1 所示。②

表 10-1　政策分析伦理框架

1. 关于自身	• 我明确地认识价值了吗？ • 我使用负责任的方法了吗？ • 我用多重方法来揭示备选方案了吗？ • 我的行动会导致知识的增多吗？ • 我会丢掉工作并殃及家庭吗？
2. 关于雇主和顾客	• 我进行独立的判断了吗？ • 我是在我的能力范围内工作吗？ • 我让人信任吗？ • 有利益冲突吗？ • 这一行动反映顾客需求吗？
3. 关于同事和职业	• 我公平对待同事了吗？ • 我必须与分析团体共享信息吗？ • 我做的仅是备用的解决方案吗？ • 这一行动对职业有负面影响吗？
4. 关于普通公众	• 这一行动会造成不公正的损害吗？ • 这会违反任何人的权利吗？ • 我隐瞒了任何党派偏见吗？ • 我使市民适当参与了吗？ • 这一行动寻求远期正面收益吗？ • 我提供了全面、清晰和标准的信息吗？

---

① 戴维·韦默，艾丹·维宁．政策分析——理论与实践．戴星冀，董骁，张宏艳，译．上海：上海译文出版社，2003：41．

② 卡尔·帕顿，大卫·沙维奇．公共政策分析和规划的初步方法．孙兰芝，胡启生，译．宁骚，校．北京：华夏出版社，2002：28．

总之，政策分析的职业伦理关注的是公共责任和公共利益的实现问题。随着社会的进步及人类文明的发展，人们对于政策分析伦理还会提出新的要求。可以预见，随着社会的发展和进步，这一框架还必将增加新的内容，某些伦理道德范畴也会随着社会主流价值观的变化而变化，问题的关键是如何让这些政策分析伦理深入到每一位政策分析人员的心中，成为他们日常行为的一部分。

参考书目

[1] 宁骚.公共政策学.北京:高等教育出版社,2003.

[2] 欧文·休斯.公共管理导论.彭和平,等,译.北京:中国人民大学出版社,2002.

[3] 吴锡泓,金荣秤.政策学的主要理论.金东日,译.上海:复旦大学出版社,2005.

[4] 林德布洛姆 C E.决策过程.竺乾威,胡君芳,译.上海:上海译文出版社,1988.

[5] 克鲁斯克 E R,杰克逊 B M.公共政策词典.唐理斌,等,译.上海:上海远东出版社,1992.

[6] 西蒙 H A.现代决策理论的基石.杨砾,徐立,译.北京:北京经济学院出版社,1991.

[7] 克朗 R M.系统分析和政策科学.陈东威,译.北京:商务印书馆,1985.

[8] 埃莉诺·奥斯特罗姆.公共事物的治理之道.毛寿龙,译.上海:上海三联书店,2000.

[9] 彼得·罗西,霍华德·弗里曼,马克·李普希.项目评估:方法与技术.邱泽奇,等,译.北京:华夏出版社,2002.

[10] 戴维·韦默,[加拿大]艾丹·维宁.政策分析——理论与实践.戴星冀,董骁,张宏艳,译.上海:上海译文出版社,2003.

[11] 戴维·伊斯顿.政治体系——政治学状况研究.马清槐,译.北京:商务印书馆,1992.

[12] 弗兰克·费希尔.公共政策评估.吴爱明,等,译.北京:中国人民大学出版社,2003.

[13] 哈罗德·拉斯韦尔.政治学——谁得到什么?何时和如何得到?.杨昌裕,译.北京:商务印书馆,1992.

[14] 加布里埃尔·阿尔蒙德,小G.宾厄姆.鲍威尔.比较政治学:体系、过程和政策.曹沛霖,等,译.上海:上海译文出版社,1987.

[15] 卡尔·帕顿,大卫·沙维奇.公共政策分析和规划的初步方法.孙兰芝,胡启生,译.宁骚,校.北京:华夏出版社,2002.

[16] 拉雷·格斯顿.公共政策的制定.朱子文,译.重庆:重庆出版社,2001.

[17] 史蒂文·凯尔曼.制定公共政策.商正,译.北京:商务印书馆,1990.

[18] 斯图亚特·内格尔.政策研究:整合与评估.刘守恒,等,译.长春:吉林人民出版社,1994.

[19] 斯图亚特·那格尔.政策研究百科全书.林明,等,译.北京:科学技术文献出版社,1990.

[20] 托马斯·戴伊.自上而下的政策制定.鞠方安,吴忧,译.北京:中国人民大学出版社,2002.

[21] 威廉·邓恩.公共政策分析导论》二版.谢明,等,译.北京:中国人民大学出版社,2002.

[22] 詹姆斯·安德森.公共决策.唐亮,译.北京:华夏出版社,1990.

[23] 大岳秀夫.政策过程.傅禄永,译.北京:经济日报出版社,1992.

[24] 药师寺泰藏.公共政策.张丹,译.北京:经济日报出版社,1991.

[25] 叶海卡·德洛尔.逆境中的政策制定.上海:上海远东出版社,1996.

[26] 陈庆云.公共政策分析.北京:北京大学出版社,2006.

[27] 陈振明.政策科学.北京:中国人民大学出版社,2003.

[28] 胡象明.地方政策分析——体制、文化与过程.武汉:武汉大学出版社,1994.

[29] 兰秉洁,刁田丁.政策学.北京:中国统计出版社,1998.

[30] 李允杰,丘昌泰.政治执行与评估.台北:元照出版公

司,2003.

[31] 李忠尚.现代决策论——软科学与科学决策研究.北京:中国青年出版社,1995.

[32] 林水波.公共政策新论.台北:智胜文化公司,2001.

[33] 林水波,张世贤.公共政策.台北:五南图书出版公司,1991.

[34] 彭国甫.现代行政管理新探.北京:燕山出版社,1998.

[35] 彭宗超,薛澜,阚珂.透明决策与公共治理:中国听证制度研究.北京:清华大学出版社,2004.

[36] 丘昌泰.公共政策:当代政策科学理论之研究.台北:巨流图书有限公司,1995.

[37] 丘昌泰.公共政策:基础篇.台北:巨流图书有限公司,2003.

[38] 桑玉成,刘百鸣.公共政策学导论.上海:复旦大学出版社,1991.

[39] 王福生.政策学研究.成都:四川人民出版社,1991.

[40] 翁兴利.公共政策——知识应用与政策制定.台北:商鼎文化出版社,1999.

[41] 吴定.公共政策辞典.台北:五南图书出版公司,2004.

[42] 伍启元.公共政策.香港:香港商务印书馆,1989.

[43] 许文惠,张成福,孙柏瑛.行政决策学.北京:中国人民大学出版社,1997.

[44] 严强,王强.公共政策学.南京:南京大学出版社,2002.

[45] 余致力.民意与公共政策.台北:五南图书出版公司,2002.

[46] 张国庆.现代公共政策导论.北京:北京大学出版社,1997

[47] 张世贤.公共政策分析.台北:五南图书出版公司,2004.

[48] 周国雄.博弈:公共政策执行力与利益主体.上海:华东师范大学出版社,2008.

[49] 朱志宏.公共政策.台北:三民书局,1995.

[50] RANNEY A . Political Science and Public Policy. Chicago: Markham, 1986.

[51] PETERS B G, NISPEN F K M. Public Policy Instruments. Chel-

tenhan: Edwar Elgar, 1998.

[52] PETERS B. G. American Public: Promise and Performance. 3rd ed. New Jersey: Chatham House, 1993.

[53] HOGWOOD B W, GUNN L A. Policy Analysis for the Real World. Oxford: Oxford University Press, 1984.

[54] LINDBLOOM C E. The Policy – Making Process. New Jersey: Prentice Hall, 1980.

[55] LERNER D, LASSWELL H D. The Policy Sciences: Recent Developments in Scope and Method. CA: Stanford University Press, 1951.

[56] WEIMER D L, VINING A R. Policy Analysis: Concepts and Practice, Englewood Cliffs, New Jersey: Prentice Hall, 1992.

[57] BARDACH E. The Implementation Game. Cambridge: MIT Press, 1977.

[58] FICSHER F. Evaluating Public Policy. Chicago: Nelson-Hall, 1995.

[59] BREWER G D, LEON P. The Foundations of Policy Analysis. Homewood: The Dorsey Press, 1983.

[60] KINGTON J W. Agendas, Alternatives, and Public Policies. Boston: Little, Brown, 1984.

[61] LYNN L. Managing Public Policy. Boston: Little Brown, 1987.

[62] SABATIER P. Theories of the Policy Process. Westview Press, 2007.

[63] LOWI T J. American Business and Public Policy: Case Studies in Political Theory. New York: Free Press, 1964.

[64] DYE T R. Understanding Public Policy, 9th ed. New Jersey: Prentice Hall, 1998.

[65] PARSONS W. Public Policy: An Introduction to the Theory and Practice of Policy Analysis. Cheltenham: Edward Elgar Publishing Limited, 1997.

[66] DUNN W N. Public Policy Analysis: An Introduction. Second

Edition. Englewood Cliff. New Jersey: Prentice Hall, 1994.

[67] DROR Y. Policy making Under Adversity, NewBrunswick, New Jersey: Transaction Publishers, 1986.

[68] JONES C O. An Introduction to the Study of Public Policy 3ed. Monterey, Califorria: Brooks/Coles Publishing Company, 1984.

[69] REAGAN M D. Toward Improving National Policy Planning. Public Administration Review, 1963, 23(1).